KB192576

# 교육학개론

이지헌 · 송현종 · 이두휴 · 손승남 · 이정화 · 김희봉 · 김영록 · 이순덕 · 곽유미 · 임 배 공저

Educational Studies: An Introduction

학지사

# 머리말

　좋은 교사가 되려면 우선 학생에 대한 사랑이 있어야 하나 그것만으로는 부족하다. 교육에 대한 전문성도 있어야 한다. 전문성이란 교육의 이론적 측면과 실천적 측면에 관한 이해와 능력을 가리킨다. 전문적인 교사가 되려면 교육의 이론적 측면에 대한 넓고 깊은 이해, 그리고 교육의 실천적 측면에 관한 훌륭한 기술과 능력을 갖추지 않으면 안 된다.

　전문성을 가진 교사가 되기 위해서는 먼저 '교육학개론'을 배우게 된다. '교육학개론'이란 교육에 대한 여러 가지의 학문적 탐구 성과를 개괄적으로 논의하는 과목이다. '교육학개론' 과목에 사용될 교재로 이 책이 만들어졌다. 이 책은 다음과 같이 크게 세 부분으로 구성되어 있다.

| 교육 기초 | 교육의 이론적 차원 | 교육의 실천적 차원 |
|---|---|---|
| • 교육<br>• 교사<br>• 교직 | • 교육사(한국교육사, 서양교육사)<br>• 교육철학<br>• 교육사회학과 평생교육<br>• 교육심리학 | • 학교상담<br>• 교육과정<br>• 교육방법과 공학<br>• 교육평가<br>• 교육행정학 |

　첫째, 교육 기초에 관한 부분이다. 이 책의 제1장에서는 교육, 교사, 교직이 무엇인가를 기초적으로 논의한다. 둘째, 교육의 이론적 차원을 다루는 부분으로 교육이 무엇인가를 여러 가지 학문적 관점에서 밝힌다. 제2장은 한국교육사, 제3장은 서양교육사, 제4장은 교육철학, 제5장은 교육사회학과 평생교

육, 제6장은 교육심리학을 다룬다. 이를 통해서 역사학, 철학, 사회학, 심리학을 통해서 교육에 대한 학문적 이해가 다각적으로 깊어진다. 셋째, 교육의 실천적 차원을 다루는 부분으로 교육을 어떻게 할 것인가와 연관된 다양한 차원을 밝혀 준다. 이 책의 제7장은 학교상담, 제8장은 교육과정, 제9장은 교육방법과 교육공학, 제10장은 교육평가, 제11장은 교육행정학을 다룬다. 이를 통해서 교육에 대한 실천적 기술과 능력이 상담, 교육과정, 방법과 공학, 평가, 행정을 통해서 폭넓게 파악되고 그에 대한 안목이 길러진다.

'교육학개론'을 수강하는 학생들은 이 책에서 다루는 내용이 매우 많다는 사실에 놀랄 것이다. 그러나 모든 내용을 세세한 부분까지 모두 암기해야 하는 것은 결코 아니다. 그런 부담감을 느낄 필요는 없다. 아마도 강의를 담당하는 교수는 수강하는 학생들의 필요에 맞추어서 어떤 장은 비교적 철저하고 상세하게 다룰 것이고, 또 어떤 장에서는 중요한 윤곽을 파악하게 하는 데 치중할 것이다. 그렇긴 하지만 이 과목을 수강하는 학생들은 기본 개념, 중요 이론, 핵심 학자에 대해서는 어느 정도 철저하게 공부하지 않으면 안 된다. 어느 학문 분야건 마찬가지겠지만 학문의 기초를 튼튼하게 다지려면 무엇보다도 개론 과목을 제대로 배워야 한다. 교육이 무엇인가를 제대로 파악하려면 당연히 '교육학개론'을 제대로 배워야 한다. 이런 공부는 대학생에게 결코 쉬운 일은 아니다. 그러나 생각해 보자. 이 세상에 가치 있는 일 중에서 고생과 노력이 없이 얻어지는 것이 어디 있겠는가? 나날이 새로워지는 기쁨을 얻기 위해서는 그만큼 힘과 땀을 쏟지 않을 수 없을 것이다.

이 책의 집필자들은 각 장을 쓰느라 고생이 적지 않았다. 다양한 분야에서 오랫동안 가르치고 연구한 흔적이 각 장의 여기저기 묻어 있다. 특히 각 영역에서 기초적이고 핵심적인 내용이 최신 동향과 함께 잘 제시되어 있다. 모든 저자는 같은 대학교의 교육학과에서 1972년 이후로 학년을 달리하면서 교육학을 배우고 연구했던 사람들이다. 오랜 세월이 흘러도 그동안 교육에 대한 믿음, 그리고 학문에 대한 열정이 변함없이 굳고 뜨거움을 이 책에서 서로 확인하였다.

　좋은 책을 만드는 학지사의 김진환 사장, 정승철 이사, 유가현 대리 그리고 모든 직원께 감사의 뜻을 보낸다.

2018. 3.

저자를 대표하여 이지헌 씀

차례

# 01
교육학개론

---

# 교육, 교사, 교직

**학습 내용**

⋯ 동서양의 교육의 어원을 파악한다.

⋯ 교육의 비유와 정의를 통해 개념을 이해한다.

⋯ 4차 산업혁명 시대의 미래 교육을 설명할 수 있다.

⋯ 교사의 역할과 교사가 갖춰야 할 자질을 이해한다.

⋯ 교직의 성격을 전문성의 관점에서 이해한다.

이 장에서는 우선 교육의 개념을 파악하고 교육을 구성하는 요소들을 이해한다. 교육의 어원을 살펴볼 때, 동양의 敎育은 '가르쳐 기른다'는 의미를 가지고 있고 서양의 education은 '밖으로 이끌어낸다'는 의미를 지니고 있다. 교육의 비유에는 주형의 비유, 성장의 비유, 성년식 비유 등이 있다. 교육을 정의하는 방식에는 조작적 정의, 약정적 정의, 기술적 정의, 강령적 정의 등이 있다. 교육을 구성하는 핵심 요소는 교사, 학습자, 교육내용이다. 시대의 변화를 감안하여 4차 산업혁명의 의미와 교육에서 길러 주어야 할 핵심역량을 다룬다. 이어서 교육의 핵심 주체인 교사의 역할과 자질과 역할, 교직의 성격에 대한 학습을 토대로 각자 '교사가 되는 일'의 의미에 대해 사유해 본다. 교사는 세대를 연결하는 번역자, 고정관념을 깨트리는 자, 해방자 등 다양한 역할을 하게 된다. 교사는 건전한 교육관, 교육애, 여러 덕목, 교과의 전문지식, 교수기술, 과업수행능력 등의 자질을 갖춰야 한다. 교직은 성직관, 노동직관, 전문직관 등의 관점에서 이해되어 왔다. 교사들의 교과지도와 학생지도는 전문성을 요구한다. 최근에는 감정노동자로서 교사와 교원소진의 문제가 새롭게 대두되고 있다. 교직윤리의 구체적 내용으로 학생에 대한 윤리, 동료교사에 대한 윤리, 학부모에 대한 윤리, 학교조직에 대한 윤리, 교직공동체에 대한 윤리, 국가 · 사회에 대한 윤리, 자신의 삶에 대한 윤리 등이 있다.

## 1. 교육이란 무엇인가

### 1) 교육의 어원

인간은 태어나서 죽을 때까지 끊임없이 무엇인가를 배우고 가르치면서 교육과 밀접한 관계 속에서 살아간다. 우리는 늘 교육적 경험을 하고 있지만 교육을 한마디로 정의하기는 쉽지 않다. 교육의 어원(語源)은 교육을 근원적으로 이해하는 데 도움을 준다.

동양의 고전에서 교육이라는 단어는 『맹자』에 최초로 등장한다. 맹자는 흔히 『논어』, 『중용』, 『대학』과 함께 사서(四書)에 포함되는 대표적인 유학 경서 중 하나다. 이 책의 '진심장구(盡心章句)' 상편에 군자의 세 가지 즐거움(君子有三樂)이 소개되고 있다. 첫째는 부모가 생존해 계시고 형제가 아무런 탈이 없는 상태요, 둘째는 하늘을 우러러 한 점 부끄러움이 없고 사람에게도 부끄러움이 없는 삶을 사는 것이요, 그 셋째는 천하의 영재를 얻어 교육하는 것이다(父母俱存 兄弟無故 一樂也, 仰不愧於天 俯不怍於人 二樂也, 得天下英才 而教育之 三樂也). 군자의 세 번째 즐거움을 이야기하면서 '교육'이 언급되고 있다. 여기서 주목할 점은, 맹자가 고대 중국의 교육적 이상인 군자의 즐거움을 먼 곳에서 찾지 않고 인간의 일상적 삶 속에서 찾고 있다는 것이다.

한자의 教는 老와 子가 합쳐서 이루어진 말로 자식이 늙은이를 모시고 받든다는 의미다. 더 엄밀히 말해서 윗사람이 하는 일을 아랫사람이 본받도록 지도·편달하는 일이 바로 教라 할 수 있다. 동양의 전통적인 교육 개념에 효도, 공경, 훈육 등의 의미가 깊게 배어 있는 것은 이러한 연유에서다. 또한 한자의 育은 養과 生의 의미로 원래 '아이를 낳아 잘 기른다'는 뜻과 함께 자녀를 길러 착하게 만든다는 뜻을 담고 있다. 여기에는 물질적, 신체적, 정신적 도움과 지원의 의미가 깊게 스며들어 있다. 동물과 달리 인간의 양육이 교육에서 결정적인 이유는 정신적, 심리적 도움 없이 교육적 행위가 성공을 거두기는 힘들기 때문이다. 요컨대 동양에서 교육(教育)의 의미는 '가르치고 기르는 일'이다.

서양의 경우 교육을 뜻하는 영어 단어 education은 'educare'에서 유래되었는데, 이는 e(밖으로)라는 접두사와 ducare(이끌어 내다)라는 라틴어 어근이 결합된 합성어다. 교육은 인간의 내부에 있는 소질, 가능성 등을 밖으로 이끌어 내는 작업인 것이다. 영어의 education이나 독일어의 Erziehung 모두 여기서 파생된 단어다. 서양 교육의 근원을 추적해 보면 교육은 아직 미성숙한 상태에 있는 피교육자의 내부에 숨겨진 소질, 잠재능력, 가능성 등을 잘 찾아, 육성하는 일과 밀접하게 관련되어 있다.

교육(학)을 지칭하는 또 다른 영어 단어인 pedagogy는 원래 고대 그리스시대의 노예였던, 가르치는 사람이란 뜻을 지닌 'paidagogos'에 그 기원을 두고 있다. 가르치는 노예란 의미의 '교복(教僕)'은 오늘날 교사의 효시가 되었다. 교복은 귀족 자제들을 학교에 데리고 다니면서 교육을 받게 하였고, 가정에서 기본 예의범절과 생활태도 등을 가르치는 가정교사의 역할을 하였다. 그리스어 paidagogos는 paidos(어린이)와 agogos(이끈다)의 합성어로 '어린이를 이끈다'는 의미를 포함하고 있다.

교육에 관한 동서양의 어원을 살펴보면 교육을 보는 관점이 약간 다른 것을 알 수 있다. 동양에서는 윗사람이나 어른이 아이들에게 무엇인가를 가르쳐서 올바른 방향으로 이끌어 가는 데 초점을 두고 있다. 이는 교육이 행해지는 방향이 학습자의 '밖에서 안으로' 향하고 있음을 알 수 있다. 서양은 아이들이 자신의 내부에 존재하는 재능과 잠재능력을 밖으로 표출하고 실현할 수 있도록 돕는 데 초점을 두고 있다. 이는 교육이 행해지는 방향이 학습자의 '내부에서 밖으로' 향하고 있음을 알 수 있다.

## 2) 교육의 비유

교육의 개념을 포착하기가 쉽지 않기 때문에 교육에 대한 비유를 오랫동안 사용해 왔다. 대표적인 비유로 주형(鑄型)의 비유, 성장의 비유, 성년식의 비유 등을 들 수 있다.

### (1) 주형의 비유

주형의 비유는 주물을 만드는 과정에서 착안한 비유다. 제작하려는 물건의 본을 뜬 틀을 만들고 거기에 쇳물을 부어 원하는 물건을 만들어 내듯이 교육도 아이들을 교육자가 원하는 방향으로 만들어 가는 과업이라고 이해한다. 이 비유에서는 교육이 교사의 의도대로 이루어지며 학생은 수동적으로 교사가 이끄는 대로 충실히 따라가면 된다고 본다. 주물을 만드는 과정과 비교해보면 교사는 주물을 만드는 장인에 해당하고, 학생은 주물 틀에서 만들어지는 물건에 해당한다. 공장에서 제품을 대량생산하는 것처럼 교육을 이해하는 '공장모형'은 주형의 비유에 해당된다.

교육에 대한 주형의 비유는 매우 오래된 교육 이해 방식이다. 교육은 일단 교육자가 원하는 무엇인가를 학습자에게 가르쳐서 변화를 도모하는 과업이라는 매우 상식적 수준의 교육관을 주형의 비유는 대변하고 있다. 이런 입장의 대표적인 학자로는 백지설을 주장한 로크(J. Locke), 교육만능설을 주장하는 왓슨(J. Watson) 같은 행동주의자들을 들 수 있다. 로크는 인간이 태어날 때는 백지(tabula rasa)와 같은 상태로 태어나기 때문에 성장하면서 어떤 경험을 하고 어떤 교육을 받느냐에 따라 결과가 상당히 달라질 수 있다고 보았다. 행동주의자들은 조건화(conditioning)를 통해 학생들에게 일정한 자극을 주고 원하는 반응을 얻어 낼 수 있다고 주장한다. 특히, 왓슨은 건강한 아이들을 자신에게 맡겨 준다면 원하는 어떤 사람으로도 만들어 줄 수 있다고 주장하였다.

주형의 비유는 교육의 가능성을 전적으로 신뢰하고, 모든 의도적이고 형식적인 교육을 설명한다는 점에서 상당한 설득력을 가지고 있다. 그러나 이 관점은 교사와 학생의 관계를 너무 단편적으로 이해하는 한계를 지니고 있다. 특히 학생을 지나치게 수동적 존재로 인식하고, 교사 중심의 교육을 당연시함으로써 교육이 권위주의적이나 주입식으로 흐를 가능성이 많다.

### (2) 성장의 비유

　성장의 비유는 주형의 비유와 반대되는 것이다. 식물이 자라듯 사람도 시간의 흐름과 더불어 성장한다. 여기서는 식물학이나 원예학의 핵심용어인 '성장'을 중심으로 교육을 이해한다. 성장 중심의 교육관에 따르면 인위적인 강요나 주입이 없을 때 인간이 자신의 고유한 리듬을 따라 자랄 수 있다. 따라서 인위적인 교육을 반대하는 입장을 취하게 된다. 피교육자에게는 자신의 고유한 내재적 리듬이 있다. 그것은 자연적 리듬을 말한다. 좋은 교육은 자연적 리듬을 잘 유지해 주는 교육이다.

　성장으로서 교육은 루소(J. Rousseau)의 자연주의 교육론에서 비롯된 것이다. 그의 교육관은 교육소설『에밀』의 서문에 잘 나타나 있다. "인간은 원래 선하나, 인간의 손에서 타락한다." 루소는 인간의 본성이 선하다고 믿는다. 따라서 인간이 가지고 있는 이러한 선성(善性)을 유지·보존해 주는 것이 인간의 성장에 중요하다. 역설적인 이야기지만 그의 생각대로라면 교육을 하지 않는 것이 인간을 제대로 교육하는 것이 된다. 그의 교육방법은 소극적이다. 아이들이 자연적인 성장 경로에 따라 자라도록 내버려 두되, 필요한 경우에만 도움을 주어야 한다는 생각이다. 이러한 관점은 동양에서는 맹자의 성선설에 담긴 교육사상에서 엿볼 수 있다.

　우리나라 교육현실은 자연성을 기르기 위한 교육과는 너무 멀어져 있다. 식사시간을 줄여 가면서 공부해야 하고, 놀고 싶어도 공부해야 하고, 공부하기 싫어도 공부해야 한다. 자연의 흐름을 거역하면 우선 몸을 망치고 결국 정신을 망치게 된다. 이 점에서 교육 성장관은 '인간의 본성을 되살리자'는 인간성 회복의 메시지를 강하게 담고 있다. 인간의 자연성을 회복하는 길은 먼 곳에 있는 것이 아니라 인간이 가지고 있는 '스스로 그러한(自然)' 상태를 잘 유지·보존해 주는 데 있다.

성장의 비유는 교육에서 아동, 학생의 중요성을 강조하고 교육방법의 중요성에 주목하고 있다. 한 인격체의 본성을 존중하면서 자연의 원리에 따르는 소극적 활동이 교육임을 일깨워 주고 있다. 주형의 비유처럼 원하는 유형의 인간을 인위적으로 만들어 가는 것이 교육이 아니다. 물론 현대사회에서 자연주의적 교육관을 그대로 적용하기에는 한계가 있다. 그럼에도 불구하고 합자연(合自然)의 교육원리는 교육에서 아동의 본성과 자율성이 무엇보다도 중요하다는 점을 밝혀 주고 있다.

### (3) 성년식의 비유

성년식의 비유는 교육을 마치 성년식(initiation)의 기능처럼 생각한다. 원시 부족사회에서 미성년자들은 일정한 나이가 되면 성년식을 치르게 된다. 그들은 성년식을 성공적으로 마쳐야 그 사회의 공적 구성원으로 인정받게 된다. 이처럼 교육은 아이들이 사회의 일원으로 살아가는 데 필요한 것들로 입문시키는 과정이다. 그래서 영국의 저명한 교육철학자인 피터스(R. Peters)는 교육이 아이들을 '문명화된 삶의 형식으로 입문시키는 일'이라고 보았다.

우리가 어떤 세계에 입문한다는 것은 단순히 초보자에 머문다는 것만을 의미하지 않는다. 입문은 그 분야에서 반드시 알아야 할 규칙, 기능, 성향, 능력 등을 갖춰 나가는 것을 의미한다. 가령, 어떤 사람이 사진에 입문하게 되었다고 말한다면, 이는 그가 단순히 카메라 셔터를 누를 줄 알게 되었다는 것만을 의미하지 않는다. 카메라 조작, 사진의 구도, 빛의 노출, 필름 현상 등과 같이 사진에 필요한 다양한 지식과 기능을 익혀야 한다. 이것이 실제로 사진에 입문하는 일이다. 이처럼 교육은 아이들을 문화유산 혹은 삶의 형식 안으로 입문시켜 성년식을 치러 주는 일과 유사한 것이다.

성년식의 비유는 주형의 비유와 성장의 비유가 갖는 한계를 극복하는 대안적 비유이기도 하다. 주형의 비유는 아이들을 어떤 틀로 길러 내기 위한 '교육내용'을 강조하였다. 성장의 비유는 아이들이 가지고 있는 자연성을 길러줄 수 있는 소극적인 '교육방법'에 초점을 두었다. 이에 비해 성년식의 비유는 교육내용과 교육방법이 분리될 수 없음을 강조한다. 합리적 사고활동과 경험을 통해 아이들은 삶의 형식에 입문되므로, 이를 돕는 일을 교육으로 본다.

## 3) 교육의 정의 방식

### (1) 조작적 정의

조작적 정의(operational definition)는 한 개념이 관찰되는 사태를 정의의 한 부분으로 포함시키는 정의이다. 이는 개념을 과학적으로 정의하는 방식이다. 과학에서는 자연 현상을 객관적으로 파악하여 그 특성을 일반화하고 여기서 법칙을 발견하려고 한다. 원래의 어떤 자연 상태를 객관화적으로 파악하기 어려울 때에는, 그것을 객관적으로 파악될 수 있는 조건을 '조작'하여 제시함으로써 객관적으로 관찰할 수 있게 만든다. 예를 들어, 기압은 '수은을 가득 채운 유리관을 수은이 담긴 그릇에 거꾸로 세웠을 때 수은 면에서부터 수은 기둥의 높이를 뜻한다'(이홍우, 1991: 41)는 정의를 보자. 이것은 기압이 관찰되는 사태를 조작적으로 제시한 정의이다. 이런 조작적 정의 때문에 원래는 객관적으로 관찰할 수 없었던 기압을 객관적으로 관찰할 수 있게 되었다. 이것이 조작적 정의의 이점이다.

교육에 대해 정의를 내리기가 어려운 이유는 교육활동이 지닌 추상적 특성 때문이기도 하다. 그 추상성으로 인해 교육의 개념을 쉽게 파악하기 어려울 때 조작적 정의를 한다면 교육의 개념을 보다 쉽게 파악할 수 있게 된다. 예컨대, 정범모(1968)는 교육을 '인간행동의 계획적인 변화'로 정의했다. 이처럼 교육을 조작적으로 정의하는 것은 교육 활동을 객관적으로 관찰 가능하도록 만들려는 과학적 노력이기도 하다.

### (2) 약정적 정의

약정적 정의(stipulative definition)는 일정한 약속을 통해 어떤 현상을 무엇이라고 부르자고 하는 정의를 말한다. 특정 상황에서 약속에 의해 정해지는 정의이기 때문에 그 의미가 일상적 언어 용법과 다를 수 있다. 이는 어떤 현상의 특성을 그대로 묘사하는 데 목적이 있는 정의라기보다는 다른 것과 구별지음으로써 의사소통을 원활히 하려는 데 목적이 있다. 예컨대, 우리가 성적을 표기할 때 A+는 대개 100점 만점에서 95~100점 사이에 있는 점수를 가리킨다. 이런 약정 속에서 A+라는 학점 표기를 한다면 일일이 점수를 나열하지 않고 간략히 축약해서 표현할 수 있다. 이처럼 약정적 정의는 복잡한 내용이나 현상을 약속에 의해 간략한 용어로 나타냄으로써 축약된 간단한 언어 사용을 가능하게 만든다.

교육의 개념을 정의할 때에도 약정적 정의가 사용되는 경우가 종종 있다. 교육학 내부의 논의에서든 다른 분야의 학자들과의 논의에서든 교육에 대한 개념 규정이 명확하지 않으면 논의가 서로 겉돌 수밖에 없다. 이럴 경우 어떤 식으로든 교육의 개념 규정을 명확히 하고 논의를 시작해야 할 필요성을 느끼게 될 것이다. 이때 약속에 의해 교육의 개념을 서로 공유하게 되는데, 이것이 곧 약정적 정의이다.

### (3) 기술적 정의

기술적 정의(descriptive definition)는 어떤 용어의 일상적 의미를 서술해놓은 정의를 말한다. 사전에서 어떤 단어나 용어를 설명하는 방식을 찾아볼 수 있는데, 이것이 대표적인 기술적 정의이다. 이 정의는 어떤 용어가 지니는 특별한 의미보다는 일상적인 어법에서 쓰이는 의미를, 가치중립적 입장에서, 있는 그대로 잘 설명해 준다. 그러므로 어떤 용어의 의미를 전혀 모르거나 생소한 사람에게는 기술적 정의가 매우 도움이 된다. 가령, 교육은 '가르쳐 기르는 일', 또는 '전체적 인간 형성의 사회적 과정'이라고 설명하는 것은 교육에 대한 기술적 정의에 속한다.

여기서 주목할 점은 기술적 정의와 약정적 정의가 그 내용에서는 별 차이가 없다는 점이다. 단지 정의하는 방식에서 나타나는 축약과 기술의 차이가 있을 뿐이다. '가르쳐 기르는 일'이 '교육'이라고 말할 때에는 앞의 내용을 뒤의 '교육'이란 용어로 축약하고 있기 때문에 약정적 정의가 된다. 그러나 '교육'은 '가르쳐 기르는 일'이라고 말할 때에는 교육이란 용어를 풀어서 설명하는 형식을 취하고 있기 때문에 기술적 정의가 된다.

### (4) 강령적 정의

강령적 정의(programmatic definition)는 개념의 정의 속에 '어떻게 해야 하는가? 어떻게 하는 것이 옳은가?'와 같은 규범이나 강령이 들어 있는 정의이다. 그래서 '규범적' 정의라고도 한다. 기술적 정의가 어떤 용어를 객관적이고 가치중립적 입장에서 규정하는 것인 반면, 강령적 정의는 가치판단이나 가치주장이 들어 있는 정의이다. 예컨대, 전문직에 대한 정의를 생각해 보자. 강령적 정의는 단순히 어떤 직종이 전문직에 속하는지를 기술적으로 제시하는 데 관심이 있다기보다는 전문직이라면 어떤 식으로 행동하고 대우해야 하는가를 따져보는 데 관심이 있다. 그렇기 때문에 강령적 정의는 그 정의 속에 들어 있는 규범 혹은 강령이 옳은 것인가를 따져 보는 도덕적 질문을 하게 만든다.

교육이 무엇인가를 묻는 질문은 단순히 기술적 정의를 듣고자 하는 질문이 아니다. 그것은 교육은 어떻게 해야 하는것인가, 어떤 교육이 올바른가를 묻는 질문이라고 볼 수 있다. 이에 대한 대답이 강령적 정의로 나타나게 된다. 교육이 규범적 속성을 갖고 있기 때문에 교육에 대한 강령적 정의가 자주 제시되어 왔다.

## 4) 교육의 구성요소

교육을 가능하게 하는 세 가지 요소가 있다. 그것은 가르치는 주체인 교사(교수자), 배우는 주체인 학습자(학생), 그리고 이 둘을 매개하는 교육내용(커리큘럼)이다.

### (1) 교사

교사는 가르치는 일을 하는 사람이다. 가르치는 일은 장소와 상황에 따라 다양하게 이루어진다. 가령, 가정에서는 부모에 의해, 군대에서는 상급자에 의해, 직장에서는 선임자나 상관에 의해, 학교에서는 선생님에 의해 여러 형태의 가르침이 행해진다. 이처럼 가르치는 일을 하는 사람을 넓은 의미에서 교육자(educator)라 할 수 있다. 우리가 통상 생각하는 교사(teacher)는 보다 좁은 의미로 학교에서 전문적인 교육활동을 하고 있는 선생님을 가리킨다. 학교의 비중이 갈수록 커져가는 현대교육에서 학교 교사는 전문직으로서 지위를 갖게 된다.

교육에서 교사는 매우 중요한 역할을 한다. 전통적인 교육관에서는 교육의 주도권이 학습자보다 교사에게 있다고 생각해 왔다. 경험과 지식이 앞서 있는 교사는 당연히 교육의 주도권을 가지고 학생들을 이끌어 가야 한다고 생각하였다. 그러나 진보주의와 같은 학생 중심 교육관에서는 학습자를 중시하는 반면 교사는 조력자, 협력자의 역할을 잘 하면 된다고 보았다. 그렇지만 조력자라고 해서 교사의 역할이 축소되는 것은 결코 아니다. 교사가 조력자의 역할을 잘 하기 위해서는 학생에 대한 연구, 상황 판단력, 학습 흥미유발에 대한 연구 등과 같은 치밀하고 지속적인 노력이 요구된다.

결국, '교육은 교사의 질을 능가할 수 없다'는 말이 잘 보여 주듯이 교사의 능력과 자질은 교육의 질을 결정하는 중요한 요소가 된다. 교사는 학생들에게 사표가 될 만한 인격적 자질을 갖추어야 하고, 자신의 전공 분야에 대한 해박한 지식이 있어야 하며, 학생을 가르치는 방법에 있어서 전문적인 지식을 가지고 있어야 한다.

### (2) 학습자

교육은 가르치는 자와 배우는 자가 주고받는 활동이다. 학습자가 없으면 교육은 성립되지 않는다. 학습자가 없는데 교사가 혼자 교육활동을 한다는 것은 논리적으로 성립될 수 없다. 교사와 학습자는 교육을 구성하는 양 축이라고 볼 수 있다.

전통적으로 학습자는 교육의 객체로 생각되어 왔다. 학습자는 교육받는 대상으로서 교사가 전달하는 지식을 받아들이는 수동적 존재라고 생각되어 왔다. 그러나 루소의 자연주의 교육, 20세기의 진보주의 교육, '구성주의 지식관'의 발달 등은 학습자에 대한 시각을 바꾸어 놓았다. 학습자는 단순한 수동적 존재가 아니라 스스로 학습을 주도할 수 있는 주체인 것이다. 최근에는 학습자에게 '자기주도 학습' 능력이 강조되고 있다. 자기주도 학습은 "개별학습자가 스스로 자신의 학습에서 주도권을 갖고 자신의 학습요구를 진단하고 자신의 학습목표를 설정하며, 학습에 필요한 인적 · 물적 자원을 확보하고 적합한 학습전략을 선택 · 실행한 학습결과를 스스로 평가하는 과정과 활동을 통하여 학습의 극대화를 가져오게 하는 것"(송인섭, 2007: 25)이다. 최근에 교육방법으로 부상하고 있는 '거꾸로 수업', 프로젝트 수업, 액티브 러닝(active learning)의 성공가능성은 결국 학습자의 자발성에 달려 있다.

### (3) 교육내용

교육내용은 교사와 학습자가 가르치고 배우는 활동의 핵심을 이루는 내용이다. 교육내용은 총체적인 인류의 문화유산으로 지식, 규범, 가치, 기술, 제도에 관한 것을 포괄하고 있다. 인류가 오랫동안 축적해 온 문화유산은 다음 세대에게 교육됨으로써 단절되지 않고 유지 · 존속된다. 문화유산은 그 자체가 방대하기 때문에 이를 효과적으로 가르치기 위해서는 일정한 구조를 갖추도록 체계적으로 조직해야 한다. 이렇게 조직된 것을 교과라 부르고 그 내용을 담은 매개체로서 '교재'가 개발되고 사용된다. 교육내용으로서 교재를 개발할 때는 다루어야 할 내용의 범위(scope), 계열성(sequence), 계속성(continuity), 통합성(integrity) 등을 고려해야 한다. 이 내용은 나중에(이 책, 293~295쪽) 교육과정 장에서 다루게 될 것이다.

교육내용은 지식 위주의 '교과'로 이해되기도 하지만 구체적인 '경험활동'으로 이해되기도 한다. 진보주의자들은 경험중심의 교육과정을 제안하였다. 교육내용으로서의 학습경험은 학생의 입장에서 어떤 경험을 하게 할 것인가를 가리킨다. 학생에게 의미 있고 흥미 있는 경험을 하도록 기회를 제공해 주려고 한다. 아무리 좋은 내용이라 하더라도, 학생들의 삶과 괴리가 큰 것이라면, 좋은 교육효과를 기대하기 힘들 것이다. 또한 교육내용에서 포함하고 있는 내용은 포괄적이어야 한다. 우리가 추구하는 인간상이 전인적 인간이라고 할 때, 학생들의 지적, 정서적, 신체적, 도덕적, 예술적 측면을 고루 발달시킬 수 있는 내용이 되어야만 설득력을 가질 수 있을 것이다.

교사, 학습자, 교육내용은 교육을 구성하는 핵심요소이긴 하지만 교육을 보는 관점에 따라 그 강조점과 상호관계가 조금씩 달라져 왔다. 전통주의 교육에서는 교사를 교육의 주체로 보는 반면 학습자는 객체로 보았다. 교육내용으로서 교과중심의 교육과정을 강조하였다. 교육에서 전반적으로 학습활동보다 교수활동이 더 강조되었다. 진보주의 혹은 학생중심 교육에서는 학습자를 교육의 주체로 보면서 교사는 학습자의 조력자임을 강조하였다. 교육내용으로서 경험중심 교육과정을 주장하였고 교수활동보다는 학습활동의 중요성을 더 강조하였다. 학문중심 교육 그리고 20세기 후반 이후의 교육에서는 교사와 학습자가 모두 교육의 주체이며 특히 학습자가 자신의 학습을 주도할 수 있는 존재라는 점을 강조하였다. 교육내용으로서 학문중심 교육과정을 강조하였고, 교수활동과 학습활동을 모두 중요하게 생각하였다.

## 5) 4차 산업혁명 시대의 교육

### (1) 4차 산업혁명의 의미

산업혁명은 통상 18세기 제임스 와트(James Watt, 1736~1819)가 발명한 증기기관에서 그 기원을 찾는다. 근대 이후 산업화는 몇 차례의 변화를 거쳐 현재의 단계까지 진화를 거듭해 왔다.

1차 산업혁명의 시기에는 1784년 증기기관의 획기적 발명과 그 파급효과로 기계화 생산 설비가 산업 부문에 널리 퍼지게 되었다. 2차 산업혁명 시기에는 1870년 전기를 활용한 대량 생산이 가능해지면서 제조업이 급속도로 번창하게 되었다. 3차 산업혁명의 시기에는 1969년 컴퓨터의 도움으로 정보화, 자동화 생산 시스템의 기틀이 확립되었다. 1차 산업혁명으로 경공업이 등장하고, 2차 산업혁명으로 중공업이 확대되었고, 3차 산업혁명을 통해 정보통신(IT) 산업이 부흥하게 되었다면, 4차 산업혁명은 과학기술 간의 경계, 실재와 가상현실의 경계, 기계와 생명의 경계가 희미해지는 시대로 나아감으로써 그 이전의 어떤 혁명보다도 거대한 변화가 예상된다.

4차 산업혁명은 이전의 시기와 달리 인공지능, 로봇, 가상현실 등의 과학기술 발달을 통해 실재와 가상을 통합함으로써 사물들을 지능적으로 제어하는 가상 물리 시스템이 등장하게 되는 것을 말해 준다(김대호, 2016). 즉, 3차 산업혁명인 정보통신과 전자기술 등 디지털 혁명을 기초로 삼아서 물리적 공간, 디지털적 공간, 생물공학 공간의 경계가 희미해지는 기술융합의 시대가 열리는 것이다.

4차 산업혁명의 화두를 본격적으로 꺼냈던 슈왑(Schwab, 2016)은 4차 산업혁명이 속도, 범위, 체제에 대한 충격의 세 측면에서 3차 산업혁명과는 확연히 다른 "지각 변동의 수준"이라고 보고 있다. 4차 산업혁명은 인공지능, 로봇, 클라우드, 모바일, 사물인터넷(Internet of Things: IoT), 빅데이터 등 현재 주목받고 있는 여러 가지 과학기술이 혼합되어 나타나게 할 것이며, 그 파급

효과는 산업, 의료, 교육 등 사회 전반에서 예상밖의 수준으로 나타날 것이다.

4차 산업혁명과 관련된 미래사회의 변화는 커즈와일(Ray Kuzweil)의 『특이점이 온다』(2006)에 잘 나타나 있다. 그는 2029년 인간과 거의 유사한 인공지능(AI)이 출현할 것으로 예측했다. 인공지능, 나노공학, 로봇공학, 생명공학이 발전하면서 기계가 인간의 지능을 필적하거나 추월하는 시대가 온다는 것이다. 그 후 인공지능이 비약적으로 발전해 2045년에는 인간의 지능을 수십억 배 능가할 것으로 봤다. 커즈와일이 말하는 '특이점'이란 미래에 기술 변화의 속도가 빨라지고 그 영향이 매우 깊어져서 인간의 생활이 되돌릴 수 없을 정도로 변화되는 시기를 말한다. 이때 인간과 기술의 구별이 사라지고, 오히려 기계인간이 인간을 압도하는 상황이 벌어질 수도 있다. 동일한 맥락에서 일본의 소프트뱅크 대표인 손정의는 컴퓨터가 인간의 지성을 초월하는 지성의 탄생이 특이점이며, 그 순간 인류 최대의 패러다임 전환이 나타나면서 특이점에 도달할 것으로 전망하였다(이철호, 2016).

### (2) 4차 산업혁명 시대의 교육

4차 산업혁명 시대에 필요한 인재를 기르기 위해서는 무엇보다도 교육의 변화가 절실하다. '무엇을 배워야 하는가'보다는 '어떻게 배워야 하는가'를 고민해야 하며, 지식보다는 역량을 키워 주는 교육이 절실하게 요청될 것이다. 과거의 주입식으로는 21세기형 인재를 키울 수 없다. 토론, 탐구, 프로젝트 학습을 통한 학생들의 활발한 수업참여가 필요하며, 배움의 현장이 질문과 토론으로 가득차지 않으면 안 된다. 새 시대에 적합한 구체적인 방법으로 플립러닝, 거꾸로교실, 하브루타, 문제중심학습, 토론학습, 협력학습 등 주체적이며, 자기주도적인 학습 방법이 등장하고 있다.

4차 산업혁명으로 사회 변화가 나타나면 교육에서 우리가 길러 주어야 할 역량의 변화가 반드시 나타난다. ICT 기술, 로봇공학, 기계학습 등의 영향은 산업분야별로 인간에게 요구되는 직무 역량이 분명하게 달라지게 만든다.

특히, 인간과 인간 간의 관계에서 요구되는 공감과 설득, 감성지능 등의 사회 관계 및 협업 기술은 프로그래밍 혹은 장비 운영 등의 기술보다 더 강조될 것이다. 초융합화, 초연결성, 초지능화, 초자동화, 초고속화로 치닫는 4차 산업혁명 시대에는 무엇보다도 '복합적 문제해결기술(Complex-Problem Solving Skills)'이라는 역량이 중요해질 것으로 예상된다.

2015 개정 교육과정에서는 '지식정보화 사회가 요구하는 핵심역량을 갖춘 창의융합형 인재'를 양성하기 위하여 여섯 가지 미래 사회 핵심역량을 제시하고 있다. 여기서 '창의융합형 인재'란 인문학적 상상력과 과학기술적 창조력을 갖추고 바른 인성을 겸비하여 새로운 지식을 창조하고 다양한 지식을 융합하여 새로운 가치를 창출하는 사람을 지칭한다. 이러한 인재를 국가 교육과정을 통해 양성하기 위하여 〈표 1-1〉과 같이 여섯 가지 미래 사회의 핵심역량을 제시하고 있다.

**표 1-1** 2015 개정 교육과정이 지향하는 미래 사회 핵심역량

| 핵심역량 요소 | 개념 |
| --- | --- |
| 자기관리 | 자아정체성과 자신감을 가지고 자신의 삶과 진로에 필요한 기초능력과 자질을 갖추어 자기주도적으로 살아갈 수 있는 능력 |
| 지식정보처리 | 문제를 합리적으로 해결하기 위해 다양한 영역의 지식과 정보를 처리하고 활용할 수 있는 능력 |
| 창의적 사고 | 폭넓은 기초지식을 바탕으로 다양한 전문분야의 지식, 기술, 경험을 융합적으로 활용하여 새로운 것을 창출하는 능력 |
| 심미적 감성 | 인간에 대한 공감적 이해와 문화적 감수성을 바탕으로 삶의 의미와 가치를 발견하고 향유하는 능력 |
| 의사소통 | 다양한 상황에서 자신의 생각과 감정을 효과적으로 표현하고 다른 사람의 의견을 경청하며 존중하는 능력 |
| 공동체 | 지역 · 국가 · 세계 공동체의 구성원에게 요구되는 가치와 태도를 가지고 공동체 발전에 적극적으로 참여하는 능력 |

출처: 이화(2015). 2015 개정교육과정의 주요 내용과 성공적 실행방안. 특별기획. 2015 WINTER. 한국교육개발원.

다른 한편, 미래 직업세계에서 요구되는 핵심역량으로 '직업기초능력 (Vocational Basic Abilities)'의 강화가 교육의 중요한 과제로 강조되고 있다. '직업기초능력'은 대부분의 직종에서 성공적으로 직무를 수행하는 데 공통적으로 요구되는 지식, 기술, 태도 등을 총칭하는 말이다. 이러한 능력은 단지 전문성 고양이라는 차원에서 요구되는 것이 아니라, 직업의 생성과 소멸이 빈번한 4차 산업혁명의 시기에 더욱 요구되는 역량이다. 개인적인 차원에서 볼 때 이직, 전직, 실직으로 인해 미래가 불투명해진다. 기업이나 조직의 차원에서 볼 때에도 다운사이징, 리엔지니어링, 기업 간 인수합병, 산업구조조정이 수시로 일어난다. 상황 변화에 융통성 있게 대처하기 위해서는 직업기초능력이 그 어느 때보다 중요하다. 직업기초능력의 요소를 어떻게 설정할 것인지에 관해서는 다양한 의견이 있을 수 있겠으나, 대체로 자기계발능력, 의사소통능력, 정보처리 및 활용능력, 문제해결능력, 대인관계 및 협응능력, 기술적 지식의 적용능력, 수리능력 등을 들 수 있다.

이처럼 미래에는 4차 산업혁명을 통해 산업별·영역별 경계가 모호해지고, 기술발전과 사회변화, 경제활동의 변화 등이 유발하는 불확실한 세계 속에서 다양한 분야 간의 융합이 계속되고 변화와 발전이 거듭될 것이다. 따라서 변화하는 미래에 선제적으로 대응하려면 사회 변화에 대한 정보를 획득하고 능동적이고 신속하게 대응하는 역량을 기르는 것이 무엇보다 필요하다. 특히, 향후 미래사회에서 로봇으로 대체 불가한 직업, 로봇과 인공지능 등을 통제할 수 있는 직업, 보유한 역량을 다양하게 활용할 수 있는 직업, 기업의 고용에 얽매이지 않는 자유로운 직업 등을 다양하게 고려함으로써 미래에 대한 개인의 대응 방식과 역량을 교육적으로 키워 줄 필요가 있다.

## 2. 교사의 이해

### 1) 교사는 누구인가

인간은 부모의 양육과 함께 선생님들의 가르침을 받음으로써 성인이 된다. 성장과정에서 만났던 훌륭한 선생님들이 오늘의 우리가 있게 한 분들이라는 고마운 생각이 들 때가 많다. 학창시절의 추억과 성장과정 속에는 늘 선생님들과의 관계가 자리 잡고 있다. 동서양을 막론하고 교사에 대한 존경심은 늘 있어 왔다. 하지만 오늘날 우리의 현실은 꼭 그런 것만도 아니다. 왜곡된 가치관으로 인해 교사가 모멸감을 느껴야 하는 상황이 종종 발생하기도 한다. 이제는 교직이 하나의 안정된 직업으로 인식되고, 교사 자신도 점차 가르치는 일로부터 '소외된' 하나의 직업인으로 안주하는 경우가 많아졌다. 학생을 향한 열정과 가르침에 대한 내적 에너지가 소진되어 버린 교사에게 학생은 귀찮은 존재이기 일쑤이고 수업은 버거운 일상이 되기 십상이다. 과연 우리는 어떤 교사를 바라고 있으며, 교사는 어떤 역할을 해야 하는가?

풀리어스와 영(E. V. Pullias & J. D. Young, 1974)은 『교사는 다양한 모습이다(A Teacher Is Many Things)』에서 교사는 어떤 사람인지 다양하고 상세하게 다루고 있다. 이들이 보기에 교사는 안내자, 가르치는 사람, 세대를 연결하는 번역자(a modernizer), 모델, 탐구자, 상담자, 창조자, 권위자, 비전을 갖게 하는 자, 규칙적인 행위자, 고정관념을 깨트리는 사람, 이야기를 들려주는 사람, 배우, 장면의 설계자, 공동체 건설자, 배우는 사람, 현실을 직면하는 자, 해방자, 평가자, 보존하는 자(a conserver), 최고인 사람(a culminator)이다.

이 중에서 세 가지만 살펴보자. 첫째, 교사는 세대를 연결해 주는 '번역자'의 역할을 한다. 교사는 인류의 축적된 경험을 학생들에게 의미 있는 용어로 번역한다. 세대 간에는 큰 간격이 존재한다. 세대 간의 시간 차이가 멀수록

이 간격은 더 벌어진다. 교사는 학생들을 위해서 이 간격을 연결해 주는 역할을 해야 한다. 교사의 과업은 이 간격의 존재를 파악하고 그것을 가장 잘 연결시켜 줄 수 있는 방안을 강구하는 것이다. 그런 의미에서 교사는 해석자이기도 하다. 시간적 간격을 가진 '텍스트'를 오늘의 시각에서 해석하고, 아이들이 그것을 이해하는 데 도움을 주는 사람이 바로 번역자로서의 교사이다.

둘째, 교사는 '고정관념을 깨트리는 사람'이기도 하다. 교사는 학생들이 오랜 구습이나 인습에서 벗어나 새로운 경험과 도전을 할 수 있도록 격려하는 일을 한다. 학생들로 하여금 스스로 진보하는 데 장애가 되는 신념이나 인습에서 벗어나 보다 합리적인 방향을 추구하도록 돕는 것이 교사의 과업이다. 교사가 이 일을 잘하기 위해서는 아이들이 발달단계에 따라 어떤 자질을 꼭 성취해야 하는지, 또 어떤 유혹과 나태함을 경계해야 하는지를 잘 알고 지도해야 한다. 학생들이 사회적 환경 속에서 무의식적으로 형성된 자신의 의식과 가치관에 대해 비판적으로 검토할 수 있는 능력을 길러 주는 일은 인간과 사회의 진보를 위한 교사의 필수 과업이다.

셋째, 교사는 학생들에게 진정한 자유를 누리게 하는 '해방자'이다. 교사는 학생들의 가능성을 볼 줄 아는 사람이다. 다른 사람들이 어떤 학생들의 못마땅한 행동 때문에 비난을 하고 실망할 때도 교사는 그들에게 필요한 경험, 인정, 격려를 해 줄 줄 아는 사람이다. 이런 과정을 거치면서 학생들은 자신의 불행한 이미지, 무지, 거부감과 열등감의 굴레에서 벗어날 수 있게 된다. 이처럼 교사는 학생들을 얽매고 있는 부정적, 구속적 요소들을 제거하고, 그들이 스스로 의미 있는 삶을 추구하도록 돕는 역할을 한다. 교사는 궁극적으로 학생들이 정신적 자유인으로서 비판적인 성찰의 삶을 살도록 돕는 일을 한다.

이처럼 교사의 역할은 매우 다양하고 이상적이다. 어쩌면 현장 교사들에게 이 모든 것을 갖추도록 요구하는 것은 무리일 수 있다. 하지만 교사는 완벽하지는 못할지라도 끊임없이 자신의 위치를 성찰하면서 교육의 본연에 충실하기 위해 지속적인 노력을 기울여야 하고, 그 과정에서 앞서 말했던 역할들은 중요한 지침이 될 것이다. 한 인간으로서 교사는 불완전한 존재이지만, 자신의 행동을 반성적으로 사고하면서 더 나은 인간으로 성장하도록 스스로 노력해 나가야 한다.

## 2) 교사의 자질

교사에게는 어떤 자질이 필요한가? 교사는 가르치는 학생들을 사랑할 뿐만 아니라 자신의 전공 교과를 잘 가르칠 수 있는 실력이 있어야 한다. 동료 교사들과도 원만히 지낼 수 있어야 하고, 학교 업무 분장에 따라 맡겨진 업무도 잘 수행해야 한다. 이처럼 교사에게 요구되는 자질은 대단히 많다. 이를 크게 두 범주로 구분해 볼 수 있다. 즉, 교육에 대한 가치와 태도 및 일반적 성품, 그리고 교육 전문가로서의 자질로 나눌 수 있을 것이다. 전자와 관련된 내용으로 교육관, 교육애, 여러 덕목을 생각해 볼 수 있다. 후자와 관련된 내용으로는 교과의 전문지식, 교수기술, 과업수행능력 등을 들 수 있다.

### (1) 교육관

교사는 철학하는 자세를 지녀야 한다. 교직의 본질과 사명에 대한 올바른 이해를 바탕으로 자신의 교육관, 교사관, 학생관 등을 건전하게 정립해야 한다. 교사는 자신의 교육관도 없이 시류에 흔들리고 상황에 따라 조령모개식의 교육을 해서도 안 되지만 그렇다고 해서 너무 경직된 교육관을 갖는 것도 바람직하지 못하다. 유연하면서도 분명한 교육철학을 가지고 있어야 한다. 또한 교사는 학생 개인의 자아실현과 사회적 인재 양성 사이에서 늘 균형을 유지해야 한다. 학생을 그저 피교육자로만 볼 것이 아니라 존엄한 인격체로 대우하고 무한한 가능성을 지닌 존재로 파악하는 교사가 되어야 한다. 학습자의 오류 가능성을 인정하면서 교사는 자신의 교육적 실천행위를 반복하고 누적시켜야 한다. 교사는 거듭되는 성찰을 통해 교육에 대한 신념 혹은 이상을 정립하고 실현해 나가야 한다.

### (2) 교육애

교사는 학생을 배려하고 사랑해야 한다. 피교육자에 대한 무한한 관심과 염려는 교육의 필요조건이다. 영화 〈홀랜드 오퍼스〉에서 음악 교사 홀랜드는 원래 교직에 뜻이 없었지만 임시방편으로 교단에 서게 된다. 처음 만난 학생들은 클래식 음악에 전혀 관심과 재능을 보이지 않는다. 그는 고심 끝에 학생들 각각의 이해 수준과 능력을 고려하여 음을 익히게 할 편리한 방법을 고안한다. 악기에 대한 두려움과 클래식에 대한 거부감을 가진 학생들이 마음 편히 음악에 접근할 수 있는 방법을 찾는다. 그 덕택으로, 악기를 연습시키고 학생들이 즐기는 락과 재즈까지 도입하여 클래식과 비교하면서 다양한 장르의 작품들을 설명하고 감상하게 된다. 학생들은 조금씩 음감을 얻게 되고 마침내 음악수업을 마음껏 즐기고 교향곡을 연주할 수 있는 수준에 이른다. 학생들은 음악에 대한 자신감을 통해 미래에 대한 용기도 얻는다. 음악을 통해 교사와 학생이 만났고, 음악과 학생에 대한 교사의 열정이 학생들에게 자신감을 갖게 했고 미래에 대한 용기를 갖게 했다. 이들은 음악으로 만났을 뿐이지만 서로에 대한 깊은 인간적 신뢰를 바탕으로 연대감을 형성하였다. 영화의 마지막 장면에서, 교단을 떠나게 되는 홀랜드 선생님에게 졸업한 제자들이 함께 모여 "저희들이 선생님의 작품입니다."라는 고백과 함께 선생님이 작곡한 작품을 연주하는 장면이 있는데 교육자의 보람이 무엇인지를 생각하게 한다. 이 모든 것은 학생들에 대한 홀랜드의 섬세한 배려와 지극한 사랑의 마음이 있었기에 가능했다. 교육애는 학생들에 대한 지속적인 관심, 호의, 도움, 대화, 유대 등으로 깊어지고 넓어진다.

### (3) 전문지식

교사는 전공 교과에 대한 전문 지식을 갖추어야 한다. 아무리 교육관이 투철하고 학생들을 사랑하는 교육애가 넘친다 하더라도 교사가 자기 교과에 대한 전문성을 갖추지 못하면 곤란할 것이다. 교사의 전문성은 근본적으로 교사의 자기 전공과 지식에 대한 열정에 따라 달라진다. 해당 교과목의 기초가 되는 근본 지식, 기초 개념 및 원리 등을 철저히 연구한 사람만이 그 핵심내용을 학생들에게 확실하게 가르칠 수 있다. 교사는 가르치는 사람이자 동시에 연구하는 사람이어야 한다. '연구자로서의 교사'라는 개념을 논의하기에는 아직 우리 교육현실의 여건이 맞지 않지만 선진국의 사례를 볼 때 앞으로 교사에게 요구되는 교사상이다. 교사의 연구 결과가 학생들에게 전달되고, 교사의 연구하는 자세가 학생들에게 자극과 동기를 주게 된다면 교사와 학생이 함께 성장하는 교육공동체가 가능해질 것이다.

### (4) 교수기술

교사는 교수기술을 능숙하게 활용할 수 있다는 점에서 교육 전문가다. 자신의 전공분야에 대한 해박한 지식을 갖췄다고 해서 잘 가르칠 수 있는 것은 아니다. 교사는 지식을 전달하는 방법을 충분히 습득하지 않으면 안 된다. 학생들의 발달단계와 능력, 적성, 관심, 흥미에 맞게 적절히 가르칠 수 있는 능력이 우선적으로 필요하다. 경우에 따라서는 집단학습보다 개별학습이 더 효과적일 수 있고, 강의보다는 토론으로 수업을 더 성공적으로 이끌 수 있다. 교수방법의 선택은 교육대상과 교과 성격에 따라 결정되는 것이지, 기계적으로 행할 것은 아니다. 특정 교수법을 모든 학생과 모든 수업에 대해서 획일적으로 적용하는 일은 적절하지 않다. 언제, 어디에서, 어떻게, 누구에게 적용할 것인지를 충분히 고려하는 방법적 지식이 교사에게는 필요하다. 이러한 기술과 지식은 하루아침에 길러지는 것도 아니고 지침서에서 관련 지식을 끌어옴으로써 해결되는 것도 아니다. 오로지 꾸준한 이론적 연구와 오랜 현장 경험을 바탕으로 서서히 형성된다. 교수기술은 단순한 지식 전달이 아니라 교육적인 수업이 되도록 적용해야 한다. 그 수업을 듣는 학생이 재미를 느끼고 인격적인 감화와 감동을 받도록 힘써야 한다. 학생들과 인간적인 만남을 도모하기 위해서는 진지함만으로는 부족하다. 재미가 넘치고 인간적인 면모가 엿보이는 기교도 있어야 한다.

### (5) 교사에게 요구되는 여러 덕목

교사의 개인적 품성은 학생들에게 직접적인 영향을 미친다. 교사의 인격이야말로 교육의 내용이요, 방법이기 때문이다. 교사는 과학적, 합리적인 자세를 지녀야 한다. 교사의 지적 덕목으로는 합리성, 개방성, 증거 존중을 들 수 있다. 새로운 지식과 학생들의 견해에 대하여 개방적인 자세를 지녀야 하고, 엄격한 이론과 학문에 기초한 근거 있는 지식을 제공하여야 한다. 교사의 도덕적 덕목으로는 정직성, 성실성, 공정성, 정당성 등을 들 수 있다. 학생들을 인격적으로 편견 없이 공정하게 대해야 한다. 교육적 편견과 차별이 가져올 수 있는 힘은 '피그말리온 효과(pigmalion effect)'를 보면 잘 알 수 있다. 교사가 칭찬을 하느냐 꾸중을 하느냐에 따라 학생은 무한한 성장을 할 수도 있고 아니면 실패의 나락으로 떨어질 수도 있다. 이 외에도 자신감, 책임감, 인내심, 안정성, 주도성, 정확성, 친절, 열의, 준법성 등의 덕목은 교사의 개인적 품성으로 요구되는 것들이다.

## 3) 교사의 직무

교사의 직무는 '법규적 직무'와 '실제 과업적 직무'로 구분해 볼 수 있다. 먼저, 법규적 직무는 「교육기본법」, 「초·중등교육법」 및 시행령, 「교육공무원법」, 「국가공무원법」, 「학교보건법」 등의 법률로 제시되고 있다. 교사의 법규적 직무는 학생 교육 및 관리 영역, 전문성 신장 영역, 복무 영역, 대외관계 영역으로 나눌 수 있다. 학생 교육 및 관리 영역에는 교육과정 및 수업, 학생 평가, 학생 생활지도, 학생 자치활동 지도, 건강증진 지도 등이 포함된다. 전문성 신장 영역에는 자질 함양, 연구 개발, 연수 등이 포함된다. 복무 영역에는 공무원으로서의 이행 의무, 금지 의무 등이 포함된다. 대외관계 영역에는 교원단체를 조직하고 참여할 수 있는 내용이 포함되고 있다. 이와 같이 법에서 규정하고 있는 교사의 직무는 교사들의 실제 과업수행의 기준과 근거가 된다.

실제 과업적 직무를 구체적으로 살펴보면, 수업준비, 수업진행, 수업정리 및 평가 등의 교과지도 영역, 특별활동과 재량활동의 지도 영역, 학급담임으로서의 생활지도 영역, 학급경영 영역, 학교경영 참여 영역, 학부모·지역사회 관계 영역, 전문성 개발 영역 등이 있다. 이 중에서도 교과지도, 학급담임의 생활지도, 학급경영, 특별활동과 재량활동 지도 등의 영역은 교사들의 일상적인 핵심과업이 되고 있다.


## 3. 교직의 이해

### 1) 교직의 성격

관점의 차이가 있겠지만 교직은 대체로 성직, 노동직, 전문직의 관점에서 파악되고 있다. 여기에 봉사직을 첨가하는 경우도 있다. 그러나 교직의 봉사성이 성직과 전문직을 조합한 면이 강하다는 점에서 교직을 성직, 노동직, 전문직의 세 가지 관점에서 살펴보는 것도 좋을 것이다.

#### (1) 성직관
성직관은 교직을 성직처럼 신성한 직업으로 파악하는 관점이다. 신부, 목사, 승려와 같이 신의 전권을 위임받은 자의 언행이 성스러운 것처럼 교사의 언어, 몸짓, 행위도 경외의 대상이 된다. 성직이란 하느님의 부르심, 즉 소명

(召命)의식과 밀접한 관련이 있다. 성직자들이 세속적 삶과 일정한 거리를 유지하면서 경제적 이익이나 금전적 보상과 무관한 삶을 영위하는 것처럼, 교직자들에게도 사랑, 헌신, 봉사 등의 정신과 영혼의 활동이 강조된다. 교사들에게 성직자다운 자세와 자질을 기대하며 높은 도덕적, 윤리적 행동규범을 요구한다.

이런 전통은 동양에서도 쉽게 찾아볼 수 있다. '스승의 그림자는 밟지도 않는다'는 속담에서처럼 교사는 경외의 대상으로 묘사되고 있다. '군사부일체(君師父一體)', 즉 임금과 스승과 아버지는 하나라는 교직풍토는 교사의 위상을 감히 짐작케 하고도 남음이 있다. 교사는 선생, 스승, 훈장과 같은 이름으로 불리며, 존경의 대상이고, 자라나는 세대의 본보기다.

유교의 전통에서 교직을 성직으로 보는 관점은 우리 사회에 널리 퍼져 있다. 교사를 다른 일반인과 같은 생활인 혹은 직업인으로 보기에 앞서 도덕적, 인격적 감화를 주는 사람 혹은 본보기의 대상으로 보는 경향은 성직으로서의 교직관을 잘 대변한다. 그러나 여기에는 교직을 일정한 틀에 맞추어 보는 구속적인 속성이 들어 있다고 지적할 수도 있다. 교직의 특성상 실리를 추구하는 일과는 거리가 있겠지만, 교직을 수행하면서 합리적인 주장을 펼칠 수 있고 또 이를 수용하는 제도가 사회적으로 인정받아야 한다.

### (2) 노동직관

근대사회에서 인간은 노동을 하여 생계를 유지한다. 노동이 인간의 신성한 의무이듯 교사 또한 이러한 의무에서 자유로울 수 없다. 교직을 여타의 노동직과 똑같이 간주하려는 입장이 바로 교직의 노동직관이다. 자신의 육체로 생계를 꾸려 나가는 육체노동자의 노동과 교사의 노동은 그 강도나 성격이 다르겠지만, 교직에서 요구하는 과업은 육체노동 못지않게 힘든 노동을 필요로 한다. 교사의 사회적, 경제적 위치는 봉급생활자이자 정신노동자다. 교사의 고용주체는 국가, 지방자치단체, 또는 학교법인이며 이들과 고용관계를 맺는다.

　노동자들은 노동조합에 가입하고 임금인상이나 근무조건 개선을 위하여 단결권, 단체교섭권, 단체행동권을 행사할 수 있다. 물론 교직의 경우 파업과 같은 단체행동권은 교원노조가 결성되어 있는 대부분의 나라에서 금지되고 있다. 노동직관에는 적극적 생활인으로서 교사의 모습이 잘 드러난다. 전국교직원노동조합은 1980년대 후반 결성 당시 합법조직으로 인정받지 못하여 조합원들이 직위해제 되거나 해직 당하기도 했지만, 10년 후 마침내 합법성을 인정받아 교사의 제반 권리를 요구할 수 있는 조직이 되었다. 전국교직원노동조합의 결성 그리고 조직의 합법성을 인정받기 위해 벌인 교육운동은 교사들의 사회·경제적 지위를 향상시키고 국가권력의 부당한 침해를 차단하려는 적극적 노력이라는 점에서 교육의 민주화에 기여했다고 평가할 수 있다.

　그러나 교직원노조가 합법성을 인정받았고, 합법화 이후 교원들의 여론을 대변하는 역할도 했지만 '교사는 노동자'라는 등식이 우리 사회의 정서상 여전히 자연스럽지 못한 점이 있다. 교직원노조가 교단의 민주화, 인간화를 위해 노력해 온 점은 긍정적으로 평가해야겠지만, 간혹 급진적 주장으로 교육 당국과 마찰을 일으키고 사회적 우려를 야기했던 사례들에 대해서는 성찰이 요구되기도 한다. 교사도 노동자라는 교직관은 민주사회의 다양성, 다시 말해서 교직사회의 다양성을 입증해 주는 역사적 진화로 볼 수 있을 것이다.

### (3) 전문직관

　교직을 전문직으로 보는 견해는 비교적 널리 퍼져 있다. 교직은 전문적인 서비스 기능을 담당하며, 고도의 지식과 기술을 제공하는 직업이다. 보통 전문직은 장기간의 전문적 훈련과 엄격한 자격을 필요로 한다. 자율성이 보장되지만 그에 따른 책임도 요구된다. 상대적으로 높은 사회적 위신과 경제적 보상을 확보하기 위한 자치조직을 가진다. 그리고 엄격한 윤리강령 준수가 요구된다. 이런 점에서 일반직과 구별된다. 교직도 일정 부분 전문직의 이러한 특성을 갖고 있다. 교사의 전문성은 특히 수업에서 진가가 드러난다. 수업전문성에는 가르칠 교과에 대한 전문지식, 가르치는 방법의 전문성, 학습자의 이해, 동기유발, 발문, 생활지도와 상담, 평가와 피드백, 반성능력 등이 포함된다.

그렇다면 교직은 과연 전문직인가? 유네스코와 국제노동기구(ILO)는 1966년 교원의 지위에 관한 공통된 기준과 척도를 설정하기 위하여 '교원의 지위에 관한 권고'를 선포하였다. 이 권고안 제6항에서는 "교직은 전문직으로 간주되어야 한다"고 제시함으로써 교직이 전문직임을 천명하고 있다. 이처럼 교직은 전문직이어야 한다는 '규범적 논리'가 있는가 하면, 교직의 발전 과정을 볼 때 현재의 교직은 충분히 전문직의 위상과 자격을 갖추고 있다고 보는 '사실적 논리'도 있다. 흔히 전문직의 기준으로는 다음과 같은 내용이 제시되고 있다(이윤식 외, 2007: 25).

- 독자적이고 분명하며 본질적인 사회봉사
- 봉사를 수행함에 있어 지적 기능 강조
- 장기간의 전문적 양성교육
- 개인적 또는 집단적으로 광범한 자율권 행사
- 자율권 행사에 따른 개인의 책임 강조
- 전문직 집단활동에서 개인의 경제적 이익보다 봉사의 중요성 강조
- 광범위한 자치조직 구성
- 명확한 행동방향을 제시하는 윤리강령 제시

무엇보다도 교직전문성의 핵심은 학생들을 가르치는 데서 드러난다. 이는 의사의 가장 중요한 전문성이 환자를 치료하는 데서 드러나는 것과 마찬가지다. 아무리 연구를 많이 했고 명망이 높은 의사라 하더라도 환자의 병을 제대

로 치료하지 못한다면 전문성을 인정받기 어렵다. 교사도 마찬가지다. 교사의 경우 학생들의 수업지도와 생활지도에서 전문성이 발휘된다. 물론 교육활동이 단순한 지식의 전달에 머물고 학생들과 의례적인 관계형성에 그친다면 교사는 전문성으로부터 거리가 멀어질 것이다. 직업안정성만을 믿고, 틀에 박힌 일을 반복하는 교사의 일상은 역동성과 긴장감이 전혀 없는 단순 직업인의 그것과 다를 바 없다.

## 2) 감정노동자로서의 교사 그리고 교원소진

교직을 바라보는 관점의 차이가 있기는 하지만 대체로 교직은 성직, 노동직, 전문직의 관점으로 파악되어 왔으며, 봉사직관을 강조해 왔다. 하지만 성직, 노동직, 전문직이라는 전통적 관점과 다른 것으로 최근 들어 교사도 '감정노동자'라는 새로운 관점이 부각되고 있다.

전문직으로서 교직의 위상이 흔들리는 상황에서, 교직을 수행하는 교사도 사회복지사, 콜센터 상담원, 판매원과 같이 실제로 자신의 감정과는 무관하게 직무를 수행해야 하는 '감정노동자(정혜신, 2013)'로 보아야 한다는 견해가 나타나서 설득력을 얻고 있다. 엄기호(2013)가 지은 다소 도발적인 책『교사도 학교가 두렵다』에 의하면, 학교는 학원의 보조로 추락했고, 학교에서 얻을 게 없거나 배울 능력이 안 되는 학생들은 수업 동기를 잃은 채 옆에 있는 약자에게 분노를 퍼붓는 적나라한 상황이 연출되고 있다.

이러한 척박한 교육현실에서 교원소진(burnout)이 급증하고 있다. 학교붕괴, 교실붕괴, 수업붕괴가 우리의 교육현장을 엄습한 것이 어제 오늘의 일이 아니다. 붕괴된 교육현실에서 교사와 학생 사이의 사제지정(師弟之情)은 사라진 지 오래이고, 입시 위주의 획일화된 교육현장에서 교사는 학원교사의 보조자로서 인식될 정도로 위상이 약화되었다. 초등학교 교실에서는 수업시간에 가만히 앉아 있지 못하고 교실을 돌아다니는 산만한 아이들이, 중등학교에서는 수업시간에 '널브러져' 자는 무기력한 학습자가 넘쳐난다(엄기호, 2013).

　교사가 입시경쟁에 놓여 있는 학생들을 다루기란 쉽지 않다. 한편으로, 공부를 잘하는 학생들의 경우 입시와 무관한 과목에서 교사의 수업을 회피하고, 또 교사가 입시와 상관없는 수업을 진행할 때 불만을 표출한다. 가령 선택과목이나 예체능 교사의 경우 학생들의 무관심과 무시로 인해 극심한 수업붕괴를 경험한다. 단지 주요과목이 아니라는 이유로 한국의 교육현장에서 예체능은 보조과목의 일부에 지나지 않는다. 다른 한편, 공부를 못하거나 입시를 포기한 학생들은 교사와 가능한 한 무관하게 지내려 하며, 그저 학교라는 공간에 수용되어 있을 뿐이고, 교사가 다가갈 마음이 생기지 않을 정도로 사제관계는 소원하기 그지없다. 소위 '수포자(수학을 포기한 학생)', '영포자(영어를 포기한 학생)'를 대하는 교사의 심정은 이루 말로 다 표현하기 힘들 정도이다.

　한국의 교실에서 두드러지는 학교폭력과 자살문제는 교사를 더욱 힘들게 한다. 이전에 학교폭력은 예외적인 사건에 불과하였으나 근래 들어 학교는 교사와 학생, 학생과 학생 사이에 폭력이 잠재되어 있는 위험한 지대로 인식되고 있다. 성적비관이나 집단따돌림 그리고 학교폭력으로 인해 학생들의 자살이 이어지면서 학교는 안전관리의 대상으로 전환되고 있다. 그리고 폭력의 문제는 더 이상 학교만의 문제가 아니라 사회 문제로까지 확대되었다.

　그 무엇보다도 교사가 힘든 것은 학부모와의 갈등 때문이다. 한 학생을 두고 교사와 학부모는 교육주체로서 서로 협력해야 하는데 실제로는 학생의 진로문제나 인성교육이 갈등을 일으키는 경우가 많다. 학부모는 자식의 성적에만 관심을 두며 정작 합리적인 진로에 대해서는 관심이 적다. 학부모의 양육이나 교육방식에 관해서 교사가 문제를 제기하면 오히려 자신의 아이를 두둔하면서 학부모의 교육방침에 교사가 나설 일이 아니라고 선을 긋기도 한다. 부모의 지나친 관심은 학생을 지도하는 교사의 입장에서 하나의 간섭으로 느껴질 수밖에 없다. 학교폭력의 심각성이 알려진 이후 학부모들의 관심은 오직 자기 자식이 가해자 혹은 피해자로서 폭력과 연루되지 않았으면 하는 데 있다. 정작 사건이 터졌을 경우 생활기록부에 그 사실이 기재되면 불이익을 받지 않을까 불안을 표출하며, 폭력 문제를 직접 해결하려고 나서는 경우도 많아 교사의 존재감이 무력화되고 있다.

그렇다면 교사의 생활공간인 교무실 사정은 어떠한가. 어쩌면 교무실은 '군중 속의 고독'의 공간으로 표현될 정도로 무관심과 냉소주의가 팽배하다. 무기력과 무관심이 넘쳐 나는 학교 안에서 교사와 교사 사이에도 넘어설 수 없는 벽들이 상존한다. 공적으로 자기 이야기를 나누길 꺼려 하는 교사의 성향 탓에 수업, 생활지도, 학생문제 등과 같은 주제로 동료교사와 대화하거나 토론하며 해결하려는 분위기는 찾아보기 어렵다. 게다가 설상가상으로 교직의 위계화와 교원평가제도는 교사를 위축시키는 요인이 되고 있다. 교장과 교감 등 관리자와의 관계에서 평교사는 그들과 소위 '평등하게 말할 권리'를 갖고 있지 않아서 마음고생이 적지 않다. 교직사회에 교원의 역량과 능력을 평가하는 제도가 도입된 이후에는 평가 기준에 따라서 관리자와 동료교원에게 자신을 맞추어 나가지 않으면 낙오될지도 모른다는 위기감과 불안감이 그 어느 때보다도 커졌다.

이런 저런 이유로 인하여 교육활동 중에 교사는 학생, 학부모, 동료교사, 학교 관리자 등으로부터 교권을 침해당하거나 마음의 상처를 입게 된다. 교권 침해나 피해를 당할 경우 교원의 자존감은 심각한 상처를 받게 되고, 교원으로서의 사기가 저하된다. 그로 인해 교육에 대한 열정이 식게 될 뿐만 아니라 심각한 신체적, 생리적, 심리적, 정신적 스트레스가 생기게 된다.

## 3) 교직윤리

그럼에도 불구하고 교사들에게는 엄격한 교직윤리가 요구된다. 예나 지금이나 교사들에게는 다른 어떤 분야의 종사자들보다도 더 높은 수준의 도덕성이 요구된다. 극히 일부 교사의 비도덕적인 행위가 보도되기만 해도 전체 교직에 대한 비난 여론이 빗발치는 경우를 종종 볼 수 있다. 교직의 도덕성에 대한 여론의 반응이 그렇게 민감한 이유는 교직에 대한 도덕적 기대 수준이 그만큼 높기 때문일 것이다. 이는 교직관과 매우 밀접하게 연관된다. 전문직으로서의 교직은 그에 상응하는 직업윤리가 요구된다. 일반적으로 전문직은 다른 직종에 비해 더 높은 도덕성이 요구된다. 이는 전문직이 사회에 미치는 영향력이 매우 크기 때문이다. 전문직은 과업 수행에서 고도의 전문지식이 요구되고 이에 상응하여 자율성이 주어지는 만큼 높은 도덕성이 요구된다. 따라서 전문직으로서의 교직에서는 과업 수행의 자율성이 보장되어야 하고 엄격한 교직윤리가 요구된다.

교직윤리는 구체적으로 학생에 대한 윤리, 동료교사에 대한 윤리, 학부모에 대한 윤리, 학교조직에 대한 윤리, 교직공동체에 대한 윤리, 국가·사회에 대한 윤리, 자신의 삶에 대한 윤리 등을 생각해 볼 수 있다(이윤식 외, 2007: 366-379).

첫째, 학생에 대한 윤리이다. 교사는 학생의 인격과 권리를 존중해야 한다. 피교육자로서 학생의 인권은 자주 무시되기 쉽다. 교사는 성장기에 있는 학생들의 실수 가능성을 인정하면서 그들을 사랑으로 감쌀 수 있어야 하고, 편견 없이 공정한 사랑으로 대해야 한다. 교사는 학생들에게 성실하고 진실해야 하며, 인내와 관용의 태도를 가져야 한다. 비록 지적 수준에서는 교사와 학생이 동등하지는 않겠지만 존엄한 가치를 지닌 인간이란 점에서는 하등의 차이가 없다. 교사는 학생들이 존엄한 인격체임을 늘 기억하면서 그에 상응한 대우를 할 수 있어야 한다.

둘째, 동료교사에 대한 윤리이다. 학교는 여러 교사가 교육공동체를 형성하고 있다. 교사는 공동체를 형성하고 있는 동료교사를 존중하고 그들의 권위를 보호해 주어야 한다. 교사들 간에 있을 수 있는 다양한 견해 차이는 대화와 소통을 통해 해소되어야 한다. 교사는 다른 교사의 교육관이나 교육방식에 대해서 가능한 한 관용하는 자세를 가져야 한다. 교사들은 상호 이해를 바탕으로 서로 협력하고 조력함으로써 성공적인 교육활동이 이루어지도록 함께 노력해야 한다. 나아가 교사들은 동료교사에 대한 건전한 평가와 비판 그리고 격려의 태도를 가져야 한다. 이런 태도는 교사 상호 간의 발전과 성취에 도움이 될 것이다.

셋째, 학부모에 대한 윤리이다. 학부모는 학생의 보호자로서 당연한 권리와 의무를 가지고 있다. 학부모와 교사는 학생을 교육하는 데 상호 긴밀한 협력 관계를 유지해야 한다. 교사는 권위주의적 태도를 버리고 학부모를 교육의 동반자로 인정하면서 원활한 소통관계를 유지하고 학생 교육과 관련된 정보를 그들과 공유할 필요가 있다. 간혹 학부모들이 가지고 있는 교육관이나 학생관이 바람직하지 못할 때는 교사가 '학부모 교육자'로서 인내와 관용의 자세를 가지고 학부모를 인도해야 한다.

넷째, 학교조직에 대한 윤리이다. 학교는 하나의 조직으로서 공동으로 추구하는 목적이 있다. 이를 위해 교사 각자에게 맡겨진 과업을 성실히 수행해야 한다. 교사 자신의 나태함으로 학생은 물론이고 전체 조직에 피해가 가지 않도록 해야 한다. 조직원으로서 교사는 상급자에 대한 예의를 지킬 뿐만 아니라 그들의 리더십이 잘 발휘되도록 협력해야 한다. 교사는 학교의 제반 행사에 능동적으로 참여해야 하고 건전한 비판을 통해 조직이 더 발전할 수 있도록 노력해야 한다. 교사는 학교의 문화를 건강하게 만들어 가는 데 적극적으로 참여할 필요가 있다.

다섯째, 교직공동체에 대한 윤리이다. 교사는 개인이기도 하지만 교직사회의 일원이기도 하다. 자신이 교직공동체의 일원이라는 의식을 가지고 교직사회의 발전을 위해 노력해야 한다. 이를 위해 교사는 상호 간의 공동 활동에 적극 참여해야 한다. 지나친 개인주의나 폐쇄성은 교직사회의 발전을 저해하게 된다. 가능한 한 교원단체 활동을 통해 공동체 의식을 갖는 것이 바람직할 것이다. 교사 개개인의 처신이 교직사회의 전체 이미지를 실추시킬 수 있기 때문에 스스로 절제하는 행동과 품위 유지에 힘쓸 필요가 있다.

여섯째, 국가·사회에 대한 윤리이다. 교사는 학교와 지역사회를 우호적이고 협조적으로 연결시키는 원동력이며 국가 발전의 선도자다. 학교와 지역사회, 그리고 국가는 분리되어 따로 존재하는 것이 아니라 서로 영향을 주고받는 역동적인 상호작용 관계에 있다. 따라서 교사는 지역사회와 국가의 일원으로서 책임과 의무를 지니고 나아가 지역사회를 이해하고 지역사회의 전통을 존중하며, 지역 생활과 지역 문화의 향상을 위해 봉사해야 한다. 국가와 사회가 교사들에게 위임해 준 막중한 임무는 다음 세대를 건강하고 바르게 길러 주라는 것임을 늘 기억하면서 사회적 책무를 다하기 위해 노력할 필요가 있다.

일곱째, 교사 자신의 삶에 대한 윤리이다. 교직은 전문직이다. 교직에서 전문성을 확립하는 일은 다른 어느 것보다 우선시되어야 한다. 교사는 아무나 될수 없고, 또 그래서도 안 된다. 교육을 하는 사람은 스스로 먼저 폭넓은 교양을 갖추어야 하며, 아울러 전문지식과 기능에 숙달해야 하고, 인간발달과 학습심리 등에 대한 소양도 지녀야 한다. 교육전문가로서 자긍심을 유지할 수 있는 계속적인 연찬과 덕의 함양이 요구된다. 더구나 오늘날과 같이 지식과 정보가 폭발적으로 증가하는 지식정보사회 그리고 4차 산업혁명으로 인해 급속하게 변화하는 인공지능 사회에서는 새로운 지식과 기술을 습득하고, 변화하는 사회에 능동적으로 적응하기 위해서도 부단한 자기계발이 필요할 것이다.

**TIP** 추천 영화

〈홀랜드 오퍼스〉(1995)

〈죽은 시인의 사회〉(1989)

〈굿 윌 헌팅〉(1997)

〈빌리 엘리어트〉(2000)

〈천국의 속삭임〉(2006)

〈안녕?! 오케스트라〉(2013)

〈명왕성〉(2012)

〈4등〉(2015)

**정리문제**

1. 동서양의 교육의 어원에 대해 설명하시오.

2. 교육에 대한 주형의 비유와 성장의 비유를 비교하여 설명하시오.

3. 4차 산업혁명 시대에 교육에서 길러 주어야 할 핵심역량을 설명하시오.

4. 교사는 누구인지를 그 역할을 중심으로 설명하시오.

5. 교사에게 요구되는 바람직한 자질에 대해 언급하고, 자신이 생각하는 교사의 자질에 대해 설명하시오.

6. 교직이 어떤 점에서 전문직인지를 설명하시오.

7. 교원소진의 원인과 해결책을 설명하시오.

# **참**고문헌

교육철학회 편(2007). 좋은 교육. 서울: 문음사.

김대호(2016). 4차 산업혁명. 서울: 커뮤니케이션북스.

손승남 외(2017). 인성교육. 서울: 학지사.

손승남(2017). 교원의 잘삶을 위한 전인통합치유. 서울: 학지사.

송인섭(2007). 자기주도학습. 서울: 학지사.

엄기호(2013). 교사도 학교가 두렵다. 서울: 따비.

오욱환(2006). 교사 전문성. 서울: 교육과학사.

유성상(2017). 배움의 조건: 영화 속에 담긴 13가지 교육 이야기. 서울: 지식의 날개.

이윤식, 김정휘, 박영숙, 이성은, 정영수, 조동섭, 최상근, 김병찬, 박남기, 전제상, 정
    일환, 진동섭, 허병기(2007). 교직과 교사. 서울: 학지사.

이지헌, 김영록, 김희봉, 노석준, 손승남, 송현종, 이두휴, 이정화(2005). **교육학의 이**
    **해**. 서울: 학지사.

이철호(2016). "손정의가 '특이점이 온다'면 온다". 중앙일보.

이홍우(1991). 교육의 개념. 서울: 문음사.

이화(2015). 개정 교육과정의 주요 내용과 성공적 실행방안. 서울: 한국교육개발원.

장시형, 김명남 역(2007). 특이점이 온다. Kuzweil, R. 저(2006). 경기: 김영사.

정범모(1968). 교육과 교육학. 서울: 배영사.

정영근(2017). 교육학개론 4.0 인간 학교 디지털기술문명사회와 교육. 서울: 문음사.

정혜신(2013). 당신으로 충분하다. 서울: 푸른숲.

조동섭, 김성기, 김왕준 역(2016). **가르침의 윤리학**. Soltis, J. F., & Strike, K. A. 저
    (2009). 서울: 박영스토리.


Pullias, E. V., & Young, J. D. (1974). *A teacher is many things*. Bloomington and
    London: Indiana University Press.

Schwab, K. (2016). *The fourth industrial revolution: What it means, how to
    respond*. World Economic Forum.

# 02
교육학개론

## 한국교육사

역사를 공부하는 이유는 과거의 사건들을 그 시점뿐만 아니라 현재의 시각에서 해석함으로써 그것들이 오늘날에 주는 교훈을 얻기 위함이다. 지난 교육을 역사적으로 재조명하는 일은 현재의 교육문제를 이해하고 다가올 우리 교육의 미래를 조망하기 위해서 필요하다. 현 시대는 그 어느 때보다도 역사의식을 잘 갖춘 미래의 교사를 원하고 있다. 이런 점에서 이 장은 한국교육의 역사를 자주적 주권과 민족적 정체성 관점에서 서술하고자 하였다. 제1절은 고대에서 고려시대까지의 교육을 조망하고 있다. 단군의 홍익인간 이념과 신라의 화랑도, 고려의 주요 학제들을 다룬다. 제2절은 조선시대의 교육을 다루되, 성균관을 축으로 하는 제도사, 교육제도의 핵심으로 간주되는 과거제, 성리학과 실학에 나타난 교육사상 등을 살펴본다. 제3절은 근대와 현대의 교육을 개관하고 있다. 개화기교육을 근대교육의 성립이라는 측면에서 살펴보고, 우리 근대교육을 왜곡시킨 일제의 식민지교육을 비판적으로 다루며, 해방 후 오늘날 교육의 성립에 영향을 끼쳤던 요인들을 통시적으로 살펴본다.

## 1. 고대와 고려시대의 교육

### 1) 우리나라 교육의 기원

　　우리 민족이 국가의 형태를 갖추기 시작한 것은 고조선(古朝鮮) 시대부터
지만 선사시대의 자세한 사료는 거의 남아 있지 않다. 원시사회에서 인간의
삶은 주로 부족의 안전과 의식주 문제를 해결하는 것이 무엇보다 중요했다.
부족사회는 이 기본 과제를 수행하는 데 집단적 결속, 종교의식, 특별한 훈련
을 필요로 했다. 이 무렵부터 원시적인 형태의 교육이 이루어지기 시작하였
다. 그것은 대개 생활 가운데서 일어나는 무의도적이고 무의식적 모방에 의
한 교육이었다.

　　원시사회에서 성년식은 핵심적인 교육적 기능을 수행하였다. 사회가 발전
하면서 사회 구성원의 자질과 능력을 검증할 절차가 필요해진 것이다. 성년
식은 인간이면 누구나 태어나서 한 번은 거쳐야 하는 관문이 되었다. 이를 통
과해야만 완전한 성인으로 인정받고 사회의 한 구성원으로서 권리와 의무를
당당하게 행사할 수 있었다. 『삼국지』 위서 동이전은 "나라에서 성곽을 쌓을
때 장정들이 필요하여, 젊고 용감한 청년들을 모아 등가죽에 구멍을 내었다.
거기에 밧줄을 꿰어 큰 나무를 매달고 온종일 환호하며 힘을 써도 아프지 않
다고 하였다"고 기록하고 있다. 이처럼 성년에 이른 청년들을 한 곳에 모아서
몸에 상처를 입히거나 여러 가지 시련을 주고 고통을 이겨 낼 수 있는지를 시
험하여 구성원의 자질을 검증한 것이다. 성년식을 통과하기 위해서는 그 사
회의 풍습과 어른들이 요구하는 것을 습득해야 했으므로 결국 성년식 자체가
자연스런 교육적 기능을 수행한 것이다.

　　우리 민족의 전통적인 교육이념을 이해하는 데 가장 중요한 것은 건국신화

인 단군신화이다. 천제 환인의 아들 환웅은 인간 세상을 그리워하고 다스리기를 희망했다. 이는 현세 지향적이며 인간중심적인 세계관을 잘 드러내 주고 있다. 신화에 등장하는 곰은 인내의 상징으로 극기하고 인내하는 인간상을 보여 준다. 곰의 기다림은 고난을 슬기롭게 극복하는 지혜를 간접적으로 나타낸다. 환인 천제가 환웅에게 당부한 '인간이 사는 온 세상을 두루 널리 이롭게 하라'는 홍익인간(弘益人間) 이념은 현재 우리나라의「교육기본법」에서 교육이념으로 채택하고 있다. 이 이념이 추구하는 인간상은 개인의 이익 추구를 넘어 인류의 보편적 가치를 추구하는 인간이다.

또한 원시사회는 신앙적 규범체제가 사회질서의 유지와 개인의 삶에 적지 않은 영향을 미쳤다. 우리 민족은 고대부터 천신, 지신, 조상신의 삼신을 숭배하였다. 그 밖에 자연에도 영혼이 있다고 믿는 애니미즘(animism), 신과 인간 사이를 매개해 주는 무당과 같은 주술사를 통한 기복 추구의 샤머니즘(shamanism), 자기 부족의 기원을 특정 동물과 결부지어 숭배하는 토테미즘(totemism) 등이 있었다. 또한 고조선 사회의 관습법이었던 8조금법은 살인, 상해, 절도 등을 엄격히 금하였으며 부인의 정숙을 중요한 규범으로 삼았다.

이처럼 원시시대에는 무속신앙 등 종교의식을 통해 부족의 동질성이나 결속력을 강화하였고, 삼한시대에는 성년식을 통하여 부족의 종교의식, 금기사항, 생활에 필요한 지혜 등을 다음 세대에게 전달하는 교육의식이 있었다.

## 2) 삼국시대의 교육

한반도에서 고구려, 백제, 신라 삼국은 상호 경쟁하며 국가의 발전을 도모하였다. 교육 영역도 마찬가지였다. 먼저 고구려의 교육부터 살펴보면, 태학과 경당 등 최초로 학교를 세워 교육을 하기 시작했다. 태학은『삼국사기』에 소수림왕 2년(372)에 "태학을 세워 자제를 교육했다"는 기록이 확인되는 공식적인 최초의 학교이다. 고구려는 지리적으로 중국과 접해 있어서 일찍부터 한자와 중국의 문화를 자연스럽게 받아들이게 되었다. 태학에서는 유학의 여러 경서가 교육되었다. 고구려에는 관학인 태학과 달리 사학(私學)이라고 할 수 있는 경당이 있었다. 『구당서』와 『신당서』에 의하면 경당은 전국적인 교육기관이다. 평민부터 귀족에 이르기까지 두루 배웠고, 초등에서 대학 수준까지 다양했던 것으로 보인다. 경당에서는 송경(誦經: 경서를 암송하는 것)과 습사(習射: 활쏘기를 연습하는 것)를 했다는 점에서 문무일치 교육이 행해진 것을 알 수 있다.

백제의 교육제도에 관한 역사적 기록은 거의 남아 있지 않다. 다만 왕인과 고흥 등에게 붙여진 박사라는 학문적 칭호와 그들이 일본에 미친 학문적 영향 등을 고려할 때, 고구려의 태학과 같은 수준의 교육기관이 있었을 것으로 추측된다. 또 백제의 중앙 직제 중 내법좌평의 업무 중 교육을 관장하는 부분이 있었다거나, 삼국 중에서 문화가 가장 융성하게 발전했던 곳이 백제였다는 점을 감안하면 백제의 교육 수준은 상당했을 것으로 짐작된다.

신라의 교육은 통일 이전과 이후로 구분하여 살펴볼 수 있다. 통일 이전에 중요한 교육적 역할을 했던 것은 화랑도다. 『삼국사기』 진흥왕 본기에 의하면 화랑도의 목적은 인재를 발굴하여 조정에 추천하는 데 있었다. 또 대외 팽창에 따른 군사적 목적도 있었고 법흥왕 시기에 제정된 율령으로 무장된 관료들이 필요했기 때문이다. 화랑도는 반관반민(半官半民)의 성격을 띤 교육제도였다. 이는 국가에서 화랑을 관리할 대표를 임명하기는 하였지만 각 화랑들이 자율적으로 낭도를 모집하여 수련활동을 할 수 있었기 때문이다.

화랑도는 "서로 도의로써 연마하고, 서로 노래와 음악으로써 즐거워하였다. 산수를 돌아다니며 즐겼고, 멀리 이르지 않은 곳이 없었다"는 『삼국사기』의 기록을 통해 교육내용이나 방법을 짐작할 수 있다. 세속오계나 임신서기석(두 젊은 화랑의 맹세를 새긴 비석)의 내용을 보면 사람이 마땅히 지키고 행하여 할 도덕적 의리를 강조하고 있다. 도의 연마 과정에서 청년들의 의기를 고무시키는 방편으로 가락이 널리 활용되었다. 화랑도는 산수가 좋은 곳을 찾아 유숙하며 주술적·종교적 행위를 통해 공동체 의식의 강화, 국가사회의 안정과 번영 기원, 낭도들의 신념 및 가치관 교육을 하고, 각종 기예를 통한 신체 단련이 병행되었다. 유학의 경서뿐만 아니라 신체 단련이 병행됨으로써 고구려의 경당과 같은 '문무일치 교육'을 추구했음을 알 수 있다. 화랑도는 우리 고유의 자생적 교육양식이라는 점에서 교육사적 의의가 크다.

　신라는 통일 이후 국학이라는 학교를 설립하였다. 통일 이후 확대된 영토를 다스릴 수 있는 관료와 유학교육 그리고 강한 귀족세력을 효과적으로 견제할 제도적 장치가 필요했다. 다른 나라에 비해 유교를 국가이념으로 채택하는 것이 상대적으로 늦었던 신라는 유교사상을 널리 보급하기 위한 국가적 교육기관이 필요했고, 국학의 설립을 통해 이를 정착시켰다. 국학과 연계시켜 인재를 선발하기 위한 독서삼품과가 설치되었다. 독서삼품과는 국학에서 수학한 학생들의 성적을 세 등급으로 구분하여 관직 등용에 활용한 제도이다. 이것은 전쟁 시대에 중시되던 무술주의에서 학문주의로의 이행 혹은 학벌이나 시험 본위의 관료 등용과 교육 문화의 출발을 의미하기도 한다. 독서삼품과는 고려 때부터 실시된 우리나라 과거제도의 전신이라고 볼 수 있다.

　삼국시대의 대표적인 교육사상가로는 원효, 설총, 최치원을 들 수 있다. 원효는 교육의 목적을 '일심(一心)'의 회복에서 찾았다. 이는 우주와 인생의 참다운 모습을 볼 수 있는 정신과 지혜를 획득하는 것을 의미한다. 그는 민중의 삶 속으로 들어가 민중을 교화하고 스스로를 완성하는 교육적 구도자의 모습을 몸소 실천하였다. 설총은 원효의 아들로서 이두문자를 통해 경서에 우리말 토를 달아 읽는 법을 널리 가르쳐 신라의 유학 발전에 공헌하였다. 또『화왕계』를 지어 바람직한 군주와 신하의 길을 비유와 풍자로 제시하여 군왕교육의 선례를 보여 주었다. 최치원은 견당 유학생으로 당의 '황소의 난' 때 격문을 써서 명문장으로 이름을 떨쳤으며, 신라에 귀국하여 유교, 불교, 도교의 조화에 심혈을 기울였다. 또 유교교육과 인재등용을 위하여 독서삼품과의 설치를 주장하였다.

## 3) 고려시대의 교육

고려는 불교의 사상적 기반 위에 세워진 나라였다. 이전까지 국가 단위의 종교였던 무속신앙은 점차 민간신앙으로 밀려나고, 새로운 우주관과 세계관을 제시하는 불교가 국가 차원의 종교로 자리를 잡았다. 그러면서도 국가의 실질적인 제도 운영은 중국의 영향을 받아 유교적인 기반 위에서 이루어졌다. 제도와 형식 부분에서는 유교가, 비형식적인 신앙과 사상 부분에서는 불교와 무속신앙이 영향을 주는 이중적 사상구조가 형성되었다. 무속신앙과 불교는 고려인의 삶의 의식에 깊숙이 침투하여 삶의 지표로서 작용하였고, 유교는 모든 학문의 기초 교양과 통치술의 내용으로서 작용했다. 이런 이중적 사상구조는 성리학 수용 이전까지 고려인의 정치, 교육, 종교에 상당한 영향을 미치게 되었다.

지방 호족들과의 연합으로 수립된 고려왕조는 훈신과 호족 세력을 적절히 견제하고 왕권 강화를 위한 제도적 장치로서 과거제를 도입하였다. 광종 9년(958)에 후주에서 귀화한 쌍기의 건의에 따라 시험에 의해 관료를 뽑는 과거제가 시행되었다. 과거제는 유교적 교양을 가진 관리 등용, 귀족과 지방 향리들의 관직 진출 기회 부여, 유교적 이념의 확산에 따른 민중 교화 등 다양한 목적을 함께 지니고 있었다. 한편, 과거제는 결국 학교교육을 전반적으로 지배하는 역기능을 낳기도 하였다. 과거의 종류로는 문신을 선발하는 제술업(시와 문장을 작성하는 능력 시험)과 명경업(경서의 뜻을 해석하는 능력 시험), 기술관을 선발하는 잡과, 승려를 선발하는 승과, 무신을 선발하는 무과 등이 있었다. 무과는 예종 때 잠시 실시하다가 공양왕 2년에야 정식으로 시행되었으므로 사실상 문과가 큰 비중을 차지하였다. 과거제의 시행과 함께 시험관과 합격자들 사이에 좌주문생이라는 독특한 문화가 형성되었다. 과거의 시험관으로서 지공거였던 좌주와 과거 합격자인 문생 간에는 특별한 인연이 만들어져 일생 사제지간이나 부자지간과 같은 유대감을 형성하였다. 이것은 나중에 문벌 형성의 기반이 되는 역기능을 낳기도 하였다. 고려는 과거제를 시행하면서도 음서제가 병행되었다. 음서제의 관례에 따라 왕족이나 공신의 자제는 과거를 치르지 않고도 관직에 진출할 수 있었다.

고려시대에는 대표적인 교육기관으로 국자감, 학당, 향교, 십이도, 서당 등이 설립·운영되었다. 관학의 최고 학교인 국자감은 성종 11년(992)에 설치되었다. 국자감의 교육과정은 국자학, 태학, 사문학, 율학, 서학, 산학 등 다양하게 구성되었으며, 그 목적은 유교적인 학문 연구와 유능한 관리 양성에 있었다. 국자감은 교육기능과 제례기능을 함께 수행하였다. 문무칠재를 통하여 유학 진흥에 힘쓰는 교육 기능뿐만 아니라 문묘가 설치되어 유교 성현께 제사드리는 제례기능을 담당하였다. 고려시대의 잦은 외침과 정국불안 등으로 인해 국자감은 안정적으로 운영되지 못하였다. 예종은 국자감의 정상화를 위해 노력하였는데, 국자감의 재정적 안정화를 위하여 양현고를 설치하였다. 고려 후기에 주자학이 전래되면서 국자감은 성균관으로 명칭이 바뀌고, 그 중심체로서 체제와 이념을 재정비하게 되었고, 특히 새롭게 등장한 신진사대부의 이념적 본거지가 되면서 조선시대로 명맥이 이어졌다.

학당은 고려 후기에 개경에 설치된 중등교육기관 수준의 학교이다. 원종 2년(1261)에 최씨 정권의 붕괴 후 문관 양성을 위한 유학 부흥이라는 현실적 요청에 따라서 개경의 동서 양쪽에 하나씩 설치되어서 동서학당이라고 불렀다. 고려 말기에 정몽주는 성균관(국자감) 대사성을 맡으면서 국자감의 부속학교격인 동서학당을 확대하여 중앙과 동서남북 모두 다섯 곳에 학당을 세워 오부학당이라고 불렀다. 학당의 교육내용은 주로 사서오경 등 유교 경서들이었다. 교육방법은 국자감과 유사한 질문, 토론, 궁리의 방법이 시행되었다. 조선시대에 이르러 북부학당은 끝내 설치되지 못하고 사학(四學)으로 존속되었다.

향교는 지방에 설립된 중등교육기관이다. 성종 5년(986)에는 십이목(十二牧)에 경학박사, 의학박사를 1인씩 보내어 국자감에서 공부하다가 귀향한 사람이나 지방 유지들의 자제를 가르치게 하였다. 인종 5년(1127)『고려사』에 있는 "제주(諸州)에 소(詔)하여 학교를 세워 교도를 넓혔다"라는 기록으로 보면, 향교가 성종 시기와 인종 시기에 걸쳐 유학 진흥을 위해 지방의 군현에 하나씩 설치된 기관임을 알 수 있다. 향교에 문묘와 명륜당이 설치되어 제사와 교육이 함께 이루어졌으며, 지방민을 유교적 풍속으로 교화시키는 기능을 함께 수행하였다.

고려시대 사학(私學)으로는 국자감 수준의 고등교육기관으로 십이도(十二徒: 도는 함께 공부하는 집단을 말함)가 대표적이었다. 초등교육기관으로는 서당이 있었다. 십이도는 당시 고려의 불안한 정국과 사회적 혼란의 배경에서 발달했다. 당시 고려는 거란의 3차에 걸친 침입으로 심각한 국가 재정난, 국자감 교관의 무능과 무성의로 인한 국자감생들의 폐업 속출, 무신정권의 수립과 몽고의 지배로 국가가 교육에 신경 쓸 여력이 없는 상황이 전개되고 있었다. 국자감이 유명무실해지자, 학문 연구와 과거 지망을 위해 학생들은 최충이 개설한 학교인 문헌공도로 몰렸다. 문헌공도를 필두로 총 12개의 십이도가 세워졌다. 당시 세워진 십이도의 명칭과 설립자는 〈표 2-1〉과 같다.

십이도의 교육 수준은 충렬왕 6년(1220)에 이색이 "향교와 학당의 생도를 고사하여 십이도에 올리고, 십이도의 학생을 고사하여 성균관으로 올리자"라고 주장한 것으로 보아 향교나 학당의 수준보다 높았음을 알 수 있다. 십이도의 교육내용은 국자감과 유사한 유학 경서, 역사서, 제술 등이었다. 십이도의 학풍 중에서 독특한 것은 여름철이면 승방을 빌려 특별 강회인 하과(夏課)를 열었다. 교육방법 중 특이한 것은 각촉부시라는 일종의 시작회(詩作會)를 실시하였다. 각촉부시는 초에 금을 그어 놓고 초가 거기까지 타기 전에 시를 짓게 하는 방법으로 과거시험에 대비한 모의시험의 성격을 지니고 있었고, 이를 통해 선후배 간의 우의가 더욱 돈독해졌다. 십이도의 학생은 주로 상류층 자제들이었고 고려 귀족사회의 학벌과 인맥을 형성하는 데 주요 역할을 하였다.

| 표 2-1 | 고려시대 십이도의 명칭과 설립자 |
| :---: | :---: |

| 명칭 | 설립자 |
| :---: | :---: |
| 문헌공도 | 최충 |
| 홍문공도 | 정배걸 |
| 광헌공도 | 노단 |
| 남산도 | 김상빈 |
| 서원도 | 김무체 |
| 문충공도 | 은정 |
| 양신공도 | 김의진 |
| 정경공도 | 황영 |
| 충평공도 | 유감 |
| 정헌공도 | 문정 |
| 서시랑도 | 서석 |
| 귀산도 | 미상 |

고려시대에도 서당은 있었지만 그 역할은 조선시대보다 미미한 것으로 보인다. 고려의 서당에 관한 구체적인 기록은 없다. 송나라 서긍의 『고려도경』, 목종 6년(1003)의 교서, 이제현과 충선왕의 문답에서 이상(里庠)과 당서(黨序)라는 중국 초등교육기관의 명칭이 있는 것을 볼 때 부락과 마을 단위에 서당이 있었음을 짐작할 수 있다.

고려시대의 대표적인 교육사상가로는 지눌, 안향, 정몽주 등이 있다. 보조국사 지눌(1158~1210)은 불교의 선종과 교종을 통합하고자 하였다. 선(禪)이 부처의 마음이요, 교(敎)는 부처의 말씀이므로 선과 교가 본래 하나라고 주장하였다. 그리하여 지눌은 선종과 교종의 수행관인 돈오(頓悟: 순간적인 깨달음)와 점수(漸修: 점진적인 수행)를 통합한 돈오점수의 수행관을 제시하여 우리 불교의 독특한 색깔을 만들어 냈다. 문성공 안향(1243~1306)은 우리나라에 주자학을 처음으로 들여온 인물이다. 그는 공자의 도를 학습하기 위해서는 먼저 주자를 공부해야 한다고 주장하여 유학에서 주자의 중요성을 특히 강조하였다. 포은 정몽주(1337~1392)는 성균관의 대사성을 지내면서『주자집주』와 같은 유교서를 강론하였다. 유학을 널리 보급하고자 오부학당과 향교를 세웠으며, 일상생활에서 유학의 도를 실천하고 사는 도덕적 인간을 양성하고자 노력하였다.

## 2. 조선시대의 교육

### 1) 조선의 교육제도

이성계는 고려 후기에 성장했던 신진사대부들과 함께 조선을 건국(1392) 하였다. 신진사대부들의 학문적 배경은 고려 후기에 수용된 신유학이었다. 신유학은 송나라 시대에 공자 등의 원시유학이 재해석된 유학을 말한다. 신유학으로 무장한 신진사대부들은 불교를 사상적 기반으로 삼았던 고려와 결별하고 유교를 근간으로 하는 새로운 국가를 건국하기에 이른 것이다. 15세기에는 조선에서 유교가 정교 이데올로기로 자리잡게 되었다. 국가 차원에서는『주자가례』,『삼강행실도』,『효행록』,『소학』등을 보급하여 유교적 풍속으로 백성을 교화하고자 노력하였다. 학교정책으로는 주로 관학을 통해서 적극적인 교육정책을 펼쳐 나갔다. 조선시대의 교육기관으로는 관학인 성균관, 사학(四學), 향교와 사학인 서원, 서당 등이 있었다.

성균관은 고려 국자감의 전통을 이어받은 국가의 최고 교육기관이다. 유교적 문화 창달과 국가의 인재를 양성하는 데 목적이 있었다. 그것은 인간의 도리를 밝게 하고 국가의 인재를 기른다는 의미의 명인륜(明人倫), 성인재(成人材)라는 성균관의 이념을 통해 천명되고 있다. 성균관은 태학(太學), 학궁(學宮), 반궁(泮宮), 현관(賢關) 등으로 불리기도 하였다. 성균관도 고려의 국자감처럼 교육기능과 제례기능을 함께 수행하였다. 문묘를 모시는 대성전과 강의가 주로 이루어지는 명륜당이 핵심 시설이었다. 성균관의 입학자격은 원칙적으로 소과인 생원·진사과에 합격한 자였으나, 정원(200명)이 미달할 경우 사학의 학생 중에서 충원하였다. 교육내용은 독서, 제술, 습자 등으로 이루어졌다. 독서는 유학의 경서들과 역사서를 읽고 뜻을 밝히며 응용에 통달하는 것을 우선으로 하였다. 제술은 문장의 형식을 익혀서 글을 쓰는 문장술로 다양한 형식의 글쓰기를 훈련하였다. 습자는 글씨 쓰는 것을 훈련하는 것으로 간단하면서 엄중하고 정교하게 뜻을 전달하도록 훈련하였다. 글씨는 정자체인 해서체로 쓰는 것이 원칙이었다. 성균관 학생들은 여러 고사를 통해 실력을 평가받았다. 매년 3월 3일과 9월 9일 두 차례에 걸쳐 시행하는 연고, 매월 강론을 실시하는 월고, 열흘마다 제술로 보는 순고, 매일 추첨을 통해 강론을 실시하는 일고 등이 있었다. 그 시험결과는 대통, 통, 약통, 조통의 4단계로 구분하였고, 매우 성적이 좋지 않을 때는 불통으로 낙제 처리되었다. 학생들의 자치활동은 재회를 통해 이루어졌다. 국가정책의 실정이나 명륜과 풍교를 해치는 일이 있을 때 유소를 올릴 수 있었으며, 이를 수용하지 않을 경우 차츰 권당(학교 식당에 들어가지 않음), 공재(기숙사에서 나감), 공관(성균관에서 나감)으로 의사표현을 하였다. 성균관 학생들에게는 재학 중 면세 및 면역의 특권이 주어졌고, 왕이 직접 성균관에 나아가는 행학, 상벌과 교시, 하사, 각종 특별시험 등 국가 최고 인재로서의 대우와 배려를 받았다.

　사학(四學)은 고려의 오부학당을 이어받아 한양의 동부, 서부, 남부, 중부에 세워진 4개의 학당을 말한다(북부학당은 설치되지 못함). 사학은 한양의 사대부 자제들을 대상으로 하는 성균관의 하위 교육기관으로서 일종의 중등교육기관이다. 사학의 교육을 성균관의 교관이 겸직한다든지 성균관의 공석에 시험을 통해 입학할 수 있었던 점을 고려해 볼 때, 사학은 성균관의 부속학교의 성격을 가지고 있었다. 사학은 독자적으로 문묘를 설치하지 않았다는 점 외에는 교육방침, 교육내용, 교수방법 등에서 성균관과 비슷하였다. 독자적인 역할과 프로그램을 갖추지 못했던 점은 나중에 사학 운영을 부진하게 만든 원인이 되었다. 성종 때는 교관의 대우가 좋지 않아 이임 현상이 빈번하자 30개월 이상의 근속을 명하는 구임법(久任法: 교관의 자리에 오래 머물도록 하기 위한 규정)을 실시하기도 하였다.

　향교는 지방에 설치된 중등교육기관으로 강학과 향풍순화 기능을 함께 수행하였다. 조선 초기에는 유학 이념을 뿌리내리기 위해 태조 원년부터 '흥학교령'을 시행했다. 이는 학교의 흥폐를 기준으로 지방수령의 고과점수를 매긴다는 방침으로 국가의 학교교육에 대한 관심을 나타낸 것이다. 이로써 부ㆍ목ㆍ군ㆍ현에 1교씩 향교가 설치되기 시작하여 세종대에 이르러 거의 완결되었다. 1918년 통계에 따르면 전국적으로 향교는 335개소가 설치된 것으로 기록되고 있다. 모든 향교에는 문묘와 함께 강의실인 명륜당, 학생이 기거하는 동서재가 있는 점은 성균관과 유사했다. 향교는 인재 양성뿐만 아니라 공자님께 드리는 제사인 석전제를 드리고, 각종 향례의 시행으로 향풍을 순화함으로써 유교적인 덕치주의 이념을 정착시켰다. 조선 후기에는 향교가 향촌의 교육기관으로서 제 역할을 하지 못하였다. 향촌 양반들이 향교의 학적부라 할 수 있는 청금록에 적을 두었지만 학문을 소홀히 한 체 각종 향례에는 참석하였다. 이 때문에 향교는 지배층으로서의 신분과 사회적 위세를 유지하고자 하는 의례를 주관하는 이념적 기구로 변화하였다. 향교는 조선 중기 이후 계속되는 사화와 병란, 흉년, 서원의 설립 등으로 크게 위축되었다가, 1894년 갑오개혁으로 폐지되었고, 1895년 을미개혁으로 신식 학제가 도입되면서 사학(四學)과 더불어 교육기능을 상실하였다.

　조선 중기에는 관학의 기능이 약화되었다. 세조와 연산군의 등장은 유교적 이념과 도리에 정면으로 위배되는 사건이었다. 이런 분위기에서 관학의 기능은 약화될 수밖에 없었다. 이에 따라 후대의 교육에 뜻을 둔 사대부들이 사학(私學)으로서 서원을 설립하였다. 서원은 학문 연구와 선현봉사(先賢奉祀)라는 목적을 갖고 있었다. 그 설립 배경은 지방에 은거한 선비들의 학문

연구의 터전, 중앙정계로의 재진출 근거지, 향촌세력의 경제적 거점화, 위인지학(爲人之學)에서 위기지학(爲己之學)으로의 성리학 학풍의 변화, 주자 숭모의 열풍 등 매우 다양했다. 최초의 서원은 풍기군수 주세붕이 세운 백운동서원이었다. 나중에 풍기군수인 이황 선생의 건의로 백운동서원은 최초의 사액서원인 소수서원이 되었다. 사액서원은 왕으로부터 서원의 현판과 일정한 토지 등을 하사받아 재정적으로 교육활동을 할 수 있었다. 서원이 교육기능과 제례기능을 함께 수행한 점은 성균관이나 향교와 유사하다. 하지만 차이점이 있었는데, 관학인 성균관과 향교가 문묘를 두고 석전제를 거행하는 대신에 서원은 대개 우리나라의 뛰어난 선대 학자나 국가를 위기에서 구한 충신을 모시는 사당인 사우를 두고 제향 의례를 거행하였다. 서원의 교육내용은 여러 성리학 관련 서적, 자집(子集), 사장(詞章) 등이며, 대부분 당시 주류 학문인 주자학의 이기론과 심학을 위주로 공부하였다. 조선 후기에는 서원의 지나친 증가로 인해 조정의 재정난의 초래, 지역분할주의, 동족집단의 보족기능 등 변질과 역기능을 낳았다. 결국 이러한 폐단으로 고종 때 대원군은 서원 철폐령을 발표하여 전국 650개 서원 중 47개만 남겨 놓았다.

　서당은 서재, 정사, 학당, 강당 등으로 불렸던 사설 초등교육기관이다. 서당은 소규모로 운영되는 민간의 자생적 교육기관으로 선현들에 대한 제사는 지내지 않았다. 교육내용은 『천자문』이나 『소학』과 같은 기본서를 읽는 강독, 오언절구나 칠언절구와 같이 시와 문장을 짓는 제술, 해서를 중심으로 한자를 쓰는 습자로 이루어졌다. 교육방법은 개별적 교수법으로, 개인의 능력에 따라 학습 양과 속도가 달랐다. 서당에 대해서는 국가의 통제가 없어서 다양한 형태로 설립되었는데, 훈장직영서당, 유지독영서당, 유지조합서당, 동리공동서당, 동족조합서당 등이 있었다.

## 2) 조선의 과거제도

실질적인 유교 국가로 출범한 조선은 고려시대와 비교해 볼 때 관료 선발 체제로서 과거제의 비중이 더욱 커졌다. 과거 출신의 사대부들이 조선의 지배층을 형성하는 양반 관료제가 확고하게 자리 잡게 되면서 과거의 중요성은 더욱 커졌다. 조선의 과거제도는 문과, 무과, 잡과로 나뉜다. 이 중에서도 문신을 선발하는 문과가 가장 중요하였다. 양인이면 누구나 과거에 응시할 수 있는 자격이 주어졌다. 문과는 소과와 대과로 나뉘는데 대과에는 소과 합격자나 성균관 유생이 응시할 수 있었다.

과거의 실시 종류로는 3년마다 정기적으로 실시하는 식년시, 부정기적으로 실시하는 별시, 증광시, 알성시 등이 있었다. 식년시에는 문과, 무과, 잡과가 열렸다. 문과는 생진과라 불리는 소과와 대과가 있었다. 소과는 경서를 시험하는 생원시와 시와 문장능력을 시험하는 진사시로 구분된다. 생원시가 더 중시되는 경향이 있었는데, 이는 제술보다는 유교의 경전중심으로 시험을 치렀음을 의미한다. 조선 신진사대부들은 주자학의 이념을 충실히 따르고자 사장(詞章)중심의 제술을 강조하는 진사시 대신 경학중심의 강경(講經, 시험관이 지정하여 주는 경서의 대목을 외우는 것)을 강조하는 생원시를 더 중시한 것이다.

소과는 성균관 입학 자격시험과 관련되며 생원시와 진사시를 포함하는 생진과를 말한다. 소과에 합격한 유생은 생원과 진사라는 초급 관직을 받을 수 있었으며, 대과 응시 자격, 성균관 입학 자격을 얻게 되었다. 이 생진과는 초시(서울과 지방에 따라 한성시와 향시로 구분됨)와 복시로 나누어 실시되었다. 소과의 선발인원은 생원시와 진사시에서 각각 100명으로 총 200명이었다.

대과는 초시, 복시, 전시의 3단계로 나뉜다. 초시와 복시는 다시 초장, 중장, 종장의 3단계를 거친다. 초장에서는 사서오경의 경학을 시험하고, 중장에서는 대개 부(賦), 표(表), 전(箋) 중에서 한 편을 시험하고, 종장에서는 책문

(策問, 정치에 관한 계책을 물어서 답하게 함)을 시험했다. 결국, 대과를 통해 경전 이해능력, 시문의 작문능력, 정해진 주제에 대한 논술능력을 평가한 것이다. 대과를 통해 최종 33명을 선발하는데, 초시에서는 240명, 복시에서는 33명을 선발하였고, 전시는 복시 합격자 가운데 제술을 통하여 순위를 정하였다.

무관을 선발하는 무과는 조선시대에 활발하게 시행되었다. 대개 초시, 복시, 전시의 3단계를 거쳐 인재를 선발하였다. 무과에는 정규시험인 식년시, 매년 실시하는 도시(都試), 다양한 유형의 별시가 있었다. 무과 초시는 훈련원에서 선발하는 원시와 지방에서 선발하는 향시가 있었고, 원시에서 70명, 향시에서 120명을 선발했다. 시험과목은 주로 기사, 기창, 격구 등의 무예였다. 복시는 무예와 함께 관리로서의 유학 소양을 평가하기 위해 강서를 시험하여 28명을 선발하였다. 전시는 복시 합격자에게 기격구, 보격구를 시험하여 서열을 정했다.

잡과는 국가의 기술을 담당할 관리를 선발하는 시험으로 역과, 의과, 음양과, 율과가 있었고, 해당 아문의 주관으로 시행되었다. 잡과는 초시와 복시로 나뉘어 있었으나 그 비중은 문과와 무과에 비해 낮았다. 역과는 사역원 주관하에 시행되는 통역관 시험이다. 의과는 전의감 주관하에 실시된 의원 선발시험이다. 음양과는 관상감 주관하에 실시된 천문이나 지리를 담당할 기술관료 선발시험이다. 율과는 형조 주관하에 실시된 법 담당관리 선발시험이다.

과거의 응시 절차는 초장을 합격해야 다음 단계로 연이어 시험을 치를 수 있도록 하는 삼장연권법이 엄격히 적용되었다. 초장의 합격 여부에 따라 이후의 시험이 결정되었으므로 첫 시험을 어떻게 치르느냐가 초미의 관심사가 되었다. 조선시대에 초장의 시험을 강경(講經)으로 하자는 쪽과 제술(製述)로 하자는 쪽 사이에 심각한 의견 대립이 지속되었다. 이를 강제시비(講製是非)라고 하는데 약 80년이나 지속되었다. 그러다가 성종 이후 사림파가 정계에 대거 진출하면서 제술보다는 강경의 방법을 택하게 되었다. 강경에서 좋은 점수를 얻기 위해서는 유교경전을 암기와 주입으로 숙독하지 않으면 안 되었다. 책문과 같이 다소 창의성을 평가하는 내용도 있었지만 과거시험 방식은 대체로 숙독과 암기의 그릇된 학습방법을 고착화시키는 악영향을 끼쳤다. 과거제는 교육의 도구화와 왜곡, 그리고 소수 지배 이데올로기를 정당화하는 역기능을 보여 주기도 했다.

### 3) 성리학과 실학의 교육사상

고려가 불교이념에 입각하여 국민의 교화와 통치를 한 반면, 조선은 유교의 이념에 입각하여 국정을 운영하였다. 유학의 여러 학풍 가운데서도 주희가 집대성한 성리학(주자학 혹은 신유학으로도 불림)은 조선의 학문, 정치, 교육의 근간이 되었다. 성리학의 목적은 수기치인(修己治人)과 법성현(法聖賢)에 있다. 수기는 학문과 수양을 통하여 자기 스스로를 부단히 닦아 나가는 것이고, 치인은 정치와 교육을 통하여 도덕적이고 정의로운 사회를 실현하는 것이다. 이를 수행하는 방법으로 존양(存養)과 궁리(窮理)를 들 수 있다. 존양은 사람이 타고난 선량한 품성을 도야하는 것이고, 궁리는 우주와 사물의 이치를 근본적으로 탐구하는 것을 말한다. 이렇듯 성리학은 우주학과 심학의 성격을 동시에 지니고 있다. 법성현은 성현을 본받는 것을 의미한다. 공자, 맹자, 주자와 같은 성현은 교육에서 추구해야 할 이상적인 인간상이다. 성리학에서는 인간은 누구나 부단히 수양하여 이들의 경지에 이르도록 노력해야 한다고 하였다. 조선 성리학으로 주희의 성리학은 우주의 생성과 원리의 해명은 물론 인간 마음의 탐구에 적지 않은 공헌을 하였다.

개국 초기에 권근, 정도전과 같은 신진사대부에 의해 성리학이 정치와 교육의 기본 이념으로 자리 잡게 되었다. 조선 중기에 와서 성리학은 학문적으로 한 단계 성숙하는 계기를 맞았다. 조광조, 이언적, 서경덕, 이황, 조식, 기대승, 이이, 김장생, 송시열 등은 조선의 유학을 크게 발전시킨 대표적인 인물이다. 이황과 이이는 인격과 학문이 고매하여 문하에 많은 제자들을 배출하였는데, 그들이 나중에 영남학파와 기호학파를 이루게 되었다.

퇴계 이황(1501~1570)은 주자의 학설을 충실하게 따라 학문 연구와 후학양성에 골몰하였다. 주자의 이기이원론(理氣二元論)에 따라 이(理)를 하나의 보편적 원리로 보고 마음의 본연지성(本然之性: 인간이 본래 타고난 성정)으로 사단(四端: 마음의 네 가지 단서로서 측은지심, 수오지심, 사양지심, 시비지심을 말함)에 주목하였다. 이(理)는 절대적으로 선하다고 보았다. 반면에 기(氣)는 마음의 기질을 나타내는 성질로 칠정(七情: 喜怒哀懼愛惡欲)이라고 불렀으며, 선할 수도 악할 수도 있다고 보았다. 인간의 수양과 교육은 이러한 기질을 존양과 성찰을 통하여 부단히 연마하고 닦아야 할 필요가 있다. 이황은 교육의 목적을 성현이 되는 것에서 찾고, 이를 위하여 거경(居敬)과 궁리(窮理)를 해야 한다고 보았다. 이황의『성학십도』는 성리학의 요지를 잘 제시하며 어진 임금의 길을 제시한 탁월한 교육서로 손꼽힌다.

율곡 이이(1536~1584)는 퇴계와는 달리 이기일원론(理氣一元論)적 이원론을 주장하였다. 이이의 이(理)는 추상적이고 보편적인 원리로 존재하고, 기(氣)는 구체적이고 물질적인 움직임으로 설명된다. 기가 일종의 동적 에너지로서 만물을 움직이는 힘이라고 한다면, 이는 기를 주재하는 기본 원리에 해당된다. 이와 기는 현상적으로는 둘인 것 같지만 본질적으로는 하나인 것이다. 이이 또한 교육의 목적을 성인(聖人)이 되는 것에 두고, 일상적 삶 속에서 오륜(五倫)과 오상(五常: 仁義禮智信)의 도를 부단히 실천해야 하는 것으로 보았다. 교육의 방법으로는 입지(立志, 뜻을 세움)를 강조하였다. 입지의 방법으로는 성(誠)을 강조한다. 말한 바를 실천한다는 의미의 성은 인간다운 삶의 기본 원리이자 학문의 초석이 되는 덕목이다. 이이는 독서의 단계와 방법을 제시한『학교모범』, 어린이 교육서에 해당되는『격몽요결』, 성리학의 요지를 통해 군왕의 도를 제시한『성학집요』등을 저술하였다.

조선의 정치와 교육의 근간으로 자리 잡았던 성리학은 17세기 중엽이 되면 새로운 전환기를 맞게 된다. 유교의 경서에 대한 새로운 해석과 독자적인 관점이 나타났다. 주자학에 대해 비판적 입장을 견지하였던 양명학도 수용되어 발전되었다. 가장 괄목할 만한 변화는 실학의 등장이다. 민생문제와 사회기강을 확립하기 위하여 실학의 경향을 지닌 유학자들은 그 당시 사회의 문제점을 통렬히 비판하였다. 실학은 영조와 정조 시대를 거치면서 하나의 학풍으로 발전하였다. 실학이 등장하게 된 것은 국내적으로 양란을 거치면서 민생이 황폐화되어 이를 시정해야 할 책무성이 부각되었고, 대외적으로는 청조에서 발달한 고증학과 서학(西學)이 유입되었기 때문이다. 실학자들은 실용성과 실증성을 중시하는 학문적 방법을 통하여 기존의 학문을 비판하고, 사실에 기초하여 진리를 탐구하는 실사구시의 정신을 진작시켰다. 경세치용과 이용후생의 가치에서 볼 수 있듯이 그들은 국가의 경제발전과 국민의 복지에 많은 관심을 기울였다. 다방면에 걸친 사회의 제도 개혁안을 제시하고, 외국의 발전된 문물을 적극적으로 도입하고자 하였다. 대표적인 학자들은 유형원, 이익, 홍대용, 박지원, 박제가, 이덕무, 김정희, 정약용, 최한기 등이다.

반계 유형원(1622~1673)은 학제 및 관리 선발제도의 개혁을 주장하였다. 한양에는 방상－사학－중학－태학, 지방에는 향상－읍학－영학－태학의 학제 운영을 제안하면서, 단계적 학제로 우수한 인재를 선발하여 교육할 것을 주장하였다. 이는 학제를 국가의 감독하에 두고 공거제를 통해 학교교육과 관리 선발을 연계시킨 구상이다.

성호 이익(1682~1764)은 실증적이고 비판적인 태도로 학문에 임할 것을 강조하고 경세제민에 많은 관심을 두었다. 실용적인 학문을 통한 국가의 부흥이야말로 경학의 목적이 되어야 함을 강조하였다. 놀고 먹는 당시의 양반이나 사대부 자제도 마땅히 농사에 종사해야 한다는 주장을 펼쳤다. 과거제를 개선하여 지역의 인재를 고루 천거할 수 있는 향거리선제(鄕擧里選制)를 제안하였다. 그의 교육 목적은 예와 악을 겸비한 현인이며, 역사의식을 지닌 사람의 양성에 있다. 교육내용으로 우리의 역사서와 문집을 읽어야 한다고 주장했다. 교육방법으로는 일신전공(日新全功)을 주장하였는데, 이는 항시 새로운 것을 생각하며 주의를 집중하여 학문에 정진하는 것이다.

다산 정약용(1762~1836)은 정치, 경제, 사회, 교육 등 다방면에서 500여 권이 넘는 저술 및 실질적인 개혁안을 제시한 조선 후기 최고의 학자였다. 다산은 단순한 수양이 아닌 생활에 실제로 도움이 되는 교육을 강조했다. 다산은 당시의 교육 현실을 오학론(五學論)과 불가독설(不可讀說)로 비판하였다. 오학론에서는 당시의 퇴폐적 학문으로 성리학(공리공담), 훈고학(자구 해석), 문장학(문자적 유희), 과거학(불공정한 선발), 술수학(혹세무민) 등을 지적하였다. 불가독설은 중국의 문집이나 역사서를 경계해야 한다는 입장으로『천자문』『사략』『통감절요』를 읽어서는 안 된다고 주장하였다. 다산은『천자문』대신에 직접『아학편』을 지어 우리 실정에 맞는 문자교육을 실시하자고 하였고, 우리의 역사서를 과거시험에 넣어야 한다고 주장하였다. 또한 효제자(孝悌慈)와 같은 덕행교육, 사서삼경을 십경(십경: 사서삼경에『주례』『예기』『춘추』를 더함)으로 확대한 경술교육, 농업, 방직, 군사, 의술 등의 기예교육을 강조하였다.

## 3. 근대와 현대의 교육

### 1) 개화기 이후의 교육

조선 후기에 지식인들은 기득권에 안주하면서 중화주의적 세계관에서 벗어나지 못하고 있었지만 서구 열강의 아시아 진출은 이미 세계의 중심이 중국이 아님을 보여 주고 있었다. 영국이 아편전쟁(1840~1842)의 승리로 청을 굴복시킨 것은 조선의 지배층에게 크나큰 충격이었다. 서구 열강들의 아시아

진출과 일본, 청, 러시아 사이에서 조선의 정세는 풍전등화와 같았다. 우리나라도 1860~1870년대가 되면서 자의든 타의든 개화기에 접어들고 있었다. 서양 학문의 전래와 개항 등으로 봉건적 잔재에서 점차 벗어나 근대적 사상의 새싹이 트는 이 시기를 우리나라 근대교육의 출발점으로 볼 수 있을 것이다.

개화기 당시에 서구 문물을 대하는 태도는 대략 세 흐름으로 나타났다. 실학사상의 맥을 잇는 개화사상, 유교의 전통을 고수하려는 위정척사 사상, 근대 농민의식의 기반인 동학사상 등이다. 이 중에서 개화사상은 서양의 기술을 도입하여 내수자강을 강조하는 입장을 중심으로 급진개화파와 온건개화파로 나뉜다. 급진개화파는 1884년 갑신정변을 일으켜 근대적 개혁을 시도하였다. 또 1890년대 독립협회를 결성하여 국권 수호와 민권 확립의 민족운동을 전개하였다. 그러나 외세 의존적인 보수적 정부의 탄압으로 실패하였다. 온건개화파는 점진적 개화주의로서 1894년 갑오개혁을 일으켜 근대적 개혁을 시도하였다.

근대교육의 본격적인 출발점은 1894년의 갑오교육개혁이다. 이 개혁으로 그해 8월 과거제가 폐지되고, 근대적 행정기구인 학무아문이 설치되었다. 교육에 관한 고시가 반포되어 사범학생 40명, 소학생 60명을 선발하는 관립 사범학교 및 부속 소학교가 9월 18일에 개교되었다. 1895년에 고종은 근대교육의 이념인 「교육입국조서」를 공포하였다. 여기서 구시대의 교육을 지양하고, 실용교육에 힘쓰며, 교육을 통해 국가의 중흥을 꾀할 것을 강조하였다. 이후 한성사범학교를 비롯한 각종 학교 관제가 제정되었고, 근대학교 체제가 법적으로 제도화되었다. 이 시기의 교육개혁은 전통적인 경학의 기본 소양을 바탕으로 삼으면서, 서양의 영어능력, 의술, 군사기술을 가미하는 절충적 성격을 띠었다.

세계의 형세를 보건대, 부강하며 독립하여 웅시(雄視)하는 모든 나라는 다 국민의 지식이 개명하였다. 지식의 개명은 교육의 바름을 전제로 하니,

교육은 실로 국가를 보존하는 근본이다. 그러므로 내가 임금의 자리에서 교육의 책임을 스스로 지노라. 교육은 또 그 길이 있는 것이니 헛이름과 실용을 먼저 분별하여야 할 것이다. 독서나 습자로 옛 사람의 찌꺼기나 줍고 시세 대국에 어두운 자는 그 문장이 비록 고금을 능가할지라도 쓸데없는 서생에 불과한 것이다. 이제 내가 교육강령을 보여 헛이름을 버리게 하고 실용을 쓰게 하노라.

－고종의「교육입국조서」(1895)에서

　　우리의 근대교육의 출발은 이른바 교육구국운동의 성격이 강했다. 이것은 민족 선각자들이 민중에게 민족의식을 계몽・진작시키는 교육을 통해 국권을 회복하고자 한 애국계몽운동의 일부였다. 일본과 강화도조약이 체결된 후 위기의식은 더욱 고조되었고, 개항장인 원산에서 1883년 8월 민중들과 관료들이 합심하여 원산학사를 설립하였다. 원산학사는 외세에 의해서가 아니라 우리 내부의 자발적인 힘으로 세운 최초의 근대학교라는 교육사적 의의를 갖는다. 그 후 민간인, 선교사, 정부 등에 의해서 1905년 이전까지 약 2,300여 개의 학교가 설립되었고, 교육구국운동도 활발히 진행되었다. 예컨대, 1895년 민영환의 흥화학교, 1899년 안창호의 점진학교, 1905년 이용익의 보성학교 등이 대표적이다. 이들 학교는 민족의식과 독립정신을 고취하여 많은 애국지사를 배출하였다. 이 시기에 민족 선각자들이 설립한 사학은 항일, 독립, 애국 사상의 온상이자 민족교육의 중심지 역할을 하였다. 교육구국운동은 전 민족적 역량을 동원하여 반외세 자주의식을 고취한 독보적 사건으로서 우리 근대교육사의 전환점을 이룬다.

　　근대교육의 발전에서 선교사를 중심으로 전개된 기독교계 학교의 공헌을 빼놓을 수 없다. 1884년 고종 황제로부터 교육과 의료사업을 허락받은 후 알렌, 언더우드, 아펜젤러, 스크랜턴 등과 같은 선교사들이 입국하였다. 그들은 기독교 정신에 입각하여 병원과 학교를 기반으로 활발하게 교육과 의료사업을 펼쳐 나갔다. 알렌은 1885년 최초의 국립병원이라고 할 수 있는 광혜원의 인가를 받았고, 의료사업과 함께 장학생을 선발하여 서양의학을 전수하였다. 같은 해 아펜젤러는 선교사가 세운 최초의 근대학교인 배재학당을 세웠다. 그리고 국가의 지원을 받아 영어교육을 실시하면서 크게 인정받았다. 언더우드는 1886년 한국 최초의 고아원을 설립하였으며 1902년 그것을 경신학교로 발전시켰다. 스크랜턴 부인은 1886년 여학생 기숙학교를 설립하여 명성황후로부터 이화학당이라는 교명을 하사받아 최초의 여학교를 시작하였다. 1910년 2월까지 설립된 기독교계 학교는 모두 796개로, 대개 장로파와 감리파의 학교들이었다. 선교사들의 교육활동은 근대적인 교육제도, 문맹타파, 민주주의 이념, 교육의 기회균등 사상을 보급하는 데 커다란 기여를 하였다.

## 2) 일제강점기의 교육

1876년의 강화도조약을 필두로 일본은 1905년 을사늑약(일본에 의해서 강제로 맺어진 조약이므로 을사보호조약이 아님)을 체결하여 우리의 외교권을 박탈하고 통감부를 설치하여 식민교육을 이식하기 시작하였다. 우민화 정책을 실시했던 통감부는 조선 학교의 수업 연한을 일본에 비해 단축하였다. 학교 명칭도 소학교를 보통학교로, 중학교를 고등학교로 바꿔 고등학교를 최종 교육기관으로 만들었다. 1908년에 「사립학교령」을 공포하여 사립학교의 신설을 억제하고 기존의 사학을 일제의 입맛에 맞게 통제해 나갔다. 이로 인해 민족 사학의 수는 5,000여 개에 달하던 것이 1910년에는 2,250개교로 줄었다.

1910년 경술국치(일제에 의한 강제 합방이므로 한일합방은 잘못된 표현임) 이후 조선은 일제에 국권을 빼앗겼다. 이 시기에 일제는 조선총독부를 중심으로 강력한 무단정치를 실시하여 한민족을 착취하고 탄압하였다. 교육의 통제는 대개 '조선교육령'과 '사립학교규칙'에 따라 이루어졌다. 제1차 조선교육령(1911)에서는 일본의 식민지 정책에 순응하는 국민을 만들고자 하였다. 교육의 목적은 '시세(時勢)와 민도(民度)에 맞는 충량(忠良)한 국민'의 양성에 있었다. 고등교육의 기회를 차단하여 우리 민족을 저급한 노동에 적합한 인력으로 양산하고자 하였다. 일본어를 공식 '국어'로 정하고 학교에서 이를 가르치도록 강요하였다. 식민통치에 저해가 되는 성균관과 근대 사범학교인 한성사범학교는 폐지해 버렸다. 제2차 「조선교육령」(1922)은 1919년 3·1 운동이 일어난 후 일본의 무단통치가 문화통치로 전환된 것과 연관된다. 일제는 한민족의 저항에 직면하자, 유화정책으로 민족적 저항을 피하고 은밀하게 동화정책을 펼쳐 나갔다. 동화정책은 '내선일체' '일선융화' '내지연장주의'에서 노골화되었다. 일제는 외형상 일본과 동일한 학제를 유지하였으나 실제로 조선인에게는 초보적인 보통교육만 실시하였다. 학교에서 조선어를 선택과목으로 가르치게 하였으나, 오히려 국어(일본어), 국사(일본사), 지리(일본지리)의 내용이 대폭 강화되었다. 사범학교(1921)와 경성제국대학(1924)은 동화교육을 담당할 초등교원과 식민통치에 필요한 고급 인력을 양성하기 위해 설립되었다. 특히 경성제국대학은 조선민립대학설립 기성회 발족에 일제가 자극을 받고 이 계획을 무력화시키기 위한 교묘한 술책으로 세워졌다.

1930년대 일본이 대동아전쟁을 선포하면서 식민교육은 전시동원체제로 바뀌었다. 한반도는 병참기지가 되었고 교육은 전쟁에 필요한 인력과 물자를 공급하는 수단으로 전락하였다. 조선총독부는 '신사참배'와 '창씨개명'을 강요하였다. 제3차 조선교육령(1938)은 황국신민화를 위한 철저한 식민교육을 시도하였다. 조선어 사용을 철저히 금지하고, 수신, 역사, 지리 등을 황민화 교육의 기반으로 삼았다. 민족사학에 대한 탄압도 극에 달하여, 민족주의 색채를 지닌 학교에 대해서는 교명 변경, 교장의 교체 등을 서슴지 않았다. 기독교계 학교라도 신사참배에 응하지 않으면 폐교 조치하였다. 1941년에는 소학교를 국민학교로 개칭하였다. 이 명칭에는 황국신민으로 단련시키려는 의도가 숨어 있었다. 태평양전쟁에 광분하던 시기에 제4차 조선교육령(1943)

이 발표되었다. 그와 함께 「교육에 관한 전시 비상조치령」이 내려지면서 학교는 완전히 전쟁 수행을 위한 도구로 전락하였다. 학도대가 결성되어 교련과 군사교육이 공식적으로 실시되었고, 여학생들은 보건과 간호교육을 받았다.

일본의 식민지 교육으로 한국의 근대교육은 왜곡되었다. 이로 인해 전통의 창조적 계승도, 개화기에 싹트기 시작했던 새 교육에 대한 희망도 무너지고 말았다. 하지만 국가를 빼앗긴 험난한 질곡의 시대에서도 민족의 선각자들은 교육을 통한 국가의 독립과 해방의 염원을 버리지 않았으며, 한민족의 정기를 수호하기 위하여 목숨을 아끼지 않았다.

## 3) 해방 이후의 교육

1945년 해방을 맞은 우리나라는 안타깝게도 신탁통치 기간을 거치게 되었다. 남쪽은 미군에 의해 임시통치가 시작되었는데, 교육 영역에서 시급한 과제는 민주적인 독립국가에 적합한 교육제도를 수립하는 일이었다. 1945년 11월 '한국교육심의회'가 조직되어 한국교육의 전반적 재건을 주도하였다. 주요 교육정책은 학교의 재개, 홍익인간의 교육이념 제정, 6-3-3-4 단선형 학제 개편, 교육원조 정책 등이었다. 국민개학, 의무교육, 교육자치가 새롭게 시행되면서 현대 한국교육 체제의 근간을 이루었다.

민주주의 교육으로의 전환이라는 기치하에서 미국의 진보주의 교육이론이 자연스럽게 수용되었다. 이를 현장에 보급하고자 했던 운동이 바로 '새교육운동'이었다. 하지만 교육개혁의 대상이 초등에 한정된 점, 일제강점기의 권위주의 교육 풍토가 그대로 남았던 점, 열악한 교육여건, 부족한 연구 경험과 능력 등으로 이 운동은 결국 실패하고 말았다. 미군정기는 일제의 청산을 미루고 미국의 교육이론과 방법을 무분별하게 수용했기 때문에, 이후 한국교육은 미국 교육이론의 실험장이 되었다는 비판을 받기도 하였다.

미군정이 종식되고 1948년 8월 15일 대한민국이 남한만의 단독정부로서 탄생하였다. 이에 앞서 제헌의회는 1948년 7월 17일 헌법을 제정·공포함으로써 대한민국이 민주공화국임을 천명하였다. 1949년 12월 31일에는「교육법」이 국회에서 통과되면서 국민의 교육받을 권리가 헌법에 명시되었다.「교육법」은 민주적 교육법으로서 국민교육의 이념, 교육방침, 보통교육과 전문교육, 각급 학교조직, 학제와 수업 연한, 의무교육, 교육기회 균등의 원리 등을 규정하여 근대 공교육의 근간을 구축하였다. 특히 제1조에서 홍익인간의 교육이념을 내세웠고, 제4조에서는 교육의 제도, 시설, 교과 및 방법에서 언제나 인격을 존중하고 개성을 중시하며 교육받는 자로 하여금 그 능력을 최대한 발휘할 수 있도록 명시하였다. 교육법에 명시된 학제는 몇 차례 수정을 거쳐 1951년에 현행 6-3-3-4의 학제로 단순화되었다.

　1950년 6월 25일에 한국전쟁이 일어났다. 정부는 '전시하 교육특별조치'를 발표하여, 피난지의 수업 재개와 유동적 수업 상황에 따른 문제점을 보완하면서 멸공필승의 교육이념을 강화하고 전시생활지도에 중점을 두었다. 이 무렵 지방문화 육성, 지역사회 특수성 제고, 지역의 균형발전 등을 위하여 1도 1교의 국·공립대학 설치방침을 확정하였고, 1952년 대구, 광주, 전주를 시작으로 국·공립대학이 설치되었다.

　1960년대의 민주교육에 대한 열망은 1961년 5·16 군사 쿠데타로 좌절되었고 20년 가까이 교육은 정부의 강력한 통제 아래 놓이게 되었다. 1968년 대학 예비고사제에 이어 중학교 무시험입학제, 통신교육제, 국민교육헌장 등 굵직한 교육정책들이 발표되었다. 특히 국민교육헌장의 공포는 일본 명치시대의 교육칙어를 떠올리게 한다는 비판을 받았다. 그 이후 교육은 국민교육헌장 이념을 구현하기 위한 국가 이데올로기 장치로서 악용되었다.

　1960년대에는 교육내용 면에서 변화가 나타났다. 전시와 휴전 직후에 졸속으로 개발된 제1차 교육과정을 버리고 사회문화적 변동 요인을 감안한 제2차 교육과정을 만들었다. 이 교육과정의 특징은 군사정부의 통치 방향에 부합하는 반공민주주의 이념과 자주성, 생산성, 유용성을 강조한 것과 운영 면에 지역성을 고려한 것이다. 또한 초·중학교 교육과정에서 교과 간 계열을 정리하고, 진보주의 교육철학에 근거하여 경험중심의 단원학습을 시도하였다. 제2차 교육과정의 전체 구조는 교과활동, 반공·도덕생활, 특별활동의 3대 영역으로 구성되었다.

1970년대의 공교육은 국가 주도형 교육으로서 경제발전 이데올로기의 확산과 산업인력의 양성이라는 양대 기능을 수행하였다. 1972년 10월 유신이념을 정점으로 소위 '한국적 민주주의' 구현을 위한 국적 있는 교육, 반공안보교육, 새마을교육 등이 철저하게 추진되었다. 정책의 주요 변화는 '고교평준화 제도'의 도입을 통한 입시제도의 개혁, 대학의 특성화를 통한 대학교육 개혁, 방송통신교육 체제의 확립, 취학전 교육의 확대와 특수교육의 진흥 등이다. 이 시기 교육내용의 변화는 제3차 교육과정으로 나타났다. 이는 급변하는 현대문명의 추세에 따라 지식교육의 성과를 높이면서 민족중흥과 국가 근대화의 신화에 부응하고자 1973, 1974년에 전면 개정된 교육과정이다. 이것은 학문중심 교육과정이론의 영향을 받았다.

1980년 5월 교육혁신의 4대 과제로 전인교육, 정신교육, 과학교육, 평생교육이 선정됨으로써 제5공화국의 교육 틀이 확정되었다. 이어 1980년 7월 30일 국가보위비상대책위원회 명의로 '교육 정상화 및 과열 과외 해소방안'이 발표되었다. 소위 '7·30 교육개혁'이라 불리는 이 개혁안은 당시의 과열 과외 문제를 일거에 해소하면서 대학 문호를 확대하고, 교육과정 개정을 통하여 고교교육의 정상화를 도모함으로써 여론의 지지를 얻으려는 통치 차원의 시책이었다. 하지만 새로 도입된 대학졸업정원제와 같은 제도는 졸속한 도입으로 실패하고 말았다. 실패한 이유는 과외에 대한 심층 진단도 없이 졸속으로 정책을 결정하고 획일적으로 추진한 탓도 있지만, 교육문제의 해결에서 교육적 동기보다 정치적 동기가 더 강하게 작용했기 때문이다. 같은 해에 유치원을 포함한 초·중·고등학교 교육과정을 개정하였는데 이것이 제4차 교육과정이다. 이 교육과정은 민주, 복지, 정의사회 건설의 역군으로서 자주와 창의의 역량을 가진 국민 양성을 목적으로 삼았다. 그 배경에는 학문중심 교육과정이론이 갖고 있는 지적 편중성을 벗어나서 이를 정서 영역과 조화시키려는 인간주의적 관점이 깔려 있었다.

1983~1985년의 교육지표에 '민주, 복지, 정의의 새사회 건설을 위한 자주적이고 창의적인 국민 육성'이라는 미래 지향적 구호는 여전히 나타났다. 1987년에는 유치원, 초등학교, 중학교 교육과정이 다시 개정되었는데 이것이 제5차 교육과정이다. 이것은 지식의 급속한 팽창, 과학의 발달, 고도 산업화, 정보화 추세, 국제관계 등에 능동적으로 대처할 수 있는 건강한 사람, 자주적인 사람, 창조적인 사람, 도덕적인 사람을 기르는 데 역점을 두었다. 중학교 교육과정은 교과 영역에 자유선택시간을 두어 학교 실정에 따라 운영하게 하였고, 고등학교 교육과정은 1988년에 개정되어 교양선택 2단위를 두게 하였다.

1987년 '6월항쟁'이라는 국민적 저항으로 마침내 대통령 직선제가 시행되었고, 1988년 2월 제6공화국 정부가 출범하였다. 그 후 국가 전반에 걸쳐 민주화가 어느 정도 진행되었다. 교육자치제의 실시, 교원 지위 향상을 위한 특별법 제정, 교육세의 영구화를 통한 교육재정 확보, 교육부로의 명칭 변경 등 미흡하지만 교육민주화를 위한 조치가 취해졌다. 한편, 1989년 5월에 전국교직원노동조합이 비공식적으로 출범하였다. 이것은 다양한 이해관계를 가진 집단이 교육 현안에 능동적으로 참여함으로써 견제와 균형을 모색할 수 있는 민주적 장치가 마련된 점에서 실로 획기적인 사건이었다.

1992년도에 각급학교 교육과정이 재개정되었는데 이것이 제6차 교육과정이다. 초등학교 교육과정은 지역 및 학교별 교육과정의 편성과 운영 근거를 마련하였으며, 건강한 사람, 자주적인 사람, 창의적인 사람, 도덕적인 사람을 추구하는 인간상을 정립하고 이를 위해 교육의 질 관리를 강화토록 하였다. 1995년에는 영어과를 설치하여 3~6학년에게 각기 연간 68시간을 배당하여 가르치도록 하였다. 중학교 교육과정은 지역 또는 학교 교육과정의 편성 근거를 마련하고, 교과를 필수와 선택으로 구분하였고, 시·도교육청에서 교육과정의 편성과 운영을 조사·연구·자문할 수 있는 위원회를 구성하도록 하였다. 고등학교 교육과정은 공통필수만 교육부가 정하고, 과정별 필수과목은 시·도교육청이 편성하며, 과정별 선택과목은 학교가 선택함으로써 교육과정의 특성화를 구현할 수 있도록 하였다. 제6공화국 정부가 추진한 일련의 교육민주화 정책의 심도 있는 접근은 긍정적이었지만 국민의 의사를 총체적으로 수렴하지 못하였다. 교육개혁에 대한 종합적 인식의 근거 마련과 제반 문제점의 진단이 미숙했다는 평가도 있었다.

1993년 2월 '신한국 창조'라는 통치목표를 내건 문민정부가 출범하였다. 교육대통령을 자임한 김영삼 대통령은 1994년 2월 대통령 직속 자문기구로서 교육개혁위원회를 발족시킨 후 총 4차례에 걸쳐 교육개혁안을 발표하고 교육환경을 대대적으로 정비하였다. 위원회 발족 1년 후인 1995년 5월 31일 일명 '세계화, 정보화 시대를 주도하는 신교육체제 수립을 위한 교육개혁방안'이라는 약칭 '5·31 교육개혁안'을 발표하였다. 이 개혁안은 종래의 것과는 달리, 개혁의 범위와 질에 있어서 한국교육의 획기적인 전환점을 이룬 것이 사실이다. 이것은 지구촌 시대의 국제환경과 문명의 혁명적 전환을 이끌고 있는 정보기술의 발달을 감안하여 신교육 질서를 밝힌 것이다. 문민정부 교육개혁안의 목표는 '누구든 언제 어디서나 원하는 교육을 받을 수 있는 열린교육체제'를 구축하고, '모든 국민이 자아실현을 극대화할 수 있는 교육 복지국가'를 만드는 것이었다. 이에 따라 학습자중심 교육, 교육의 다양화, 자율과 책무성에 바탕을 둔 학교 운영, 자유와 평등이 조화된 교육, 교육의 정보화, 질 높은 교육 등에 관한 방안들이 마련되었다. 각 과제들을 위한 행·재정적 지원체제, 관련된 제도, 실행전략을 마련하기 위해서 '교육개혁추진위원회'가 구성되었다. 이 시기에 열린교육운동이 전국적으로 전개되었고, 「교육기본법」이 제정되어 「초·중등교육법」에 의하여 학교운영위원회가 법제화되었으며, 종래의 국민학교가 '초등학교'로 개칭되었다.

교육과정도 대대적으로 개정되었다. 제7차 교육과정은 초등학교 1학년부터 고등학교 1학년에 해당하는 10학년까지를 국민공통기본 교육과정으로, 고등학교 2, 3학년인 11, 12학년을 선택중심 교육과정으로 편성하였다. 평가에서는 서술형 주관식 평가가 표현 및 태도에 대한 평가와 조화되도록 하였다. 특히 초등학교 교과활동 평가는 학생의 활동 상황과 특징, 진보 정도 등을 서술적으로 기록하는 '수행평가' 방식을 채택하였다.

　'5·31 교육개혁안'을 포함한 문민정부의 교육개혁은 불합리하고 시대에 뒤처진 요소를 제거하여 교육체제의 체질을 강화함으로써 신교육체제를 구축하고자 하였다. 또한 다양한 교육 주체들의 참여를 통해서 학교 공동체를 구축하고, 교육활동중심을 수요자중심으로 전환하며, 평생교육체제를 정비하여 교육 기회의 확대를 도모하였다. 자율적 학교 운영과 책임경영제의 시행, 대학의 다양화와 특성화를 통한 대학교육의 수월성 제고 등은 한국교육을 새롭게 재편하고자 하는 시도로 평가될 수 있다.

　해방 이후 지금까지 전개되어 온 우리 교육의 특징을 몇 가지로 정리해 볼 수 있다.

- 우리나라 학제는 기본적으로 단선형이다.
- 우리나라 학교제도는 교육적 성격상 초등교육(6년), 중등교육(6년: 중학교 3년, 고등학교 3년), 고등교육(대학 4년)의 3단계로 구분되어 있다.
- 보통교육과 평등교육이 실현되고 있으며, 평생교육의 이념이 법으로 보장되고 있다.
- 의무교육제도가 시행되어 중학교까지 9년 동안 무상교육이 실시되고 있다.
- 장애인과 비장애인의 통합교육이 추진되고 있다.
- 고등교육에서 전문성을 제고할 수 있는 전문대학원(예컨대, 의학전문대학원, 법학전문대학원)이 설립·발전하고 있다.

- 유치원의 공교육화가 단계적으로 추진되고 있으며, 국가의 공교육정책이 점차 확대되고 있다.
- 우리나라는 국가교육과정의 영향력이 강한 편이다. 특히 교육과정 개정이 수시개정체제로 바뀐 이후 잦은 교육과정 개정이 이루어지고 있다.
- 우리나라 대학입시제도는 수많은 변화가 있어 왔지만, 고등학교 교육이 입시에 종속되는 한계를 벗어나지 못하고 있다.
- 사교육의 지나친 확대는 많은 사회적 문제를 야기시키고 있다.

**정리문제**

1. 고려시대와 조선시대의 과거제를 비교해서 설명하시오.
2. 조선 유학의 특징과 교육적 의의를 설명하시오.
3. 실학자들이 어떤 교육개혁 정책들을 제시하였는지 설명하시오.
4. 우리나라 근대교육의 성립과정을 설명하시오.
5. 외세의 교육이 현재 한국교육에 미친 영향을 설명하시오.
6. 정부 수립기 이후 주요 교육정책의 변화와 의의를 설명하시오.

## 참고문헌

김기석, 유방란(1999). 한국 근대교육의 태동. 서울: 교육과학사.

김인회(2002). 한국교육의 역사와 문제. 서울: 한국학술정보.

서울대학교 교육연구소 편(1997). 한국교육사. 서울: 교육과학사.

손인수(1994). 한국교육운동사. 서울: 문음사.

손인수(1996). 교육사 교육철학의 이론과 실제. 서울: 문음사.

신차균, 안경식, 유재봉(2006). 교육철학 및 교육사의 이해. 서울: 학지사.

신창호(2014). 한국교육사의 통합적 이해. 서울: 박영스토리.

이성무(1994). 한국의 과거제도. 서울: 집문당.

이원호(2002). 그림과 사진으로 보는 교육의 역사. 서울: 문음사.

임재윤(2004). 교육의 역사와 사상. 서울: 문음사.

# 03
교육학개론

## 서양교육사

이 장은 서구 사회의 역사적 변천과정에 따른 교육의 양상을 기술하고 있다. 이를 차례대로 살펴보기 위해 서구 사상의 기반인 고대그리스에서 근ㆍ현대까지 다루고 있다. 제1절에서는 고대 그리스와 로마의 교육의 특징과 사상가들의 교육목적, 교육방법을 다루고 있다. 제2절은 중세의 중요한 교육사적 변화인 대학의 출현과 시민교육의 태동을 살펴본다. 제3절 근대의 교육은 르네상스기 인문주의를 시작으로 서양의 교육사조와 그 시대의 교육사상가의 교육목적을 정리하였다. 또한 국가주의의 공교육체계와 아동중심의 신교육운동도 살펴본다.

## 1. 고대 그리스와 로마의 교육

### 1) 고대 그리스의 교육

고대 그리스의 교육을 이해하기 위해 먼저 폴리스(polis)라는 도시국가의 성격을 파악할 필요가 있다. 폴리스는 도시국가의 형태를 띤 공동체 사회였다. 그리스교육의 전통에서 폴리스적 삶에 의한 교육은 공공성 또는 시민의식을 지닌 유용한 시민을 기르는 것이다. 그리스지역에는 100여 개의 폴리스가 있었으며, 그중 아테네와 스파르타가 그리스 지역에 많은 영향을 끼쳤다. 아테네는 상공업 위주로 민주적 개방사회로 발전하였으며, 이에 반해 스파르타는 경제적으로 농업에 의존하고 있었으며 보수적인 군국주의를 표방하였다. 특히 스파르타의 교육에 주목할 필요가 있다. 왜냐하면 아테네식 교육보다 '스파르타식' 교육이 더 우리에게 친숙하기 때문이다. 우리 교육에서 스파르타식 교육의 특징은 강제적, 강압적, 주입식 교육방식을 말한다. 이러한 스파르타식 교육은 그 당시 신체적·도덕적 훈련을 강조한 스파르타 교육의 특징이다.

스파르타의 교육목적은 '도시국가에 충성하는 전사를 양성'하는 것이었다. 스파르타는 7세 이후 국가가 집단으로 아이들에게 운동, 체조, 수렵을 비롯한 신체단련과 군사훈련, 단식 등을 가르쳤다. 아이들은 어려서부터 신체적으로 뛰어나야 했으며 도덕적으로도 완전해야 했다. 여기서 도덕적 완성은 자유인이라면 반드시 갖추어야 할 것이었다. 하지만 스파르타는 용기, 지혜, 완전한 복종 등 뛰어난 전사가 갖추어야 할 도덕성을 강조하였다. 명령에 복종하고, 고통이나 체벌을 참고, 전쟁을 수행하는 데 필요한 덕이 중시되었다. 음악학교와 체조학교를 다니는 아테네의 아이들과는 사뭇 다른 교육이 실시되었다.

스파르타는 개인의 교육에 대한 국가의 개입과 통제가 철저하게 이루어진 교육이 시행되었다. 심지어 허약한 아이는 내다버리거나 건강한 남녀의 결합을 장려하기까지 했다. 그 당시 스파르타는 많은 노예를 관리하거나 지배해야 했기 때문에 스파르타의 시민들은 강력한 군인이 되어야 했다. 이 점은 교육의 내재적 가치를 무시했다는 비판을 받기도 한다.

영화 〈300〉(2007)은 기원전 480년 페르시아 3차 전쟁 때 테르모필레 협곡에서 수만의 페르시아 군대와 싸웠던 300명의 스파르타 전사들의 이야기를 극적으로 다룬 영화이다. 여기서 스파르타의 교육과 시민성을 잘 표현되어 있다. 그들은 나라를 위해, 가족을 위해 그리고 자기 자신의 명예를 위해 불가능한 전투에서 목숨을 바친다. 페르시아 전쟁(BC 499~450)은 고대 그리스의 도시국가 연합과 페르시아 제국이 격돌한 전쟁으로 소규모 도시국가로 이루어진 그리스 세계와 거대한 페르시아 제국이 충돌한 것이다. 페르시아 전쟁 이후 아테네는 그리스 지역에 지배적인 영향력을 행사한다. 하지만 공동체 사회인 폴리스의 공공성과 시민성이 약화된다. 이 때문에 교육의 목적은 공동체보다 개인의 정치적 성공에 관심을 두게 된다. 이때 등장한 사람들이 소피스트(sophist)들이다. 그들의 주된 관심은 아테네 청년들의 정치적 출세 욕구에 부응하는 지혜를 가르치는 것이었다. 당시 아테네에서 가장 중요한 능력은 말 잘하는 언변과 설득력이었다. 소피스트들은 당시 최상의 지식인으로 높은 보수를 받고 사람들을 가르쳤는데, 그들의 교육목적은 정치적으로 출세하는 것이다. 이를 위해 다양한 관습과 문화를 알아야 했고, 정치적 식견이나 실천적 지혜도 갖추어야 했다. 그들은 기원전 6세기경부터 사용해 오던 훈련, 교육, 도야라는 의미의 '파이데이아(paideia)'를 확대하여 일반적, 포괄적 교육을 뜻하는 '엔키클리오스 파이데이아(enkyklios paideia)'라는 개념을 만들어 냈다. 소피스트가 서양사에서 중요한 것은 고대에서 18세기까지 서구 교육의 근간을 이루었던 7자유교과(문법, 수사학, 논리학, 대수, 기하, 음악,

천문)의 토대를 마련했기 때문이다.

이 시기의 대표적인 소피스트는 '인간은 만물의 척도'라고 말한 프로타고라스(Protagoras, BC 481~411)가 있다. 그는 절대적이고 보편적인 진리를 부정한다. 사람마다 감각의 차이 때문에 사물이나 현상을 다르게 인식하기 때문에 상대주의적 입장을 취한다. 당시 젊은이들은 정치가, 웅변가로 진출하는 것을 인생의 목적으로 삼았기 때문에 그 수단이 되는 지식, 즉 변론술, 수사학, 웅변술 등을 배우는 데 주력하였다. 따라서 지혜로운 자로 불리던 소피스트들의 가치는 치솟을 수밖에 없었다. 이때 소피스트에 맞서 아테네의 젊은이들을 올바른 길로 인도하고, 인생의 참의미를 깨닫게 해 주기 위해서 등장한 인물이 바로 소크라테스(Socrates, BC 470~399)이다.

소크라테스의 사명은 아테네 시민을 무지의 세계에서 진리의 세계로 인도하는 것이었다. '너 자신을 알라.' 델포이 신탁에 쓰인 이 문구에서 소크라테스는 커다란 깨달음을 얻었고 평생의 신조로 삼았다. 이 말의 정확한 의미는 '너 자신이 모르고 있다는 것을 알라.' 즉, 무지의 자각에 대한 외침이다. 소크라테스는 보편적, 절대적 진리를 강조하며, 소피스트의 상대적 진리관을 비판했다. 왜냐하면 사람에 따라 기준이 다르다면, 상대주의는 자칫 '내 마음대로 해도 돼?'라는 허무주의에 빠질 수 있기 때문이다. 그렇다면 소크라테스는 어떻게 진리를 획득할 수 있다고 생각했을까? 그는 개인의 감각이 아닌 보편적 이성을 통해 절대적 진리를 획득할 수 있다고 주장하였다. 따라서 소피스트는 인간중심 사상, 소크라테스는 이성중심 사상으로 비교할 수 있다.

교육사에서 소크라테스가 중요한 이유는 그의 교육방법 때문이다. 소크라테스는 무지의 자각을 위해 '산파술'이라는 대화법을 활용하였다. 흔히 '소크라테스 방법'으로 알려진 대화법은 학습자의 모름과 거짓에 일침을 놓아 스스로 깨닫게 만드는 방법이다. 이때 깨달음은 가르치는 사람이 아닌 학습자 자신이다. 이것은 아이를 낳는 사람이 산모이며, 산파는 단지 돕는 사람인 것이다. 배우는 사람은 스스로의 고통스러운 노력으로 깨달음에 도달해야 한다.

정리하면, 소크라테스는 소피스트들이 주장했던 상대주의적 진리관을 비판하고 진리의 절대성과 보편타당성을 주장했다. 또한, 인간은 산파법, 대화법, 변증법을 통해서 진리를 획득할 수 있다고 주장했다. 무지의 자각으로 획득한 참된 지식(진리)은 소피스트가 강조한 잡다한 지식과 다르다. 즉, 소크라테스의 지식과 진리는 언제나 실천적인 삶을 형성하는 힘이며, 토론이나 질문을 통해 배우는 대화적인 지식은 공동체를 형성하는 힘으로도 작용한다. 소크라테스는 무지하면 '덕'을 행할 수 없다고 보고, 지식을 덕과 동일시하는 지행합일(知行合一)을 주장하였다. 이 말은 '아는 것은 반드시 실천으로 옮겨야 한다'는 점을 포함하고 있다.

플라톤(Plato, BC 427~347)은 소크라테스의 영향을 받아 그의 제자가 되었다. 그의 철학적 관심은 '올바른 삶이란 무엇인가?'이다. 그는 『국가(Politeia)』에서 서양 최초로 체계적인 교육사상을 제시하였다. 그에 따르면 인간은 육체와 영혼이 결합된 존재다. 영혼은 지성, 욕망, 기개 등으로 이루어지는데, 여기서 이상적 인간은 지성과 관련된 이성적 부분이 나머지 욕망과 기개에 해당하는 부분들을 통제하고 조절한다. 이러한 생각은 그대로 이상적인 국가관으로 연결된다. 통치자는 이성의 영혼(금), 군인은 기개의 영혼(은), 생산자는 욕망의 영혼(동)에 해당한다. 이성적 인간이 통치할 때 이상적 국가가 되는 것이다. 따라서 이상적 국가는 이 세 층의 조화로운 상태이며, 올바른 삶은 지혜, 용기, 절제가 조화로울 때 가능하다. 플라톤의 교육론은 통치자에게 집중되어 있다. 이를 가리켜 엘리트주의 교육론이라고 말한다. 그는 금의 혼을 가진 통치자는 지혜, 은의 혼을 가진 군인은 용기, 동의 혼을 가진 생산자는 절제의 덕을 지녀야 한다고 여겼다. 엘리트 교육은 어떤 아이들이 금, 은, 동의 혼을 가졌는지 가려내고 여기에 적절한 교육을 시켜야 한다는 것이다. 이때 엄격한 심사가 요구된다. 금의 혼을 가진 아이는 통치자 교육을 받는다.

또 하나 중요한 플라톤의 사상은 '동굴의 비유'이다. 동굴의 비유는 무지와 편견에 사로잡혀 있는 사람들을 진리의 세계로 인도해야 한다는 과정을 설명하고 있다. 특히 통치자(깨달은 사람, 지혜로운 사람)는 동굴에 갇힌 채 편견에 사로잡힌 인간을 진리의 세계, 즉 이데아의 세계로 인도할 책무가 있다. 여기서 교사의 역할이 무엇인지를 엿볼 수 있다.

아리스토텔레스(Aristotle, BC 384~322)는 플라톤의 제자였다. 그는 행복한 삶에 관심이 많았다. 올바른 삶의 목적은 좋은 삶이며, 좋은 삶은 행복한 삶, 잘 사는 삶에 해당한다. 그렇다면 어떻게 하면 잘 살 수 있을까? 그 방법은 덕을 실행하는 것이다. 그의 『니코마코스 윤리학』에서 '덕'은 기능과 밀접하게 관련된다. 칼, 톱, 배의 기능을 따져 볼 수 있듯이 사람도 특정 분야에서 기능을 잘 발휘하는 것이 덕이다. 덕 있는 사람이란 그러한 성향이 잘 발달한 사람이다. 특히 인간에게는 다른 생물과 다르게 이성이 있다. 이성적 원리에 따라 정신적 기능을 잘 수행하는 사람을 덕 있는 사람이라고 할 수 있다. 이러한 삶이 행복한 삶이며 좋은 삶이다. 결국 아리스토텔레스의 교육목적은 행복한 삶이라고 할 수 있다. 덕이 있는 사람은 도덕적 탁월성과 지적 탁월성을 연마해야 행복에 이를 수 있다고 여겼다.

## 2) 고대 로마의 교육

그리스는 기원전 146년 로마에 의해 멸망한다. 그러나 로마의 정복자들은 그리스 문화를 적극적으로 수용하였다. 그리스 문화가 화려하고 심미적인 데 비해, 로마 문화는 강건하고 실용적이며 단순미를 갖는다. 로마는 그리스의 화려한 문화를 수용하고 모방하여 고유한 문화로 발전시켜 나간다. 로마의 정복으로 그리스식 교육은 더 이상 지속될 수 없었지만 학식 있는 그리스인들이 로마 부유층의 가정교사로 유입되어 그리스식 전통을 이어갔다. 문화가 취약했던 로마는 점차 그리스 문화에 동화되었다. 그리스의 영토는 점령했지만 그리스의 문화에 오히려 점령당하고 만 것이다.

로마의 교육은 크게 초기 공화정시대와 후기 제정시대로 나누어 볼 수 있다. 초기 공화정시대의 교육은 그리스 문화가 유입되기 이전 로마의 순수한 전통이 잘 보존되었다. 초기의 로마교육은 대부분 가정에서 이루어졌는데, 가정교육의 보조수단으로 루두스(Ludus)가 있었던 것으로 추정된다. 어머니로부터는 양육을 통한 훈육을, 아버지로부터는 생활 및 시민적 자질과 관련된 지적 교육을 받았다.

　후기 제정시대는 그리스 문화가 유입되면서 여러 교육기관이 생기고 로마의 영토가 확장하면서 세계화가 진행되었다. 후기의 로마교육은 5현제 시대 (5명의 현명한 황제)에 절정기를 맞았고, 적극적인 장학정책에 따라 발전된 학교제도가 정착되었다. 초등교육제도에 해당하는 루두스, 중등교육제도인 문법학교, 전문인을 양성하는 수사학교, 통치자교육을 위한 철학학교가 있었다. 특히 고등교육을 받기 위한 예비과정으로 자유교양교육의 기초로 7자유학과가 부과되었다. 수사학교는 웅변가를 양성하는 학교로 정계에 입문하려는 자는 이 학교에서 공부를 했다. 수사학교에서는 수사학과 웅변술을 주로 가르쳤는데, 수사학은 말 혹은 대화의 기술을 가르치는 학문이고, 웅변술은 말로 대중을 설득하는 역할을 하였다. 철학학교에서는 윤리학이 강조되었으며, 법률학의 전문적 교양을 배우는 것이 유능한 인간의 필수조건으로 간주되었다.

　로마 시대 대표적인 교육사상가로는 키케로(Cicero, BC 106~43)와 퀸틸리아누스(Quintilianus, 35~96)를 들 수 있다. 먼저 웅변가이자 정치가였던 키케로는 자신의 저서 『웅변가론』에서 교육의 목적을 인문주의적 교양을 지닌 웅변가의 육성에서 찾았으며, 그리스 교육의 전통을 이어받아 교육을 통한 덕과 행복의 실현을 강조하였다. 그는 이상적인 교육적 인간상으로 웅변가를 제시하고 웅변가 양성에 관한 체계적인 학설을 전개하였다. 웅변가, 즉 교육받은 인간이 되기 위해서는 선천적인 소질, 교육과 훈련, 풍부한 지식과 유창한 언변을 갖추어야 한다고 주장하였다. 키케로의 문장은 수려하고 탁월하여 후대 르네상스 시기 인문주의자들에게 동경과 모방의 대상이 되었다.

　퀸틸리아누스는 국가의 봉급을 받은 최초의 교사로 알려져 있다. 대표적 저술인 『웅변교수론』은 르네상스기 인문주의자들에게 커다란 영향을 주었다. 그는 인격 형성의 기초가 되는 가정교육뿐만 아니라 공적인 학교교육 체제를 강조하였다. 왜냐하면 학교는 특히 학생들의 경쟁심을 자극하며, 교우들과 우정을 쌓을 수 있고, 공동체 생활에 익숙해지는 데 도움을 준다는 이점이 있기 때문이다. 그는 웅변가의 자질로서 도덕적 인격을 가장 중시했고, 웅변가는 선한 사람이 되어야 한다고 했다. 그의 교육사적 공로는 무엇보다도 체벌의 적극적 반대에서 찾을 수 있다. 체벌은 인간의 심성을 어둡게 하고 교사의 무능력을 드러내는 것이기 때문에 말이나 대화로써 문제를 풀어가야 한다고 역설하였다. 그의 체벌금지는 오늘날 교육에 시사하는 바가 많지만, 체벌금지가 효과적으로 학습시키는 조치였다는 점에서 한계가 있다.

## 2. 중세의 교육

　서양의 중세는 대개 476년 서로마제국의 몰락에서 15세기 르네상스가 시작되기 이전까지의 천년의 시기를 말한다. 흔히 중세를 암흑기라고 말하는 것은 종교적으로 기독교가 사회 전반을 지배하였으며, 르네상스 시기의 찬란함을 강조하기 위해서다. 중세의 교육은 로마의 몰락으로 학교교육은 지속될 수 없었고, 교육은 종교적 목적에서 벗어날 수 없었다. 또한, 기독교적 사랑과 헌신을 바탕으로 한 사해동포주의 정신을 따라 일부 계층에 한정되었던 교육 기회가 확산되었다. 중세 초기에는 기독교의 이상과 가치가 교육의 이상과 목적으로 받아들여지고 지적 훈련 대신 신앙심의 고양과 도덕적 훈련이 교육의 주된 과제가 되었다. 이러한 목적은 내세에서 영원한 생명을 얻기 위한 종교적 헌신과 준비가 교육활동의 전부였다. 또한 중세 사회는 획일화된 성격을 지니게 된다.

중세 교육에서 주목할 인물은 프랑크 왕국의 샤를마뉴(Charlemagne) 대제이다. 그가 추진한 문화정책으로 11세기경 모든 교회 안에 학교가 재정비되었다. 대표적인 학교는 문답학교, 고급문답학교, 본산학교, 수도원학교 등이다. 문답학교는 일반 대중과 이교도들을 기독교화 하는 것이 목적이었고, 고급문답학교는 지도자와 교사 양성을 목적으로 하였다. 본산학교에서는 우주본질에 관한 신학적 논쟁으로서 스콜라철학을 심도 있게 연구하였다. 수도원학교는 교회의 지도자 또는 성직자를 양성했으며, 본산학교와 더불어 스콜라철학의 중심 역할을 하였다. 특히 본산학교와 수도원학교는 중세 후기의 신학대학 태동의 원동력이 되었고, 중세 교회의 많은 학교는 근대 교육제도가 등장하는 데 밑거름이 되었다.

특히 중세의 스콜라철학은 기독교 교리 자체를 내적으로 강화하고 외적으로는 이교도에 대항하여 교리를 정당화하는 데 플라톤과 아리스토텔레스의 사상을 적용하였다. 예를 들어, 아리스토텔레스의 논리학(삼단논법)을 빌려신의 존재를 증명하거나, 천사의 존재와 같은 신학적 문제를 이성적으로 해결하려고 하였다. 스콜라철학이 교육에 미친 영향은 대학의 발전에 커다란자극을 주었으며, 스콜라철학에 대한 반동으로 16세기에 르네상스와 종교개혁을 통한 인문주의 교육이 탄생한다.

중세의 가장 중요한 교육사적 변화는 대학의 출현과 시민교육의 태동이다. 먼저, 대학의 시작은 수도원에서 자생적으로 발전한 '일반연구소'이다. 본격적인 출발은 십자군원정 이후(12세기) 중세 도시의 발달, 봉건계층의 안정화, 교회와 교황권의 확립이라는 사회·문화적 영향에 기인한다. 대학의 학생들은 의학, 법학, 신학 등의 분야에서 알고자 하는 욕구를 불태웠고, 조직을 결성하여 학구적인 분위기를 조성하였다. 이러한 학생조합에서는 각분야의 뛰어난 교수를 초빙해 이른바 교수와 학생 간의 조합(Universitas)을 결성하기에 이르렀다. 오늘날의 대학(university)은 자치기구로서 교수-학생

조합에 그 기원을 두고 있다.

최초의 대학은 법률학으로 명성을 떨쳤던 이탈리아의 볼로냐대학교(1158)이다. 또한 신학의 중심의 파리대학교(1180), 유럽대학의 전형인 영국의 옥스퍼드대학교(1167)와 케임브리지대학교(1209)가 설립되었다. 중세 대학의 교육은 교양과 전공으로 구분하여 실시되었다. 먼저 7자유교과로 기초를 쌓은 후 전공을 배웠다.

대학이 이전의 교육기관과 다른 점은 민주적 자치기구, 거주지 중심에 위치, 교수와 학생의 특권이다. 대학은 교회의 감독이나 당국의 관리에서 벗어난 자치권과 자율성을 갖게 되었다. 또한 중세 대학의 본질적인 특징인 대학의 특권은 세금과 부역의 면제, 대학 내부의 재판 및 형벌의 권리, 여행의 자유, 학위 수여권 등이다. 중세 대학이 후세에 끼친 영향을 보면, 교회와 국가에 필요한 인재를 양성함으로써 전문 인력 양성기관으로서 위상을 확립하였으며, 자유로운 탐구와 학문연구 정신은 르네상스와 근대 학문의 발전의 선구적인 역할을 하였다.

다음으로, 십자군 원정과 같은 외적 요인은 시민교육을 태동시켰다. 십자군 원정으로 동서 간의 교역이 활발해지면서 중세 도시가 발달했고, 부를 축적한 제3계급인 시민이라는 새로운 계층이 등장하였다. 그들의 관심은 교회 중심의 신학보다는 새로운 형태의 세속적 교육에 있었다. 이러한 관심의 변화에 따라 먼저 도제제도라는 비형식적 교육이 등장하였고, 그 이후 형식교육기관인 조합학교, 예배당부속학교 그리고 이 두 학교를 통합한 시민학교가 세워져 실생활에 필요한 실제적 교육이 행해졌다. 특히 도제교육은 오늘날 직업교육의 모태가 되었다. 도제교육은 일종의 기술자 양성교육으로 생활을 위한 실제적인 교육을 실시함으로써 직업교육, 기술교육, 실업교육의 뿌리가 되었다.

또한, 십자군 원정은 중세의 경제체제인 봉건제 붕괴를 불러 왔다. 봉건 체제에서 발전했던 교육은 기사도 교육이었다. 기사도 교육은 9세기 말에 등장

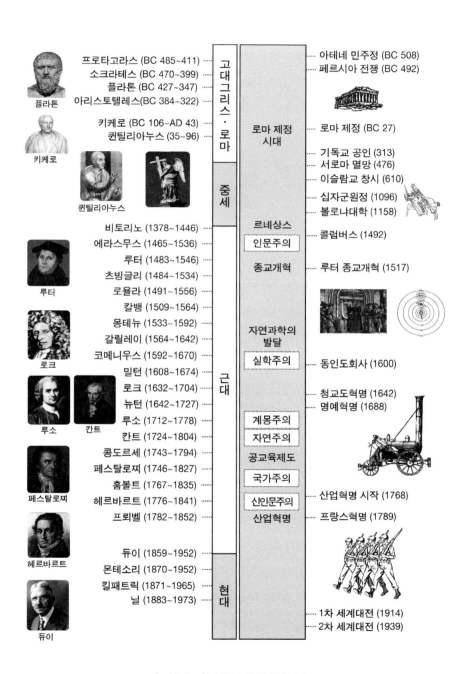

[그림 3-1] 서양교육사 주요 연표

해서 12세기 전후 십자군 전쟁 무렵 정점을 이룬 후 16세기에 쇠퇴하였다. 기사도 교육의 궁극적인 목적은 기독교적인 무인을 양성하는 것으로 정의를 위한, 약자를 위한, 고귀함을 위한 교육의 전통으로 자리 잡아 나중에 영국의 신사도 교육의 전형이 되었다.

## 3. 근대의 교육

### 1) 인문주의 교육과 르네상스

르네상스는 15세기 유럽의 반중세적인 정신적 자각운동으로 고대 그리스의 인간중심주의를 재생하자는 문예부흥을 의미한다. 르네상스의 이상은 중세 교회의 권위에 대한 인간의 재탄생에서 찾을 수 있다. 이 가치는 고대그리스와 로마의 사상으로 내세가 아닌 현세적 삶과 자연에 대한 새로운 관심, 인간에 대한 새로운 관심과 인식이다.

르네상스를 대표하는 사상은 '인문주의'다. 인문주의는 중세의 권위주의적 복종에서 인간의 선천적인 능력을 계발하려는 인간중심 교육으로 '자유주의적 전인교육'이다. 초기 르네상스 인문주의자들은 파이데이아(paideia)를 라틴어로 후마니타스(humanitas)라고 번역하였다. 이는 '인간다움'이나 '교양'을 뜻한다. 당시 인문학의 대표 영역이라고 할 수 있는 시, 문법, 수사학, 역사, 도덕철학 등 광범위한 영역과 고대 그리스와 로마의 전통을 넘어 인간다움을 모범적으로 모방했다. 그들은 인문학을 통해서 개인적으로는 교양 있는 사람을, 그리고 사회적으로는 자유의식과 책임의식이 조화된 건전한 시민이 되는 것을 지향했다. 따라서 르네상스 시기의 자유교양교육 사상의 부활은 단순한 고대의 모방이 아닌, 근대에 필요한 참다운 의미의 발견을 뜻한다. 자유인에 상응하는 교육을 '자유교양교육'이라 부른다. 그것은 지와 덕을 획득하고 실천하는 교양으로 심신의 능력을 발전시키고, 인간을 고상하게 기르는 '자유주의적 전인교육'을 말한다.

르네상스는 본래 남부 이탈리아를 중심으로 펼쳐진 개인주의 운동이었다. 이탈리아는 십자군 원정 이후 발달한 자유도시였기 때문에 르네상스의 본고장이 될 수 있었다. 특히 남부 이탈리아를 중심으로 하는 르네상스는 개인의 발전 수단으로서 교양을 중시하는 개인적 인문주의로 발전하였고, 르네상스 후기와 북유럽에서는 사회의 병폐와 부정을 개혁하려는 사회적 인문주의로 발전하였다. 특히 사회적 인문주의는 종교개혁에 영향을 주게 된다.

대표적인 사상가로는 개인적 인문주의자인 비토리노(Vittorino, 1378~1446)와 사회적 인문주의자인 에라스무스(Erasmus, 1465~1536)가 있다. 비토리노는 이탈리아 최초로 인문주의 학교를 설립하였다. 그의 교육목적은 개인의 능력을 최대한 끌어올려 사회의 공적 업무에 봉사하는 것이었다. 이를 위해 학교에서 주로 라틴어 고전, 역사, 수사학, 문법, 시, 도덕 철학 등을 배웠다. 특히 이 과정에서 학생들이 학습에 재미와 흥미를 느끼게 매 수업시간마다 적절한 휴식시간을 두었다. 이런 노력은 학생들의 요구를 반영하고, 주의집중을 높이려는 교육적 배려에서 나온 것이다. 에라스무스는 경건한 마음의 육성과 도덕정신의 함양을 교육의 목적으로 두었다. 그는 이를 위해 체벌교육을 반대하였으며, 아동의 능력을 고려한 개별학습의 필요성을 강조했고, 자연의 순리에 따라 교육해야 한다고 주장했다. 또한 교육방법으로 놀이의 중요성을 강조하며 학습자의 내적 동기와 자발성을 중시하였기 때문에 당시의 강제적인 교육이 인간성 형성에 도움이 되지 않는다고 비판하였다.

한편, 인문주의는 지나치게 형식주의에 빠져 편협한 인문주의로 변질된다. 고대 그리스와 로마의 고전 속에서 근대에 필요한 정신적 자양분을 얻고자 했던 인문주의는 고대 언어에 집착하여 사물과 관련된 내용을 소홀히 하고 언어 형식에 치우쳤다. 그 결과 수사학적 달변을 중시하는 언어주의, 형식주의 등의 오류에 빠져 버렸다. 그 이후 형식적 교육은 자유교육과 동일시되었고, 중등학교에서는 이런 형식이 인문주의 교육의 전부인 것으로 생각되었다. 이런 유형의 인문주의를 제2유형 또는 '키케로주의'라고 하는데, 그 영향은 19세기까지 지속된다. 이를 타파하기 위해 17세기 '실학주의'라든가 18세기 '자연주의'라는 교육사조가 등장한다.

## 2) 종교개혁기의 교육

종교개혁은 타락한 가톨릭 교회(구교)를 비판하고 기독교 본래의 순수한 사명을 회복하자는 종교학상의 개혁운동이다. 독일의 마르틴 루터(Luther, 1483~1546)는 1517년 95개조 반박문을 내걸며 교회의 부패와 타락을 비판한다. 그는 구원의 길은 돈으로 면죄부를 사는 것이 아니라, 하느님의 은총과 신실한 믿음과 성서에서 찾았다. 또한 루터는 성직자들의 형편없는 문해능력을 문제 삼았다. 제대로 교육받지 못한 성직자들이 민중을 교화하고 설교하고 있었기 때문에 루터는 가톨릭 교회의 개혁이 절실하다고 믿었다. 이런 종교개혁은 유럽전역에 퍼져 나간다.

종교개혁의 교육적 의의는 성서의 번역으로 모국어 교육이 강조되고 대중교육이 발달된 계기가 되었다는 점이다. 종교개혁은 성서주의에 바탕을 두고 있다. 중세의 신앙과 구원의 문제는 개인과 하느님 사이에 교황이나 성직자가 개입되고 구원은 그들을 통해서만 가능했다. 하지만 성서주의는 하느님으로 향하는 통로의 열쇠를 성서에서 찾는다. 성서는 하느님의 말씀이고 이를 통해 구원받을 수 있다고 루터는 주장하였다. 하지만 그 당시 성서는 대부분 라틴어로 되어 있어 일부 지식인만 읽을 수 있었다. 그런 이유로 루터는 독일어로 성서를 번역하였다. 왜냐하면 어려운 라틴어보다 모국어인 독일어로 성서가 쓰인다면 일반 대중이 쉽게 성서를 읽을 수 있기 때문이다. 그리고 이 과정에서 루터는 대중이 모국어인 독일어도 읽고 쓸 수 없다는 사실을 알게 되었으며, 모국어교육과 학교설립에 관심 갖게 된다.

종교개혁기의 교육사상가는 인문주의자이기도 하다. 이 때문에 16세기의 인문주의자와 종교개혁가를 구분하기는 어렵다. 이 시기에 활동했던 교육사상가들에게는 종교적 관점이 들어 있다. 대표적인 교육사상가를 살펴보면, 스위스의 종교개혁가인 츠빙글리(Zwingli, 1484~1534)가 있다. 그는 학교의 설립과 관리에 많은 관심을 두었고, 하느님의 위대한 지식을 널리 가르치는 것이 교육의 목적이었다. 칼뱅(Calvin, 1509~1564)은 스위스 제네바에 학교를 설립하고 종교적 훈련과 인문주의적 가치를 존중하는 교육을 하였다. 루터는 교회의 지배로부터 교육을 독립시키고, 근대적 의미의 의무교육을 확립하는 데 영향을 끼쳤다.

한편, 종교개혁에 대한 반종교개혁운동이 등장한다. 특히 1540년 창설된 예수회는 교황에 봉사를 목적으로 기존 가톨릭을 혁신하고자 하였다. 예수회를 창시한 로욜라(Loyola, 1491~1556)는 교사교육을 중시한 점, 현직교사의 연수, 학생들 사이의 경쟁 심리를 조장하는 등 근대 교사교육의 체계화에 기여하였다.


## 3) 실학주의 교육과 자연과학의 발달

17세기 이후 자연과학이 크게 발달한다. 천문학에서 갈릴레이(1564~1642), 물리학에서의 뉴턴(1642~1727) 등 새로운 자연법칙의 발견으로 과학의 시대가 열리게 된다. 과학 연구를 위한 관찰과 실험이 활발해지면서 경험연구가 새로운 연구방법으로 부각된다. 새로운 인식법의 출현과 사회적 실생활에 대한 관심이 커지면서 실학주의가 등장하였다. 17세기 실학주의는 르네상스기의 인문주의와 달리 실용적, 공리적, 실제적 경향을 띤다. 이 점은 언어와 문학을 중시하던 인문주의와 다르다. 인문주의가 언어와 문학, 종교개혁이 종교와 도덕을 주요 탐구 대상으로 삼았다면, 17세기 실학주의는 자연과학과 철학을 가장 중시하였으며, 교양을 갖춘 신사(gentleman)가 되는 것이 중요했다. 실학주의는 강조하는 내용에 따라 인문적 실학주의, 사회적 실학주의, 감각적 실학주의로 전개되는데 이 사조들은 꼭 순차적인 것은 아니다.

인문적 실학주의자는 실제적 삶의 문제를 해결하는 데 고전의 형식보다 내용을 중시하자는 입장이다. 이들은 고대그리스와 로마의 사상인 고전연구를 바탕으로 신체/도덕/사회적 발달을 교육의 목적으로 삼았다. 영국의 밀턴 (Milton, 1608~1674)은 당시의 형식적인 교육에 반대하고, 고전을 연구해 과학과 도덕을 교육하는 데 활용하자고 주장하였다. 그는 고전의 실생활 적용을 강조함으로써 키케로주의에서 탈피하고자 하였다.

사회적 실학주의는 고전보다는 다양한 실제 경험을 통해서 삶의 문제를 해결할 수 있는 능력을 길러야 한다고 주장하였다. 다시 말하면, 실제적 지식을 습득하는 사교나 여행은 가장 좋은 교육방법이라고 여겼다. 프랑스의 몽테뉴(Montaigne, 1533~1592)는 고귀한 도덕성을 길러 내는 것을 교육의 목적으로 삼았다. 그는 책에서 얻어지는 지식보다는 삶 자체를 더 중시하였다. 지식 자체를 반대한 것이 아니라 지식이 행복한 삶에 기여해야 한다는 점을 강조한 것이다.

감각적 실학주의는 17세기 자연과학의 발달을 잘 반영된 것으로, 감각을 통해서 지식이 가능해지기 때문에 기억보다는 감각적 지각을 통한 교육을 강조하였다. 대표적으로 코메니우스(Comenius, 1592~1670)는 시각적 자료를 교재로 사용함으로써 지금의 학습심리학적 요소를 담았다. 그의 책『세계도회』(1658)는 세계를 그림으로 나타낸 것으로 행위, 그림, 개념의 학습이 서로 밀접하게 관련되어 있음을 보여 주었고, 또한 자연/사물/사회의 모든 내용이 포괄적으로 정리되어 있는 것이 특징이다.

코메니우스가 교육사적으로 주요한 이유는 근대 최초로 교수법을 체계화하였고, 근대 학교의 발달에 결정적으로 기여한 인물이기 때문이다. 그는 『대교수학』(1657)에서 교수학을 '모든 사람에게 모든 것을 재빨리, 재미있게, 근본적으로' 가르칠 수 있는 기술이라고 명명하였다. 이를 라틴어로 표현하면 옴네스(omnes), 옴니아(omnia), 옴니노(omnino)이다. '옴네스'는 모든 인간에게, 다시 말해 신분, 성과 같은 차별을 넘어 모든 사람이 교육을 받아야 한다는 평등사상을 말한다. '옴니아'는 교육의 내용과 관련되는 것으로 세상의 모든 지식을 빠짐없이 가르쳐야 한다는 것이다. 그리고 '옴니노'는 교육방법에 해당되는 것으로 근본적으로, 철저하게 가르쳐야 한다는 뜻이다.

코메니우스는 범지학(汎知學: 인간은 누구나 세상의 모든 지식을 두루 널리 알아야 한다고 주장함)을 주장했으며, '합자연의 원리'에 기초하여 발달단계에 따른 교육을 주창하였다. 그는 모든 국민의 취학을 원칙으로 하는 학교 단계를 제시함으로써 공교육을 위한 사상적 기초를 제공하였다. 그가 제시한 학교는 다음과 같다.

- 첫째 단계: 어머니 학교에서 가정교육(6세까지)
- 둘째 단계: 모국어 학교에서 고유 문화에 대한 교육(7~12세)
- 셋째 단계: 라틴어 학교에서 외국 문화와 대학 준비를 위한 교육(13~18세)
- 넷째 단계: 대학에서 학문적 연구(19~24세)

## 4) 계몽주의와 자연주의 교육

계몽은 꿈에서 깨어남, 몽매, 무지, 구습, 편견, 권위에서 벗어남을 의미한다. 18세기 계몽주의는 종교개혁 이후 출현한 전제주의, 절대군주, 사회적 불평등에 대한 반발로 구습, 학문, 종교, 도덕의 구속이나 속박에서 벗어나 자유롭게 사고할 수 있는 이성을 강조한 정신운동이다. 대표적인 계몽주의 사상가인 로크(Locke, 1632~1704)의 자유주의적 정치이념은 유럽사회에 자유와 평등의 이념을 널리 퍼뜨린다. 그는 경험론을 주장하면서 경험이 유일한 지식의 원천이라고 말하였다. 또한, 그의 백지설(tabula rassa)은 인간의 마음이 백지와 같다고 말한다. 따라서 교사나 부모는 얼마든지 경험을 통해 관념을 채워 넣을 수 있게 되고, 교육만능론도 가능해진다.

프랑스의 정치가, 교육사상가인 콩도르세(Condorcet, 1743~1794)는 공교육론을 주장하였는데, 콩도르세 법안(1793)은 모든 시민에게 공통의 교육과 만인무상교육을 제공하는 내용을 담았다. 그 내용을 보면 다음과 같다.

첫째, 교육은 자유와 평등을 위해서 필요하며, 도덕성과 인간 진보의 기초를 형성하는 데 중요한 역할을 한다.

둘째, 가르침은 보편적으로 행해져야 한다. 국가가 교육을 지원하더라도 교육은 정치적 통제와 종교적 간섭에서 독립되어야 한다.

셋째, 여성의 교육권을 보장해야 한다.

넷째, 교육내용에 과학교육을 반드시 포함시켜야 한다.

칸트(Kant, 1724~1804)는 대표적인 계몽주의 사상가이다. 그는 정확한 사고, 올바른 판단, 용기 있는 실천 등 이성을 강조하고, 교육의 목적을 도덕적 개인의 완성과 인류의 완전성을 높이는 것으로 두었다. 이러한 목적을 달성하기 위해 인간은 자연으로 받은 소명에 대한 개념적 지식을 갖추어야 하며, 선으로 향하고 하는 성향을 계발해야 한다. 즉, 지식교육과 도덕교육이 조화를 이루어야 한다.

다른 관점에서 자연주의 교육은 서양의 근대 계몽의 시기 교육을 이해하는 사조이다. 자연주의는 객관적 자연주의와 주관적 자연주의로 구분된다. 객관적 자연주의는 경험론에 기초하여 경험과 관찰을 강조하는 학습법을 중시하였다. 이 점은 르네상스에 이은 종교개혁과 17세기 태동된 근대 과학에 영향을 받았다. 르네상스에 이은 종교개혁 운동에 따라 신학에서 과학으로, 초자연에서 자연으로, 교회의 권한에서 개인의 자유로 옮겨 감으로써 근대의 길이 열리게 되었다. 그러나 교육의 내용과 방법에서는 여전히 언어주의, 암기주의, 서적주의, 훈련 위주의 형식주의 등에서 벗어나지 못하고 있었다.

17세기 태동된 근대 과학은 뉴턴의 기계론적 물리학으로 꽃피우면서 자연과학의 거대한 체계화와 방법의 시대를 열었다. 이러한 사회 변혁은 실학주의 교육사상을 낳았다. 특히 감각적 실학주의는 자연과학적 지식과 연구방법을 존중하는 실학주의의 절정이면서 동시에 교육에서 과학운동의 시작이다. 이러한 과학운동과 사회변혁은 인간의 이성을 더욱더 중시하게 되는 계몽주의가 등장하게 된 배경이 된다.

　자연주의의 다른 유형은 '주관적 자연주의'이다. 주관적 자연주의는 '인위적 교육'을 배격하고 자연성을 강조하는 루소(Rousseau, 1712~1778)가 주창하였다. 루소의 자연주의는 코메니우스의 사상이나 계몽주의의 지나친 '이성' 강조에 대한 저항에서, 그리고 계몽운동에서 소외되었던 '민중의 권리'에 대해 강조하면서 생긴 것이다. 루소가 말하는 자연은 세계를 지배하는 근본 원리로서 신과 같은 것이며, 그 근본 속성은 자유와 질서다. 모든 것은 질서를 따르는 의지가 드러난 것이며, 그런 의도에서 비롯된 것이다. 세계는 근본적으로 신적 질서의 운행이다. 따라서 전체적으로 조화를 이루며 선한 것이다. 그렇기 때문에 루소의 인간에 있어 자연은 바로 선함을 가리킨다.

　인간은 선하게 성장하려고 하는 선천적 경향성이 있다. 루소는 당시의 사회적 출세를 위한 교육이 아동의 자연성을 무시하는 인위적 교육이라고 비판하였다. 인간은 원래 선하기 때문에 아동의 선천적 선이 자발적으로 자유롭게 발전하도록 인위적인 사회에서 벗어나게 해야 한다고 주장하였다. 이런 의미에서 루소는 사회인 도야보다는 '인간 도야'를 먼저 강조하였다. 개인의 선천적인 선한 본성을 사회 죄악으로부터 보존하고 개인의 권리를 인정하는 사회를 기초로 삼아야 한다는 점에서 '소극적 교육론'을 주장하였다.

　루소의 자연주의 교육사상은 그의 교육소설 『에밀(Emile)』(1759)에 잘 드러나 있다. 루소가 『에밀』을 쓴 이유는 교육개혁을 통해 사회개혁을 강조한 것이다. 사회악으로부터 인간을 해방시키려면 아동을 사회 안에서가 아닌 밖에서 교육해야 한다는 뜻이 담겨 있다. 루소 이전의 아동관은 성인의 축소판이었는데, 이는 그릇된 아동관이었다. 그는 아동기를 인생의 한 단계로 설정하였으며, 아동기 자체에 최초로 가치와 의미를 부여하였다. 다시 말하면 그는 '아동의 발견자'로 평가된다.

『에밀』의 내용을 살펴보면, 교육 단계를 동물적 인간(유아기), 야만인(아동기), 로빈슨 크루소적 인간(소년기), 사고하는 인간(청년기), 사회인(성인기)의 5단계로 구분하고, 각 시기에 따른 교육적 견해를 설명하였다. 마지막 단계인 사회인 단계에서는 자연인으로 성장한 에밀과 이상적 여인상인 소피의 결혼을 통해 결혼관과 여성교육론을 제시하고 있다. 『에밀』에 나타난 루소의 주장은 당시의 사회 분위기에 비추어 볼 때 급진적인 것이었고, 르네상스 인문주의에 뒤지지 않는 사상이었으며, 교육 실제 면에서는 혁명적 전환점을 마련하였다.

루소에 이르러 절정에 달한 자연주의는 이후 범애주의 교육원리로 발전되었고, 19세기에는 신인문주의 계열의 페스탈로찌(Pestalozzi, 1746~1827)나 프뢰벨(Froebel, 1782~1852)의 교육사상을 일으켰다. 20세기에는 닐(Neill, 1883~1973), 몬테소리(Montessori, 1870~1952) 등의 '새교육 운동'을 위한 뿌리가 되었고, 듀이(Dewey, 1859~1952)가 체계화한 진보주의 교육사상에 영향을 주어 '생활중심 교육원리'의 원천이 되었다. 그리고 오늘날 현대 민주주의의 핵심 가치인 '개인주의 사상'의 원류가 되었다. 따라서 루소는 서양교육에서 가장 중요한 인물들 중 한 명으로 평가받는다. 왜냐하면 그는 아동을 그 자체로 인정하고 체계적인 가르쳐야 한다는 교육론을 제시하여 교육이론과 실제에 지대한 영향을 미쳤기 때문이다.

## 5) 국가주의와 공교육 제도

18세기 계몽정신은 자유주의와 민주주의 이념을 발전시켰다. 국가는 만인의 복지와 행복을 위해 교육에 많은 노력을 기울이게 되었다. 또한 19세기 산업혁명은 유럽에 중대한 변혁을 가져왔다. 산업혁명으로 인한 산업주의와 자본주의의 발전은 빈부의 격차나 자본주의 모순으로 나타나 사회적 불평등이 심해진다. 이러한 과정에서 유럽의 각국은 국가의 정체성의 확립과 지속적 경제발전을 위해 공교육제도를 정비하고 많은 노력을 기울이게 된다.

19세기 교육발전에 지대한 영향을 준 이념은 국가주의다. 국가주의는 개인의 이익보다는 국가나 민족 전체의 이익을 우선하는 이념이다. 대외적으로는 국가 차원의 부국강병, 대내적으로 국민정신과 민족정신을 고취한다. 국가주의 교육의 특징은 국민의 의지를 결속하고 애국심을 고취하며, 지리학/역사학/언어학을 강조한다. 또한 개인의 인권, 창의성, 자율성보다는 국가의 이익과 발전을 위해 교육을 통제한다. 이를 위해 국가주의는 공교육제도를 정비한다. 당시 유럽의 국가들은 초등학교 제도를 무상의무교육으로 하고, 국민 모두에게 보편적 교육을 제공하고, 교회나 경제세력의 간섭으로부터 교육을 독립시키는 공교육제도를 정착시킨다.

18세기 말부터 19세기 전반기에 '통일성'과 '보편성'을 강조하는 시대정신이 반영되어 각국에서 국민교육제도가 확립되었다. 국민교육제도는 19세기의 시대 상황과 직접적으로 관련되는데, 정치적으로는 국가주의 또는 민족주의, 경제적으로는 산업혁명이 당시 상황을 대표한다. 영국의 공교육은 산업혁명에서, 독일의 공교육은 국가주의에서, 프랑스의 공교육은 국가주의와 민족주의에서, 그리고 미국의 공교육은 산업혁명과 민주주의 이념에서 성립되었다. 1789년 프랑스혁명을 시작으로 공교육은 국가 차원에서 제도화되기 시작하였다. 프랑스 혁명의회에 제안된 취지에 의하면, 프랑스혁명이 성공하기 위해서는 민중이 주권을 가지고 스스로 법을 만들고 스스로 통치하는 민주국가가 건전하게 운용되어야 하며, 이를 위해서 주권자 한 사람 한 사람이 계몽되고 교육되어야 했다. 따라서 모든 민중을 대상으로 하는 '공립, 무상, 보통교육제도'가 필요했고, 이것은 새로운 교육이념이었다.

프랑스의 공교육제도는 1791년 공화국 헌법에 반영되었고, 「초등교육의 의무 및 중립에 관한 법률」이 통과되고 학제가 수립되었다. 독일에서는 1819년 프러시아 교육 대본을 마련한 이후 1919년 바이마르 헌법과 더불어 '보통교육제도'가 수립되었다. 미국에서는 1780년 매사추세츠 주 헌법에 공교육의 필요성이 규정된 이후, 1852년 매사추세츠 교육령을 시초로 1890년 대다수 주가 이를 선택하였다. 또 링컨 대통령이 서명한 「모릴법(Morrill Act)」의 국유지 불하정책에 따라 주립대학 설치운동이 정착되면서, 19세기 말 6-3-3-4제, 8-4제 등의 미국형 '단선형 학제'가 확립되었다.

영국에서는 산업혁명으로 인한 빈민층의 교육 현실이 개탄스러울 정도였다. 이런 현실에서 민중에 대한 교육은 자선이 아닌 당연한 권리라는 자각이 나타났고, 1870년 공교육법으로 「초등교육법」이 의회에서 통과되었다. 이를 계기로 초등학교 설립, 빈민의 수업료 면제, 5~13세 아동의 의무취학 등이 이루어졌다. 본격적인 '무상 의무공교육'은 20세기에 와서야 비로소 제도화되었다. 20세기에 본격적으로 제도화된 '국민교육제도'는 국가주의, 민족주의, 산업혁명이라는 시대 상황에서 국가 간 경쟁에 승리하기 위해 '통치자 또는 국가적 기획' 아래 출발한 것이다.

이 시기 대표적인 교육사상가는 독일의 헤르바르트(Herbart, 1776~1841)다. 헤르바르트가 교육사에서 중요한 이유는 교육학을 하나의 학문으로 정립했기 때문이다. 칸트의 후계자였던 헤르바르트는 교육의 목적을 철학(윤리학)에서, 교육의 방법을 심리학에서 찾았고, 교육학을 하나의 학문으로 체계화하였다. 그는 인간의 개성을 최대한 살리면서 청소년의 인지적, 도덕적 발달을 어떻게 실현할 수 있는가를 모색하였다. 이러한 질문에 대한 답을 헤르바르트는 '교육적 수업'에서 찾았다.

교육적 수업에서 주목할 만한 요소는 학문성, 인격성, 다면적 홍미이다. 학문성은 수업이 주먹구구식으로 행해져서는 안 된다는 것, 인격성은 학습자의 내면성과 인격을 움직일 수 있어야 한다는 것, 다면적 홍미는 가능한 한 인간의 다양한 취미와 홍미를 길러 줄 수 있어야 한다는 것이다. 이것이 가능하도록 수업은 일정한 형식적 단계를 따라야 한다. 이를 위해 헤르바르트는 교수 단계설을 주장하였다. 이것은 '심사(尋思: 깊게 생각함)'와 '숙고(熟考: 널리 생각함)'로 표현된다.

**표 3-1** 헤르바르트의 교수 단계

| 심사 | 명료 | 학생은 우선 수업에서 다루게 될 지식요소를 깊이 생각하여 학습 대상을 파악하고 이해해야 한다. 낯선 상념들이 학습자에게 '명료'해져야 한다. |
|---|---|---|
| | 연합 | 학습자가 기존의 지식과 새로 배운 내용을 연결 짓도록 수업을 진행해야 한다. 이 단계에서 새로 배운 상념들은 '연합'적으로 서로 연결된다. |
| 숙고 | 체계 | 새로 배운 지식내용이 기존의 지식체계에 녹아들도록 수업을 구성해야 한다. 이미 배운 체계와 새로운 체계가 관계를 맺어 '체계'적 연관을 획득하게 된다. |
| | 방법 | 새로 배운 내용을 지적, 도덕적 의미의 교육적 수업에 적용하는 단계다. 이 단계에서 실천의 '방법' 혹은 적용 가능성을 찾아야 한다. |

헤르바르트의 교수 단계설은 그 후계자들에 의해 발전을 거듭했으며, 오늘날 교수-학습 지도안의 전형적 틀로 자리 잡았다. 가령, 예비교사의 교육실습에서 교수-학습 지도안을 작성할 경우 도입, 전개, 종결의 세 단계를 따르는 것은 헤르바르트의 기본 사고에서 나온 것이다.

## 6) 신인문주의 교육과 아동중심 교육사상

### (1) 신인문주의 교육

18세기에 합리적 이성을 강조하였던 계몽주의는 지나친 이성의 신봉으로 한계에 직면하게 되었다. 그 당시 계몽주의는 합리주의, 주지주의, 반종교주의를 표방하였다. 이때 신인문주의는 계몽주의의 한계를 극복하기 위하여 등장한 사상으로 근대 초기의 인문주의가 고전의 형식적 모방, 즉 키케로주의(인문주의자들이 키케로의 명문만을 기계적으로 암송하던 것에서 유래함)에 머물렀던 점을 비판하면서 그리스 고전 속에 담겨 있는 인간성과 정신을 다시 부흥시키고자 하였다.

신인문주의자들은 고전을 통한 인간성의 도야(Bildung), 즉 전인교육에 교육의 목적을 두었다. '교양'으로 흔히 번역되는 도야 개념은 원래 독일어 '빌둥(Bildung)'을 우리말로 옮긴 것이다. 훔볼트(Humboldt, 1767~1835)는 이 개념을 '인간의 조화로운 발달'이라고 설명하였다. 인간은 누구나 정의적, 인지적, 신체적 능력을 고루 지니고 태어나며 교육을 통하여 이러한 능력을 최상의 상태로 끌어올려야 한다. 도야는 결과와 과정 모두를 뜻한다. 결과로서의 도야는 한 인간의 삶에서 나타난 자기 자신, 자연, 사회의 작품으로서 인간의 모습이다. 그것은 교육이 궁극적으로 지향해야 할 목적이다. 인간은 도야의 이상을 향해 부단히 자신을 가꿔 나가야 한다. 또한 도야는 과정 자체를 의미한다. 인간은 신과 동물의 중간자적 존재로서 부단히 자신을 도야해야 할 운명에 처해 있다. 아무리 노력해도 신과 같은 완전한 존재가 될 수 없는 인간은 본질적으로 유한한 존재이고, 항상 뭔가 부족한 존재다.

그렇다면 바람직한 인간 형성은 어떻게 가능한가? 이 질문은 우리가 도야와 관련해서 던질 수 있는 본질적인 질문이다. 도야의 과업은 어느 일면에 한정된 것이 아니고, 인간 발달의 모든 영역과 전체적으로 연관되어 있다. 인간은 지식과 사고력의 배양에도 힘써야 하지만 정서적, 심미적, 신체적 측면에서 고른 발달에 힘써야 한다. '전인교육'과 '인격통합의 교육'은 도야의 이상과 일맥상통한다.

신인문주의 대표적인 사상가는 페스탈로찌다. 그는 교육실천의 아버지로, 손(hand), 마음(heart), 머리(head)의 3H 교육을 내세워 이를 실천하기 위해 일생을 바쳤다. 교육의 목적은 인간의 타고난 본성을 계발하고 도야에 두었다. 그는 루소와 마찬가지로 모든 인간은 선하며 신분과 귀천에 상관없이 동등한 교육을 받아야 한다고 역설하였다. 참된 교육이란 각자의 개별적 결단에 의하여 자신의 인격을 최고 수준으로 도야하고, 새로운 가치와 규범을 통하여 도덕적 상태의 전인적 인간이 되게 하는 것이다.

페스탈로찌는 교육방법으로 자기 창조의 원리, 안방교육의 원리, 기초 도야의 원리, 내면적 직관의 원리 등을 제시한다. '자기 창조의 원리'는 자율성, 자발성에 입각한 교육이 되어야 함을 말한다. '안방교육의 원리'는 교육의 근본을 가정교육에서 찾아야 한다는 것이다. 이때 안방은 모범과 본보기로서의 아버지, 사랑과 보살핌으로 양육하는 어머니, 자발적으로 활동하는 아이가 자연스럽게 조화를 이루어 존재하는 곳이다. '기초 도야의 원리'는 인간의 학습에서 가장 기본이 되는 요소, 즉 수(數)/형(形)/어(語)에서 교육을 시작해야 하며, 교육의 기초 단계부터 항상 철저하게 다져야 한다는 것이다. '내면적 직관의 원리'는 사물의 감각적 인상의 습득 단계인 외면적 직관의 단계를 넘어 사물의 본질적인 내용을 추출한 다음 자신의 고유한 사고과정을 통하여 창조적으로 재구성해야 한다는 것이다.

유치원교육의 창시자 프뢰벨은 신인문주의 교육이념을 유아교육에 접목하여 교육학의 새로운 지평을 열었다. 페스탈로찌의 교육적 신념과 교육방법론에 감동했던 프뢰벨은 1939년 놀이와 작업을 위한 아동의 공간으로서 어린이의 정원을 의미하는 '킨더가르텐(Kindergarten)'을 개설했다. 범신론 사상에 영향을 받은 프뢰벨은 신, 인간, 자연의 삼위일체론에 근거하여 인간의 선성을 자연의 원리에 따라 최대한 발현시켜야 한다고 보았다. 프뢰벨은 대표 저서인『인간교육』(1826)에서 자신의 교육원리를 구체화하고 있다. '통일의 원리'는 만물의 본질을 신성으로 보고, 교육의 목적을 인간이 가지고 있는 신적 본질을 신과의 통일에 이르기까지 발전시키는 것이다. '자기 활동의 원리'는 루소와 페스탈로찌의 사상을 이어받아 유아교육의 기본으로 자발성과 자기 표현을 강조한 것이다. 프뢰벨은 유아의 자발성과 자기 표현을 계발하기 위해 유치원을 독립된 장소에 설립하여 최적의 교육 환경을 만들고, 아동의 놀이와 작업을 위한 도구를 개발하였다. 또한 '노작의 원리'는 인간이 노동과 작업을 통하여 자신의 내면에 간직하고 있는 신성을 표현할 수 있다고 보는 것이다. 노작의 원리는 인간 생명의 원리며 생명의 지속적 발전을 위한 교육원리다. '놀이의 원리'는 은물(Gabe, 恩物: 신이 내린 은혜로운 물건이라는 의미의 어린이 장난감)을 통하여 신의 섭리가 깃든 대자연과 우주의 원리를 체험할 수 있도록 하는 것이다. 인간 내면의 창조적 자기 활동을 중시하는 프뢰벨의 유아교육은 놀이에서 진정으로 실현될 수 있다. 프뢰벨의 은물은 20여 종류로 나뉘어 있으며, 우주나 신성과 관련된 상징적 의미를 담고 있다.

　프뢰벨의 공헌은 아동이 자기 활동성, 자발적 활동의 주체임을 깊이 인식하고 이를 위한 전문기관으로서 유치원을 창시한 점이다. 정원에서 온갖 식물이 어우러져 자라듯이 아동도 이곳에서 자유롭고 자연스럽게 성장한다. 프뢰벨은 종래에는 하찮은 것, 무용한 것으로 배척되었던 유희, 경기, 흉내놀이, 언뜻 보면 무의미한 유아의 동작 자체를 교육적 방법의 초석으로 삼을 수 있는 계기를 만들었다. 아울러 유희와 노작을 통해서 서로 협력하는 자세를 익히게 하여 집단생활에 필요한 사회성을 키워 주었다. 프뢰벨의 유아교육사상은 20세기 이탈리아의 여의사인 몬테소리가 보편화, 대중화시켰다.

### (2) 아동중심 교육사상

　19세기 후반에서 20세기 초에 걸쳐 신교육운동이 일어났다. 신교육운동은 아동의 자발성을 최대한 존중하는 교육을 현대화하고 민주화하기 위해서 일어난 교육개혁 운동이다. 이 운동은 영국의 전원학사(田園學舍) 운동에서 시작하여, 독일의 개혁교육운동, 닐의 자유주의 교육사상, 이탈리아의 몬테소리 교육방법, 미국의 진보주의 교육운동 등으로 널리 확산되었다. 세계적으로는 아동중심 교육으로의 전환이 전개되었다. 닐, 몬테소리 등과 독일의 개혁교육학은 이러한 교육개혁과 혁신의 선봉자 역할을 하였다. 한때 세계적으로 유행했던 열린교육(open education)과 대안교육(alternative education)도 이 흐름과 연관되어 있다. 이러한 아동중심 교육사상은 미국으로 건너와 결실을 맺게 되었다.

특히 듀이와 킬패트릭(Kilpatrick, 1871~1965) 등이 제창하고 전개한 아동중심 진보주의 교육은 개혁운동이었다. 진보주의는 전통주의나 보수주의에 대비되는 혁신주의를 총칭하는 개념이다. 진보주의 교육운동의 핵심은 과거의 전통적인 교육이 성인중심, 교사중심, 교재중심이었던 것을 비판하고, 이를 아동중심, 흥미중심, 학습자중심으로 전환시키는 것이다. 진보주의자들은 전통적인 교육방식을 대체할 대안적인 교육방식을 실험하였다. 그것은 활동, 경험, 문제해결(problem solving) 그리고 프로젝트법(project method) 등이다. 진보주의는 아동의 활동과 경험을 강조하였으며, 협동적 집단학습을 장려하였다. 또한 학교를 민주주의 실천의 생생한 장소로 보고, 학교에서의 민주적 생활과 훈련은 사회개혁을 위한 기초로 간주되었다. 진보주의자들은 아동중심 교육이념을 실현하고자 노력하였는데, 그 중심 내용은 다음과 같다.

- 교육은 아동의 자연스러운 발달을 돕는 일이다.
- 학습은 아동의 흥미와 욕구를 존중하는 것이어야 한다.
- 교사는 아동의 안내자 역할을 해야 한다.
- 아동을 하나의 인격체로 이해하고 대우해야 한다.
- 아동의 신체적 건강을 중시해야 한다.
- 가정과 학교가 유기적 협력관계를 유지해야 한다.

　아동의 흥미를 존중하기 위해서 진보주의자들은 교육의 내용을 단순히 교과서나 교재에서 가져오는 것이 아니라 아동 주변의 삶에서 얻고자 하였다. 이는 일상적 삶 자체가 학습의 과정이 될 수 있음을 인식한 것이다. 진보주의의 흥미중심, 생활중심 교육과정은 이렇게 탄생되었다. 이처럼 진보주의 교육운동의 핵심은 전통적인 성인중심 내지는 교사중심의 교육을 비판하고 이를 아동중심의 학습자중심 교육으로 전환시킨 것이다. 학생중심 혹은 학습자중심 교육은 'learner-centered education'의 우리말 번역이다. 이것은 학습자에게 지식, 가치, 기능을 전달하는 것이 아니라 학습자가 그러한 능력을 스스로 이끌어 내도록 도와주는 교육이라 할 수 있다. 즉, 학습자 스스로 학습을 계획하고 실행하며 평가하는 형태의 교육이다. 학습자중심 교육이 교사의 도움을 전혀 받지 않는 것은 아니다. 필요할 경우 철저하게 교사의 도움을 받을 수 있으나 궁극적으로는 학습자가 주체가 되어 학습을 주도해 나가는 교육을 의미한다.

오늘날 일선 교육 현장에서 아동중심 교육은 넓게는 학생중심 교육, 진보주의 교육, 학습자주도 수업, 자기주도적 수업, 비형식적 수업, 열린교육 등과 같은 의미로 쓰이기도 하며, 좁게는 탐구수업, 발견학습, 구성주의 수업, 토의수업 등을 의미하기도 한다. '아동의 발견자' 루소에서 시작된 아동중심 교육은 미국의 실용주의자 듀이에 의해서 사상적 체계를 갖추게 되었다. 교육자가 아동의 특성과 욕구, 필요, 흥미, 실제적인 문제 등을 세밀하게 파악하고 그것에 기초하여 아동의 자연스러운 성장을 도와야 한다는 듀이의 주장은 되새겨 볼 만하다.

결론적으로 근대 후반부와 현대의 교육을 개괄하기는 쉽지 않다. 정치적 혁명을 거치면서 민주주의가 급속하게 발전하였고, 경제적으로 자본주의가 뿌리를 내리는 과정에서 근·현대교육은 급격한 변화를 겪었다. 19세기에는 다윈의 진화론, 마르크스의 경제론, 프로이트, 국가주의 등이 나타났다. 20세기에는 제국주의의 등장과 함께 강대국 간의 이해충돌로 제1·2차 세계대전이 일어났다. 전쟁은 정치, 경제, 문화, 교육에 많은 영향을 끼쳤다. 미국 중심의 자본주의와 소련 중심의 공산주의가 냉전체제를 유지하면서 민주주의 이념과 공산주의 이념에 입각한 교육이 각각 자리를 잡았다. 포스트모더니즘 사조의 유입과 1987년 구소련의 붕괴로 20세기 말 교육의 양상은 더 복잡한 양상을 띠게 된다.

1. 고대 그리스의 자유교양교육의 의의는 무엇인가?

2. 중세 대학이 우리에게 남긴 소중한 유산은 무엇인가?

3. 르네상스 인문주의가 지향했던 이념은 무엇인가?

4. 서구교육사에서 자연주의적 전통과 아동중심 교육사상의 관계는 무엇인가?

5. 근대학교와 교육학의 성립은 교육사적으로 어떤 의미를 지니는가?

6. 현대 공교육제도가 탄생했던 배경, 의의 및 한계는 무엇인가?

# **참**고문헌

노상우(2006). 교육의 역사와 사상. 서울: 교육과학사.

박의수, 강승규, 정영수, 강선보(2003). 교육의 역사와 철학. 서울: 동문사.

손승남, 이지헌, 김선구, 김희봉(2014). 교육의 역사와 철학. 서울 학이당.

신득렬, 이병승, 우영효, 김회용(2014). 쉽게 풀어 쓴 교육철학 및 교육사. 경기: 양서원.

오인탁(1994). 고대 그리스의 교육사상. 서울: 종로서적.

이원호(2002). 그림과 사진으로 보는 교육의 역사. 서울: 문음사.

이홍우, 박재문, 유한구 역(1994). 서양교육사. B. William 저. 서울: 교육과학사.

임재윤(2008). 교육의 역사와 사상. 서울: 문음사.

최정웅, 조용태(2002). 교육철학과 역사. 서울: 교육과학사.

# 04
교육학개론

—

# 교육철학

이 장에서는 크게 두 가지 문제를 다룬다. 첫째, 교육철학이란 무엇인가이다. 둘째, 교육목적이란 무엇인가이다.

우선 교육철학이 무엇인가를 간단히 정의한다. 그다음에 교육철학에서 다루는 문제는 어떤 것인가, 철학의 탐구영역과 연관된 교육문제가 어떤 것인가, 그리고 철학적 탐구가 필요한 교육문제가 어떤 것인가에 대해 차례대로 살펴본다.

그리고 교육목적에 관한 철학적 논의에는 어떤 것이 있는가를 구체적으로 살펴본다. 먼저 삶의 목적을 논의하는 이론으로 누스바움의 핵심역량, 그리고 허카의 '최선의 삶'의 기준을 살펴본다. 그리고 교육의 목적을 밝히는 이론으로 프링의 '교육받은 인간'의 특성, 린지의 교육목적론, 나딩스의 교육목적론, 화이트의 교육목적론을 차례대로 살펴본다.

# 1. 교육철학이란 무엇인가

교육철학이란 무엇인가? 교육은 인간이 종사하는 여러 가지 '실천적 활동' 중에서 하나에 속하고 철학은 인간이 탐구하는 여러 가지 '이론적 활동' 중에서 하나에 속한다. 그렇다면 다음과 같이 간단히 말할 수 있다. 다시 말해서 교육철학이란 교육이라는 실천에 대해서 철학적으로 탐구하는 이론이다. 교육철학이란 "교육이라는 세계에서 발생하는 이슈들에 중점을 두고 철학적 탐구를 추구하는 탐구영역"(Bailey et al., 이지헌 역, 2013: 40)이다. 교육철학이 무엇인가는 거기서 다루어지는 문제들이 어떤 것인가를 살펴볼 때 더 명확하게 드러날 수 있다.

## 1) 교육철학에서 다루는 교육문제

교육철학에서 탐구하는 문제들은 어떤 것인가? 예를 들면, 다음과 같은 구체적인 문제들이 교육철학에서 탐구된다(Bailey et al., 이지헌 역, 2011: 15).

- 학생들에게 가르쳐야 하는 것은 무엇인가?
- 학생들에게 제공해야 할 가치 있는 경험이란 어떤 것인가?
- 학교/대학에 다니는 데 소요되는 경비는 누가 내야 하는가?
- 교육과정을 어떻게 조직하는 것이 바람직한가?
- 학교에 다니는 것을 의무로 만들어야 하는가? 의무교육은 정당한 것인가?
- 학생들을 능력별로 나누어 가르쳐야 하는가, 아니면 함께 가르쳐야 하는가?
- 학교는 학생들을 노동/직업세계를 위해 준비시켜야 하는가?

- 학교교육의 이상은 무엇인가? 행복한 인간, 합리적 인간, 좋은 인간?
- 교사의 교육목적은 학생을 어떤 인간으로 발달시키는 데 있는가?
- 바람직한 교육을 위해 학교에서 조성되어야 할 풍토/분위기는 어떤 것 인가?

여기서 여러 가지 교육문제가 교육철학에서 탐구되고 있음을 짐작할 수 있다. 그런데 의문이 생길 수 있다. 위와 같은 문제들은 교육철학에서만 다루어지는가? 그런 문제들은 교육사나 교육사회학이나 교육심리학에서도 다루어질 수 있는 것이 아닌가? 그렇다면 교육문제를 어떻게 탐구하는 것이 철학적 탐구인가? 이것은 교육철학의 탐구방법이라는 근본문제에 속한다. 이 어려운 물음에 대한 답은 이 장을 마칠 때까지 미루어 둘 수밖에 없다. 우리는 다음에서 교육철학이 무엇인가를 약간 다른 각도에서 접근해 볼 것이다. 다시 말해서 철학의 탐구영역과 교육문제의 연관성을 살펴볼 것이다.

## 2) 철학의 제반 영역과 교육문제

철학이라는 학문은 오랜 역사를 갖고 있다. 그 탐구영역은 다양하게 분화되고 발전되었다. 철학의 주요 탐구영역은 인식론, 윤리학, 논리학, 과학철학, 정치철학 등이다. 이런 영역에서 탐구하는 문제는 제각기 다르고, 이와 연관되는 교육문제도 다르게 나타난다. 철학의 영역과 교육문제의 연관성은 다음과 같이 연결시켜 보면 쉽게 파악된다(이지헌, 2001). 인식론, 과학철학, 윤리학, 정치철학, 논리학은 철학 영역을 가리키고 지식교육, 교육연구, 도덕교육, 교육정의, 사고교육은 교육문제를 가리킨다.

[그림 4-1] **철학 영역과 교육문제**

　여기서 짐작할 수 있듯이, 인식론은 '지식교육이 어떤 것인가?'를 밝히는 데 도움을 준다. 과학철학은 교육연구의 특성, 즉 '교육학의 성격이 무엇인가?'를 밝히는 데 도움을 준다. 윤리학은 '도덕교육이 어떤 것인가?', 정치철학은 '교육에서 정의란 무엇인가?', 논리학은 '사고교육이 어떤 것인가?'를 밝히는 데 도움을 준다. 여기에 다른 영역을 더 추가할 수 있겠다. 예를 들면, 예술철학(미학)은 '예술교육이 어떤 것인가?'를 밝히는 데 도움을 준다. 철학 영역과 교육문제의 연관성이 더 자세하게 파악될 수 있도록 다음에서 인식론과 윤리학에 대해서만 간단한 설명을 덧붙인다.

　인식론(지식론)에서 다루는 문제가 있다. 지식이란 무엇인가? 우리가 '무엇을 안다'고 말할 때 그것이 의미하는 바는 무엇인가? 지식과 진리(참)의 관계는 무엇인가? 지식은 지각이나 의견(신념)과 어떻게 다른가? 이런 인식론 문제는 지식교육과 긴밀하게 연결된다. 왜냐하면 지식교육에서 중요한 문제는 다음과 같은 것이기 때문이다. 학교에서 가르치는 내용은 진리(참)이어야 하는가? 학생이 올바른 답을 제시하기만 하면 그것만으로 우리는 '학생이 알고 있다'고 인정해야 하는가? 학생이 곁에서 수군대는 것을 얻어듣고 대답한 것이 우연하게도 정답과 똑같은 것이 되었는데, 그것이 정말 맞는 답인지 혹은 그것이 맞는 답이 되는 까닭이 무엇인지를 그 학생이 파악하지 못하고 있다면, 이를 가리켜 '안다'고 말해야 하는가? 이처럼 지식교육의 문제를 밝혀내는 데 인식론은 도움이 될 것이다.

윤리학(도덕철학)이란 '우리가 어떻게 살아가야 하는가?' 특히, '타인과 어떤 관계를 맺고 살아야 하는가?'를 탐구하는 영역이다. 윤리학에서 자주 등장하는 이론에는 아리스토텔레스의 덕 윤리(virtues ethics), 칸트의 계몽주의 윤리학, 벤담과 밀의 공리주의, 듀이의 윤리학 등이 있고 이런 윤리학은 제각기 도덕교육에 영향을 미친다. 아리스토텔레스의 윤리학은 인격교육론이나 덕 교육론에 대해서, 칸트의 윤리학은 인지발달 중심의 도덕교육론에 대해서, 공리주의적 윤리학은 쾌락과 결과 중심의 도덕교육론에, 듀이의 윤리학은 가치명료화 도덕프로그램에 영향을 미쳤다. 우리 아이들을 도덕적 인간으로 길러낼 때 우리는 무엇에 또 어떤 방법에 중점을 두어야 할 것인가? 이에 대해 윤리학의 여러 이론은 다양한 접근방식을 제시할 것이다.

## 3) 철학적 탐구가 필요한 교육문제

앞에서 우리는 1) 교육철학에서 다루는 교육문제에는 어떤 것이 있는가를 살펴보았고, 또 2) 철학의 주요 영역과 연관된 교육문제로 어떤 것이 있는가를 간단하게 살펴보았다. 만일 1)과 2)를 결합시켜 본다면 '교육철학이 무엇인가?'라는 점이 조금 더 명확하게 밝혀질 것이다. 철학적 탐구가 필요한 교육문제를 다음과 같이 일곱 가지 유형으로 나누어 볼 수 있다(Bailey et al., 이지헌 역, 2011: 30-35).

**개념을 명료하게 밝히는 문제**   교육현장에서 사용되는 용어는 다양한 의미로 쓰이기 때문에 그 의미는 가능한 한 명료하게 밝혀질 필요가 있다. (예: 평생학습이란 무엇을 의미하는가? 교육의 '질(품질)' 혹은 수업의 '질'에서 '질'이란 무엇을 의미하는가?)

**가치를 밝히거나 정당화시키는 문제** 교육에서 강조되는 가치는 다양하다. 그 중에서 어떤 것이 더 중요한가? 왜 그런가? (예: 경제발전에 기여하는 인간을 육성하는 일보다 민주시민을 육성하는 일이 더 시급하다고 주장하는 이유는 무엇인가? 고교졸업생의 절반 이상이 대학에 입학하고 있는데 이런 현상은 바람직한 것인가?)

**지식의 성격에 관한 문제** 학교교육의 주된 역할은 지식의 전수라고 말한다. 이는 많은 논란을 불러일으킨다. [예: 지식(교과)교육에서 교과 지식의 순수한 측면과 응용적 측면은 각각 어느 정도로 강조되어야 하는가? 왜 그래야 하는가? 삶의 가치는 지식에서만 찾을 수 있는 것이 아니고, 지식 외에도 가치 있는 것들이 많다고 본다면 지식은 과연 인간의 삶에서 얼마나 중요한 역할을 하는 것인가?]

**사회정의에 관한 문제** 사회정의에 대한 관심은 불평등한 현실에서 고조된다. 정의란 무엇인가? 사회정의 이론에 따라 교육에서의 정의 문제는 다르게 이해될 것이다. (예: 모든 아동이 반드시 학교에 다녀야 하는가? 즉, 의무취학은 정당한가? 모든 학생은 똑같은 교육과정에 따라서 교육을 받아야 하는가? 소수집단의 문화는 학교교육과정에 어떻게 반영되어야 하는가? 대학교육은 큰 빚을 지고 졸업하는 대학생을 양산하고 있는데 이는 정당한가? 장애를 가진 특수아동을 위한 학교 설립을 반대하는 지역주민들의 주장은 얼마나 정당한가?)

**교육철학자/교육사상가에 관한 문제** 교육철학자나 교육사상가가 주장했던 교육관을 전체적으로 혹은 부분적으로 탐구한다. [예: 다산 정약용의 교육사상, 프리드리히 니체의 초인과 교육목적, 존 화이트의 교육목적에서 잘삶(행복)의 의미, 공자의 교육사상]

**교육정책, 출판물, 교육동향에 관한 비판적 논의** 정부의 교육정책이나 그에 대한 대안을 제시하는 출판물, 그리고 교육계에서 나타난 새로운 교육동향을 비판적으로 탐구할 수 있다. (예:「인성교육진흥법」에서 옹호하는 '인성'의 의미와 그 한계, 역량중심 교육과정에서 강조하는 '역량'의 의미와 그 한계, 김상봉 교수의 학벌사회론에서 옹호하는 고등교육관, 4차 산업혁명에 관한 최근 논의의 교육적 시사점과 그 비판)

**포괄적인 교육문제**     현실사회에서 주목을 받고 있으며, 포괄적으로 접근해야 좋을 교육문제를 탐구할 수 있다. (예: 한국사회의 발전에 필요한 민주시민 교육은 어떤 것인가? 교육사업을 통한 이윤 추구는 어디까지 허용되어야 하는가? 청년 실업 및 양극화된 사회 속에서 대학의 사회적 역할은 무엇인가? 한국 사회에 만연한 부정부패의 특징은 무엇이고, 이를 극복하기 위한 교육 방안은 무엇인가?)

이처럼 교육철학의 문제를 일곱 가지 유형으로 구분해 본다면 교육철학이 무엇을 탐구하는 학문인지가 보다 분명하게 드러난다. 이를 통해서 특히 다음과 같은 점이 밝혀질 것이다. 개념 분석과 정당화 문제가 부각된다. 또 다양한 교육철학자들의 사상이 부각된다. 그 밖에 현실 교육과 연관성이 깊은 정책/동향, 출판물, 주제 등이 부각된다. 교육철학은 교육을 실천하는 현장 뿐만 아니라 교육이 행해지고 있는 사회 현실과도 밀접한 연관성을 갖고 있음을 짐작할 수 있다.

## 2. 교육의 목적이란 무엇인가

여러분이 부모라고 하자. 자녀가 어떤 인간이 되기를 원하고, 또 어떤 삶을 살아가기를 바랄 것인가? 또 여러분이 교사라고 하자. 학생들이 어떤 인간이 되고, 또 어떤 삶을 살아가기를 바랄 것인가? 부모나 교사는 이처럼 바람직한 인간이나 바람직한 삶을 염두에 둔다. 그것이 교육의 목적이다. 교육목적에 관해서 혼자 생각하거나 함께 논의할 때에는 아무래도 바람직한 인간과 바람직한 삶에 관한 이야기가 중심이 될 것이다. 그런데 그런 삶과 인간에 관한 이야기를 어떻게 끄집어 낼 수 있는가?

## 1) 삶의 목적

여러분은 어떤 삶을 살아가고 싶은가? 한편으로 그저 '의식주 문제 해결'만을 바라고 사는 사람들이 있다. 이와 달리 오직 '부/지위/권력의 증대'를 위해서만 살아가는 사람들도 있다. 그런데 이 두 가지는 '삶의 목적'이라고 말하기에 부족하다. '삶의 목적'이 될 수 있으려면 인간답고, 바람직하고, 가치 있고, 의미 있는 삶이라고 말할 수 있는 어떤 가치가 있어야 할 것이다. 물론 의식주의 해결은 삶에서 중요한 문제이다. 그러나 여러분의 삶이 여기서 그치기를 바라지는 않을 것이다. 의식주의 해결보다 한층 높은 차원이 있을 것이다. 그것은 인간으로서 어떤 능력을 갖추는 것이다. 여러분은 인간다운 삶을 살아가기를 원할 것이고, 그런 삶을 살아가려면 어떤 핵심적인 **역량**을 기본적으로 갖추고 있어야 할 것이다. 이런 **핵심역량**을 갖추는 것은 여러분의 삶에서 중요한 목적이라고 말할 수 있다. 그렇지만 여러분이 핵심역량을 발휘함으로써 도달하고 싶은 더 중요한 목적이 있을 것이다. 그것은 무엇일까? 부/지위/권력의 증대일까? 물론 이것도 중요하다. 그런데 그것은 도구적으로 혹은 수단으로서 중요한 것이다. 부/지위/권력은 그 자체로서 바람직한 삶의 가치는 못 된다. 그것은 가치 있고, 의미 있는 삶을 추구하는 데 쓸모가 있는 도구에 지나지 않는다. 다음에서 우리는 '인간다운 삶의 핵심역량'이 어떤 것인지를 살펴본 후에, '최선의 삶의 기준'이 어떤 것인지를 더 깊이 살펴볼 것이다.

### (1) 누스바움의 핵심역량

만일 우리가 국가정책을 결정하는 사람들이라고 하자. 우리가 국민의 삶

에 관심을 쏟을 때 초점을 두어야 할 점은 무엇일까? 미국의 철학자, 마샤 누
스바움(M. Nussbaum)은 다음과 같은 점을 특별히 강조한다.

> 인간은 실제로 무엇을 할 수 있고, 또 무엇이 될 수 있는가? 인간이 계발
> 할 수 있는 여러 역량 중에서 정말 가치 있는 것은 무엇인가? 공정한 사회
> 가 길러 내고, 또 뒷받침해 주어야 할 역량은 어떤 것인가? 인간 존엄성에
> 어울리는 삶을 살아가는 데 필요한 것은 무엇인가?

누스바움에 따르면 인간에게 필요한 것은 열 가지 핵심역량의 최소 수준
이다. 국민에게 품위 있는 삶, 행복한 삶을 제공해 주기를 원하는 정부라고
한다면 모든 국민이 열 가지 핵심역량을 최저 수준에서 갖추도록 해야 한다
(Nussbaum, 한상연 역, 2015: 48-50).

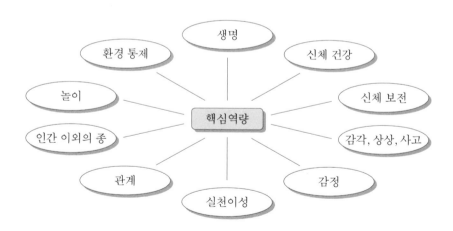

[그림 4-2] 누스바움의 핵심역량

누스바움이 말하는 핵심역량이란 어떤 것인가? 이는 다음의 설명에서 대
략적으로 파악할 수 있을 것이다.

- **생명**: 평균수명을 누리고 살 수 있게 해 주어야 한다.
- **신체건강**: 양호한 건강을 누릴 수 있어야 한다. 적절한 영양을 공급받고 적합한 주거공간을 보유해야 한다.
- **신체 보전**: 자유롭게 이동할 수 있어야 한다. 성폭행이나 가정폭력 같은 폭력적 공격으로부터 보호받아야 한다. 성적 만족을 누릴 기회가 있어야 한다.
- **감각, 상상, 사고**: 감각기관을 활용할 줄 알아야 하며, 상상하고 사고하고 추론할 줄도 알아야 한다. 정치적 표현과 미적 표현의 자유, 종교활동의 자유를 보호받으며 지성을 활용할 수 있어야 한다. 즐거운 경험을 갖고 해로운 고통을 피할 수 있어야 한다.
- **감정**: 주변 사람이나 사물에 애착을 느낄 수 있어야 한다. 자신을 사랑하고 보살피는 사람을 사랑할 수 있어야 하고, 그런 사람이 없다면 슬퍼할 줄 알아야 한다. 공포와 불안으로 감정발달이 방해를 받아서도 안 된다.
- **실천이성**: 선에 대한 자신의 관념을 형성할 수 있어야 한다. 삶의 계획을 비판적으로 성찰할 줄 알아야 한다.
- **관계**: 다른 사람과 더불어 살고, 다른 사람을 인정하며, 다른 사람에게 관심을 보이고, 다양한 사회적 상호작용에도 참여할 수 있어야 한다. 다른 사람의 처지를 상상할 줄 알아야 한다. 또한 다른 사람과 동등한 가치를 지닌 존엄한 존재로 대우받아야 한다.
- **인간 이외의 종**: 동물이나 식물 등 자연세계에 존재하는 모든 것에 관심을 기울이고 관계를 맺으며 살아갈 수 있어야 한다.
- **놀이**: 웃고 놀 줄 알아야 하고 여가를 즐길 수 있어야 한다.
- **환경 통제**: 정치적 측면에서, 삶에 큰 영향을 미치는 정치적 선택과정에 효과적으로 참여할 수 있어야 한다. 물질적 측면에서 재산을 소유할 수 있어야 한다. 재산권을 행사할 때나 직장을 구할 때 다른 사람들과 동등한 대우를 받아야 한다. 부당한 압수수색을 받지 말아야 한다. 직장에서

는 동료와 서로 인정하는 관계를 맺는 가운데 인간답게 일할 수 있어야
한다.

누스바움의 핵심역량에 관한 이 같은 설명에서 우리는 몇 가지 특징을 파
악할 수 있다. 첫째, 그것은 개인이 갖추어야 할 다양한 역량을 가리킨다. 둘
째, 이런 개인의 역량이 모아져야 집단의 역량이라는 것도 나타날 수 있다.
셋째, 개인의 역량을 길러 주는 것을 목표로 삼는다는 것은 곧 개인을 수단이
아닌 목적으로 대우한다는 뜻임을 알 수 있다. 넷째, 이와 같은 역량접근법은
누스바움이 사회정의를 바로잡는 데 필요한 이론으로 개발한 것이며, 최저
수준에서 역량의 보장은 기본적 정의에 뿌리를 둔 권리로 인정된다.

우리는 교육목적이 무엇인가에 대해서 관심을 갖고 있다. 우리가 누스바
움의 핵심역량에 끌리는 이유는 삶에 필요한 핵심역량이 균형 있게 제시되기
때문이다. 따라서 우리는 인간다운 삶에 필요한 핵심역량을 '균형 있게' 길러
주는 것을 교육의 목적으로 삼을 수 있다. 그런데 누스바움의 핵심역량은 인
간이 더욱 가치 있는 삶을 살아갈 수 있도록 해 주는 조건일 뿐이고, 그런 역
량 자체가 가치 있는 삶의 높은 수준이 되는 것은 아니다. 역량은 가치 있는
삶의 가능조건일 뿐이다. 따라서 교육의 목적을 제대로 논하자면 역량에만
의존할 수 없다. 교육의 목적을 제대로 논의하자면 우리는 '무엇이 가장 좋은
삶인가?'라는 문제로 들어가지 않을 수 없다. 다음에서 '가장 좋은 삶'의 기준
에 관한 허카(T. Hurka)의 주장을 살펴보자.

## (2) 허카의 '최선의 삶'의 기준

최선의 삶이란 어떤 삶인가? 인간은 삶의 과정에서 중요한 선택에 부딪치
게 된다. 그런 순간이 찾아온다. 그런 경우, 여러분은 어떤 방향의 상태/행동
을 선택해야 하는가? 이런 선택은 여러분의 삶에 큰 의미를 부여해 준다. 그
것은 삶에 심각한 영향을 미치는 것이다. 예를 들어, 오늘밤에 어떤 영화를

볼 것인가는 '사소한' 선택이겠으나, 학업을 소홀히 하고 건강을 해칠 정도로 게임에 빠져 있는 경우, 이것을 계속할 것인가 말 것인가는 '중대한' 선택이다. 중대한 선택이라면, 삶이 더 나아지는 방향으로 선택을 해야 한다. 그런데 무엇을 기준으로 선택할 것인가? 여기서 선택의 기준은 "무엇이 삶을 바람직하게 만드는가?"라는 점이다. 만일 그런 기준이 가능한 한 많이 충족된다면 그런 삶이 가장 좋은 삶이 될 것이다. 아무튼 여기서 중요한 점은, "인간의 삶을 더 나은 것으로 만들어 주는 것이 무엇인가?"를 여러분이 알아야 한다는 것이다.

인간의 삶을 궁극적으로 더 좋은 삶으로 만들어 주는 것이 무엇인가? 이에 대해 많은 철학자들은 고심했고 여러 의견을 내놓았다. 그리스 철학자인 에피쿠로스(Epicuros, 341~271 B.C)와 영국 철학자인 벤담(Jeremy Bentham)은 쾌락을 중시하고, 가장 좋은 삶이란 쾌락, 즉 좋은 느낌을 주는 삶이라고 보았다. 플라톤과 아리스토텔레스는 지식(철학)을 최고의 선이라고 보았다. 또한 소크라테스도 '너 자신을 알라' '성찰하지 않는 삶은 살 가치가 없다'고 하였다. 이들에게 가장 좋은 삶은 지적 삶이었다. 독일의 사상가 마르크스는 자유로운 창의성을 내세웠고 독일의 니체는 권력의지의 발휘를 강조하였다. 이들에게 좋은 삶이란 세계를 이해하는 것이 아니라 새로운 세상을 만들어 내는 삶, 즉 성취였다. 스토아학파나 독일의 칸트는 미덕을 유일한 선으로 내세

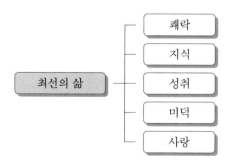

[그림 4-3] 허카의 최선의 삶의 기준

웠다. 이와 달리 **사랑과 우정**이 좋은 삶의 핵심이라고 생각했던 사상가도 많았다. 이런 다양한 의견을 토대로 삼아서 캐나다의 철학자인 허카는 좋은 삶의 기준을 [그림 4-3]과 같이 다섯 가지로 정리하였다.

허카(Hurka, 이순영 역, 2012)가 말하는 좋은 삶의 다섯 가지 기준은 다음과 같이 간단히 설명할 수 있다.

**쾌락**은 좋은 느낌을 가리킨다. 좋은 느낌은 쾌감, 좋은 기분, 즐거움, 충족감, 만족감, 행복감 등 여러 가지 이름을 갖는다. 이와 반대로 나쁜 느낌이 있다. 그것은 아픔, 고통, 괴로움, 불행감 등의 이름을 갖는다. 쾌락은 인간의 삶을 더 좋게 만들고, 고통은 삶을 더 나쁘게 만드는 것이다. 쾌락이 어떤 점에서 왜 좋은 것인가, 그리고 고통은 어떤 점에서 왜 나쁜 것인가? 이에 대해 수많은 철학적 논의가 생길 것이다. 그러나 분명한 점은, 쾌락은 여러 가지 좋은 것 중 한 가지에 속하며, 다른 것에 비해서 쾌락이 아주 중요할 때가 있다는 점이다.

**지식**은 그 자체로서 좋은 것이다. 인간은 알아야 한다. 지식이란 인간의 마음이 세계와 일치되는 상태를 가리킨다. 지식을 통해서 인간의 마음은 세계와 일치된다. 다시 말해서 지식이란 인간이 세계가 존재하는 모습을 있는 그대로 이해하고, 또 세계 속의 사물이 존재하는 모습을 있는 그대로 표현하는 것이다. 이런 표현과 이해를 통해서 인간은 존재하는 세계와 연결된다. 지식은 가치 있는 지식과 가치 없는 지식으로 구분할 수 있으며, 또 여러 종류로 유형화할 수 있다. 물리적 세계, 사회적 세계, 내면적 세계에 관한 지식 중에서 어떤 지식이 왜 가치 있는 것인가에 대해서 수많은 철학적 논의가 생길 것이다. 그러나 분명한 점은 진실을 제대로 아는 것은 그 자체로서 좋은 것이며, 진실을 잘못 아는 것은 정말 나쁜 것, 큰 악이 될 수 있다는 것이다.

**성취**는 그 자체로서 좋은 것이다. 지식과 마찬가지로 성취도 세계와 일치하는 것이다. 성취를 통해서도 인간의 마음은 세계와 일치된다. 그런데 지식은 인간이 이미 존재하는 세계를 받아들이고 마음을 그 세계에 맞추는 것이라고 한다면, 성취는 인간이 마음속에 세워 놓은 목표에 맞추어 세계를 변화시키는 것이다. 성취는 세계를 마음에 맞추는 일이다. 예를 들어, 국민 소득을 전체적으로 더 공평하게 만드는 데 내가 공헌한다면, 이 성취는 내 의지로 많은 사람들의 삶의 조건을 개선시켜 세상에 광범위한 영향을 미치는 것이다. 이처럼 뭔가를 이루어 내는 것이 좋은 삶을 만들어 낸다. 물론 광범위한 성취를 이루려면 강인한 의지와 치밀한 능력이 필요하다. 그렇긴 하지만 공평한 세상을 만드는 일뿐만 아니라 정원 가꾸기와 아이 기르기와 같은 일상적인 일이나, 자신의 삶을 스스로 선택하는 일도 성취에 속할 것이다.

미덕은 그 자체로서 좋은 것이다. 좋은 삶을 위해서 인간은 좋은 느낌과 만족감을 갖고, 세계를 이해하고, 가치 있는 목표를 성취해야 할 것이지만 이와 동시에 '좋은 사람'이 되어야 할 것이다. 만일 고의로 다른 사람들을 해치고 산다면 내 삶은 그만큼 더 나빠지지 않겠는가? 그래서 많은 철학자들은 선의 목록에 미덕을, 악의 목록에 악덕을 추가했다. 그렇다면 '미덕'이란 무엇인가? 미덕에는 어떤 것들이 있는가? 동정심, 용기, 겸손 등은 어떤 공통점을 갖고 있어서 미덕에 속하는 것인가? 미덕이 가치 있는 것이 되는 이유, 미덕을 갖는 것이 선한 사람이 되는 이유는 무엇인가? 이런 문제는 수많은 철학적 논의를 불러일으킨다. 그렇긴 하지만 미덕이 하나의 본질적 선이라는 점, 다시 말해서 가치 있는 삶의 한 부분이라는 점에는 일단 동의할 것이다. 사람들이 악의를 품기보다 서로를 걱정해 준다면 세상은 더 좋아질 것이며, 자신만 챙기기보다는 남에게 더 베풀어 준다면 비록 손해가 좀 있을지라도 더 나은 삶이 될 것이다.

사랑이 없으면 좋은 삶은 어렵다. 사랑이라면, 주로 남녀 간의 사람, 즉 성적 사랑, 마음을 사로잡아 결혼과 육아로 이어질 수 있는 그런 사랑을 연상한다. 그러나 부모와 자식, 형제자매의 애정이나 친구 간의 우정도 사랑의 한 형태이다. 거기에는 공통된 중요한 요소가 있다. 상대와 함께 있고 싶고, 함께 있으면 즐겁고, 그가 행복하게 살면서 여러 가지 선을 성취하기를 바라는 점이다. 사랑이 왜 좋은 것인지, 왜 다른 사람을 사랑하는지, 사랑은 언제 끝나야 좋은 것인지 등은 더 깊은 철학적 논의를 요구한다. 그런데 사랑을 지나치게 과장하는 사람이 있는 반면, 그것을 너무 경시하는 사람이 있다. 예를 들면, 사랑은 절대적으로 필요한 선이라고 말하기도 하고, 사랑은 없을지라도 쾌락, 지식, 성취, 미덕이 있다면 충분히 가치 있는 삶이 될 수 있다고 말한다. 그러나 많은 사람이 간절하게 바라는 것은 사랑하고 또 사랑받는 삶이다. 사랑은 그 자체로서 좋은 것이라고 말할 수 있다.

삶에서 가장 좋은 것, 정말로 중요한 것, 궁극적으로 좋은 것, 인간의 삶을 그 자체로서 가치 있게 만드는 것이 무엇인가? 이에 대한 허카의 주장을 살펴보았다. 허카에 의하면 그런 궁극적 선들이 가능한 한 많이 충족된다면 그것이 가장 좋은 삶이다. 쾌락, 지식, 성취, 미덕, 사랑은 인간의 삶을 가장 좋은 삶으로 만들어 줄 수 있다. 여기서 다음과 같은 시사점을 얻을 수 있다. 궁극적 선은 하나가 아니라 여럿이다. 궁극적 선이 여러 가지라면 그중에서 어느 것에 집중하는가에 따라서 좋은 삶은 다양하게 나타날 수 있다. 그렇다면 단하나의 좋은 삶이 있는 것은 아니다. 제각기 좋은 삶이 많이 있다. 그뿐만 아니라 궁극적 선들은 제각기 다양한 방식으로 추구될 수 있다. 그렇다면 좋은 삶은 더욱 더 다양하게 나타날 수 있다.

여러분은 허카의 주장을 어떻게 생각하는가? 허카의 주장에서 여러분에게 가장 깊은 인상을 남겨 주는 것은 무엇인가? 최선의 삶이 이처럼 다섯 가지에 달려 있다고 생각하는가? 우리는 최선의 삶을 살기를 바랄 수도 있지만 차선의 삶을 살아가는 데 만족할 수도 있지 않을까? 그렇다면 허카가 말하는 '최선의 삶'은 '삶의 이상'이지 '삶의 목적'이라고 말하기는 어렵지 않은가? 만일 그것을 가리켜서 '삶의 목적'이라고 말하기 어렵다면 '교육의 목적'으로 삼기도 어렵지 않을까? 이런 의문을 마음에 간직하면서 우리는 다음에서 교육의 목적에 관한 철학자들의 주장을 살펴볼 것이다.

## 2) 교육의 목적

### (1) 프링의 '교육받은 인간'의 특성

인간에게만 독특하게 나타나는 자질이나 성취가 있다. 이런 인간적 자질을 최대한 발휘하는 삶을 가리켜 인간다운 삶이라고 말할 수 있다. 인간다운 삶을 위해서 길러지고 발달될 필요가 있는 것이 많다. 이를 가리켜 '교육받은 인간'의 특성이라고 말한다. 그것을 '교육의 목적'으로 삼을 수 있다. '교육의 목적'으로 추구될 수 있는 인간의 자질/성취 혹은 인간됨의 특성을 옥스퍼드의 교육철학자인 프링(R. Pring)은 다음과 같이 일곱 가지로 제시한다(Bailey et al., 이지헌 역, 2013; 102-107).

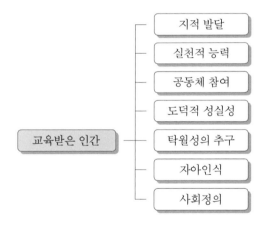

[그림 4-4] 프링의 교육받은 인간의 특성

**지적 발달**    교육은 지적 사고, 지성의 발달에 관심을 둔다. 교육은 인간이 물리적, 사회적, 경제적, 도덕적 세계에 관해서 비판적으로 사고하고 이해하며, 그런 세계들 안에서 지적으로 행동하는 능력에 관심을 둔다.

**실천적 능력**    이론적 지식과 실천적 능력은 균형을 이룰 필요가 있다. 실천적 능력은 실천적 문제에 부딪쳐서 이를 해결하는 능력이다. 그것은 손을 가지고 지적으로 일하는 것, 머리와 손의 통합을 포함하는 능력을 가리킨다. 교육은 창의적 기능 발휘, 과제 수행/완수능력, 일상생활을 이끌어 가는 능력을 중시해야 한다. 교육은 학교 밖에서의 삶을 위해 학생을 준비시키는 일을 소홀히 해서는 안 된다.

**공동체 참여**　　공동체 의식이란 넓은 공동체 속에서 겪게 되는 경험/비판으로부터 학습하고, 또 공동체의 지속적 성장에 공헌하는 실천적 방법과 성향을 의미한다. 공동체 의식은 공동의 필요를 인식하고, 공동의 계몽이 개인의 성장에 중요한 것임을 인정하며, 공동의 기쁨을 추구하는 것이다. 공동체는 우리 각자의 삶을 형성시키는 것이지만 구성원들의 사고와 활동에 의해서 형성되는 것이기도 하다. 따라서 공동체 참여는 교육의 중요한 목적이 된다.

**도덕적 성실성**　　인간됨의 독특한 점은 자신이 옳다고 믿는 바에 따라서 자신의 삶을 형성해 가는 능력이다. 이것은 자신의 삶의 방향에 대해서 책임의식을 갖는 능력이다. 어떤 삶이 가치 있는 것인지, 직업이나 여가활동에서 어떤 것을 추구해야 할 것인지, 신성한 의무는 어떤 것인지를 묻는 일이 바로 도덕적 성실성의 일이다. 이를 위해서 도덕적인 덕과 지적인 덕을 겸비할 필요가 있다.

**탁월성의 추구**　　학교의 교육적 사명은 학생들이 큰 뜻을 품고, 여러 형태의 탁월성을 추구하며, 자신의 현재 상태를 초월하도록 이끌어 줄 이상을 찾도록 감명을 주는 것이다. 그런 이상을 추구할 수 있는 것은 학업, 스포츠, 예술 등이지만 이와 동시에 평범하거나 소박한 성취감을 얻을 수 있는 일에서도 그런 이상의 추구는 가능하다.

**자아인식**    교육의 핵심은 학생들로 하여금 자기 자신, 자신의 장단점, 자신의 열망, 일반사회에 기여할 수 있는 자신의 공헌, 그리고 자신이 만족을 얻을 수 있는 일 등을 알게 하는 것이다. 이런 자아인식과 자아탐구는 예술, 연극, 문학, 집단활동, 개인활동 등 다양한 방식을 통해서 성취된다. 현실적인 평가를 통해서 그리고 실패의 극복을 통해서 다듬어지는 자신감은, 배경이나 능력과 무관하게, 모든 젊은이들을 위한 교육적 이상이다.

**사회정의**    교육은 개인이 일반 사회에 기여하는 좋은 시민, 능동적 시민이 되는 데 필요한 지식과 성향을 발달시킬 것이다. 교육은 개인의 자율성과 진보에 기여할 뿐만 아니라, 각 개인이 자아를 실현할 수 있도록 공동체에서 휴머니티가 실현되는 데에도 기여해야 한다.

여러분은 이 일곱 가지 중에서 어느 것이 가장 중요하게 느껴지는가? 교육받은 인간의 일곱 가지 특성 중에서 의문나는 점은 없는가? 이 일곱 가지 특성을 교육의 목적으로 삼아도 괜찮다고 생각하는가?

### (2) 린지의 교육목적론

교육목적은 다양하다. 다양한 교육목적을 단순하게 열거할 수 있다. 그렇지만 그것을 몇 가지 유형으로 나누어 볼 수 있다. 영국의 교육철학자인 콜린 린지(Colin Wringe)는 교육목적을 개인적 목적, 사회적 목적, 내재적 목적이라는 세 가지 유형으로 나누어 설명한다.

- 개인적 목적: 행복, 성장, 필요, 흥미, 합리적 자율성, 일
- 사회적 목적: 준법과 질서 유지, 평등, 정의
- 내재적 목적: 내재적으로 가치 있는 활동, 인지능력

개인적 목적에는 행복, 성장, 필요, 흥미, 합리적 자율성, 일 등이 포함된다. 이런 교육목적은 개인의 이익을 도모하고 개인의 삶의 목적과 발달을 증진시켜 주는 것들이다. 사회적 목적에는 준법과 질서 유지, 평등, 정의 등이 포함된다. 이런 교육목적은 바람직한 사회 상태를 유지하고 창출하는 것과 관련된 것들이다. 내재적 목적에는 문예활동이나 지적 활동 및 인지 능력 등이 포함된다. 이런 교육목적은 그 자체로서 바람직한, 즉 내재적으로 가치 있는 것들이다. 이를 [그림 4-5]처럼 제시한다면 '교육목적의 체계'를 보다 명확하게 파악할 수 있다.

다음에서 린지(Wringe, 김정래 역, 2013)가 주장하는 아홉 가지 교육목적을 간단하게 살펴보자.


**행복**    교육의 목적은 학생 개개인의 행복을 증진시키는 데 있다. 교육자는 학생의 현재와 미래의 행복을 모두 고려해야 한다. 만약 미래의 행복 증진을 핑계로 삼아서 학생들을 불필요한 학습 부담과 곤경에 빠지게 한다면 이

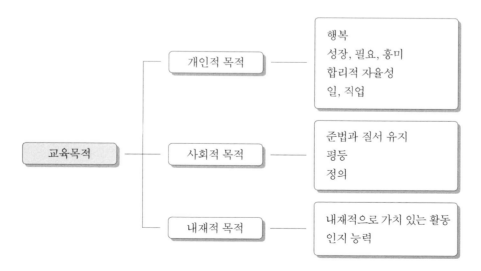

[그림 4-5] 린지의 교육목적관

런 교육은 양심적인 것이라고 말하기 어렵다. 다시 말해서 학생으로 하여금 시험 점수의 향상 외에는 아무런 기쁨도 느끼지 못하고, 타인과 좋은 인간관계도 맺지 못하고, 그저 경쟁적인 삶에 사로잡히고, 주위 사람들에게 불행을 끼치도록 만드는 교육이 행해진다면 이것은 비난받아야 한다. 개인의 행복을 증진시키는 교육목적은 더 폭넓은 교육목적, 즉 모든 사람이 더 행복한 삶을 누릴 수 있는 더 좋은 세상을 만드는 교육목적과 연결될 것이다.

　　**성장, 필요, 흥미**　　성장, 필요, 흥미는 어떤 의미에서 교육목적으로 간주되는가? ① 교사는 학생의 자연적 '성장'을 도모해야 하며, 교사 자신과 사회가 임의로 요구하는 것들을 학생에게 강요해서는 안 된다. 학생들의 자연적 성장에서 드러나기를 바라는 특성이 있다. 그것은 지성, 진실성, 친절함, 솔직함, 독립성, 합리성 등이다. 이와 다르게 자기중심주의, 허위, 노예근성, 위선, 폭력 등과 같은 비도덕적 특성은 자연적인 것으로 보지 않을 것이다. 자연적이지 못한 이런 특성은 어디서 생기는가? 이에 대해 다음과 같이 말할 수 있다. 그것은 사회에서 학습된다. 사회가 경쟁을 조장하기 때문에 이기적이고, 사회가 개인을 옥죄기 때문에 진실하지 못하며, 사회가 위계적이기 때문에 위선적이며, 사회구조가 폭력적이기 때문에 개인이 난폭해진다. ② 교사는 교육을 수행할 때 아동의 '흥미'를 최선의 지침으로 삼아야 한다. ③ 교육내용은 아동의 현재 및 미래의 '필요'에 의해 결정되어야 한다. 아동의 흥미와 필요는 다음과 같이 두 가지 측면에서 가치 있는 점이다. 하나는 아동 존중의 가치다. 다른 하나는 특정 발달단계의 특성을 고려하는 것이다. 아동의 특징을 고려하여 교육 자료를 만들고, 이런 교육 자료를 아이들에게 제공하고, 이에 대한 아이들의 반응양식을 민감하고 신중하게 고려해야 한다는 뜻이다. 학교에서 가르쳐야 할 것과 아동이 장차 변해야 할 방향은 무엇에 맞추어져야 하는가? 그것은 부모/정부/미래의 고용주 등과 같은 타인들의 이익이 아니라 아동 자신의 이익에 맞추어져야 한다.

**합리적 자율성**    자율적 인간이란 어떤 사람인가? 그는 자신의 문제를 자유롭게 선택하고 결정하여 궁극적으로는 자신의 개인적 삶의 과정 전체를 책임질 줄 아는 사람이다. 그런데 개인의 자율성은 두 가지로 위협받을 수 있다. 하나는 외적인 것이고 다른 하나는 내적인 것이다. ① 타인의 강요와 압력과 조종에 의하여 개인의 삶이 그릇된 방향으로 빠질 수 있다. ② 내면적 충동, 불합리한 욕구, 의지박약 등과 같은 내면적 장애가 개인의 선택 자체를 왜곡시킬 수 있다. ①의 예를 든다면, 만일 어떤 과목을 배워야 하는지를 학생 스스로 결정하게 하지 않고, 이를 모두 교사와 교육 관료가 정해 버린다면 이런 교육체제는 자율성이라는 교육목적에 위배된다. ②의 예를 들어 보자. 학생이 성인이 될 경우에 그의 개인적 선택/결정이 왜곡되지 않으려면 합리적이고, 비판적인 태도가 갖추어져야 한다. 왜 그런가? 우리가 알거나 믿고 있는 것들은 거의 대부분 타인으로부터 얻은 것이다. 또 우리가 행하는 것들도 거의 대부분 타인의 지시/권고에 따르거나 기존 관례에 따르는 것이다. 따라서 무지, 편견, 이데올로기, 사회의 기본 가정의 무비판적 수용, 반성적 사고의 부족 등이 악영향을 미칠 수 있다. 그 결과 개인들은 자신이 하고자 하는 일을 제대로 찾지 못하거나 추진하지 못할 수 있다. 여기서 합리적 자율성의 함양이 교육의 목적으로서 중요함을 알 수 있다.

**일, 직업**    학생은 어른이 되어 일하고 살아야 한다. 이런 일을 위해 학생을 준비시키는 것은 교육의 목적이다. 일, 직업은 교사가 추구해야 할 중대한 목적으로 강조되기도 한다. 그런 교육목적에 동의할지라도 우리가 더 검토하고 논의해 보아야 할 사항이 몇 가지 있다. 첫째, 교육은 학생들이 장차 생산적인 노동자뿐만 아니라 윤리적인 노동자가 되도록 길러야 한다. 둘째, 일만 하고 살아야 하는 사람이 있다면 이는 용납하기 어려울 것이다. 왜냐하면 일이 주는 물질적 혜택은 삶의 여러 목표 중 하나일 뿐이기 때문이다. 셋째, 인간의 삶에서 고된 일은 불가피한 것이겠지만 그런 일도 힘이 덜 드는 방향으로 할 수 있고, 또 그런 일을 하는 시간도 줄일 수 있다. 넷째, 경제적으로 성공한 사람들을 살펴보면, 젊은 시절에 한정된 직업능력을 열심히 훈련받은 사람들이라기보다는 폭넓은 일반교육을 훌륭하게 받은 사람들이 오히려 더 많다. 엘리트들이 개인적으로 또 경제적으로 가치 있는 일반교육을 받고 있는 상황에서, 일반 대중이 받아야 할 적절한 직업교육이란 과연 어떤 것인가를 생각해 보아야 한다. 다섯째, 일에 헌신하는 사람은 타인으로부터 인정/보상을 받기 위해 더욱 효과적으로 일하는 법을 배우고 심혈을 기울이지만 이로 인해서 점점 더 노예 상태에 빠져들 수 있다. 따라서 일의 중요성만 강조하지 말고, 여가, 가족관계, 레크리에이션 활동이나 자원봉사, 심지어 단순한 삶의 가치도 강조할 필요가 있다.

  준법과 질서 유지  준법과 질서 유지는 교육의 목적이 될 수 있다. 왜냐하면 준법과 질서 유지는 사회의 존속, 사회제도의 보존, 시민의 생명/재산의 보호를 위해 중요하기 때문이다. 학생들의 행복이 다른 사회구성원들의 행복과 충돌되지 않아야 한다. 그렇게 되려면 학생들이 관습과 실천적 관행을 받아들이고, 기존의 권위나 타인의 권리를 존중하도록 가르치는 교육이 필요하다. 물론 명백하게 정의롭지 못한 사회가 있으며, 그런 사회가 교육의 목적으로서 준법과 질서 유지를 강조할 수 있다. 만일 이런 교육이 정의롭지 못한 사회체제를 강요한다면 이것은 탄압이나 다름없는 일이다. 이와 달리 제도적으로 정의롭지 못한 측면이 많이 나타나는 사회가 있다. 이런 사회에서는 학생들이 무자비한 폭력, 파괴, 절도, 사기, 그 밖의 반사회적 행동을 저지르지 않도록 가르칠 필요가 있다. 이것을 전적으로 잘못된 교육이라고 보기는 어렵다. 왜냐하면 그런 사회에서도 그런 교육이 필요하기 때문이다. 다시 말해서 누구나 이익을 추구할 수 있고, 경쟁할 수 있지만, 개인의 이익 추구도 모든 사람이 따라야 하는 규칙의 범위 안에서 이루어져야 한다. 물론 규칙에 복종하기만 하면 되는 것은 아니다. 그보다는 이성에 따라 규칙을 준수하고 숙고하고, 또 변하는 사회 상황에 비추어서 기존의 규칙을 수정하거나 새로운 규칙을 채택하는 시민이 되어야 한다.

**평등**　모든 사람이 만족스러운 삶을 누릴 수 있으려면 그렇게 할 수 있는 여건이 비교적 평등하게 갖추어져야 한다. 그런데 그런 여건을 제대로 갖춘 사람이 지극히 소수에 불과한 사회가 생길 수 있다. 이처럼 소수 사람들에 비해서 자신이 덜 존중받는 사회를 마음 편하게 수용할 수 있는 사람은 그리 많지 않다. 더 나아가 박탈과 궁핍이 만연한 사회에서 살아가는 대다수 사람은 불평등한 사회경제적 구조에 대해서 분노를 느끼게 된다. 그뿐만 아니라 만족스러운 삶에 필요한 자원이 아주 불평등하게 분배되는 사회에서는 생존의 필요가 절실한 사람들에 비해 여유 있는 사람들의 영향력이 훨씬 더 클 것이고 이런 사람들의 가치체계가 더 큰 힘을 발휘할 것이다. 이처럼 부와 권력의 차이가 큰 사회에서는 사회구성원들 간에 삶의 질, 삶의 선택, 삶에 대한 기대 등이 판이하게 달라질 것이다. 이런 격차는 개인의 노력으로 따라잡을 수 있는 것이 못 된다. 게다가 불평등이 만연한 사회에서 가난한 사람은 부자의 취향과 의도에 따라 일하지 않을 수 없게 된다. 가난한 사람은 필요한 것을 얻거나 살아남기 위해서 모멸과 굴욕을 겪게 된다. 그들은 부자의 갑질에 복종하고 살지 않을 수 없게 된다. 한편에는 부유하고 영향력 있는 자리를 차지할 사람들이 있고, 다른 한편에는 그런 자리와 아예 거리가 먼 사람들이 있다. 이처럼 양분되는 사회에서 학교는 학생들을 변별해 내는 역할을 수행하게 된다. 이런 학교에서는 평등과 상호존중을 중요한 교육목적으로 삼아야 한다. 이런 교육목적이 강화된다면, 자신의 우월성을 타인에게 과시하거나 권력으로 타인을 지배하는 것에서 행복과 성취를 느끼는 사람들은 어떤 반응을 보일 것인가? 아마 그들은 그런 교육목적이 자신의 개인적 발전에 방해가 된다고 여길 것이다.

정의    정의로운 사회는 교육이 추구할 수 있는 목적에 속할 것이다. 학교에서는 학생의 정의관이 형성하는 데 영향을 미친다. 학교에서 학생은 자신과 타인이 공정하게 대접을 받는 것을 경험하게 된다. 이런 학생은, 장래 시민이 되어서도, 깨어 있는 의식을 가지고 공적 사안을 다룰 것이다. 학교는 공적 기관이기 때문에 정의롭지 못한 정책을 시행해서는 안 된다. 학교는 현재 시점에서 볼 때 정의롭지 못한 일을 하거나 혹은 미래에 불의를 초래하는 일을 하지 않아야 한다. 이를 위해서 학교는 교육과정 운영이나 교과 수업을 비롯한 온갖 학교정책과 업무를 '정의'라는 차원에서 면밀하게 검토해야 한다. 학생 중 일부 또는 전부가 불의를 겪게 만들 수 있는 교육내용, 수업 방식, 대우방식, 소통방식이 어떤 것인지를 미리 찾아내야 한다. 그리고 이에 대한 대비책을 마련할 필요가 있다. 이렇게 볼 때 정의로운 사회를 만드는 것 자체는 정당하고도 필수적인 교육목적이 될 것이다. 만일 학교가 정의의 문제는 법정에 넘겨야 하고, 학교의 본연의 업무는 수업이기 때문에, 가르치는 일에나 전념해야 한다고 말하는 사람이 있다면 그런 사람은 비웃음거리가 될 수 있다. 왜냐하면 교사가 다양한 계층과 집단의 이익을 고려하지 않은 채, 인습적인 방식에 따라 자신의 교과를 가르치는 일에만 몰두한다면, 이런 수업은 상이한 배경과 환경을 가진 학생들을 결과적으로 차별하는 결과가 생길 수 있기 때문이다.

내재적으로 가치 있는 활동    그 자체로서 추구할 만한 가치가 있는 활동으로는 지적 활동과 문예활동을 수 있다. 지적 활동은 지식과 이해, 진리와 합리성을 추구하고, 문예활동은 미적 가치를 추구한다. 역사나 문학과 같은 교과는 오늘날 그 자체로서 배울 만한 가치가 있는 것으로 간주된다. 그런 가치란 그런 교과에서 배우는 일반적이고 기본적인 학습에 있다. 그런데 지적 활동이나 문예활동의 내재적 가치에 몰두할 수 있는 능력을 갖추지 못하고 성장할 수도 있다. 이런 사람들의 삶은 만족스럽지 못한 황폐한 것이 되고 만다. 자기 스스로 추구하고자 하는 내재적으로 가치 있는 활동이 없다면 그는 타인의 삶의 목적에 봉사하게 될 것이다. 어디엔가 당장 써먹을 수 있는 단기적 유용성만을 추구할 뿐, 그 밖의 가치를 판단할 능력이 없는 사람은 다른 사람의 소모품으로 이용되기 쉽고 결국에 가서는 굴욕적이거나 타락하기가 쉬울 것이다. 여기서 내재적으로 가치 있는 활동이 교육의 목적이 되어야 하는 이유를 짐작할 수 있을 것이다.

　인지 능력　　지적 활동은 교육목적으로 특별히 강조될 수 있다. 이 점을 두 가지로 설명할 수 있다. ① 지적 활동은 학생에게 즐거움이나 기쁨을 주고, 집중적으로 몰두하게 만든다. 지적 활동은 그 영역이 무한하고, 그 내용이 진지하고, 도전감을 불러일으킨다. 이런 지적 활동에는 배타적 경쟁성이 없다. 다시 말해서 어떤 사람이 과학적 발견이나 철학적 탐구에 몰두할 경우에 이로 인해 다른 사람들이 그런 지적 활동에 몰두할 기회가 박탈되는 것은 아니다. 그런 활동은 누구에게나 도전감을 불러일으키고, 완성으로 나아가는 무한한 단계적 변화를 경험할 기회를 제공해 준다. 물론 아무나 똑같이 지적 활동에 종사할 수 있는 것은 아니다. 과학과 철학에 종사하려면 해당 학문에서 요구하는 일정 수준에 도달해야 한다. 지력, 인내심, 성실성, 명료함, 증거 존중 등과 같은 지적 덕목을 갖추어야 한다. ② 지적 활동을 통해서 학생들은 인지 능력을 얻을 수 있다. 인지적 능력이 왜 중요한가? 인간은 세상이 어떻게 해서 생겨난 것이며, 인간사가 어떻게 전개되는 것이며, 우리를 포함한 모든 인간의 삶의 조건은 어떤 것이며, 인간이 추구하는 가치는 어떻게 정당화되는 것이며, 인생의 초자연적인 측면이란 어떤 것인지 등을 알 필요가 있다. 요컨대 '좋은 삶의 본질이 무엇인가?'를 알려고 진지하게 탐구하는 사람은 과거와 현재의 사람들이 성찰하고 탐구한 결과에 관심을 갖게 된다. 뿐만 아니라 모든 시민은 자신의 삶의 방식을 선택하고, 자신의 삶의 목적을 정해야 하는데, 이에 합당한 지식과 이해가 필요하다. 물론 그런 것들을 실행에 옮길

역량과 기술도 함께 필요할 것이다.

　여러분은 린지의 세 가지 유형의 교육목적 중에서 어느 유형이 가장 중요하다고 생각하는가? 여러분은 아홉 가지 교육목적 중에서 어느 것을 가장 중요하게 생각하는가? 교육목적에 대한 린지의 관점에 대해서 여러분은 어떤 비판을 제시할 수 있는가? 앞에서 살펴보았듯이 리처드 프링은 교육받은 인간의 특성을 일곱 가지로 제시하고, 콜린 린지는 교육목적으로서 아홉 가지를 제시하고 있는데, 프링과 린지 중에서 누구에게 더 끌리는가?

　프링과 린지는 교육의 목적을 여러 가지로 제시하고 있다는 점에서 공통적이다. 다만 린지는 여러 가지 교육목적을 세 가지로 유형화하고 있다는 점에서 특징적이다. 그런데 이 두 교육철학자와 상당히 다른 관점에서 교육의 목적을 논하는 철학자가 넬 나딩스다. 나딩스는 교육의 목적을 행복이라고 본다. 그는 하나의 포괄적인 교육목적을 설정하고 있다는 점에서 이미 살펴본 교육철학자들과 다르다. 교육의 목적을 한 가지 아이디어로 포괄적으로 제시한다는 것은 어떤 일일까?

### (3) 나딩스의 교육목적론

　미국의 교육철학자 나딩스(Nel Noddings)는 다음과 같이 주장한다. 삶의 목적은 행복이며, 이 행복은 교육의 목적이 될 수 있다. 행복은 삶의 목적이면서 또 교육의 목적이다. 이런 행복이란 어떤 것인가? 나딩스(Noddings, 이지헌 외 역, p. 8)에 의하면 행복이란 기쁨/즐거움/쾌락이 많고 고통/아픔, 슬픔이 적은 삶이다. 행복을 이처럼 간단히 정의할 수 있지만 행복에 관한 구체적인 견해는 사람에 따라서 아주 다양하게 나타날 수 있다. 따라서 학생들로 하여금 행복에 관한 다양한 견해를 이해하고 각자의 행복관을 모색하고, 또 추구하게 하는 일이야말로 교육의 가장 중요한 과업이라고 나딩스는 주장한다.

　행복한 삶은 어디서 찾을 수 있다는 것인가? 나딩스는 행복한 삶을 찾을 수 있는 영역을 행복의 원천이라고 말한다. 행복의 원천은 크게 두 가지로 구분한다. 하나는 개인의 사적 영역이고 다른 하나는 (직업과 같은) 공적 영역이다. 따라서 우리가 행복을 찾을 수 있는 영역은 '개인 생활'과 '공적 생활'로 나뉜다. 첫째, 개인 생활에서 우리가 찾을 수 있는 행복은 어디서 생기는 것인가? 나딩스는 이를 다섯 가지로 나누어 설명한다. 가정 만들기, 장소와 자연에 대한 사랑, 아이 키우기(부모 역할), 인격과 영성(spirituality), 대인관계 등에서 우리는 행복을 얻을 수 있다는 말이다. 둘째, 공적 생활에서 우리가 찾을 수 있는 행복은 어디서 생기는 것인가? 나딩스는 이를 세 가지로 나누어 설명한다. 일(직업), 공동체(지역사회) 안에서의 민주주의적 삶이나 봉사활동, 학교/교실 생활 등에서 우리는 행복을 얻을 수 있다는 말이다. 요약하면 나딩스의 교육목적은 행복이며, 이런 행복은 사적 (영역에서 생기는) 행복과 공적 (영역에서 생기는) 행복으로 양분되며, 두 영역에서 행복은 각각 다양한 형태로 나타난다. 나딩스의 교육목적관의 틀은 [그림 4-6]과 같이 제시할 수 있다.

나딩스의 교육목적관은 어떤 특징을 갖고 있는가? 이를 린지의 교육목적론과 비교하면서 밝혀 보자. 첫째, 린지는 교육목적을 다원적으로 이해한다. 그러나 나딩스는 다양한 교육목적을 행복 속에 포함시킨다. 둘째, 나딩스는

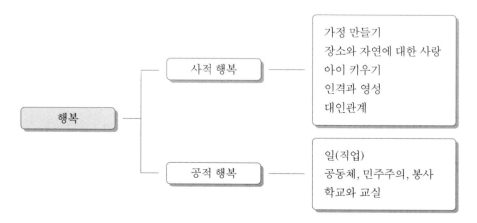

[그림 4-6] 나딩스의 교육목적관

행복을 교육의 포괄적 목적으로 이해하고 있는 반면, 린지는 행복을 개인적 목적의 한 가지로 파악한다. (여기서 나딩스와 린지가 각각 이해하는 '행복의 의미'가 어떻게 다른가를 생각해 보자.) 셋째, 2명의 교육철학자는 교육목적을 구조적으로 혹은 다층적으로 파악한다. 린지는 교육목적을 세 가지 유형, 즉 개인적 목적, 사회적 목적, 내재적 목적으로 유형화한다. 그런데 나딩스는 교육목적(행복)을 두 가지, 즉 사적 행복과 공적 행복으로 양분한다. 특이한 점은 린지가 중시했던 '내재적 목적'이 나딩스의 교육목적관에서는 특별히 부각되지 않는 것이다. 넷째, 린지는 일(직업)을 개인적 목적에 속하는 것으로 보지만 나딩스는 일(직업)을 공적 행복의 원천으로 보고 있다. 전체적으로 볼 때 여러분은 린지의 교육목적론과 나딩스의 교육목적론 중에서 어떤 것이 더 매력적인 것으로 느껴지는가?

### (4) 화이트의 교육목적론

영국의 교육철학자인 존 화이트(John White, 2007)도, 나딩스처럼 교육의 목적을 한 가지로 포괄적으로 제시한다. 그는 교육의 목적을 개인의 잘삶(well-being)에서 찾는다. 내가 나의 잘삶을 추구하는 것처럼 다른 사람들도 그의 잘삶을 추구할 수 있어야 한다. 따라서 개인의 잘삶은 나 혼자만의 잘삶이 아니다. 나의 잘삶과 남의 잘삶이 함께 이루어지는 것이다. 화이트의 교육관에 따르면, 나의 잘삶만을 추구하는 배타적인 자기이익 추구 혹은 남의 잘삶을 위해 나의 잘삶을 버리는 희생적 이타주의는 일반적으로 옹호받을 수 없다.

그런데 각자 잘 산다는 것은 구체적으로 무엇을 의미하는가? 잘삶에는 두 가지 차원이 있다. 나의 '기본적 필요'가 충족된다는 점이 한 가지고, 그 바탕 위에서 내가 '가치 있는 추구'에 몰두한다는 점이 또 한 가지다. '가치 있는 추구에 몰두하는 삶'을 더 구체적으로 표현하면 "가치 있는 활동과 관계에 전심으로, 성공적으로, 자율적으로 몰두하는 삶"이라고 말할 수 있다. 이와 동시에, 타인의 잘삶을 위해서 우리가 애써야 할 점이 있을 것이다. 그것은 우리가 사회적/시민적/경제적 차원에서 관계를 갖고, 참여하고, 공헌해야 할 점들이다. 이를 사회적 관계, 시민적 참여, 경제적 공헌으로 구분할 수 있다. 이제까지 간략하게 설명한 존 화이트의 교육목적관을 [그림 4-7]과 같이 그려 볼 수 있다.

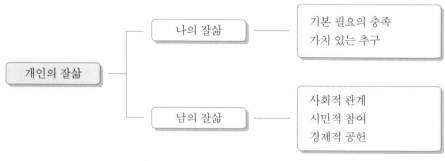

[그림 4-7] 화이트의 교육목적관

이 같은 교육목적을 자세히 살펴보면 더 구체적인 교육목적이 드러날 것이다.

첫째, '나의 잘삶'을 위해서 교육이 해야 할 일은 무엇인가? 부모나 교사가 자녀/학생의 잘삶을 위해서 도와주어야 할 점들은 어떤 것일까? 이를 ①과 ②로 나누어 살펴본다. 먼저 ① 기본적 필요에 속하는 점들은 다음과 같다. 부모와 교사는 자녀와 학생이 다음과 같은 기본적 필요를 제대로 충족시키도록 교육해야 할 것이다.

- 건강한 생활을 이해하고 건강한 생활습관 갖기: 다이어트, 운동, 안전, 정서적 안녕(emotional well-being)
- 금전 관리 및 장래 생활 준비를 위해 결정능력 갖추기
- 현명하고 냉철한 소비자 되기

- 만족스러운 삶의 기본 요건이 무엇인지 이해하기: 건강, 음식, 맑은 공기와 물, 주택, 소득, 교육, 평화로운 사회, 자유

이런 점들이 기본적으로 갖추어진 후에야 ② 가치 있는 추구(자아실현)가 제대로 이루어질 것이다. 그렇다면 자녀와 학생이 가치 있는 활동/관계를 추구하도록 도와주려면 무엇이 중요한 사항인가? 이를 다음과 같이 여섯 가지로 제시할 수 있다. 부모와 교사는 이런 점들이 제대로 갖추어지도록 학생들을 교육해야 할 것이다.

- 가치 있는 활동을 다양하게 경험하기: 지역사회 봉사, 문예활동, 지적탐구, 이웃 돕기, 여러 가지 사업/기업, 스포츠와 운동, 제작활동, 자연보호 등
- 위와 같은 활동 중에서 일부 활동을 선택하여 이에 더욱 충실하게 몰두하기
- 선호하는 활동에 전심을 다하여 참여하기
- 여러 가지 활동 영역에서 성공을 경험하기
- 현재나 미래의 삶에서 친밀한 관계나 배려하는 관계를 맺고 유지하기
- 위와 같은 사항을 위해 필요한 지식과 이해를 습득하기

둘째, '남의 잘삶'을 도와주려면 어떻게 해야 하는가? 이를 ③, ④, ⑤로 나누어 살펴본다. 먼저 ③ 사회적 차원부터 살펴보자. 학생들이 **사회적 차원**에서 배워야 할 점은 다음과 같이 네 가지로 제시할 수 있다.

- 공동의 목표를 달성하기 위하여 타인과 협력하여 일하고 다양한 역할을 수행하는 것을 즐기기
- 여러 가지 상황에서 다른 사람들과 적절한 관계를 맺고 의사소통하기

- 대인관계에서 발생하는 갈등을 이해하고 처리하며, 적절하게 타협하고 타결하기
- 인간의 본성, 공통점, 다양성, 고상함과 심오함, 그리고 인간이 자연 질서의 다른 부분들과 갖는 관계를 성찰하기

그리고 ④ **시민적 차원**에서 학생들이 배워야 할 점은 다음과 같이 여덟 가지로 제시할 수 있다.

- 학교, 이웃, 지역사회, 더 넓은 세계 속에서 도움이 될 역할을 수행하기
- 학교와 지역사회 안에서 민주주의를 실천하기 위해 참여하기
- 국가와 세계에서 나타나는 문화적/공동체적 다양성을 이해하고 존중하기
- 나와 남들이 시민으로서 가져야 할 권리와 져야 할 책임을 인식하기
- 현대 민주주의 사회에서 미디어의 사회적 역할과 영향력을 비판적으로 평가하기
- 현대 세계를 이해하고 자기가 속한 나라가 차지하는 위상을 파악하기
- 과학 발전, 기술 변화, 사회 변동으로 생기는 윤리적 이슈를 어느 정도 파악하기
- 학교교육이 어떤 목적에 기여하고 있고, 어떤 것을 더 중시하는지를 비판적으로 성찰하기

그뿐만 아니라 ⑤ **경제적 차원**에서 학생들이 배워야 할 점을 다음과 같이 일곱 가지로 제시할 수 있다.

- 재화와 서비스 생산을 위하여 협력적으로 일(작업)하기: 학교, 지역사회 주민, 외국인을 위해서

- 노동자와 고용주의 권리를 파악하기
- 국가적으로 또 세계적으로 부가 창출되고 분배되는 과정을 비판적으로 검토하기
- 개인/조직/공동체가 지역/국가/지구 차원에서 경제적으로 의존하고 있음을 이해하기
- 학생들이 선택할 수 있는 직업의 범위를 폭넓게 이해하기
- 노동의 형태와 전망에 대해서 과학/기술/세계시장이 미치는 영향을 파악하기
- 생활 스타일의 선택과 경제 위주의 개발이 환경에 미치는 영향을 지역적/세계적으로 이해하기

이와 같은 화이트의 교육목적관에서 우리는 포괄적인 교육목적과 더욱 구체적인 교육목적들이 밝혀지고 있음을 알 수 있다. 여기서 교육의 목적은, 아주 포괄적으로 이해한다면, 모든 개인의 잘삶이다. 그런데 개인의 잘삶은 나의 잘삶과 남의 잘삶으로 이루어져 있다. 나의 잘삶을 도모하는 일은 '기초적 필요의 충족'과 '가치 있는 추구'로 양분되고, 남의 잘삶을 돕는 일은 사회적/시민적/경제적 차원으로 구분된다. 이런 구체적인 교육목적들 속에서 더욱더 세분화된 교육목적들이 체계적으로 드러날 수 있다.

**TIP** 한국의 국가교육과정에 나타난 교육적 인간상

교육목적에 관한 논의는 추구하는 인간상을 통해 제시되어 왔다. 교육받은 사람 또는 교육적 인간상은 교육목적 진술의 한 가지 형태에 속한다. 우리나라 국가 교육과정에서 추구하고 있는 교육목적, 특히 2009 개정 교육과정에서 '추구하는 인간상'은 다음과 같다.

우리나라의 교육은 홍익인간의 이념 아래 모든 국민으로 하여금 인격을 도야하고, 자주적 생활능력과 민주시민으로서 필요한 자질을 갖추게 하여 인간다운 삶을 영위하게 하고, 민주국가의 발전과 인류공영의 이상을 실현하는 데 이바지하게 함을 목적으로 하고 있다. 이러한 교육이념을 바탕으로 이 교육과정이 추구하는 인간상은 다음과 같다.

가. 전인적 성장의 기반 위에 개성의 발달과 진로를 개척하는 사람

나. 기초 능력의 바탕 위에 새로운 발상과 도전으로 창의성을 발휘하는 사람

다. 문화적 소양과 다원적 가치에 대한 이해를 바탕으로 품격 있는 삶을 영위하는 사람

라. 세계와 소통하는 시민으로서 배려와 나눔의 정신으로 공동체 발전에 참여하는 사람

**정리문제**

1. 교육철학이 무엇인가는 세 가지로 제시되고 있다. 첫째, 교육철학에서 다루는 문제, 둘째, 철학 영역과 연관된 교육문제, 셋째, 철학적 탐구가 필요한 교육문제이다. 이 중에서 가장 흥미를 끄는 문제는 어떤 것인가?

2. 누스바움이 말하는 열 가지 핵심역량은 어떤 의미에서 교육목적으로 볼 수 있는가? 허카가 말하는 '최선의 삶'의 다섯 가지 기준은 어떤 의미에서 교육목적으로 볼 수 있는가?

3. 프링의 '교육받은 인간'의 일곱 가지 특성 중에서 가장 중요하다고 생각되는 것은 어떤 것인가?

4. 린지의 교육목적론에서 제시되는 아홉 가지 교육목적 중에서 어느 것이 가장 중요하다고 생각되는가?

5. 나딩스의 교육목적론에서 제시되는 여덟 가지 교육목적 중에서 하나를 골라 거기서 어떤 행복이 생길 수 있는가를 말해 보시오.

6. 화이트의 교육목적론에서 제시되는 '가치 있는 추구'(여섯 가지), '기본적 필요'(네 가지), '사회적 관계'(네 가지), '시민적 참여'(여덟 가지), '경제적 공헌'(일곱 가지) 중에서 가장 흥미로운 부분을 찾아보시오.

7. 이 장에서 밝히고 있는 교육목적론 중에서 하나를 골라서 TIP에 들어 있는 한국의 교육목적과 비교하시오.

## **참**고문헌

김정래 역(2013). 교육목적론. Colin Wringe 저(1998). 서울: 학지사.

이순영 역(2012). 무엇을 더 알아야 하는가? T. Hurka 저(2011). 서울: 책읽는수요일.

이지헌 역(2011). 철학이 있는 교육, 교육을 찾는 철학. Richard Bailey 외 공저(2010). 서울: 학이당.

이지헌 역(2013). 교육철학 1: 이론과 역사. Richard Bailey 외 공편(2010). 서울: 학지사.

이지헌 역(2017) 청소년의 행복을 위한 교육: 학교교육과정을 이대로 둘 수 없는 이유. M. Reiss & J. White 저(2012). 공감플러스.

이지헌(2001). 교육의 철학적 차원. 서울: 교육과학사.

이지헌, 김선, 김희봉, 장정훈 역(2008). 행복과 교육. Nel Noddings 저(2003). 서울: 학이당.

이지헌, 김희봉 역(2002). 교육목적론. John White 저(1990). 서울: 학지사.

한국교육철학회(2003). 21세기 교육철학의 방향 모색. 2003년 연차학술대회 발표 논문집.

한상연 역(2015). 역량의 창조. Martha C. Nussbaum 저(2011). 서울: 돌베개.

Hurka, T. (2011). *The best things in life*. Oxford: Oxford University Press.

White, J. (2007). *What schools are for and why*. Impact No. 14. The Philosophy of education Society of Great Britain. London: Wiley.

국가교육과정정보센터. http://ncic.kice.re.kr

# 05
교육학개론

# 교육사회학과 평생교육

이 장은 교육사회학과 평생교육에 대해서 살펴본다. 교육사회학은 교육 현상을 사회학적으로 탐구하려는 학문으로 교육에 영향을 미치는 다양한 권력관계를 분석하는 데 초점을 두고 있다. 교육사회학의 성격을 이해하기 위해서 기능이론과 갈등이론, 그리고 해석학으로 구분되는 이론적 접근을 살펴본 다음, 교육사회학의 탐구관점과 주제들을 살펴본다. 나아가 평생교육이 등장하게 된 배경과 학습사회의 도래, 그리고 평생교육의 확장에 대해 살펴본다.

# 1. 교육사회학의 성립과 전개

교육은 그 사회의 역사적, 문화적, 정치·경제적 성격을 반영한다. 따라서 한 사회 내에서 이루어지는 교육을 이해하기 위해서는 그 사회의 성격을 이해하지 않으면 안 된다. 교육활동의 사회적 성격을 파악해야 하는 이유는 무엇인가? 그것은 교육이 가르치는 사람과 배우는 사람의 상호작용 속에서 이루어지는 사회적 행위이기 때문이다. 다음으로 교육은 사회 속에서 이루어지기 때문에 사회의 영향을 받기도 하고, 사회의 전 현상에 적극적으로 영향을 미치기 때문이다. 끝으로 교육의 내용은 사회적으로 형성되고 축적된 문화이므로 사회적 성격을 띠기 때문이다.

이러한 의미에서 교육사회학은 교육과 사회, 교육체제 내부에서 발생하는 모든 교육현상을 사회학적인 관점에서 기술·설명·이해하려는 학문으로 정의될 수 있다. 다시 말하면 "교육의 여러 현상이 어떤 사회적 체계 속에서 발생하고 변화하는지?" "교육이 사회의 여러 현상에 어떠한 영향을 미치고 있는지?" 그리고 "교육체제가 어떻게 형성되고 작동되고 있는지?"를 사회학적으로 분석하고자 하는 학문이 교육사회학이다.

이와 같은 교육사회학은 프랑스의 소르본느 대학교에서 사회학과 교육학을 가르쳤던 뒤르껭(E. Durkheim)에 의해서 주창되었다. 그는 당시의 사회적 위기를 해결할 수 있는 중요한 학문으로 사회학을 발전시키겠다는 사명감을 가지고 사회학의 기초를 확립하였으며, 교육학 역시 사회학적으로 탐구해야 할 것을 역설하였다. 그러나 교육사회학은 1920년대에 접어들면서 독자적인 영역을 주장하기 시작했던 미국의 교육학자들에 의해서 교육철학으로부터 독립되었고, 교육심리학과 견줄 수 있는 위상을 갖추게 되었으며, 이후에도 학문적 정체성을 확립하기 위한 노력을 적극적으로 기울여 왔다. 그 학문적 정체성은 사회학의 지식을 교육실천에 응용하려는 실천지향적 특성을 지닌 학문으로 그리고 교육현상을 사회학적 관점에서 분석하고 설명하려는 과학지향적 성격을 지닌 학문으로 전개되었다. 사회학의 지식을 교육실천에 응용하려는 노력을 '교육적 사회학(educational sociology)'이라고 하며, 교육현상을 사회학적인 관점에서 분석하고자 하는 과학지향적 연구를 '교육의 사회학(sociology of education)'이라고 한다.

첫째, 사회학의 지식을 교육실천에 응용하려는 노력은 1907년 수잘로(H. Suzzalo)가 미국의 컬럼비아대학교에 'Educational Sociology'라는 강좌를 개설하면서부터 시작되었다. 사회학의 이론들을 교육실천에 응용하려는 교육적 사회학은 학교의 여러 가지 교육문제를 해결하는 데 필요한 사회 · 문화적 지식을 모아 놓은 것이었다. 따라서 사회화이론, 문화이론, 사회계층이론 등 사회 · 문화적 지식을 포괄하고 있었으나, 교육문제에 대한 전문성은 낮았다. 이러한 실천지향적 교육사회학은 1950년대까지도 지속되었으나, 1940년대 지역사회학교 운동의 영향으로 교육사회학이 지역사회와 학교의 관계를 분석하는 사회학적 접근에 관심을 기울이기 시작하면서 점차 약화되어 갔다.

둘째, 과학지향적 연구가 본격화된 것은 1960년대부터라고 할 수 있다. 제2차 세계대전 이후 교육에 대한 사회의 관심이 높아졌으며, 교육은 사회를 연구하는데 빼놓을 수 없는 영역으로 성장하기 시작했다. 이러한 경향은 교육사회학의 학술지 「Educational Sociology」를 「Sociology of Education」으로 변경한데서도 잘 드러난다. 이론지향적 교육사회학이라고 불리우는 '교육의 사회학'은 교육사회학을 교육학이 아닌 사회학의 한 영역으로 규정하고, 사회제도로서의 교육을 사회학적인 방법에 의해 설명하고 이해하려는 경향을 띤다. 따라서 교육현상을 설명하는 데 중점을 두며, 교육현상에 대한 정확한 진단과 설명을 위해 가치중립적이며 이론적인 탐구를 지향하였다.

이와 같은 가치중립적이며 이론적인 탐구를 바탕으로 본격화하기 시작한 교육사회학이론은 1960년대 이후 가치중립성에 의문을 제기하는 입장이 대두되면서 이론의 전성기를 맞이하게 되었다. 특히 1970년대 신교육사회학 (new sociology of education)이 주창되면서 교육사회학은 정체성을 더욱 강화하면서 발전해 오고 있다.

## 2. 교육사회학 이론들

교육사회학 이론을 구분하는 방식에는 여러 가지가 있다. 블랙리지와 헌트(Blackledge & Hunt)는 교육사회학 이론의 계보를 뒤르껨과 기능주의적 전통, 마르크스주의적 관점, 그리고 베버(Weber)의 해석적 접근으로 구분하였다. 윌슨(Wilson)은 사회학 연구의 패러다임을 규범적 패러다임과 해석적 패러다임으로 구분하였다. 또 다른 학자들은 교육사회학 이론을 거시적 관점과 미시적 관점으로 구분하기도 한다. 일반적으로 규범적 혹은 거시적 접근이란 사회를 개인과는 독립적으로 존재하는 실체로 파악하여, 사회구조의 분석을 통해 사회의 한 부분인 교육을 설명하고자 하는 입장을 가리킨다. 거시적 접근에 속하는 이론들은 개인을 사회의 영향하에서 움직이는 수동적인 존재로 파악한다. 기능이론과 갈등이론이 대표적인 이론이다. 이와 달리, 미시적 접근에서는 인간을 객관적인 법칙의 지배를 받는 수동적 존재가 아니라, 대상에 의미를 부여하고 스스로 규칙과 제도를 만들어 가는 능동적이고 주체적인 존재라고 규정한다. 그래서 사회구조의 분석보다는 행위자를 더 중시하고, 개인행위자들이 대상에 대해 어떤 의미를 부여하고 있는지를 파악하여 교육현상을 설명하고자 한다. 해석적 접근, 신교육사회학 등이 이에 속한다. 다음에서는 교육사회학 이론을 크게 세 가지 관점, 즉 기능이론, 갈등이론, 해석론으로 나누어 살펴본다.

## 1) 기능이론과 교육

기능이론은 사회학의 아버지로 불리는 콩트(A. Comte)와 사회유기체설을 주장한 스펜서(H. Spencer)에 의하여 그 기초가 형성된 뒤에 뒤르껭, 인류학자 마리노우스키(B. Malinowski) 등에 의해 다양하게 발전되었다. 그리고 파슨스(T. Parsons)에 이르러 매우 포괄적인 사회학이론으로 정립되었다. 1960년대 이후에는 기능이론에 토대를 둔 기술기능이론, 인간자본론, 근대화론 등이 하위이론으로 등장하였다. 기능이론은 구조기능이론(structural functional theory), 합의이론(consensus theory), 질서모형(order model), 평형모형(equilibrium model) 등으로 불리기도 한다.

### (1) 기능이론의 사회관

기능이론은 현상 유지, 사회질서, 합의, 사회적 통합에 관심을 가지며, '어떻게 사회의 유지 및 존속이 가능한가?'에 대해 체계적인 설명을 시도한다. 이처럼 사회의 제도나 관습이 사회 전체를 유지하는 데 어떻게 기여하는가를 분석하기 위해서 기능론자들은 생물학적 유기체 또는 기계적인 유추를 사용한다. 즉, 기능이론은 사회를 유기체에 비유한다. 생물학적 유기체는 각기 다른 기능을 하는 기관들로 구성되어 있으며, 각 기관이 주어진 기능을 원활하게 수행함으로써 생존하고 활동할 수 있다. 이런 유기체와 마찬가지로 사회는 각기 다른 여러 부분으로 구성되어 있으며, 각 부분은 각자의 기능을 수행함으로써 사회 전체의 유지·존속에 기여한다. 따라서 사회의 한 부분을 구성하는 교육을 분석할 때도 교육이 사회 전체를 유지하기 위해 어떤 기능을 수행하고 있는지를 파악해야 한다는 입장이 기능이론이다.

이와 같은 기능이론은 능력주의를 신봉한다. 능력주의란 사회적 지위와 소득분배의 기준을 개인의 능력과 성취에 두는 것으로 '업적주의'라고도 말한다. 이는 개인의 신분과 계급에 따라 지위가 배분되었던 중세의 '귀속주의'

의 대안으로 나타난 것이다. 기능이론가들은 개인의 신분이 아니라 능력과 업적에 따라 교육의 기회와 사회적 신분이 제공되는 능력주의를 이상적인 체제로 믿는다. 따라서 능력의 차이에 따라 차등적 보상이 주어지고 그 결과로 사회계층이 분화되는 것을 정당한 것으로 여긴다.

### (2) 기능론적 교육관

기능이론에서는 사회의 한 부분을 이루고 있는 교육이 사회전체의 유지와 발전을 위해 기능한다고 본다. 이 기능은 사회화 및 선발의 기능으로 요약된다. 기능이론에서는 구성원간의 사회적 합의에 바탕을 둔 사회 질서가 잘 유지되고 있다고 전제하기 때문에 교육을 통한 사회혁신을 내세우지 않는다. 사회화란 개인이 사회적 존재로 살아가는데 필요한 지식과 기능, 그리고 사회적 규범을 개인에게 내면화시키는 것을 말한다. 학교교육은 새로운 세대에게 기존 사회의 생활양식과 가치 및 규범을 전수하여 개인이 사회 구성원의 역할을 할 수 있게 함으로써 사회의 유지와 발전에 기여한다.

교육은 이러한 사회화를 통하여 재능있는 사람을 분류하고 선발하여, 적재 적소에 배치하는 선발기능을 담당하는 것이다. 이러한 선발의 기능이 갖는 의미는 다양하다. 첫째, 선발은 학생들을 능력의 종류와 수준에 따라 분류함으로써 학습자에 대한 진단기능을 수행한다. 둘째, 선발은 학생들의 능력에 따라 다른 교육적 경험을 부여하고, 이를 토대로 사회진출을 가능하게 함으로써 직업세계가 필요로 하는 사람들을 분류하는 여과기능을 담당한다. 셋째, 선발은 능력과 성취에 따라 사회적 지위와 소득을 분배함으로써 개인적으로 능력을 극대화할 수 있는 기회를 부여하며, 이를 통해 사회평등의 실현에 기여한다. 넷째, 선발은 사회적 성취에 따라 사회경제적 지위를 배분함으로써 사회적으로 인력의 활용을 극대화할 수 있게 해 준다.

## (3) 주요 이론들

### ① 뒤르껭(E. Durkheim)의 사회화이론

혼란과 변화의 소용돌이 속에서도 사회가 해체되지 않고 유지되는 원동력을 교육의 사회화 기능에서 찾았던 뒤르껭은 사회화를 '보편적 사회화'와 '특수사회화'라는 두 가지 측면으로 구분했다. 보편적 사회화는 전체로서의 사회가 요구하는 것이며, 한 사회의 공통적 감성과 신념, 즉 집합의식을 새로운 세대에게 내면화시키는 것이다. 보편적 사회화를 통해 사회는 그 특성을 유지하고 구성원들의 동질성을 확보하게 된다. 사회가 분화되고 전문화될수록 동질성의 확보가 필요하므로 보편적 사회화는 더욱 요구된다. 반면, 분업화된 각 사회집단은 나름대로 신체적·지적·도덕적 특성을 갖고 있으며 사회에 적응하기 위해서는 이에 관한 교육이 필요해지는데, 이것이 곧 특수사회화다. 즉, 개인이 소속하여 살아가게 될 직업집단의 규범과 전문지식을 학습하도록 하는 것을 특수사회화라고 말한다.

### ② 파슨스(T. Parsons)의 사회화이론

파슨스는 사회화를 사회적 가치와 규범이 개인의 인성구조 속에 내면화되는 과정이라고 보았다. 그는 사회가 분화되고 전문화됨에 따라 '역할사회화'가 매우 중요해진다고 보았다. 여기에서 역할사회화란 아동들이 장차 성인이 되어 맡게 될 역할 수행에 꼭 필요한 정신적 자세와 자질을 기르는 것을 가르킨다. 그것은 뒤르껭의 특수사회화와 유사한 개념이다.

역할사회화를 이해하려면 파슨스가 말하는 사회의 구성체계에 대해서 이해할 필요가 있다. 그에 의하면 사회는 문화체계(공유된 가치, 규범), 사회체계(사회적 역할), 인성체계(동기, 욕구)로 구성되어 있고, 이 세 가지 체계는 서로 밀접한 관계를 지니고 있다. 사회화는 사회적 가치와 규범이 개인의 인성구조 속에 내면되는 과정인데, 여기서 형성되는 인성을 바탕으로 역할기대를 할 수 있게 된다. 역할기대는 개인적 요구의 수행이다. 만약에 개인이 기대받는 역할을 수행하지 못하면 다른 사람들로부터 비난을 면치 못한다. 사람들이 바라는 것은 다른 사람들로부터 인정받고 존경받는 것이다. 이런 의미에서 인간은 타인의 승인을 추구한다. 다시 말해서 사회의 가치와 규범을 실현함으로써 그같은 승인의 욕구를 충족시킬 수 있으며, 역할기대에 부응하는 행동을 함으로써 욕구를 충족시킬 수 있다. 이러한 사회적 과정을 통하여 사회적 가치는 지속성을 갖게 되고 적합한 역할이 수행되면서 사회질서와 사회적 안정이 유지된다.

### ③ 드리븐(R. Dreeben)의 사회화이론

드리븐은 학교가 가정생활과 산업사회에서 생활을 이어 주는 주요한 역할을 수행한다고 보았다. 여기서 중요한 것은 학교에서 학생들에게 가르치는 지식과 기술이 아니라 학교를 통해서 습득되는 사회규범이다. 즉, 명시적 교육과정보다는 잠재적 교육과정으로써, 더 나아가 사회화 담당자로서 학교의 기능을 설명한다. 학교는 가정이나 다른 사회화 담당자들과는 다른 사회적 특성을 갖고 있기 때문에 아이들을 제도적으로 승인된 행동양식에 따르도록 인도한다는 것이다. 다시 말해서 학생들은 산업사회에서 중요시되는 규범인 독립성, 성취지향성, 보편성과 특정성을 학교에서 배움으로써 사회화되어 간다는 것이다.

드리븐이 말하는 독립성(independence)이란 학문적 학습활동에 적용되는 규범으로, 학교에서 과제를 스스로 처리하게 하고 자신의 행동에 대한 책임을 지게 함으로써 습득되는 것이다. 성취성(achievement)은 학생들이 최선을 다해 자신의 과제를 수행해야 한다는 전제를 받아들이고 그 전제에 따라 행동할 때 습득되는 것이다. 이 규범은 교수-학습-평가라는 체제 속에서 형성되는데, 공동으로 수행하는 활동에도 적용된다는 점에서 독립성과 구별된다. 보편성(universalism)이란 동일연령의 학생들이 같은 학습내용과 과제를 공유함으로써 형성되는 것이다. 또한 특정성(specificity)이란 동일연령의 학생들이 다른 학년과 구별되는 특정한 환경을 공유하는데, 학년이나 학교의 수준이 높아지면서 개인적으로 흥미와 적성에 맞는 분야에 한정하여 그 분야의 교육을 집중적으로 수행함으로써 습득되는 것이다.

## 2) 갈등이론과 교육

갈등이론은 기능이론이 전제하는 사회적 합의성에 의문을 제기한다. 즉, 사회유기체설에 기초한 기능이론이 사회적 목적에 대한 합의를 바탕으로 각 기관의 역할을 설명하려는 관점을 거부한다. 갈등이론은 사회구성원들이 사회체제의 목적에 대하여 합의한 것이 아니라 이견을 갖고 있으며, 이를 둘러싸고 갈등이 존재한다는 것을 강조한다. 기능이론에서는 기본적인 사회이념, 가치, 신념에 대한 사회구성원들 간의 합의를 전제하고 있는 반면, 갈등이론에서는 사회이념, 가치, 신념에 대한 사회구성원 간의 합의를 부정하고, 설령 합의가 있을지라도 그것은 조작 혹은 강압에 의한 것이라고 주장한다. 즉, 사회집단은 서로 상반된 사회이념이나 가치를 지향하고 있어 대립과 갈등이 빚어진다고 보는 것이다.

사회집단 간의 갈등을 중시하는 관점을 갈등론적 관점이라고 부른다. 그런데 이것은 하나의 이론이 아니라 갈등의 원천을 파악하는 관점에 따라 다양하다. 예컨대, 마르크스적 갈등이론에서는 계급 간의 갈등을 모든 사회집단 간의 갈등의 원천이라 보는 반면, 베버적 갈등이론에서는 부와 권력 및 지위를 둘러싼 집단 간의 갈등을 중시하기도 한다.

### (1) 갈등이론의 사회관

갈등이론가들은 사회 및 교육의 변화를 이끌어 온 것은 권력과 지위를 획득하기 위한 서로 다른 집단간의 끊임없는 투쟁이라고 생각한다. 갈등이론가들은 사회가 다양한 집단 간의 세력다툼이 일어나는 투쟁과 경쟁의 장소라고 생각한다. 갈등이론가들은 사회는 늘 안정된 상태로 남아 있는 것이 아니라 갈등과 대립에 따라 끊임없이 변화하는 것이라고 본다. 따라서 갈등이론은 사회적 지위의 차등화를 일컫는 계층이라는 개념보다는 경제적 지위의 차등화를 의미하는 계급이라는 개념을 더 중요하게 다룬다. 갈등이론은 또한 소외와 착취라는 개념도 중요하게 다룬다.

갈등이론가들에게 있어서 사회는 공정하거나 평등한 장소가 아니다. 사회는 끊임없는 이해관계의 대립이 발생하고 있는 곳이며, 이 과정에서 집단 간의 갈등과 투쟁이 상존하고 있는 공간이다. 이러한 대립과 투쟁의 결과가 반영되는 곳이 사회이다. 그러므로 사회는 평등에 기초한 능력주의 시스템이 작동하는 곳이 아니라 불평등을 합리화시키고 정당화하기 위한 기관으로서 기능하고 있다는 것이다.

### (2) 갈등이론의 교육관

갈등이론도 기능이론과 마찬가지로 교육이 사회화 및 선발의 기능을 수행하고 있다고 본다. 기능이론과는 달리 갈등이론가들은 사회가 특정 집단의 이해관계를 반영한다고 보기 때문에 교육의 기능인 사회화와 선발도 유사한 논리로 작동한다고 파악한다. 따라서 학교교육은 기득권층의 이해관계를 합리화하고 정당화하는 기능을 수행하고 있다고 비판한다. 즉, 사회화란 개인이 사회적 존재로 살아가는 데 필요한 지식과 기능이나 사회적 규범이 아니라 기득권층의 이해관계를 개인에게 내면화시키는 것이라고 생각한다.

사회화를 이러한 방식으로 파악하는 갈등론자들은 교육의 선발도 인재를 적재적소에 배치하는 공정한 기능이 아니라 기득권층의 이해관계를 재생산하고 정당화하는 과정이라고 본다. 즉, 자본주의 교육체제의 선발 및 분배기능은 불평등한 사회구조를 정당화하거나 재생산하기 위한 도구라고 보는 것이다. 따라서 능력에 따른 사회진출이라고 하는 능력주의 원리는 허구이며,

이는 자본주의 질서를 정당화하기 위한 신화라고 비판한다.

　갈등이론가들에 따르면, 학교는 객관성과 중립성 그리고 기회균등이라는 환상을 심어 줌으로써 현재와 같은 정치·경제적 구조를 사회적으로 재생산하고 특권층의 계급지배의 유지에 공헌하고 있다. 그들은 또한 특권층의 현존 지배체제를 영속화시키는 데 필요한 태도와 성향을 학교가 재생산하고 있다고 본다. 따라서 학교는 피지배계층에게 기존의 불평등한 위계적 구조에 순종하도록 강요하는 이데올로기적 기관이라고 비판한다. 학교는 인간에게 자본주의적 질서를 강요하고 억압함으로써 타율적이고 수동적인 인간을 만드는 기능을 하기 때문에 폐지되어야 한다는 학교무용론을 주장하기도 한다.

### (3) 주요 이론들

　갈등이론은 갈등의 원인을 파악하는 방식에 따라 크게 세 가지로 나눌 수 있다.

### ① 경제적 재생산론

　경제적 재생산론은 학교가 불평등한 경제적 생산관계를 재생산하고 있다고 비판한다. 즉, 경제적 재생산론은 하부구조인 경제구조가 상부구조를 결정한다는 마르크스주의의 경제적 결정론의 입장에 서 있다. 따라서 상부구조인 학교가 하부구조인 자본주의의 특성을 그대로 반영하고 이를 교육시킴으로써 기존의 불평등구조가 재생산된다는 것이다. 미국의 경제학자인 보울스와 긴티스(S. Bowles & H. Gintis)를 중심으로 전개된 경제적 재생산론은 교육이 일터의 사회적 구조와 상응(correspondence)한다고 보았다. 따라서 그들의 이론을 상응이론이라고 부른다. 즉, 생산현장에서의 사회관계는 학교교육에서의 사회관계와 구조적으로 상응한다는 것이다. 상응이론에 의하면 학교는 생산현장의 위계질서를 그대로 반영하여 사회적 생산관계의 각 수준에서 필요한 태도와 행동양식을 주입시킴으로써 자본주의 질서에 순응할 수 있도록 한다. 즉, 계급에 따라 다른 행동양식을 습득시키는 차별적 사회화를 통해 기존 질서를 재생산하고자 한다. 그래서 공장의 생산라인에서 단순 노동자로 일하게 될 사람에게는 윗사람의 지시에 충실히 따르고, 시간을 잘 지키고, 기계적인 작업방식에 순응하도록 가르친다. 반면, 회사의 경영자로 일할 사람에게는 독립적인 사고력 및 작업능력, 외적 규율보다는 내면적 기준에 따라 행동하기를 중점적으로 가르친다.

#### ② 문화적 재생산론

문화적 재생산론에 의하면 자본주의가 경제적 모순에도 불구하고 자연스럽게 유지되는 이유는 지배계급이 선호하는 문화를 학교교육에 투입시켜 불평등한 사회관계를 정당화하고 있기 때문이다. 즉, 학교교육은 지배계급이 선호하는 문화영역을 통해 계급적 불평등을 유지ㆍ심화시키는 재생산기구라는 것이다.

브르디외(P. Bourdieu)는 문화자본(cultural capital)이라는 개념을 도입하여 재생산을 설명하였다. 문화자본은 책이나 예술품과 같은 객체화된 문화자본, 졸업장과 학위 등과 같은 제도화된 문화자본, 그리고 생활 속에서 자연스럽게 습득된 내면화된 문화자본 등으로 구별된다. 그에 따르면 학교교육은 지배집단으로 하여금 물리적인 강제나 강압을 사용하지 않아도 자신의 지위를 계속 유지할 수 있도록 하는데, 이와 같은 지배와 종속의 재생산에 있어서 학교교육이 사용하는 것은 '상징적 폭력'이다. 상징적 폭력이란 한 계급의 의미체계를 다른 계급이 받아들이도록 하는 것이며, 이 과정에서 발생하는 특정한 의미체계에 대한 지각과 이해의 방식을 아비투스(habitus)라고 부른다. 학교교육을 통해 자본가들의 아비투스가 노동자계급의 아동들에게 주입되면 노동자 계급의 아동들은 자본가 계급의 시각으로 사물을 보고 판단하고 기존의 질서를 당연한 것으로 받아들이게 됨으로써 기존 질서가 재생산된다는 것이다.

### ③ 저항이론

　물질적 하부구조와 상부구조 사이의 기계적 대응을 강조하는 재생산론자들과는 달리, 애플(M.W. Apple)은 학교가 나름의 자율성을 바탕으로 지배집단의 의미체계와 가치체계, 즉 헤게모니를 주입하여 기존 질서를 정당화하는 기관이라고 주장한다. 다시 말해, 학교는 계급의 이익을 어느 정도 반영하기는 하지만, 사회가 추구하는 목적과 이들을 실현하기 위한 수단들을 결정하는 과정에서, 보다 자율적인 이데올로기적 성격을 갖고 있다고 본다. 따라서 학교는 복잡한 이데올로기 투쟁이 일어나는 장소가 되었으며, 이러한 투쟁은 물질적 이데올로기적 상부구조 내에서의 대립뿐만 아니라 이들 간의 모순에서도 일어난다. 따라서 텍스트, 교육과정, 교수, 그리고 교육체제 내의 다른 요소들이 계급관계를 재생산하는 데 이바지하지만, 이들은 문화제도로서의 자율성 때문에 토대와 상부구조 사이의 복잡한 관계에서 나오는 갈등의 무대가 된다고 본다.

　저항이론에 따르면 학교교육은 사회의 불평등한 계급구조를 그대로 반영하기만 하는 것이 아니라, 학교교육을 통해서 사회모순과 불평등의 실체를 파악하고 이에 도전할 수 있는 기회를 제공한다. 즉, 인간은 사회구조의 영향을 받기만 하는 수동적인 존재가 아니라 주체적 의지를 지닌 능동적 존재로서 사회모순에 대해서 투쟁, 비판, 거부하는 능동적 존재라는 것이다. 따라서 학교는 구조적 모순과 이데올로기적 갈등으로 특징지워진 투쟁의 장일 뿐만 아니라 집단적으로 저항할 수 있는 대립의 지대라고 말할 수 있다.

　저항이론에 따르면 지배이데올로기를 거부하고 극복할 수 있는 능동적이고 주체적인 잠재력은 피지배집단의 일상적인 삶의 경험 속에 존재한다. 윌리스(P. Willis)는 학교가 자본주의 사회에서 수행하는 재생산 기능을 인정하지만, 재생산이 일방적인 것도 아니며, 언제나 그 안에 반대의 요소를 내포하고 있다는 사실을 지적했다. 결국, 학교교육이 학생들에게 사회의 모순구조를 인식시키고, 이들을 비판적이고 자율적인 존재로 키워서 저항의지를 극대화함으로써 기존의 불평등 구조를 개혁할 수 있다는 것이다. 그러나 저항이론의 한계점은 학생들의 저항이 어떤 조건에서 비판적 의식으로 발전되고, 또 그것이 어떻게 사회변화의 동인으로 작용하는가 하는 점을 명확히 밝히지 못한다는 것이다.

## 3) 해석론과 교육

### (1) 해석론적 접근의 대두 배경

19세기와 20세기에 걸쳐 비약적으로 발전한 자연과학의 영향 때문에 사회과학도 인간의 삶과 활동을 객관적인 법칙에 의해 설명할 수 있다는 관점이 지배하게 되었다. 이와 함께 사회현상은 자연현상과 다르기 때문에 자연과학적인 방법만으로 설명할 수 없다는 비판이 제기되었다. 이러한 상황에서 등장한 해석론은 기능이론과 갈등이론에서 드러난 지나치게 기계적이며 결정론적인 입장에 반발하였다.

해석론은, 사회적 삶에 대해 엄밀한 인과적 설명을 제시하는 대신에, 개인의 이성과 문화적 규칙이 중요하다고 설명한다. 해석론은, 모든 형태의 사회에 적용 가능하다고 생각되는 보편적인 법칙을 탐구하는 대신에, 규칙에 의해 지배되는 행위, 개인적 자율성의 정도, 지역적인 상황의 특수성 등을 강조한다. 그리고 해석론적 접근은, '객관적' 세계에 반대되는 해석을 검증해야 할 필요성을 강조하는 대신에, 전후관계의 맥락에 비추어 해석을 이해하고 인정하는 것이 중요하다는 점을 강조한다.

해석론적 접근은 기능이론과 갈등이론이 간과해 왔던 '교육의 과정'에 초점을 둔다. 즉, 그동안 '교육의 과정'을 암흑상자(black box)로 취급함으로써, 교육이 어떻게 사회적 평등 혹은 불평등을 매개하고 있는가를 밝히지 못했다는 점을 비판하였다. 따라서 해석론적 관점은 교육 밖의 사회구조나 경제구조 보다는 학교 혹은 교실 내에서 개인의 행위와 자유의지를 중시하고, 또 객관적 측면보다는 주관적 측면을 이해하려고 한다.

이러한 흐름은 사회과학 분야의 다양한 이론, 즉 현상학, 상징적 상호작용론, 해석학, 교환이론, 지식사회학, 그리고 민속방법론적 접근의 발달 등과 관련이 깊다. 즉, 사회과학분야에서 이런 이론들이 성장함으로써 그동안 거시적이고 자연과학적인 방법론에 매몰되어 있던 교육사회학자들에게도 새로운 접근의 가능성을 열어 주었다. 따라서 그동안 교육사회학에서 소홀히 다루어 왔던 분야, 즉 교육이 이루어지는 과정에 대한 관심을 적극적으로 추구할 수 있게 된 것이다.

### (2) 해석론적 접근의 특징

해석론적 접근을 취하는 교육사회학자들은 교육행위자의 차원을 중시한다. 따라서 사회체제나 경제, 이데올로기 등에 초점을 두면서 인간을 사회화나 사상주입의 단순한 산물로 보는 기능이론이나 갈등이론과는 다르다. 해석론적 접근은 교육체제나 구조와 같은 것들보다는 학교 혹은 교실 내에서 이루어지는 활동에 관심을 갖는다. 교육을 행위자의 차원에서 살펴보면 학교라는 이름의 교육기관에는 교사와 교장, 학생이 있으며, 그들은 그 안에서 상호작용하면서 활동하고 있다. 따라서 학교를 정확히 이해하려면 교장, 교사, 학생, 그리고 그들 간의 상호작용을 세밀하게 관찰하고 동시에 그들의 이야기를 편견없이 그려 내는 것이 중요하다.

이와 같은 해석론적 접근의 주요 특징은 다음과 같다. 첫째, 해석론적 접근은 인간을 객관적인 법칙의 지배를 받는 수동적인 존재가 아니라, 대상에 의미를 부여하고 스스로 규칙과 제도를 만들어 가는 능동적이고 주체적인 존재라고 규정한다. 둘째, 해석론적 접근은 미시적 관점에서 사회구조의 분석보다는 행위자를 더 중시하고, 개인 행위자들이 대상에 대해 어떤 의미를 부여하고 있는지를 파악하고자 한다. 셋째, 해석론적 접근은 인간의 의미부여와 이에 따른 상호작용으로 문화와 지식이 형성된다고 보고, 제도 내에 있는 행위자의 상호작용을 중시하고 이를 분석하고자 한다. 넷째, 해석론적 접근은 인간의 제도와 규칙 및 지식은 상황과 경험에 따라 달라질 수 있으므로 객관적인 법칙을 찾으려는 실증적인 방법으로는 설명할 수 없다고 본다. 다섯째, 인간의 주체적인 면을 중시하는 해석론적 접근은 특정한 인간이나 현상이 갖고 있는 개별적인 특성을 그대로 인정하고 이해하려는 질적 연구를 더 중시한다.

## 3. 교육사회학의 탐구 관점

교육사회학은 교육현상을 둘러싼 사회적 관계를 파악하는 과정에서 국가, 경제, 그리고 계층과 교육의 관계에 초점을 두어 왔다. 이러한 교육사회학의 탐구 관점을 구체적으로 살펴보기로 한다.

### 1) 계층과 교육: 교육을 통한 평등실현

교육사회학은 계층과 교육의 관계를 탐구하는 데 많은 노력을 기울여 왔다. 전통적으로 교육은 사회적 지위상승의 수단으로 간주되어 왔기 때문에 고학력은 곧 출세를 보장한다고 믿었고, 그에 따른 학력경쟁이 치열하게 전개되었다. 이에 따라 교육의 평등이 곧 사회적 평등을 실현하는 길이라는 인식이 지배했다고 말할 수 있다. 그런 이유로 교육사회학은 오랜 기간 동안 교육을 통한 계층이동의 가능성에 많은 관심을 기울여 왔다. 이러한 관심은 교육이 계층이동을 가능케 한다는 '평등화론', 오히려 교육이 기존의 불평등한 계층질서를 재생산해 낸다는 '불평등 재생산론', 그리고 교육과 계층이동은 무관하다는 '무관론' 등으로 나타났다.

평등화론은 기능론과 밀접히 관련되어 있다. 평등화론에 따르면 교육은 사회불평등을 해소할 수 있는 수단이기 때문에, 교육을 통해 적절한 인재를 양성하고 능력에 따라 선발하여 사회적 상승이동을 촉진시킴으로써 평등화에 이바지할 수 있다고 주장한다. 기능이론은 현대 산업사회를 합리적인 사회라고 규정하고, 우열의 존재, 즉 능력의 차이는 당연하며, 이러한 차이에 의한 차별적 보상은 당연하다고 보았다. 기능론자들은 사회 불평등은 제도적 결함이 아니고 개인적인 능력의 문제라고 보았다.

불평등 재생산론은 갈등이론과 관련되어 있다. 갈등이론에 따르면 사회적 불평등은 자연적 현상이 아니라 사회구조적인 모순의 산물이며 자본주의 경제체제의 필연적 결과이다. 사회불평등은 모순적 자본주의의 계급구조에서 비롯된 것이기 때문에 점진적 개혁만으로는 불평등을 극복할 수 없으므로 체제변혁이 필요하다고 주장했다. 따라서 체제변혁이 없다면 교육은 지배층의 이익만을 위해 작용하기 때문에 오히려 불평등을 강화시키는 역할만을 한다고 주장한다.

무관론은 기본적으로 '교육은 사회평등이나 불평등과는 무관하다'라는 입장을 취한다. 또한 사회이동도 교육과는 무관하다고 본다. 버그(I. Berg)는 교육수준이 개인의 직업생산성에 영향을 준다는 근거를 찾을 수 없다고 하였고, 캠벨(R.Cambell)은 학교 내에서 이루어지는 교육선발의 정확한 과정을 알아낼 수 없기 때문에 교육과 평등 간의 연관성을 찾기가 어렵다고 주장하였다.

## 2) 국가와 교육: 권력과 교육의 자율성

국가는 교육기관을 설립하고 운영하는 주체일 뿐만 아니라 법과 제도를 통해서 국·공립은 물론 사립 교육기관에까지 통제력을 행사하는 강력한 존재이다. 그러한 측면에서 국가와 교육의 관계는 통제와 권력으로부터의 자율성 문제로 요약된다. 자율성이란 공권력이나 사적 집단의 부당한 강압이나 유혹에서 벗어나 자신의 의지에 따라 생각하고 행동하는 것을 의미한다. 국가와 교육의 관계에서 자율성이란 국가의 부당한 간섭에서 벗어나 교육이 구성원들의 의지에 의하여 이루어지는 것을 의미한다.

한국사회에서 국가와 교육의 관계는 통제와 투쟁의 관계로 정의될 수 있다. 권위주의 국가는 교육을 통치이데올로기의 재생산을 위한 도구로 활용해 왔고, 이에 저항하는 교육주체와 시민사회의 투쟁이 지속되어 왔다. 이러한 의미에서 한국 사회에서 교육의 자율성은 곧 민주화를 의미한다고 해도 틀린 말은 아닐 것이다. 교육민주화란 국가에 의한 왜곡된 교육통제에서 벗어나는 과정이다. 교육민주화는 국가가 독점해 온 교육에 관한 권력을 축소시키면서 각 단위조직과 구성원들이 교육주권자로서의 권리를 확보하기 위한 운동과 투쟁이었다.

교육의 지배구조는 한쪽 끝에 국가 또는 중앙 정부가 위치해 있고 다른 끝에 학습자가 위치해 있으며, 그 사이에 교육청, 학교, 교사, 학부모 등이 자리잡고 있다. 따라서 교육의 자율성에 대한 요구는 교육정책의 결정에서부터 교육과정, 학교행정, 학급운영 등 다양한 영역에서 지배구조의 분권화에 대한 요구로 나타났다. 즉, 국가에 집중되어 있던 교육에 대한 통제권을 분산시키는 데 관심을 둔 것이다. 이는 지방교육 자치와 학교의 자율성 요구, 대학의 자율성 요구, 교사의 교육권 요구, 학부모의 교육 참정권 요구, 학생의 학습권 요구 등에 대한 관심으로 표출되었다.

## 3) 경제와 교육: 교육의 시장화

경제와 교육의 관계는 경제성장과 교육의 관계에 대한 탐구에서 시작되었다. 발전교육론의 관점에서 시작된 경제와 교육의 관계에 대한 논의는, 갈등이론의 등장과 함께, 교육이 자본주의적 생산관계를 재생산한다는 비판적 관점으로 확대되었다. 그리고 이는 신자유주의의 확산과 함께 교육의 시장화에 대한 관심으로 이어졌다.

근대적 교육제도의 탄생은 자본주의 사회의 성장과 일맥상통한다. 따라서 경제와 교육의 관계에 대한 관심은 교육이 경제성장에 기여하는가에 있었다. 교육이 곧 생산성의 향상을 가져오는 도구라는 믿음은 교육을 많이 받을수록 생선성이 높아지고, 학교교육이 경제성장을 가져온다는 것을 의미한다. 이러한 인적자본론(human capital theory)에 물음을 제기한 것이 마르크스주의였다. 마르크스주의자들은 인적자본론자들이 주장하는 것처럼 학교교육이 생산성을 높인다기보다는 자본주의 사회가 요구하는 인성 특성들을 교육의 과정에서 학생들에게 세뇌시킴으로써 자본주의 체제를 유지하는 데 기여한다고 비판하였다.

　경제와 교육의 관계를 학교교육을 중심으로 설명하는 논의에 대해서 변화를 불러일으킨 계기는 신자유주의 교육론의 등장이다. 그것은 교육의 시장화(educational privatization) 논의로 전개되었다. 교육의 시장화 논리에 따르면 교육도 시장과 마찬가지로 자유시장경쟁의 원리를 도입해야 한다는 것이다. 교육의 시장화를 주장하는 사람들은 지금까지 교육이 실패한 이유는 시장논리에 따르지 않고 정부가 주도적으로 운영하였기 때문이며, 그 결과 학교교육은 실패했다는 것이다. 따라서 학교교육에 시장의 원리를 도입하고 '교육 서비스'라는 개념을 도입하여 이를 민간에 개방하자는 주장이 나타났다. 하이에크(F. A. Hayek)와 프리드먼(M.Friedman) 등은 교육이 자유경쟁의 시장원리를 따를 때 교육소비자들의 권익이 가장 잘 보장받을 수 있다고 주장한다. 또한 처브(E. Chubb)와 모(T. M. Moe)는 소비자의 선택권만이 교육소비자의 권익을 최대한 보장할 수 있으며, 교육에 대한 통제방식을 탈정치화시킬 수 있다고 주장한다.

　교육의 시장화를 옹호하는 사람들은 국·공립학교의 민영화, 학교체제의 다양화, 기여입학제, 학부모선택권 보장 등과 같은 제도를 도입하여 교육의 경쟁력을 강화할 것을 주장하였다. 이에 반대하여 교육의 공공성을 강화하고 교육복지시스템을 구축해야 한다는 주장이 나타났다.

## 4. 교육사회학의 탐구 주제

교육사회학은 다양한 교육문제에 대해 관심을 갖고 탐구활동을 전개해 왔다. 지금까지 교육사회학이 관심을 갖고 탐구해 왔던 주요 분야를 살펴보면 다음과 같다.

### 1) 교육제도

교육제도는 사회화 및 선발이라는 교육의 사회적 기능을 구현하기 위한 장치다. 교육사회학은 상반된 교육관을 기반으로 삼아 교육제도에 대한 탐구를 전개해 왔다. 선발적 교육관과 발달적 교육관이 바로 그런 것이다.

첫째, 선발적 교육관은 엘리트주의 교육관이라고 할 수 있다. 이에 따르면 사람들이 원한다고 해서 모두 다 교육의 혜택을 누릴수 없기 때문에 소수의 선택된 사람만 교육을 받아야 한다는 것이다. 사람들은 각기 다른 능력을 갖고 태어나므로 그에 적합한 교육을 시키는 것이 옳다고 생각한다. 모든 사람이 엘리트일 수는 없으며, 모든 사람을 대상으로 똑같은 교육을 실시하는 것은 자원의 낭비이고 비효율이기 때문에 선발이 필요하다고 주장한다. 선발을 통하여 각기 자기의 능력에 맞는 교육을 실시해야 한다는 뜻이다.

둘째, 발달적 교육관은 평등주의 교육관이라고 할 수 있다. 이는 선발적 교육관과는 반대의 입장을 취한다. 발달적 교육관에 따르면 타고난 영재나 엘리트란 존재하지 않는다. 인간은 태어날 때는 이미 조건과 능력이 동일하지 않다. 외적 요인 때문에 교육 불평등이 발생하고, 그로 인해 사회적 불평등이 재생산되는 것은 부당하다고 주장한다. 소수를 위한 교육이나 효율성을 따르기보다는 모두를 위한 평등교육을 해야 한다고 주장한다. 어쩔 수 없이 선발이 이루어져야 한다면 그것은 최소화하거나 가능하면 늦추는 것이 좋다는 입장이다.

이처럼 두 가지 상반되는 입장을 바탕으로 삼아 교육사회학에서는 근대적 학교제도의 성립, 의무교육제도의 도입, 학제, 학교체제의 다양화, 학력인플레이션과 학벌주의, 학교서열화 등의 문제를 탐구해 왔다.

## 2) 교육과정

해석론적 관점은 학교에서 가르치고 있는 교육내용의 구성과 체제에 많은 관심을 기울이게 만들었다. 이러한 관심은 '교육과정의 사회학'이라는 형태로 나타났다. 이것은 전통적 교육사회학에서 블랙박스로 남겨 두었던 학교교육의 내적 과정에 관심을 돌렸다. 이것은 학교에서 중시되는 지식은 무엇이며, 교육의 내적 과정이 어떠한 것인가를 탐구한다. 학교에서 다루는 교육과정은 사회적 산물이며, 지배계급의 이데올로기를 담고 있다는 관점에서 탐구하였다.

교육과정 사회학자들은 교육과정이 보편적이고 객관적인 것이라고 간주하는 기능주의 교육과정관을 가리켜서 지배이데올로기라고 비판한다. 번스타인(B. Bernstein)은 교육과정의 조직원리가 사회질서의 기본원리를 반영하고 있고, 학생들에게 그 원리를 내면화시킨다고 주장한다. 그는 분류(classification)와 구조화(framing)라는 두 가지 개념을 사용해서 교육과정의 형성과 사회적 지배원리의 관계를 연구하였고, 이를 통해 한 사회 안에서 지배가 전수되는 기제를 밝히고자 했다. '분류'란 과목 간, 전공분야 간, 학과 간의 구분을 말한다. 학과 간의 경계가 어느 정도 엄격하느냐의 여부가 그 기준이 된다. 또한 '구조화'란 과목 또는 학과 내 조직의 문제로, 가르칠 내용과 가르치지 않을 내용의 구분이 뚜렷한 정도, 계열성의 엄격성 정도 등과 같이 교사와 학생이 소유하고 있는 통제력의 정도를 가리킨다. 구조화가 철저하면 교사나 학생의 요구를 반영하기가 어렵고, 반대로 구조화가 느슨하면 그들의 요구를 반영시키기가 용이하다.

　이를 기초로 번스타인은 교육과정의 유형을 '집합형'과 '통합형'으로 구분하였다. '집합형' 교육과정은 강한 분류, 강한 구조화를 보이는 것으로 학생과 교사가 어느 분야에 속해 있는지 분명하며 소속학과에 대한 충성심이 요구된다. 이러한 교육과정 안에서 인간관계는 횡적 관계보다 종적 관계가 훨씬 중요하며, 상하 간 위계질서는 뚜렷하고 엄격하다. 또한 교육과정에서 학생들이 자유롭게 선택하고 결정할 수 있는 여유가 거의 없다. '통합형' 교육과정은 약한 분류, 강한 구조화 또는 약한 분류, 약한 구조화의 특성을 갖는다. 이 유형에서는 과목 및 학과 간 구분이 뚜렷하지 않아 횡적 교류가 많아진다. 대체로 여러 개의 과목이 어떤 상위 개념이나 원칙에 따라 큰 덩어리로 조직된다. 인간관계에서는 횡적인 관계가 강화되고 중시된다. 교사와 학생들의 재량권이 늘어난다.

　이러한 관심을 바탕으로 교육사회학은 교육내용의 사회적 성격, 교육과정의 선정 및 조직화 과정, 교사의 기대나 낙인의 효과, 학교에서 교사와 학생의 상호작용을 비롯한 '수업의 사회학'에 대한 연구를 수행해 왔다.

## 3) 교육평가와 시험

　사회화 과정을 거치는 학생을 선발하고 배치하는 과정에서 평가나 시험은 핵심적인 기능을 수행한다. 의식적이든 무의식적이든 평가는 학교의 교육내용이 무엇이며, 수업방법이 어떠해야 할 것인지가 정해지는 데 막강한 영향력을 행사한다. 즉, 교육평가는 사회적 선발의 도구일 뿐 아니라 학교에서 가르쳐지는 지식이 무엇인가를 결정하는 준거로 작용하는 것이다. 그러한 맥락에서 교육평가는 지배집단 문화의 합법화 수단, 그리고 사회통제 및 복종화의 수단으로 파악되기도 한다. 시험은 이러한 평가의 구체적인 형태로 나타난다.

부르디외는 의미의 규정과 표현방식이 학교의 시험을 통해서 학생들에게
강요됨으로써 시험은 지배문화와 지배집단의 가치관을 주입시키는 데 가장
효과적인 도구라고 보았다. 마르크스(K. Marx)는 '시험은 지식에 대한 관료적
세례행위'라고 말했다. 결국 시험은 교육적 지식의 성격을 규정하는 강력한
힘을 갖고 있다는 것이다. 이와 관련하여 교육사회학에서는 시험의 사회문
화적 기능을 탐구하는 데 많은 관심을 기울여 왔다. 시험의 사회문화적 기능
은 사회적 선발, 지식의 공식화와 위계화, 사회통제, 사회질서의 정당화와 재
생산, 문화의 형성과 변화 등으로 말할 수 있다.

이러한 관심은 대학입학시험, 고입선발고사, 국가 수준의 학력평가, 표준
화검사, 학교시험, 각종 자격시험, 국가고시 등의 사회적 기능에 대한 연구,
시험과 권력에 대한 연구 등으로 이어졌다.

## 4) 교육격차

평등에 대한 연구는 교육기회의 격차에 대한 논의에서 시작하였고, 학업성
취도의 격차에 대한 관심으로 확장되어 왔다. 교육기회의 분배는 사회적 지
위의 획득과 밀접한 관련이 있기 때문에 학업성취도의 격차는 사회적 평등을
실현하기 위해 해소되어야 할 문제로 간주되어 왔다. 따라서 교육사회학은
학업성취도의 격차가 어떻게 결정되는가를 이해하는 데 많은 관심을 기울여
왔으며, 이 과정에서 다양한 형태의 교육격차에 대한 연구가 촉진되었다.

교육격차의 원인을 파악하는 과정에서 기능이론, 갈등이론, 상징적 상호
작용이론은 각각 차이를 보여 준다. 기능이론은 초기에는 유전론에 근거하
여 타고난 지적 능력의 차이를 강조했으나, 점차 환경론에 입각하여 문화적
환경과 그로 인한 인지능력, 언어능력의 결손 등에 관심을 기울였다. 반면, 갈
등이론은 문화적 재생산론의 관점에서 교육격차를 파악한다. 교육내용이 상
류계층인 자본가 계급의 문화로 구성되어 있기 때문에, 이에 익숙치 않은 하

류계층의 아동들의 학업성취 결손이 초래된다는 것이다. 이와 달리 상징적 상호작용이론에서는 교사의 기대효과와 낙인, 그리고 교사와 학생의 상호작용으로 인한 수업의 분위기가 학업성취에 영향을 미친다고 파악한다.

교육사회학에서 이러한 논의들은 학업성취의 격차를 유발하는 다양한 요인을 탐색하는 연구로 이어졌다. 특히 사회자본, 문화자본, 경제자본 등의 차이가 학업성취도에 미치는 영향을 분석하는 연구가 많이 나타났으며, 이러한 교육격차가 지역, 성, 학교유형 등에 따라 어떻게 나타나는가에 대해서 관심이 집중되었다.

## 5) 학교문화

학교문화에 대한 관심은 해석론적 교육사회학의 영향이라고 말할 수 있다. 학교문화는 '학교의 구성원들이 공유하고 있는 생활양식의 총체'라고 정의할 수 있다. 학교문화 연구자들은 학교현상을 연구하기 위해 다양하고 풍부한 문화개념을 사용하였다. 관념론적 입장에서 학교문화를 정의한다면 '학교구성원이 공유하고 있는 그들의 삶과 행동을 이끌어 가는 지각체계 내지는 인지방식'으로 정의하거나, '학교구성원이 공유하는 규범, 가치, 신념, 의식, 관습, 전통, 그리고 습성을 포함하는 역사적으로 전수된 의미의 유형'이라고 정의할 수 있다.

학교문화에 대한 연구는 학교현상을 이해하는 데 그리고 학교현상을 개선하는 데 도움을 준다. 학교문화에 대한 연구는 여러 관점에서 접근되어 왔다. 첫째, 학교문화는 하나의 조직으로서 학교가 공유하고 있는 문화인 '일반문화', 학교구성원들이 만들어 내는 독특한 문화인 '특수문화', 학교문화를 구성원들이 지각하는 방식에 따른 '지각된 문화' 등으로 구분하여 연구되었다. 둘째, 학교의 내부 문화 자체를 규명하는 데 초점을 둔 연구, 학교문화와 학교를 둘러싼 사회문화적 환경과의 상호관계를 규명하는 데 관심을 둔 연구로 구분하여 연구되었다. 셋째, 학교문화를 바라보는 관점의 차이에 따라 학교문화를 학교 내의 구성원 모두에게 스며들어 영향을 미치는 총체적 실체로 간주하는 연구, 학교문화를 여러 부문 문화의 집합으로 접근하는 연구로 구분할 수 있다. 특히 후자의 경우 소수의 성인집단과 다수의 학생집단으로 구성되어 있는 학교사회 안에는 제각기 다른 준거를 가진 여러 하위문화, 예컨대 학생문화, 교직문화, 학부모문화 등이 존재하며, 학교문화는 이들 하위문화의 복합으로 구성된 문화라는 관점에서 접근하는 연구다.

그동안 교육사회학에서는 교사문화, 학생문화, 학부모문화, 교육과정문화, 교실문화 등을 이해함으로써 이들이 교육실천에 부여하는 의미를 탐구하기 위하여 많은 연구가 나타났다.

## 6) 교육민주화운동

교육의 민주화는 다양한 의미를 갖고 있다. 그것은 교육내용의 민주화 · 교육내용 재구성과정의 민주화 · 교육방법의 민주화를 내용으로 하는 민주주의를 위한 교육을 의미하기도 하고, 교육기회의 민주적 배분을 의미하기도 하며, 거시적 차원에서의 국가의 교육통제권의 분산과 미시적 차원에서의 단위학교의 민주적 운영을 내용으로 하는 교육제도의 민주적 통제 등을 가르키기도 한다.

국가는 국가형성 또는 통일된 국민의식의 확보 및 정당화와 관련하여 교육이 수행하는 역할 때문에 교육제도 운영에 대하여 우월적인 통제권을 행사하려고 든다. 개인들도 역시 교육이 개인의 삶의 질과 방향을 결정짓는 데 크나큰 역할을 하기 때문에 교육의 조직과 운영에 대하여 여러 가지 방식으로 영향력을 미치려고 든다. 따라서 국가와 개인은 서로 교육에 대한 통제권을 놓고 갈등을 일으킬 수 있다. 실천적인 측면에서 교육민주화가 가장 구체화되는 곳이 바로 학교이다. 학교는 교육활동이 가장 조직적으로 체계적으로 이루어지는 곳으로서 교육활동의 기본단위이다. 학교는 학교행정가, 교사, 학부모, 학생 등이 각축하는 장이며, 학교의 운영과 관련하여 다양한 이해관계가 갈등하는 곳이다. 이러한 갈등의 과정에서 개인들은 독자적으로는 자신의 영향력을 행사하기 어렵기 때문에 다양한 방식으로 세력화를 추구하게 된다. 그들은 공식 · 비공식단체를 결성하여 국가의 영향력을 축소하고 자신의 영향력을 확대하려고 노력을 기울인다. 교직단체, 학부모단체, 학생단체를 비롯한 다양한 유형의 시민사회단체가 나타난다.

그동안 교육사회학에서는 이러한 관심을 교육운동이라는 맥락에서 접근해 왔다. 교사의 교육운동, 학생운동, 그리고 학부모 운동, 시민운동 등의 맥락에서 교육 관련 단체의 역할과 기능, 조직, 활동 등을 사회학적으로 연구해 왔다.

## 5. 평생교육: 교육주의의 붕괴와 학습사회의 성장

산업자본주의 시대에 공장제 기계공업이 발달하였다. 산업사회에서는 대량생산의 이데올로기에 바탕을 둔 학교라는 교육기관을 탄생시켰다. 그러나 탈산업사회의 도래와 포스트포드주의적 생산양식의 도입으로 인하여 학교는 또 다시 변화하지 않을 수 없었다. 새로운 환경은 거대공룡과 같았던 학교조직을 조금씩 해체, 재구조화해 왔다. 학교의 영향력은 약화되고 있으며, 그 자리에서 홈스쿨링, 대안학교, 가상대학, 학점은행제 등이 영향력을 확장해 가고 있다. 이러한 변화가 의미하는 것은 전통적인 학교교육만으로는 구성원들이 사회에 적응하기가 불가능해졌다는 점이다. 교육은 특정 시기나 장소에 국한되어 이루어지는 것이 아니므로 평생교육시대가 도래하였다.

평생교육이라는 용어의 원어는 프랑스어의 'L'education permanente'이다. 이를 영구교육, 항구교육이라고 번역할 수 있다. 그러나 영어로 'lifelong education'이라고 번역한 후부터 우리나라에서는 평생교육으로 사용되고 있다. 평생교육이란 글자 그대로 평생에 걸친 교육과 학습을 의미한다. 물론 그 개념 정의는 학자에 따라 다양하게 이루어지고 있다.

평생교육론을 최초로 주장한 랭그랑(P. Lengrand)은 평생교육을 개인의 출생에서 시작하여 죽을 때까지 계속되는 모든 교육을 통합시키는 원리로 파악하였다. 그는 한 개인의 교육은 학교라는 형식적 기관에 들어설 때 시작되고 또 그곳을 떠나면서 끝나는 것이 아니라 일생을 통해 계속되어야 하는 것임을 지적하였다. 교육이란 학교에서만 이루어지는 것이 아니라 삶의 모든 과정에서 이루어지는 것임을 강조하였다. 그는 "사람이 태어나서 죽을 때까지 계속되는 교육의 과정은 통합적인 구조가 필요하며 그 원리는 '평생교육'이고 그것을 위해 수직적 차원과 수평적 차원에서 교육이 통합되어야 한다"고 제안하였다. 여기서 수직적 차원의 통합이란 사람의 삶의 과정에서 끊임없이 계속되는 교육, 즉 유아기, 유년기, 소년기, 청년기, 성인기, 노년기 등 인간의 발달단계상에서 교육이 연속적으로 이루어져야 함을 가리키는 것이다. 수평적 차원의 통합이란 공간을 달리하여 이루어지는 여러 가지 교육기관, 즉 가정과 학교와 사회에서 이루어지는 가정교육, 학교교육, 사회교육 등이 서로 긴밀하게 연관되어 유기적인 교육이 되어야 함을 의미한다.

## 1) 대두 배경과 특성

평생교육이 등장하게 된 배경으로는 사회의 변화를 들 수 있다. 실제로 평생교육은 지식과 기술의 폭발적인 증가로 기존의 학교교육만으로는 이에 대한 수요를 충족시키는 것이 불가능해졌다는 사실과 관련이 깊다. 이를 시카고 대학교 총장을 지낸 허친스(R. M. Hutchins)의 예견을 통해 살펴보기로 한다.

허친스(1968)는 "미래 사회는 과학적 지식·기술 등이 지금보다 훨씬 빠른 속도로 변화할 것이므로 모든 사람이 사회의 급속한 변화에 적응하기 위해서는 끊임없이 학습할 것이 요구된다"고 주장한 바 있다. 그의 주장처럼 지식과 기술의 빠른 변화는 두 가지 측면에서 기존의 학교중심의 교육에 문제를 제기한다. 하나는 교육내용의 양적 증가를 의미하며, 다른 하나는 학교교육을 통해 습득한 지식의 수명 단축을 의미한다. 학습해야 할 내용이 많을 뿐만 아니라 학습한 내용의 생명력도 짧기 때문에 학교교육의 유효기간은 짧아진다. 따라서 일정 기간의 학교교육만 받고 나면 죽을 때까지 추가적인 교육을 받을 필요가 없이 살았던 시대는 더 이상 존재하지 않는다. 사회 변화에 적응하기 위해서는 지속적인 교육을 받지 않으면 안된다는 것이다.

허친스에 따르면 과학 발전과 경제 성장은 인간의 삶의 질에 변화를 일으킨다. 즉, 과학의 발전과 경제성장으로 인간은 노동에서 해방되어 증가된 여가시간을 향유하게 될 것이다. 따라서 특정계급만 향유하였던 여가시간을 미래에는 모든 사람이 향유할 수 있게 됨으로써 이를 위한 계속 교육의 요청에 부응하지 않을 수 없게 되었다. 즉, 증대된 여가시간의 활용은 새로운 학습을 요구할 것이며, 이는 결국 미래사회가 학습사회로 나아간다는 뜻이다.

그뿐만 아니라 평생교육이 등장하게 된 배경에는 성인의 학습권 보장이라는 인권적 의미도 포함되어 있다. 실제로 평생교육은 정규교육을 받을 수 없었던 성인, 생계를 이유로 학습의 기회를 누리지 못하는 성인에게 교육의 기회를 제공한다라는 교육의 기회균등이라는 이념과도 밀접히 관련되어 있다.

이러한 상황에서 나타난 평생교육의 특성을 정리해 보면 다음과 같다.

첫째, 평생교육은 개인적 차원 및 사회 공동체 차원에서 인간의 삶의 질의 향상을 목적으로 한다.

둘째, 평생교육은 태아에서 무덤에 이르기까지 한 개인의 생존기간 전체에 걸쳐서 이루어지는 교육을 수직적으로 통합한 것이다.

셋째, 평생교육은 모든 기관(학교, 직장, 대중매체, 도서관, 자원단체 등)과 모든 장소(학교, 가정, 사회, 직장 등)에서 이루어지는 교육을 수평적으로 통합한 것이다.

넷째, 평생교육은 계획적인 학습과 우발적인 학습을 모두 포함한다.

다섯째, 평생교육에서는 국민 전체의 평생에 걸친 교육기회의 균등화 및 확대에 노력한다.

여섯째, 평생교육에서는 발달과업의 학습을 중시한다.

일곱째, 평생교육에서는 일반교양교육과 전문교육 간의 조화와 균형을 유지하도록 노력한다.

여덟째, 평생교육에서는 학교가 교육을 독점하는 것을 인정하지 않으며 학교교육이 지니는 의미를 평생교육의 관점에서 찾으려 한다.

아홉째, 평생교육에서는 사회를 교육적인 환경으로 만들기 위해 노력한다.

열째, 평생교육은 교육의 형태, 내용, 방법을 다양화하고 융통성을 부여하여 개인 및 사회의 필요에 대처하는 동시에 누구나 쉽게 접근할 수 있게 한다.

## 2) 평생학습: 교육에서 학습으로

1960년대 등장한 평생교육이라는 용어는 1990년대 후반부터 평생학습이라는 용어로 대체되기 시작하였다. OECD는 1990년대로 넘어가면서 '정규교육시스템의 유연화'로서 순환교육이라는 용어를 내세우는데, 1996년 「Lifelong Learning for All」이라는 문건을 통해서 평생학습이라는 용어가 전면에 등장한다(한숭희, 2003).

평생학습이라는 개념은 학습사회와 밀접히 관련되어 있다. 학습사회라는 용어는 1979년 일본의 중앙교육심의회의에서 채택된 개념이다. 평생학습은 평생에 걸친 인간의 여러 가지 학습활동의 총칭이고, 평생교육은 평생에 걸친 학습을 지원하는 것을 의미한다. 평생에 걸쳐 학습할 기회를 제도적으로 마련한다는 생각은 최근의 발상이다. 평생교육론이 문제로 삼는 학교교육은 근대국가의 산물이기 때문에 평생학습론은 근대학교의 발상을 학습자 중심의 발상으로 전환시키는 것을 목적으로 삼는다.

평생학습은 교육에의 새로운 패러다임의 등장을 의미하는 것이다. 즉, 교육제공자에 의해서 강요되는 교육이라는 개념에서 개인화된 학습으로의 전환을 의미한다. 평생학습은 개별화 과정의 일부인 것이다. 다시 말해서 개인의 학습경험이 점차 강조됨으로써 교육공급자의 책임은 감소되는 것이다.

학습은 우리의 인지과정 전체에 나타난다. '알게 된다'는 말은 결국 보고 듣고 만지고 느끼고 냄새 맡는 등의 지각이 학습에 의해 경험으로 축적되는 과정을 가리킨다. 콜브(Kolb)는 학습이란 지식이 생산되는 과정임과 동시에 그로 인하여 경험의 변화가 일어나는 과정이라고 설명한다. 이처럼 학습이 경험을 변화시키는 과정을 가리킨다면, 평생학습이란 학습자 입장에서 볼 때 모든 경험의 변화가 내적으로 통일성과 전일성(holisticity)을 획득하는 전 생애적 과정이라고 볼 수 있다.

한숭희는 이러한 경험을 다음과 같이 구분한다. 일회적이고 우연적인 경험의 변화는 우연학습(incidental learning)이고, 형식적인 체계성 없이 이루어지는 학습은 무형식학습(informal learning)이고, 학교 등과 같이 공식적인 교육기관에서 이루어지는 학습은 형식학습(formal learning)이다. 또한 개인 단위에서 일어난 학습은 개인학습(individual learning)이고, 조직이나 집단에서 일어나는 체계적 학습은 조직학습(organizational learning)이다. 집단 전체의 최우선 가치를 학습에 두고 그 촉진을 도모하는 집단은 학습조직(learning organization) 혹은 학습공동체(learning community)이고, 그 범위를 넓혀서 도시 전체를 학습 촉진을 위해 계획하고 관리하는 곳은 학습도시(learning city)라고 말한다.

평생학습이라는 개념은 사적인 행위로서의 학습이라는 의미에서 출발한다. 즉, 학습이 사적 행위라는 말은 학습이 개인적인 차원의 행위이며, 학습에 대한 결정권이 개인에게 있다는 것을 의미한다. 또한 학습수행자의 입장에서 볼 때 학습은 통일된 하나의 경험을 구성해 가는 과정이며, 그 경험은 다름 아닌 자신만의 고유한 경험이다. 이러한 사적 경험의 과정에서 가장 중요한 것이 바로 자기주도성이다. 학습자는 다양한 경험을 겪게 되며, 이 경험의 과정에서 다양한 경험을 취사선택하기도 하며, 모순되거나 갈등하는 경험들을 재구성해 가는 과정에서 주도성을 발휘함으로써 자신만의 학습 세계를 구축해 가는 것이다.

평생교육은 교육자중심이며, 조직적–구조적인 특성을 갖고 있으며, 강요를 특징으로 하는 것인 데 비해, 평생학습은 학습자중심을 표방하며, 우발적 · 무형식적 학습을 강조하며, 필요에 따라 자기에게 적합한 수단과 방법을 선택하는 경향을 갖는다. 평생학습이라는 개념은 우리로 하여금 학교중심의 사고에서 벗어나 새로운 사고로 전환할 것을 요구한다. 교육이 학습으로 대체된 의미는 매우 크다. 이는 사실 그동안 우리 교육을 떠받치고 있던 교육주의가 학습주의로 대체된다는 것을 의미한다. 교육이란 학습을 전제로 한다. 실제로 학습이 일어나지 않으면 교육은 의미가 없는 것이다. 그런데 그동안 우리는 교육의 효과가 장기적이고 측정하기 어렵다는 이유를 내세우면서 학습의 측면을 소홀히 해 왔던 것이 사실이다. 이처럼 학습을 고려하지 않은 교육주의가 지탱해 왔던 원인으로는 가르치는 자의 선의와 권력의 비대칭적 관계, 공동체 이데올로기, 성인을 표준으로 삼는 발달이데올로기, 강제된 동기유발 등을 지적할 수 있다.

## 3) 평생교육의 확장

학교교육의 한계를 보완하고 성인에게 학습의 기회를 제공한다는 의도에서 출발했던 평생교육은, 앞에서 살펴본 바와 같이, 점차 학교교육을 넘어서 교육의 중심축으로 확장되고 있다. 이와 관련된 몇 가지 제도를 살펴보기로 한다.

### (1) 평생학습도시

평생학습도시(Lifelong Learning City)는 학습도시라는 개념에서 출발한 것이다. 학습도시는 개인의 성장을 촉진하고 사회통합을 유지하며 번영을 도모하기 위해 시민 모두의 잠재력을 풍부히 개발하도록 자체의 모든 자원을 동원하는 도시, 마을, 지역을 의미한다. 따라서 평생학습도시는 개인의 자아실현, 사회적 통합증진, 경제적 경쟁력 제고를 통해 개인의 삶의 질을 제고하고 도시 전체의 경쟁력을 향상시킬 수 있도록 시간과 장소에 얽매이지 않고, 누구든지 원하는 학습을 즐길 수 있는 학습공동체 건설을 도모하는 총체적 도시재구조화운동이라고 할 수 있다.

유럽에서 시작된 평생학습도시운동은 우리나라에서는 2001년부터 정부주도의 평생학습도시조성사업으로 추진되었다. 평생학습도시사업은 시 · 군 · 구 등 기초 지자체 단위의 주민 평생학습지원시스템으로서, 지역사회 내의 다양한 교육기관과 주민의 학습활동에 이용할 수 있는 다양한 인적 · 물적 자원을 동원하여 주민의 학습활동을 지원하여 개인과 지역사회의 문화적 · 경제적 · 정치적 능력을 향상시켜 지역사회의 발전을 도모하는 사업이다.

### (2) 학점은행제

학점은행제(Academic Credit Bank System)는 평생학습체제 실현을 위한 제도적 기반이다. 학교교육은 물론 다양한 사회교육의 학습결과를 사회적으로 공정하게 평가 · 인정하고 이런 교육의 결과를 학교교육과 사회교육 간에 상호 인정하며, 이들이 상호유기적으로 연계를 맺도록 함으로써 개개인의 학습력을 극대화하는 것을 목적으로 하는 제도로서, 1998년 3월부터 시행되었다.

「학점인정 등에 관한 법률」에 따라 학교에서뿐만 아니라 학교 밖에서 이루어지는 다양한 형태의 학습과 자격을 학점으로 인정하고, 학점이 누적되어 일정 기준을 충족하면 학위취득이 가능하게 되었다. 학점은행제는 평생교육의 이념을 구현하고 개인의 자아실현과 국가사회의 발전에 이바지하도록 마련한 제도이다. 학점의 취득은 독학사과정, 시간제등록, 학점인정대상학교, 평가인정학습과목이수, 자격증취득, 중요무형문화재 등을 통해서 가능하다.

이 제도는 본격적인 성인교육 및 평생교육시대의 개막과 함께 이미 시행된 시간제 등록제, 독학사제도, 민간자격능력 인증제 등의 제도를 하나로 이어 주는 기본 골격이다. 이 제도를 통해 취득한 학사 또는 전문학사 학위는「고등교육법」의 규정에 따라 대학교와 전문대학에서 수여하는 학위와 법적으로 동등한 효력을 지닌다.

## (3) 학습계좌제

학습계좌제도(Lifelong Learning Account)는 국민의 다양한 평생학습 결과를 체계적으로 누적 및 관리하여, 이를 학력 인정이나 고용과 연계할 수 있게 하는 학습결과의 사회적 인정 및 활용 체제로서 2009년에 도입된 제도이다. 「평생교육법」에 근거한 이 제도는 국민 개개인의 평생학습 결과를 국가가 체계적으로 관리하고 인센티브를 제공함으로써 평생학습을 활성화하기 위해 도입된 것이다.

평생학습계좌제는 개인이 학습이력을 등록 · 누적할 수 있는 학습이력관리시스템을 중심으로 운영된다. 이 시스템에는 학교교육뿐만 아니라 비형식, 무형식교육을 포함한 다양한 평생교육프로그램(학습과정) 이수결과를 등록할 수 있다. 학습이력 관리를 희망하는 개인은 계좌제 시스템에 접속해 자신만의 학습계좌를 개설할 수 있으며, 자신이 취득한 학위 및 다양한 교육기관에서 이수한 학습결과를 누적하여 등록하면 학습이력 증명서를 발급받을 수 있고 경력관리의 수단으로 활용할 수 있다. 이 과정에서 질적 수준을 유지하기 위해 사전에 교육부 장관의 평가인정을 받은 학습 프로그램에 한해서 평생학습계좌에 등록할 수 있다.

### (4) 무크

오늘날 누구나 손쉽게 콘텐츠를 만들어 배포할 수 있고 누구나 자유롭게 그 콘텐츠에 접근할 수 있다. 이러한 온라인 기술 환경, 그리고 개방과 공유라는 온라인의 철학이 교육과 결합되면서 여러 가지 의미 있는 실험이 나타나기 시작했다. 대표적인 것이 무크(Massive Open Online Course: MOOC)라고 할 수 있다. 이는 온라인 공개강좌 플랫폼이다. 대학과 전문 교육기관의 강의를 온라인에 무료로 공개해서 전 세계적으로 누구나 집에서 교육을 받을 수 있도록 도와주는 것이다. 2000년대 초반 인터넷 보급과 함께 탄생한 무크는 지식의 공유라는 명분을 앞세워 빠르게 성장했다. 탄생 초기에는 참여 대학이 없어 별로 주목받지 못했지만, 하버드, 스탠퍼드, MIT 등 명문대학들이 참여하면서 교육혁명의 핵심으로 주목받았다.

다양한 대학을 엮어 서비스하는 무크 플랫폼의 등장은 시장을 더욱 확장시켰다. 대표 주자는 미국으로 스탠퍼드대와 예일대 등 114개 기관이 강좌를 운영하는 Coursera, 하버드대와 MIT 등 64개 대학이 참여하는 edX, 스탠퍼드대와 조지아공대 등 12개 기관의 컴퓨터공학 분야 강좌를 운영하는 Udacity 등이다. 영국은 FutureLearn, 프랑스는 FUN, 독일은 Iversity, 중국은 XuetangX 등을 구축하여 운영하고 있다. 특히 미국의 조지아공대는 2013년 1월 명문대 최초로 무크를 통해 컴퓨터학과 정규 석사과정을 개설했다. 우리나라의 경우 2015년 9월부터 도입되어 K-MOOC라는 명칭으로 운영되고 있다.

초중등과정에서는 칸아카데미(Khan Academy)를 들 수 있다. 강의를 녹화해 유튜브에 올려놓고 학생들이 언제든 각자가 편한 시간에 접속해서 볼 수 있도록 하자는 아이디어에서 시작된 작업은 시작된 지 불과 2년만에 아카데미의 설립으로 이어졌으며, 4000여 개의 무료 수업 동영상을 23개 언어의 자막과 함께 제공하고 있다.

## 4) 4차 산업혁명과 평생교육시대의 도래

4차 산업혁명이란 무엇인가? 1784년을 기점으로 영국에서 시작된 증기기관과 기계화로 대표되는 것이 1차 산업혁명이다. 1870년을 기점으로 전기를 이용한 대량생산이 본격화된 것이 2차 산업혁명이다. 1969년을 기점으로 컴퓨터 정보화 및 자동화 생산 시스템이 주도한 것이 3차 산업혁명이다. 이어 로봇이나 인공지능을 통해 실제와 가상이 통합돼 사물을 자동적, 지능적으로 제어할 수 있는 가상 물리 시스템의 구축이 기대되는 산업상의 변화를 가리켜 4차 산업혁명이라고 말한다. 4차 산업혁명은 3차 산업혁명의 발전선상에서 다뤄지기보다 3차 산업혁명과 구분되는 또 다른 산업혁명으로 간주된다. 가장 큰 이유는 기술 변화가 전례 없이 빠른 속도로 전방위적으로 이루어지고, 그 영향이 광범위하기 때문이다.

미래학자들은 4차 산업혁명이 사회적으로 많은 변화를 일으킬 것으로 예측하고 있다. 최첨단 융합기술의 시대에는 인공지능 로봇, 사물 인터넷(IoT), 무인자동차, 나노·바이오 기술 등의 등장으로 이전과는 다른 새로운 산업구조가 형성될 것으로 예측하고 있다. 이러한 4차 산업혁명은 경제·사회 시스템의 혁명적 변화는 물론 인간이 살아가는 방식에서부터 사고하는 방식에 이르기까지 획기적 변화를 초래할 것으로 예상된다. 이러한 사회적 변화는 교육체제에도 변화를 요구하고 있다. 일할 수 있는 연령이 높아지고 근로 환경이 급속히 변하고 있어 젊은 시절 한때 배운 것만으로는 생존하기가 어렵게 된 것이다. 이는 교육 패러다임의 근본적 변화를 요구한다. 이는 바로 장소, 교육자, 학습자의 질적 변화에 기반을 둔 평생교육이 미래의 교육체제로서 가장 적합하다는 것을 의미한다. 이러한 교육체제의 변화상을 살펴보면 다음과 같다.

첫째, 평생학습시대의 교육은 초공간성을 띠게 될 것이다. 미래에는 장소에 구애받지 않고 언제 어디서나 연결해 학습할 수 있게 될 것이기 때문이다.

e-러닝, 인터넷 강의 등이 상용화된 것은 이미 오래전이다. 전통적인 교육공간의 개념이 소멸되는 것이다.

둘째, 교수자의 역할 변화이다. 세계미래학회(World Future Society)는 공장형 교육모델이 도입돼 교사 없는 맞춤형 학습 시대가 열릴 것이라고 예측했다. 교수자의 역할은 지식전수가 아니라 왜 학습이 필요한지를 깨닫게 해주고 스스로 학습하는 방법을 코칭해 주는 것이다. 이를테면 가르치는 사람(teacher)에서 지도하고 조언하는 사람(mentor)으로 변화할 것이다.

셋째, 교수학습 방법에도 큰 변화가 있을 것이다. ICT는 교육현장에 점점 더 많이 활용될 것이다. 기술발전과 함께 에듀테크(EduTech) 산업도 빠른 속도로 발전할 것이고, 학습환경은 디지털 기반으로 재설계될 것이다. 디지털책이 종이책을 대체하고, 오프라인 수업보다는 개인 맞춤형 온라인 수업, 주입식 집합 교육보다는 집단지성, 협업, 공유학습 중심의 교육으로 변화할 것이다.

미래교육은 지식을 전달하고 암기하는 방식의 교육이 아니라 삶의 지혜와 지식을 관통하는 통찰력을 길러 주고, 또한 사회적 존재로서의 협동심, 소통, 공감능력을 길러 주는 교육이 되어야 한다. 여기에 가장 적합한 체제가 바로 평생교육체제라고 할 수 있다.

그러나 이러한 변화들이 학습에 대한 허상을 만들어 내고, 학습을 상업주의화 함으로써 교육적 불평등을 심화시킬 수도 있다. 이런 지적도 존재한다는 것을 잊어서는 안 된다. 성인교육의 출범과정에서 '교육은 해방이다(To educate is to liberate)'라는 명제로 되돌아갈 필요가 있다는 말이다.

정리문제

1. 교육의 사회적 기능에 대한 기능이론과 갈등이론의 설명방식의 차이를 설명하시오.

2. 경제적 재생산이론과 문화적 재생산이론의 공통점과 차이점을 설명하시오.

3. 교육사회학의 세 가지 탐구관점을 설명하시오.

4. 선발적 교육관과 발달적 교육관의 차이를 설명하시오.

5. 교육격차에 영향을 미치는 요인들을 설명하시오.

6. 평생교육과 평생학습의 차이를 비교 설명하시오.

# **참**고문헌

강순원 역(2011). 우리 시대를 위한 교육사회학 다시 읽기: 교육복음과 신자유주의를 넘어서. A. H. Halsey 외 공저. 서울: 한울아카데미.

김신일(2005). 교육사회학. 경기: 교육과학사.

김신일, 박부권 편(2008). 학습사회의 교육학. 서울: 학지사.

김영화(2017). 교육사회학. 경기: 교육과학사.

김천기(2013). 교육의 사회학적 이해. 서울: 학지사.

나일주 편(2015). 글로벌 학습시대 묵스의 이해. 서울: 학지사.

박영숙, 제롬 글렌(2015). 유엔미래보고서 2045. 서울: 교보문고.

오욱환(2003). 교육사회학의 이해와 탐구. 서울: 교육과학사.

이규환 역(1986). 자본주의와 학교교육. 서울: 사계절.

이두휴, 고형일 역(2012). 학교와 사회. 경기: 교육과학사.

이종각(2004). 새로운 교육사회학 총론. 서울: 동문사.

조용환, 윤여각, 이혁규(2006). 문화와 교육. 서울: 한국방송통신대학교출판부.

한국교육개발원(2002). 지역을 살리기 위한 평생학습마을/도시만들기: 관리자 매뉴얼.

한숭희(2003). 평생교육론. 서울: 학지사.

**06**
교육학개론

## 교육심리학

**학습 내용**

- ···› 인간발달의 기본 원리에 관해서 설명한다.
- ···› 인지, 성격, 도덕성 발달에 관한 주요 이론에 대해서 설명한다.
- ···› 발달이론에서 제시하는 개념을 이해하고 발달과정과 연령대별 차이를 설명한다.
- ···› 행동주의, 인지주의 학습이론의 특징과 차이점을 이해한다.
- ···› 학습자의 지적 특성 중 지능과 창의성에 대해 설명한다.
- ···› 학습자의 정의적 특성 중 귀인과 동기에 대해 설명한다.

교육심리학은 교육의 과정에서 일어나는 여러 문제를 심리학적 측면에서 연구하여 교육의 효과를 극대화하는 학문이다. 따라서 여러 교육심리학 영역에서 이루어진 연구들을 바탕으로 학습자를 바람직한 방향으로 성장하도록 돕는 데 궁극적인 목적이 있다. 이 장에서는 교육심리학의 큰 축을 이루고 있는 발달이론과 학습이론에 대해 살펴본다. 그리고 학습자에 대한 이해를 높이고자 학습자의 특성에 대해 개관한다. 제1절에서는 학습자의 발달에 대해 다루고 있다. 발달의 기초에서 출발하여 인지, 성격, 도덕성 영역에서 학자들이 제시한 발달이론별로 학습자의 발달단계와 개념을 살펴본다. 제2절에서는 행동주의 학습이론과 인지주의 학습이론에 대해 조망하고 있다. 제3절은 학습자의 특성을 지적, 정의적 영역으로 구분하여 다룬다. 학습자의 지적 특성을 대표하는 지능, 창의성, 정의적 특성을 대표하는 귀인, 동기에 대해 살펴본다.

# 1. 발달

## 1) 발달의 기초

### (1) 발달의 정의

발달(development)은 좁은 의미로 출생 후 청년기에 이르기까지 보이는 신체적, 심리적 변화를 의미한다. 넓은 의미로는 수태의 순간부터 출생 후 사망에 이르기까지 전 생애에 걸쳐 나타나는 모든 구조 및 기능의 변화를 의미한다. 따라서 발달은 신체적 영역뿐만 아니라 인지적, 언어적, 정서적, 사회적, 도덕적, 성적 등 모든 측면의 변화를 포함한다.

고전적인 발달심리학의 관점에서는 발달의 범위를 대체로 출생에서 청소년기까지로 한정하였으나, 전 생애 발달 관점(life-span developmental perspective)에서는 발달의 범위를 노년기까지 확장하였다. 그러므로 넓은 의미에서 발달은 인생 전반에 걸쳐 일어나는 양적 증대나 질적 정교화와 같은 긍정적, 상승적인 변화뿐만 아니라 양적 감소와 질적 저하와 같은 부정적, 하강적인 변화까지 포괄하는 개념으로 볼 수 있다.

### (2) 발달의 원리

인간발달에서 공통적으로 관찰되는 기본적인 원리는 다음과 같다. 첫째, 발달은 유전(성숙)과 환경(학습)의 상호작용 결과이다. 유전은 선천적으로 타고난 요인을, 환경은 후천적으로 경험한 요인을 말한다. 발달에 있어 상대적 중요성을 두고 유전이냐 환경이냐(nature vs. nurture)에 대해 오랜 논쟁이 학자들 간에 있었으나 최근에는 발달이 유전과 환경 두 요인 간의 상호작용 결과라는 방향으로 논쟁이 모아지고 있다.

둘째, 발달은 일정한 발생학적 순서를 따른다. 예를 들어, 운동발달은 앉기, 서기, 걷기, 달리기 순서로 이루어지며, 신체발달은 상부에서 하부로 (cephalo-caudal), 중심에서 주변으로(proximal-distal), 전체적 활동에서 특수한 활동으로(mass-specific) 이루어진다. 이전 단계의 발달은 다음 단계 발달의 기초가 되어 더 높은 차원으로 이행할 수 있게 한다.

셋째, 발달은 연속적 과정이지만 영역에 따라 발달의 속도가 다르다. 즉, 발달은 끊임없이 연속적으로 일어나지만 신체 부위나 영역(인지, 기억, 언어, 정서, 도덕성 등)에 따라 발달 속도가 일정하지 않고 때로는 빠르게 때로는 느리게 나타난다. 예를 들어, 신체 발달 속도는 출생 직후 매우 빠르지만 점차 속도가 감소하다가 청년기에 들어 다시 빨라지는 양상을 보인다.

넷째, 발달의 속도와 시기에는 개인차가 있다. 개인차는 두 가지 측면을 의미한다. 하나는 한 개인과 타인 간 발달의 차이인 '개인 간 차이(inter-individual difference)'이고, 다른 하나는 한 개인 안에서 영역별 발달의 차이인 '개인 내 차이(intra-individual difference)'이다. 따라서 두 사람이 생물학적 연령이 동일하더라도 개인 간 발달 속도와 시기에 차이가 나타날 수 있고, 한 개인 내에서도 빠르게 발달하는 측면(예: 신체)과 느리게 발달하는 측면(예, 인지)에서 속도와 시기에 차이가 나타날 수 있다.

다섯째, 각 영역의 발달은 상호 관련성을 이룬다. 다른 영역에서의 발달은 별개로 일어나는 것이 아니라, 서로 영향을 주고받으면서 이루어진다. 특히 발달의 대표적인 3영역인 생물학적, 인지적, 사회 · 정서적 영역에서 상호관련성을 이루면서 인간은 하나의 전체적인 존재로 발달한다.

## 2) 인지발달

### (1) 피아제의 인지발달이론

#### ① 기본 개념

피아제(J. Piaget)는 발생적 인식론의 관점에서, 개인의 인지발달이 환경과의 끊임없는 상호작용을 통해 이루어진다고 보았다. 피아제는 인지발달 과정을 설명하기 위해 다음과 같은 몇 가지 독특한 개념을 제시하였다.

**도식(schema)**　도식은 인지구조의 기본 단위로, 개체가 환경에 대해 경험하고 이해한 것이 조직되어 머릿속에 저장된 틀이다. 개체가 환경과 상호작용을 하면서 도식을 형성하게 되고, 이러한 도식이 질적으로 변화되는 과정이 곧 인지발달이다.

**동화(assimilation)/조절(accommodation)**　동화와 조절은 개체가 환경과 상호작용하는 두 가지 방식을 가리킨다. 개체는 새로운 활동을 하면서 기존의 도식을 확장하거나 새로운 도식을 만들어 내게 된다. 이때 우리가 이미 가지고 있는 도식에 비추어 새로운 경험을 받아들이는 적응방식을 '동화'라고 한다. 예를 들어, 강아지에 대한 도식을 가진 아이가 고양이를 처음 보고 자신의 기존 도식에 비추어 강아지라고 반응하는 경우는 동화에 해당된다. 반면 자신의 기존 도식이 새로운 정보를 받아들이는 데 적합하지 않을 때 기존의 도식을 변화시키는 것을 '조절'이라고 한다. 예를 들어, 고양이와 강아지의 차이점을 알고 나서 고양이라는 새로운 도식을 형성하게 되는 경우는 조절에 해당된다.

**평형화(equilibration)**　우리가 새로운 환경에 노출되면 인지적 갈등(cognitive

conflict)이 생기면서 개체는 불평형(disequilibrium) 상태에 놓이게 된다. 이때 개체는 우리의 도식과 외부 환경이 조화로운 인지적 평형 상태(cognitive equilibrium)를 회복하도록 하기 위해 동화와 조절이라는 인지활동을 시도하게 된다. 이처럼 개체가 동화와 조절 과정을 반복하면서 기존의 도식과 새로운 경험 간에 균형을 이루게 되는데, 이러한 심리적 구조의 안정성과 일관성을 가리켜 평형화라고 한다. 따라서 인지적 불평형은 인지발달의 원동력으로 작용하며 인지적 평형을 회복하려는 동기를 유발한다.

### ② 인지발달단계

피아제는 인지발달을 조작능력의 발달로 본다. 개체의 조작능력의 유무와 유형에 따라 인지발달단계를 다음과 같이 4단계로 제시하였다. 여기서 조작(operation)이란 논리적인 사고 또는 정신작용을 말한다. 각 단계는 질적으로 서로 다른 인지패턴을 가지며, 모든 아동은 순서대로 각 단계를 거치지만 각 단계의 도달에는 개인차가 있다고 전제하였다.

1단계: 감각운동기(sensorimotor period, 출생~2세)   감각운동기는 영아가 조절 감각과 운동능력을 통해 자신의 주변 세계를 탐색하고 경험해 나가는 시기이다. 초기에는 반사행동에 의존하지만 점차 목표지향적 활동으로 발전해 나간다. 이 기간에 일어나는 중요한 인지발달은 순환반응, 대상영속성 획득, 표상적 사고의 출현이다.

2단계: 전조작기(preoperational period, 2~7세)   전조작기는 미숙한 개념을 사용하는 전개념기(2~4세)와 사물의 한 가지 측면만을 고려하는 직관적 사고기(4~7세)로 구분된다. 전조작기의 유아는 이전 단계보다 상징적 사고가 발달하고 급속한 언어발달을 보이지만 사고의 논리성과 체계성이 부족하여 오류를 보이는 시기이다. 사물의 한 가지 특징에 집중하여 사고하는 중심화 경향성 때문에 나타나는 자기중심성이 전조작기의 대표적인 특성이다. 그 외에도 물활론, 인공론, 직관적 사고 등의 특성을 보인다.

3단계: 구체적 조작기(concrete operational period, 7~11세)  구체적 조작기는 인지발달에서 전환점이 되는 시기로, 이 시기에 가역성(reversibility)의 원리를 터득한다. 따라서 구체적 조작기의 아동은 보존개념의 획득, 분류와 서열화 등 체계적이고 논리적인 사고가 가능하며, 자기중심성에서 점차 벗어나고 조망수용능력을 획득하게 된다. 그러나 이 단계의 조작은 가시적이고 구체적 차원에 한정되기 때문에 시청각 보조물의 도움을 받을 때에는 보다 원활하게 이루어진다.

4단계: 형식적 조작기(formal operational period, 11세 이후)  형식적 조작기는 성인과 유사하게 형식논리에 근거해 사고할 수 있는 시기이다. 따라서 이 시기에는 언어적 명제만으로도 추상적 차원의 논리적 사고를 행할 수 있고, 과학적이고 체계적인 사고능력이 발달한다. 또한 문제 상황에 대한 가설 연역적 사고, 명제적 사고, 조합적 사고 등이 가능해진다.

③ 교육적 시사점
피아제 이론이 교육에 주는 시사점은 다음과 같다.
첫째, 학습자의 인지발달 수준을 감안하여 교육과정을 계열화해야 한다. 따라서 교사는 구체적 경험에서 시작해서 점진적으로 추상적 수준의 경험을 제시하는 것이 좋다. 둘째, 학습자의 능동적 탐색활동을 강조해야 한다. 교사는 학습자가 스스로 동화와 조절을 통해 도식을 만들어 낼 수 있도록 학습자의 활동을 촉진하는 환경을 조성해 주어야 한다. 셋째, 대립전략을 활용한다. 학습자의 인지발달을 촉진하기 위해 적절한 수준의 인지적 불평형 상태를 유지해야 한다. 이를 위해 먼저 학습자의 인지발달 수준을 정확하게 진단하고,

그 수준을 약간 상회하는 수업내용과 활동을 제공해야 한다.

## (2) 비고츠키의 인지발달이론

### ① 기본 개념

비고츠키(L. Vygotsky)는, 피아제와 다르게, 인지발달이 개인 내부가 아닌 타인과의 관계에서 상호작용을 통해 이루어진다고 보았다. 또한 개인의 발달을 이해하려면 그가 속한 사회문화적 맥락을 이해해야 한다고 주장하였다. 비고츠키가 제시한 인지발달 관련 핵심 개념은 다음과 같다.

내면화(internalization)    내면화란, 개인이 사회나 문화가 전해 주는 지식을 사회적 상호작용을 통해 흡수하는 과정을 말한다. 아동은 사회적 상호작용을 통해 성인이나 유능한 구성원의 사고나 행위방식을 내면화하는데, 이 때 언어의 사용이 중요한 역할을 한다. 이러한 내면화는 외부 세계와 내부 세계를 연결함으로써 인지발달이 일어나는 기제로 작용한다.

근접발달영역(zone of proximal development: ZPD)    근접발달영역은 아동의 실제적 발달수준과 잠재적 발달수준 간 차이를 말한다. 즉, 혼자서 문제를 해결하는 수준과 자신보다 뛰어난 타인의 도움을 받아 문제를 해결할 수 있는 수준 간 차이이다. 그러므로 근접발달영역은 아직 발달하지 않았지만 다른 사람의 도움을 받으면 발달이 일어날 수 있는 잠재력의 영역이다.

비계설정(scaffolding)    비계(飛階)는 건설현장에서 건물 외벽에 설치하는 임시가설물로서 작업을 위한 통로나 발판이 된다. 교육 장면에서 비계설정 또는 발판화는 근접발달영역(ZPD) 내에서 교사나 유능한 또래가 학습자의 과제해결에 필요한 안내와 도움을 제공하는 것을 의미한다. 구체적인 비계설정

방법으로는 모델링, 소리내어 사고하기, 질문하기, 수업자료 조정하기, 힌트와 단서 제공하기, 피드백 제공하기 등이 있다(Eggen & Kauchak, 2004). 학습 초기에는 많은 도움을 제공하다가 점차 지원을 줄여 나감으로써 궁극적으로 학습자가 스스로의 힘으로 문제를 해결할 수 있게 조정해야 한다.

② **교육적 시사점**

비고츠키 이론이 교육에 주는 시사점은 다음과 같다.

첫째, 교사는 학습자의 근접발달영역을 고려해야 한다. 실제적 발달수준 영역이나 근접발달영역을 초월하는 영역에서는 학습이 일어날 수 없으므로 학습자의 근접발달영역이라는 범위 내에서 교육함으로써 인지발달 수준을 끌어올릴 수 있다. 둘째, 학습자 간 협동학습을 통해 교실 내에서 조력학습이 능동적으로 이루어질 수 있다. 다양한 능력을 가진 학습자들이 상호작용을 통해 도움을 주고받으며, 근접발달영역 안에서의 성장을 촉진할 수 있는 협동학습 환경을 조성해야 한다.

## 3) 성격발달

### (1) 프로이트의 심리성적 발달이론

#### ① 기본 개념

프로이트(S. Freud)는 신경증 환자를 치료했던 임상경험을 토대로 정신분석이론을 발전시켰다. 그는 인간의 정신세계가 의식, 전의식, 무의식으로 구성되어 있다고 보고 이를 빙산에 비유하였다. 의식은 빙산의 일각일 뿐이며 정신세계의 가장 큰 부분인 무의식에 의해 인간의 행동과 사고가 영향을 받는다고 보았다. 또한 프로이트는 인간에 대해 정신적 결정론의 입장을 취하여, 무의식의 충동이나 과거의 경험이 현재의 행동이나 증상에 영향을 미친다고 주장하였다.

그 후 초기의 지형학적 모형을 수정한 프로이트는 인간의 성격이 원초아(id), 자아(ego), 초자아(super-ego)의 세 요소로 구성된다는 성격구조를 제시하였다. 세 요소는 각각 고유한 기능과 역동을 갖고 밀접하게 관련되어 있지만 이들 간의 갈등은 문제를 발생시킬 수 있다. 이러한 세 가지 성격구조를 형성하고 움직이게 하는 근원이 삶의 추동이라 불리는 성적 에너지, 즉 리비도(libido)이다.

### ② 발달단계

프로이트는 리비도가 집중적으로 표출되고 만족을 얻는 신체부위의 변화에 따라 심리성적 발달단계를 다음과 같이 5단계로 구분하였다. 집중된 부위의 성적 즐거움이 적절히 만족되면 다음 단계로 진행되지만 만약 욕구불만이 생기면 고착(fixation) 현상을 일으키고 그 이후에 성격적 문제로 나타나게 된다.

1단계: 구강기(oral stage, 0~1세)    리비도가 입과 입술 등 구강 부위에 집중되는 시기로, 빨거나 먹는 행위를 통해 쾌감을 충족시킨다. 이 시기의 유아는 다른 대상에 대한 개념이 없어서 자기중심적이고 자아도취적인 특성을 보인다. 유아의 구강기 경험은 이후의 성격 형성에 영향을 주는데, 이 시기 수유와 이유를 통한 욕구충족이 좌절되거나 과도할 경우 구순 고착(oral fixation) 성격이 형성된다.

2단계: 항문기(anal stage, 1~3세)    리비도가 항문에 집중되는 시기로, 배설과 보유를 통해 쾌감을 얻는다. 이 시기 유아는 배변훈련을 통해 최초로 외부로부터 욕구충족을 통제받는 경험을 하게 된다. 따라서 부모의 배변훈련 형태와 태도에 따른 항문기 경험이 이후의 성격 형성에 영향을 준다. 부모의 배변훈련이 지나치게 엄격하거나 지나치게 느슨한 경우 항문 고착(anal fixation)

성격이 형성된다.

**3단계: 남근기(phallic stage, 3~5세)**　리비도가 성기에 집중되는 시기로, 아동이 자신의 성기에 관심을 갖게 되며 성역할과 성적 특징에 대한 관심이 높아진다. 특히 이 시기의 아동은 이성부모에 대해 성적 애착을 갖는 반면 동성부모에 대해 경쟁심을 갖게 된다. 이때 남아는 오이디푸스 콤플렉스(Oedipus complex)와 거세 불안(castration anxiety)을 경험하며, 여아는 엘렉트라 콤플렉스(Electra complex)와 남근 선망(penis envy)을 나타낸다. 이들은 동성부모와의 동일시를 통해 콤플렉스를 해결하고 성역할을 배우며 초자아를 발달시킨다. 이 시기의 고착은 이후에 성적 문제나 남근형 성격으로 나타나게 된다.

**4단계: 잠복기(latency stage, 6~12세)**　성적인 에너지가 지적 활동이나 운동 등을 통해 발휘됨으로써 성적욕구나 갈등이 억압되는 다소 평온한 시기이다. 이 시기의 아동은 학교에 입학하여 성인이 갖추어야 할 기능과 능력을 학습하며, 사회적 관계가 확장되고 도덕성이 강화된다. 이 시기의 고착은 이후에 과도한 성욕의 억압에서 오는 수치감, 혐오감 등으로 나타날 수 있다.

**5단계: 생식기(genital stage, 12세 이후)**　사춘기에 접어들면서 급격한 신체적 성장과 성적 성숙이 나타나며 리비도가 다시 성기로 집중되는 시기이다. 이 시기에는 이성에 대한 관심이 높아지고 성행위를 통한 성적 만족을 추구하나 단순한 쾌감이 아닌 진정한 사랑의 대상을 추구한다. 이 단계까지 순조롭게 발달한 사람은 이타적이고 원숙한 성격을 지니게 된다.

## (2) 에릭슨의 심리사회적 발달이론

### ① 기본 개념

에릭슨(E. Erikson)은 초기에 프로이트의 영향을 받았으나 인간발달에서 중요한 것은 성(性)이 아닌 사회문화적 관계라고 보고 자신만의 심리사회적 이론을 제시하였다. 프로이트와 달리 에릭슨은 원초아(id)가 아닌 자아(ego)를 성격의 핵심구조로 간주하고, 자아는 생의 각 단계에서 직면하게 되는 위기를 경험하고 극복하는 데 중추역할을 수행한다고 보았다.

### ② 발달단계

개인의 성격은 생애주기를 통해 인생의 다양한 시점에서 중요한 사회적 관계에 따라 발달한다. 에릭슨은 청소년기 이후에도 발달적 변화가 계속된다고 보고, 인간의 전 생애에 걸쳐 생애주기를 8단계로 구분하였다. 각 단계마다 심리사회적 위기(crisis)가 있으며, 각 단계에서 긍정적 대안을 더 많이 경험하면서 위기를 성공적으로 해결하면 긍정적 성격의 발달이 이루어지지만, 만약 부정적 대안을 더 많이 경험하거나 위기를 회피하고 해결하지 못하는 경우에는 부정적 성격의 발달이 초래된다.

1단계: 신뢰감 대 불신감(Trust vs. Mistrust, 0~1세)    프로이트의 구강기에 해당되며, 주요 양육자인 엄마와의 사회적 상호작용을 통해 세상에 대한 신뢰 또는 불신을 형성하게 되는 가장 중요한 인생의 초기단계이다. 이 단계에서 엄마의 지속적이고 충분한 애정과 보살핌은 '신뢰감'을 발달시키지만 거부적이고 무관심하고 비일관적인 양육은 '불신'의 태도를 발달시킨다.

2단계: 자율성 대 회의감 및 수치심(Autonomy vs. Shame and Doubt, 1~3세)    프로이트의 항문기에 해당되며, 이 시기의 유아는 대소변 가리기와 같이 환경에

대한 통제가 가능하고 외부세계를 독자적으로 탐색하려고 하는 강한 자율적
욕구를 보인다. 이 단계에서 부모가 독자적인 행동을 격려하면 아동은 '자율
성'을 발달시키지만, 부모의 지나친 통제나 과보호나 비난은 아동이 자신의
능력을 의심하게 하고 '수치심'을 발달시킨다.

3단계: 주도성 대 죄책감(Initiative vs. Guilt, 4~5세)　　프로이트의 남근기에 해당
되며, 이 시기의 아동은 운동능력과 지적능력의 발달로 왕성한 호기심과 독
립적 활동에 대한 도전적 충동을 갖게 된다. 이 시기에 부모와 가족에 의해
주도적 활동을 격려받으면 '주도성'을 발달시키지만, 처벌하거나 억제하면
아동은 새로운 활동을 나쁜 것이라고 느끼고 '죄책감'을 발달시키게 된다.

4단계: 근면성 대 열등감(Industry vs. Inferiority, 6~12세)　　프로이트의 잠복기에
해당되며, 학교에 들어가면서 사회화에 필요한 인지적 · 사회적 기능을 습득
하는 시기이다. 이 시기의 아동은 자신의 성취나 능력을 인정받고자 하는 욕
구가 강하게 나타난다. 이때 아동의 성공경험, 교사나 부모의 칭찬이나 강화
는 '근면성'을 발달시키지만 반복적인 실패경험이나 부정적 평가는 '열등감'
을 발달시킨다.

5단계: 정체감 대 역할혼돈(Identity vs. Role Confusion, 청소년기)　　프로이트의 성
기기에 해당되며, 정신적 성장이 급격한 신체적 성장을 따라가지 못하는 변
화와 혼란의 시기이다. 따라서 이 시기의 발달과업은 자아정체감의 확립이
다. 이 시기에 자신이 누구인지를 받아들이고 자신이 잘할 수 있는 것이 무
엇인지를 탐색하는 시도가 격려받으면 '정체감'을 확립하지만 정체감 확립에
실패한 개인은 '역할 혼돈'에 빠지게 된다.

6단계: 친밀감 대 고립감(Intimacy vs. Isolation, 성인 초기)　　부모에게서 독립하면

서 직업을 선택하고 자유와 책임을 가지고 성인으로서의 역할을 시작하는 시기이다. 이 시기의 중요한 과업은 배우자나 동료 등 타인과의 관계에서 친밀감을 획득하는 것이다. 자의식에서 벗어나 타인의 단점을 수용하고 갈등을 극복하는 과정에서 '친밀감'이 발달하지만 타인과의 접촉을 회피하거나 거부적 태도를 형성하는 경우 '고립감'이 나타난다.

7단계: 생산성 대 침체감(Generativity vs. Stagnation, 성인 중기)   다음 세대에게 능력이나 가치를 전수하고 자녀 양육이나 후속세대 양성에 노력을 기울이는 시기이다. 자녀 양육과 직업적 성취, 사회와 타인에 대해 공헌하는 과정에서 '생산성'을 발휘하게 되지만, 세상에 의미 있는 공헌을 하지 못했다고 느끼는 경우에는 '침체감'에 빠지고 부모 역할이나 어른의 역할을 제대로 수행하지 못하게 된다.

8단계: 자아 통합감 대 절망감(Integrity vs. Despair, 성인 후기~노년기)   인생을 되돌아보고 정리하는 단계로, 이 시기에는 신체적 노쇠, 직장에서의 은퇴, 친구나 배우자의 사망으로 인생의 무상함을 느끼게 된다. 자신의 인생을 되돌아보면서 전체적으로 의미 있고 가치 있다고 수용하면 '자아 통합감'을 갖게 되지만, 삶이 무가치했다고 느끼고 후회하면 '절망감'에 빠지게 된다.

③ 마샤의 정체감 지위 이론

마샤(J. E. Marcia)는 에릭슨의 이론을 발전시켜 자신의 정체감 지위 이론을 제시하였다. 정체감 지위는 '자신의 정체감을 찾기 위해 노력했는가'의 위기(crisis) 차원과 '가치있는 활동에 전념하고 있는가'의 전념(commitment) 차원을 조합하여 다음의 네 가지 범주로 분류된다. 마샤가 분류한 네 가지 정체감 지위는 〈표 6-1〉과 같다.

**표 6-1** 마샤의 네 가지 정체감 지위

<table>
<tr>
<td rowspan="3">전념<br>(자신의<br>가치관,<br>관심사, 진로<br>등에 대한<br>결정을 내렸고<br>그것에<br>전념하고<br>있는가?)</td>
<td colspan="3">위기<br>(자신의 정체감을 찾기 위해 적극적으로 노력했는가?)</td>
</tr>
<tr>
<td></td>
<td>예</td>
<td>아니요</td>
</tr>
<tr>
<td>예</td>
<td>정체감 확립<br>• 확실하고 변함없는 자아<br>• 직업, 종교, 성역할에 대한 신념 또는 그 밖의 것에 전념함<br>• 타인의 견해, 신념, 가치를 고려하였으나 스스로 많은 생각 끝에 결정에 이름</td>
<td>정체감 유실<br>• 직업이나 이데올로기에 전념함<br>• 스스로 삶을 구성하는 과정이 결여됨<br>심각하게 생각하거나 의문을 가지지 않고 타인의 가치를 받아들임<br>• 자신의 정체감을 확립할 수 있는 가능성을 상실함</td>
</tr>
<tr>
<td>아니요</td>
<td>정체감 유예<br>• 현재 정체감 위기나 변화를 경험하고 있음<br>• 무엇인가에 뚜렷이 전념하지 못함<br>• 뚜렷한 정체감이 없음<br>• 정체감 확립을 위해 적극적으로 노력함</td>
<td>정체감 혼미<br>• 방향성이 결여됨<br>• 정치적·종교적·도덕적 문제, 직업문제에 대해서도 관심이 없음<br>• 일을 해도 왜 하는지를 모름<br>• 다른 사람이 어떤 일을, 왜 하는지에 관심이 없음</td>
</tr>
</table>

**정체감 성취(achievement)**　　정체감 성취는 자신의 정체감을 찾기 위해 위기를 경험한 다음에 확고한 정체감을 확립하여 가치 있는 활동에 전념하고 있는 상태이다.

**정체감 유예(moratorium)**　　정체감 유예는 정체감 위기를 경험하고 있는 상태로, 정체감을 찾기 위해 여러 직업적 대안을 탐색하고 고민했으며 몇 가지는 시도했으나 아직 결정을 내리지 못하고 선택을 유보한 상태이다. 이 단계는 정체감 성취를 위한 과도기적 단계이므로 건강한 상태로 간주된다.

정체감 유실(forecloser)　　자신의 정체감을 찾기 위한 노력을 하지 않은 상태에서 타인의 신념, 가치, 기대, 결정을 수용한 상태이다. 따라서 정체성 위기를 경험하지 않고서 정체감이 확립된 것처럼 행동하지만 성인기에 뒤늦게 정체감 위기를 경험할 수 있다.

　　정체감 혼미(diffusion)　　정체감 지위 중 가장 낮은 단계이다. 이 단계는 방향성이 결여된 채 정체감 확립을 위한 노력이나 고민을 하지 않았고 정체감에 대한 결정이나 전념을 하지 않은 위험한 상태이다.

## 4) 도덕성발달

### (1) 콜버그의 도덕성발달이론

#### ① 기본 가정

　　콜버그(L. Kohlberg)는 피아제의 영향을 받아 도덕성발달을 인지발달과 관련지어 연구하였다. 그는 도덕성발달을 인지적 정신활동의 결과로 간주하고, 도덕성발달단계가 인지발달 수준에 따라 순차적으로 나타날 것이라고 예상하였다. 그는 피아제가 제시한 타율적 도덕성 단계와 자율적 도덕성 단계라는 2단계 도덕성발달이론을 보다 확대하고 체계화하였다.

#### ② 발달단계

　　콜버그는 하인츠 딜레마(Heinz's dilemma)라는 가상의 도덕적 갈등 상황을 제시하고, 갈등 상황에 대한 도덕적 추론과 판단의 근거를 분석하여 질적으로 상이한 3수준 6단계의 발달단계를 구분하였다. '인습'은 자신이 속한 집단의 규범이나 관습을 말한다. 먼저, 인습 이전 수준에 속하는 1~2단계에서는 자신에게 미치는 행위의 결과를 기준으로 삼아 자아중심적인 판단을 보인

**표 6-2** 콜버그의 도덕성발달단계

| 수준 | 단계 | 판단 기준 |
|---|---|---|
| 인습 이전 수준 | 1단계: 벌과 복종 지향 | 행위의 외적 · 물리적 결과<br>(행위결과가 칭찬인가 벌인가) |
| | 2단계: 개인적 욕구 지향 | 자신과 타인의 욕구 충족<br>(도구적 상대주의) |
| 인습 수준 | 3단계: 대인관계 조화 지향 | 타인을 기쁘게 하고 도와주는 행위<br>(착한 소년/소녀 지향) |
| | 4단계: 권위와 질서유지 지향 | 법과 공공질서의 준수<br>(규칙이나 법은 고정불변의 것임) |
| 인습 이후 수준 | 5단계: 사회계약 지향 | 개인의 자유와 존엄성의 원리<br>(규칙이나 법은 합의를 통해 변경 가능) |
| | 6단계: 보편적 도덕원리 지향 | 보편적 도덕원리인 양심<br>(법, 관습을 초월한 추상적 · 보편적 원리) |

다. 인습 수준에 속하는 3~4단계에서는 타인의 관점과 의견을 고려한 판단이 가능하고, 사회의 인습이나 규칙에 동조하는 도덕 판단을 내린다. 인습 이후 수준에 속하는 5~6단계에서는 도덕성이 내면화되고 인습을 넘어선 더 높은 차원의 추상적이고 일반적인 원리를 기준으로 삼아 도덕적 판단을 내린다.

콜버그가 분류한 도덕성발달단계는 〈표 6-2〉와 같다.

### ③ 길리건의 도덕발달이론

길리건(C. Gilligan)은 콜버그의 도덕성발달이론이 남성을 중심으로 개발되어 도덕성발달의 성차, 즉 여성과 남성의 상이한 도덕적 판단근거를 고려하지 못한다고 비판하였다. 길리건에 의하면, 도덕성은 정의와 배려라는 두 가지 상호의존적 요소로 구성되어 있다. 남성은 정의의 관점에서 도덕적 판단을 내리는 반면 여성은 배려와 책임감을 중심으로 판단을 내린다. 길리건의 관점에서 볼 때 콜버그의 이론은 추상적 정의의 도덕이론이기 때문에 도덕의 또 다른 측면인 동정과 배려의 원리를 간과하고 있다.

길리건은 콜버그의 가상적 딜레마 상황이 아닌 실제의 도덕적 딜레마 상황에서 면접한 자료를 사용하였다. 그리고 이를 근거로 여성의 도덕성발달단계를 3수준(수준 1: 자기지향, 수준 2: 자기희생으로서의 선, 수준 3: 비폭력의 도덕성) 2전환기(전환기 1: 이기심에서 책임감으로, 전환기 2: 선에서 진실로)로 제시하였다.

## 2. 학습이론

### 1) 행동주의 학습이론

#### (1) 파블로프의 고전적 조건형성

고전적 조건형성(classical conditioning) 원리는 소화과정에 대한 연구로 노벨상을 수상한 러시아의 생리학자 파블로프(I. P. Pavlov)가 개의 타액 분비에 대한 실험과정에서 발견하고 체계화한 이론이다. 그 실험과정과 조건형성 단계는 다음과 같다.

첫째, 배고픈 개에게 종소리를 들려준다. 개는 소리가 나는 방향으로 쳐다보는 정위반응만을 보인다. 이때 종소리는 개에게 타액 분비를 유발하지 않는 중성자극(neutral stimulus: NS)에 불과하다.

이 단계에서 개에게 먹이를 제시하면 자연적으로 타액 분비를 유발한다. 여기서 먹이는 무조건자극(unconditional stimulus: US)이고 타액 분비는 무조건반응(unconditional response: UR)이다.

둘째, 개에게 종소리를 들려주고 바로 먹이를 제시한다. 즉, 중립자극(NS)인 종소리와 무조건자극(US)인 음식을 짝지어 함께 제시하는 과정을 여러 번 반복하여 연합시킨다.

셋째, 마침내 개는 종소리만 들려주고 먹이를 제공하지 않아도 타액 분비가 일어나게 되는데, 이것이 바로 조건형성(conditioning)이다. 이때 종소리는 조건자극(conditional stimulus: CS)이고 타액 분비는 조건반응(conditional response: CR)이다.

고전적 조건형성은 처음에는 아무 관련이 없었던 조건자극(종소리)과 무조건자극(먹이)을 체계적으로 연합시켜 무조건자극(먹이)만이 일으켰던 반응(타액 분비)을 유발하게 하는 원리이다. 파블로프 실험을 통해 도출된 학습원리는 다음과 같다.

**자극 일반화**(generalization)/ **자극 변별**(discrimination)　조건형성 과정에서 어떤 반응이 특정한 자극(종소리) 하나에만 조건형성되었더라도 유사한 다른 자극에 대해서도 반응(타액 분비)을 보이는데 이를 자극 일반화라고 한다. 그러나 조건화가 진행됨에 따라 특정한 조건자극에만 민감하게 반응하고 유사한 자극에는 반응을 보이지 않게 되는데 이를 자극 변별이라고 한다.

**소거**(extinction)/ **자발적 회복**(spontaneous recovery)　조건형성이 이루어진 개에게 무조건자극(먹이) 없이 조건자극(종소리)만 되풀이해서 제시하면 조건반응(타액 분비)은 점차 감소하다가 사라지는데, 이를 소거라고 한다. 한편 소거 이후 얼마 동안의 휴지기를 가진 뒤 조건자극(종소리)을 다시 제시하면 조건반응(타액 분비)이 되살아나는데 이를 자발적 회복이라고 한다.

**고차적 조건형성**(higher−order conditioning)　조건화가 이루어지고 나면 조건자극(종소리)을 새로운 자극(불빛)과 반복하여 연합시킴으로써 조건반응(타액 분비)을 일으킬 수 있다. 이러한 방식으로 3차적, 4차적 조건형성을 유도할 수 있는데 하나의 중립자극이 무조건자극(US)뿐 아니라 학습된 다른 조건자극(CS)과 짝지어 반복하여 제시되어도 조건형성이 성립되는 다단계의 조건형성 과정을 고차적 조건형성이라고 한다.

## (2) 스키너의 조작적 조건형성

자극이 반응에 선행한다는 S-R 형태의 고전적 조건형성 이론과는 달리 유기체의 행동은 외적 자극의 영향 없이 자발적으로 일어나는 경우가 많다. 스키너(B. F. Skinner)는 자극에 의해 유발된(elicited) 반응적 행동과 유기체가 자발적으로 방출하는(emitted) 조작적 행동을 구분하였다. 그리고 스키너 상자 실험을 바탕으로 유기체의 자발적인 조작행동에 수반되는 결과에 따라 그 행동의 빈도와 강도가 달라진다는 R-S 형태의 조작적 조건형성(operant conditioning) 원리를 제안하였다. 조작적 조건형성의 몇 가지 개념을 살펴보면 다음과 같다.

**강화(reinforcement)**　강화란 특정 행동이나 반응의 빈도를 증가시키는 현상을 말한다. 이때 강화의 수단으로 사용하는 개체를 강화제(reinforcer)라고 한다. 강화는 크게 정적 강화(positive reinforcement)와 부적 강화(negative reinforcement)로 구분된다. 정적 강화는 행동에 수반하여 먹이, 칭찬, 용돈과 같은 쾌 자극을 제공함으로써 행동의 빈도를 증가시키는 것이고, 부적 강화는 행동에 수반하여 과제, 벌점, 소음과 같은 불쾌자극을 회수 또는 제거함으로써 행동의 빈도를 증가시키는 것이다.

**벌(punishment)**　벌이란 특정 행동이나 반응의 빈도를 감소시키는 현상을 말하며, 정적 벌(positive punishment)과 부적 벌(negative punishment)로 구분된다. 정적 벌은 수여성 벌, 제1벌이라고도 하며 꾸지람과 체벌 등의 불쾌자극을 제공하거나 기존 불쾌자극의 강도를 증가함으로써 행동 빈도를 감소시키는 것이다. 반면 부적 벌은 제거성 벌, 제2벌이라고도 하며 이미 받고 있던 특정한 쾌 자극을 회수, 제거하거나 기존 쾌자극의 강도를 감소함으로써 행동 빈도를 감소시키는 것으로 외출금지나 타임아웃이 부적 벌에 해당한다.

　　강화계획(reinforcement schedule)　　강화계획은 강화제의 투입 시기와 방법을 계획하는 방식을 말한다. 강화계획은 크게 의도한 행동이 발생할 때마다 매번 강화해 주는 연속 강화(continuous reinforcement)와 가끔씩 선택적으로 강화해 주는 간헐 강화(intermittent reinforcement)로 구분된다. 간헐강화는 다시 강화제를 제공하는 시간간격과 빈도에 따라 네 가지 방식으로 구분된다. 먼저 고정간격(fixed interval: FI) 강화계획은 일정한 시간간격을 두고 그 시간이 경과해야 강화를 제공하는 방식이다. 변동간격(variable interval: VI) 강화계획은 평균 시간간격이 일정하지만 강화가 제공되는 시간간격을 변화시키는 방식이다. 고정비율(fixed ratio: FR) 강화계획은 강화를 제공하는 빈도를 고정시키고 일정한 수의 반응 이후에 강화를 제공하는 방식이다. 변동비율(variable ratio: VR) 강화계획은 평균 빈도가 일정하지만 강화가 제공되는 비율을 변화시키는 방식이다. 각각의 강화계획은 독특한 반응양식을 보이므로 적절한 강화제와 강화방식의 선택은 매우 중요하다.

### (3) 반두라의 관찰학습이론

　　반두라(A. Bandura)는 행동적 측면과 인지적 요소를 함께 강조한다는 점에서 인지적 행동주의자로 분류된다. 그가 보보인형 실험을 통해 제안한 학습이론은 관찰학습이론, 사회학습이론, 대리학습이론, 모델링 학습이론 등으로 불린다. 기존 행동주의 이론에서 강화나 벌을 행동의 직접적인 원인으로 간주한 것과 달리, 반두라는 어떠한 행동 이후에 수반될 강화나 처벌에 대한 기대(expectancy)가 더욱 중요하다고 보았다.

　　반두라가 제안한 관찰학습(observational learning)이란 관찰자가 직접적인 강화나 벌 없이 다른 사람을 관찰하여 새로운 행동이나 기능을 학습하는 것을 말한다. 특히 사회적 상황에서 모델의 행동이 주위 사람들로부터 강화를 받으면 관찰자는 이것을 관찰하고 기억해 두었다가 유사한 상황에서 모델의 행동을 모방하게 된다.

관찰학습은 크게 네 단계를 거쳐서 이루어진다. 첫째, 주의집중 단계(attention phase)는 학습자가 모델의 행동에 주의를 기울이고 특징이나 단서를 지각하는 과정이다. 둘째, 파지 단계(retention phase)는 관찰한 모델의 행동을 상징적 기호로 머릿속에 저장하는 과정이다. 셋째, 운동재생 단계(motor-reproduction phase)는 기억된 행동을 학습자가 재생하는 과정이다. 넷째, 동기화 단계(motivation phase)는 모델의 행동을 재생한 것에 대한 강화를 기대하면서 동기를 갖는 과정이다. 학습자는 직접강화뿐만 아니라 대리강화나 자기강화를 통해서 다음 행동의 수행에 영향을 주게 된다.

## 2) 인지주의 학습이론

20세기 초반을 주도했던 행동주의는 인지주의의 등장으로 도전을 받게 된다. 인지주의의 모태가 된 게슈탈트 심리학자들은 행동주의의 환원주의적 원자론에 반대하며, 전체론의 입장에서 전체는 부분의 합 이상이며, 각 부분과 요소는 다르나, 전체의 성질은 같다고 주장하였다. 또한 유기체는 환경을 능동적으로 구성하고 조직함으로써 형태(gestalt)를 구성한다고 가정하고 인간이 정보를 지각, 학습, 기억하는 과정에 관심을 가졌다.

### (1) 톨먼의 기호형태설

톨먼(E. C. Tolman)은 행동주의와 인지론을 통합한 목적적 행동주의를 주장하였다. 그는 학습이 단순히 자극-반응 간의 관계를 형성하는 것이 아니라 행동으로 어떠한 결과를 얻을 것이라는 기대를 학습하는 과정이라고 보았다. 톨먼은 쥐의 미로실험을 통해 인지도, 장소학습, 잠재학습의 개념을 제시하였다.

인지도(cognitive map)란 환경에 대한 정신적 표상을 말한다. 톨면의 실험 결과, 쥐는 자극-반응의 연합을 학습한 것이 아니라 미로의 환경적 특성과 구조 및 위치에 대한 정보, 즉 미로에 대한 인지도를 머릿속에 학습한 것으로 나타났다. 이때 쥐가 인지도를 획득하는 것을 장소학습(place learning)이라고 하며 이는 행동주의의 반응학습과 상반되는 개념이다. 다음으로 잠재학습 (latent learning)은 학습이 이루어졌으나 눈에 보이는 수행으로 나타나지 않은 것을 의미한다. 잠재학습 실험결과 강화가 학습의 필수요건이라는 행동주의 입장과는 달리 강화가 없이도 학습이 이루어지는 것으로 나타났다.

### (2) 퀼러의 통찰설
퀼러(W. Köhler)는 아프리카 유인원연구소 소장으로 근무하면서 8년간 침팬지의 학습과정을 실험하였다. 첫 번째 실험장면에서는 침팬지가 목표물에 직접 닿을 수 없게 한 우회문제를 사용하였고, 두 번째 실험장면에서는 침팬지의 손이 닿지 않는 곳에 목표물을 매달아 놓고 도구를 사용하여 목표물을 획득하게 하였다. 행동주의 관점에서는 침팬지가 맹목적인 시행착오를 통해 문제를 해결한다고 보았으나, 퀼러의 실험 결과 침팬지는 시행착오 대신 전체 장면을 주의 깊게 관찰한 후 여러 개의 막대를 결합하거나 상자를 쌓아 올려 문제를 해결하였다.

이처럼 수단과 목표, 부분과 전체의 관계를 이해하고 문제장면의 요소를 재구조화하여 해결에 필요한 핵심 아이디어를 갑자기 파악하는 것을 통찰 (insight)이라고 한다. 이때 학습자는 아하 현상(aha phenomenon)을 경험하게 된다. 통찰을 통해 획득된 해결책은 장기간 기억되며 다른 문제 장면에 쉽게 적용되는 특징을 가진다.

### (3) 앳킨슨과 시프린의 정보처리이론

앳킨슨(R. C. Atkinson)과 시프린(R. M. Shiffrin)의 정보처리이론은 인간의 인지과정을 컴퓨터 정보처리 과정에 비유하여 설명한다. 인간과 컴퓨터는 비슷한 방식으로 정보를 수용, 저장, 인출하며, 인간의 기억은 컴퓨터와 마찬가지로 단기기억과 장기기억으로 구분되고, 한정된 정보처리 능력을 갖는다고 가정한다. 베들리(A. D. Baddley)와 히치(G. J. Hitch)는 후에 단기기억을 작업기억으로 명명하고, 수동적인 저장고가 아니라 정보를 조작하는 작업대의 기능을 수행한다는 점을 강조하였다.

정보처리이론은 크게 기억 저장소와 인지처리 과정의 두 요소로 파악할 수 있다. 첫째, 기억 저장소는 감각기억, 작업기억, 장기기억으로 구분된다.

**감각기억(sensory memory)**   감각기억은 환경으로부터 들어온 감각정보를 원래 형태대로 극히 짧은 기간 동안(시각적 정보 약 1초, 청각적 정보 약 2~4초) 보관하는 기억 형태이다. 용량은 커도 즉시 처리되지 않으면 소멸되지만 주의와 지각을 거치면 작업기억으로 전달된다.

**작업기억(working memory)**   작업기억은 정보의 일시적 저장과 처리를 동시에 수행한다. 작업기억은 감각기억에서 넘어온 새로운 정보 또는 장기기억에서 인출해 온 지식을 조작, 저장하는 정신적인 작업대로 간주된다. 그러나 처리 용량에는 제한이 있어서 기억전략을 사용하지 않을 경우 10~20초 동안만 유지되며 기억범위는 7±2개로 제한된다. 유입된 정보를 오래 유지하기 위해서는 시연이나 부호화 과정을 거쳐야 한다.

**장기기억(long-term memory)**   작업기억은 용량에 거의 한계가 없고 영구적으로 정보를 저장할 수 있는 곳이다. 그러나 장기기억은 비활성화된 상태이기 때문에 저장된 정보를 작업기억으로 인출해야 한다. 장기기억 속의 지식은 일반적으로 선언적 지식(declarative knowledge), 절차적 지식(procedural knowledge), 조건적 지식(conditional knowledge)의 세 종류로 구분한다. '선언적 지식'은 특정 사실, 개념, 절차, 규칙에 대한 지식(know that)이다. 선언적 지식은 일반적 지식에 관련된 의미기억(semantic memory)과 개인적 경험에 대한 일화기억(episodic memory)으로 구성된다. 다음으로 '절차적 지식'은 과제를 수행하는 방법에 관한 지식(know how)으로 주로 실제 수행을 통해 표현된다. 마지막으로 '조건적 지식'은 선언적 지식과 절차적 지식을 적용하는 시기와 이유에 관한 지식이다.

둘째, 정보처리이론의 인지처리 과정은 투입된 정보를 하나의 저장소에서 다른 저장소로 옮기는 주의, 지각, 시연, 부호화, 인출, 망각 등의 과정을 말한다.

**주의(attention)**　　감각등록기에 들어온 수많은 자극 중 특정 자극에만 관심을 기울이는 것으로, 학습의 출발점이 된다.

**지각(perception)**　　주의를 기울인 자극에 대해 의미와 해석을 부여하는 과정이다. 이때 지각의 기준은 개인의 과거경험이나 지식이다. 주의와 지각을 거치면 감각기억의 정보가 작업기억으로 전달된다.

**시연(rehearsal)**　　작업기억에서 이루어지는 처리과정으로 정보를 속으로 되뇌이고 반복함으로써 보유하는 과정이다. 시연을 통해 정보가 망각되지 않고 작업기억 내에 유지되며, 충분한 반복을 통해 파지(retention)된 정보는 장기기억으로 이동한다.

**부호화(encoding)**　　정보를 장기기억에 저장할 수 있는 형태로 변환하여 저장하는 것을 말한다. 부호화가 이루어지지 않은 정보는 일시적으로만 저장되기 때문에 부호화는 가장 중요한 인지처리 과정이다. 유의미한 부호화를 위한 전략으로 정교화, 조직화, 심상의 세 가지가 있다.

- 정교화(elaboration): 자신의 사전경험에 근거하여 새로운 정보를 장기기억에 저장된 정보와 연결 짓는 전략
- 조직화(organization): 공통범주나 유형을 기준으로 하여 새로운 정보를 장기기억에 저장된 정보와 연결 짓는 전략
- 심상(imagery): 새로운 정보를 우리의 마음속에 그림으로 만드는 전략

**인출(retrieval)**    컴퓨터의 파일 불러오기와 같이 부호화를 통해 장기기억에 저장된 정보를 찾아 작업기억으로 이동시키는 인지과정이다. 인출은 부호화와 밀접하게 관련되기 때문에 정보가 부호화되었던 맥락과 방법에 따라 정보 인출이 쉬울 수도 있고 어려울 수도 있다. 장기기억에서 정보 인출에 실패할 때 설단현상이 나타난다.

**망각(forgetting)**    이전에 경험했거나 학습한 것을 기억하지 못하는 것을 뜻한다. 망각은 모든 기억 저장소에서 일어나지만 기억 저장소별로 원인에는 차이가 있다. 감각기억에서의 망각은 시간이 지나면서 기억의 흔적이 사라지는 쇠퇴(decay)가 원인이다. 작업기억에서의 망각은 용량의 한계에 따른 쇠퇴와 치환에 의해 이루어진다. 치환(displacement)은 새로운 정보가 기존의 정보를 밀어내고 그 자리를 차지하는 현상이다. 장기기억에서의 망각은 쇠퇴, 간섭, 인출실패로 설명된다. 간섭(interference)은 기존의 정보와 새로운 정보가 파지를 방해하는 현상이며, 인출실패는 장기기억에 저장된 정보에 접근할 수 없을 때 발생하는 현상이다.

앞에서 살펴본 정보처리의 모든 인지과정을 스스로 인식, 통제, 조절하는 정신과정을 가리켜서 메타인지(meta-cognition)라고 말한다. 메타인지는 자신의 인지과정 전체를 의식적으로 계획, 점검, 평가, 관리한다는 점에서 상위인지, 인지에 대한 인지, 고차적 인지, 초인지라고 부르기도 한다. 예를 들어, 어떤 정보에 주의를 기울여야 하는지, 나는 어떤 전략을 잘 사용하는지, 학습하는 데 얼마나 많은 시간이 필요한지 등에 대한 정신과정이 메타인지이다. 메타인지는 자신이 가지고 있는 지식, 인지전략, 인지과정에 대해 아는 '메타인지 지식'과 인지전략을 사용하고 관리하는 '메타인지 조절'로 구성된다. 학습에서 성공하기 위해서는 학습자들이 메타인지 전략을 사용하여 자신의 학습과정을 계획, 점검, 조절하는 것이 매우 중요하다.


## 3. 학습자의 특성

### 1) 학습자의 인지적 특성

#### (1) 지능

지능(intelligence)은 인간의 지적 능력을 나타내는 대표적인 개념이다. 연구자의 관점에 따라 다양하게 정의되지만 일반적으로 지능은 문제에 대해 합리적으로 사고하고 해결하는 인지적인 능력과 학습능력을 의미한다. 지능에 대한 연구는 크게 심리측정적 접근과 대안적 접근으로 구분된다. 접근법에 따른 대표적인 지능이론을 살펴보면 다음과 같다.


##### ① 지능에 대한 심리측정적 접근

심리측정적 접근은 지능을 양적으로 측정하여 통계적으로 분석하고 개인차를 확인하는 데 초점을 두는 접근방식이다. 심리측정적 접근의 선구자인 골턴(F. Galton)은 감각식별능력이 지적능력과 관련된다고 가정하고 물리적 자극에 대한 감수성을 측정하고자 시도하였다. 그 후 비네(A. Binet)와 시몽(T. Simon)은 프랑스 정부의 요청으로 지적 장애 아동을 분류하기 위한 지능검사를 최초로 개발하였다.

스피어먼(C. E. Spearman)은 요인분석을 통해 지능이 일반요인(g요인, general factor)과 특수요인(s요인, specific factor)의 두 가지 요인으로 구성되어 있다고 제안하였다. '일반요인'은 모든 사람이 가지고 있으며, 모든 종류의 지적 과제를 수행하는 데 관여하는 지적 능력이고, '특수요인'은 특수한 지적 과제 수행에만 관여하는 지적 능력을 말한다.

서스톤(L. Thurstone)은 스피어먼의 이론을 비판하고 7개의 기본정신능력(primary mental abilities: PMA)으로 구성된 다요인이론을 제시하였다. 여기에는 '언어이해력, 언어유창성, 수리력, 공간지각력, 추리력, 기억력, 지각속도'가 포함된다. 그의 이론은 각 기본정신능력의 수준을 파악하는 형식으로 지능검사를 제작하는 계기를 제공하였다.

길포드(J. P. Guilford)는 서스톤의 다요인이론을 확장하여 입방형의 지능구조모형(structure of intellect model)을 제안하였다. 모형에 따르면 지능은 조작, 내용, 산출의 세 가지 차원이 상호 결합하여 생기는 180개의 상이한 능력들로 구성된다. 길포드의 지능구조모형은 기존의 지능에 대한 개념과 범주를 확장시키는 데 공헌하였다.

그 후에 학자들은 지능을 구성하는 요인들이 위계를 이루고 있다는 지능의 위계모형(hierarchical model)을 제안하였다. 대표적인 모형은 커텔(R. Cattell)과 혼(J. Horn)의 유동성 지능-결정성 지능 이론이다. 이들은 지능을 2개의 층으로 구분하였는데 1층에는 40여 개의 특수요인이, 2층에는 2차 요인인 유동성 지능(fluid intelligence: Gf)과 결정성 지능(crystallized intelligence: Gc)이 위치한다. '유동성 지능'은 문화적 영향력을 비교적 적게 받고 유전적, 신경생리학적 영향을 받아 발달하는 지능으로, 새로운 사태에서 정보를 획득하고 문제를 해결하는 능력이다. 반면 '결정성 지능'은 개인이 속한 문화, 교육, 경험의 강력한 영향을 받아 발달하는 지능으로, 후천적으로 획득한 기술과 지식을 활용하는 능력이다. '유동성 지능'은 성인기 이후 퇴보하지만 '결정성 지능'은 오히려 시간경과에 따라 증가하는 양상을 보인다.

캐롤(J. B. Carroll)은 앞에서 스피어먼이 제시한 일반지능(g)의 중요성을 인정하면서 지능의 3층위 위계구조를 제안하였다. 3층에는 일반 인지능력(g)이, 2층에는 8개의 넓은 인지능력이, 1층에는 수많은 좁은 인지능력이 위치한다. 최근에는 맥그루(K. S. McGrew)가 커텔과 혼의 Gf-Gc 모형과 캐롤의 모형을 결합시킨 CHC(Cattell-Horn-Carroll) 이론을 소개하였고 이를 바탕으로 여러 지능검사의 개발과 해석이 이루어지고 있다.

### ② 지능에 대한 대안적 접근

지능에 대한 대안적 접근 중 첫 번째는 정보처리이론이다. 정보처리이론은 지능에 대한 인지이론을 바탕으로 지능이 지적 표상(representation)과 여기에 작용하는 일련의 처리과정(processing)으로 구성된다고 본다. 그리고 지능에 대한 인지이론은 인지 상관 접근법, 인지 요소 접근법, 인지 내용 접근법의 세 가지로 구분한다.

지능에 대한 대안적 접근 중 두 번째는 인지적 맥락(cognitive context) 이론이다. 이것은 정보처리 과정이 다양한 환경 맥락 안에서 어떻게 작동하는가를 설명하려고 하는 접근이다. 대표적인 이론으로 가드너(H. Gardner)의 다중지능이론과 스턴버그(R. J. Sternberg)의 삼원지능이론이 있다.

첫째, 가드너의 다중지능(multiple intelligence: MI) 이론은 인간이 영역에 따라 독립적인 정보처리체계를 갖고 있으며, 지능도 서로 독립적이며 상이한 여러 유형의 능력으로 구성된다고 가정한다. 가드너는 인간에게서 관찰되는 다중지능을 언어 지능, 논리-수학 지능, 음악 지능, 공간 지능, 신체운동 지능, 개인 간 지능, 개인 내 지능, 자연 지능으로 제시하였고, 최근에 실존 지능과 영적 지능을 추가하였다. 이러한 다중지능은 모든 사람이 어느 정도는 다 가지고 있지만 각각의 지능이 나타나는 정도는 개개인마다 다르다. 다중지 능이론은 과학적 추론과정의 모호함 때문에 비판을 받기도 하나, 다양한 영 역의 장점과 잠재력을 인정하고 아동의 환경 조성이나 훈련을 통해 지능 발 달이 촉진될 수 있다는 점에서 시사점을 준다.

둘째, 스턴버그는 전통적인 지능의 개념에 실제적 지능의 개념을 포함시 켜 삼원지능이론(triarchic theory of intelligence)을 제안하였다. 삼원지능이론 은 삼두이론(三頭理論)이라고도 불리는데, 지능이 서로 관련된 3개의 하위요 인, 즉 분석적 측면, 종합적(경험적) 측면, 맥락적 측면으로 구성된다고 가정 한다. '분석적 측면'은 지능작용에서 중심 역할을 수행하는 정신과정과 인지 전략을 말하는데, 여기에는 지식획득 요소, 수행요소, 메타요소가 포함된다. '종합적 측면'은 새로운 문제에 당면했을 때 창의적으로 해결하는 통찰력을 말하며, 선택적 부호화, 선택적 결합, 선택적 비교로 구성된다. '맥락적 측면' 은 외부의 사회문화적 환경에 대처하여 적응할 수 있는 능력을 말하며, 환경 에 대한 적응, 환경의 선택, 환경 조성 능력으로 구성된다. 이러한 지능의 세 가지 측면은 스턴버그가 제시한 성공지능(successful intelligence)이라는 개념 으로 통합된다. 세 측면의 지능이 조화롭고 균형 있게 사용될 때 자신이 속한 사회에 적응하고 문제를 해결하며 성공적인 경험을 할 수 있다.

## (2) 창의성

### ① 창의성의 개념

창의성(creativity)은 새롭고, 독창적이고, 유용한 것을 만들어 내는 능력이 다. 창의성에 대한 연구의 출발점은 길포드가 제시한 '확산적 사고'의 개념에 서 출발하였다. 앞에서 살펴본 길포드의 지능구조모형에서 조작 차원의 하 나인 확산적 사고(divergent thinking)는 창의력에 가까운 지적 능력으로 간주된다. 그가 창의성의 구성요소로 제시한 것으로는, 당연히 받아들여지는 것에 대해 의문을 품고 생각하는 민감성(sensitivity), 특정한 문제 상황에서 가능한 한 많은 아이디어를 산출하는 유창성(fluency), 고정적인 사고방식이나 시각 자체를 변화시켜 다양한 해결책을 찾아내는 융통성(flexibility), 기존의 것과는 다르게 사고하고 새로운 아이디어를 산출하는 독창성(originality), 다듬어지지 않은 아이디어를 보다 유용하고 가치 있는 것으로 발전시키는 정교성(elaborativeness) 등이 있다. 한편 스턴버그의 삼원지능이론에서는 세 하위요인 중 종합적 측면에 해당하는 지적 능력을 창의력으로 간주한다.

### ② 창의성 연구의 4P

창의성에 대한 연구는 크게 네 가지 주제를 중심으로 이루어졌다. 이를 창의성 연구의 4P라고 한다. 첫째, 사람(person)으로, 창의적인 업적을 남긴 사람의 지적, 성격적 특성에 대한 연구이다. 대표적인 연구로는 애머빌(T. M. Amabile)의 창의성 요소 모형이 있다. 둘째, 과정(process)으로, 창의적 과정의 5단계 모형이나 생성탐색모형과 같이 문제를 지각하여 해결하기까지 거치는 일련의 창의적 문제해결 과정에 대한 연구이다. 셋째, 환경(press)으로, 창의적 산물을 만들어 내고 창의적 사고를 하게 하는 환경에 대한 사회심리적 관점의 연구이다. 이 관점에서는 창의성을 촉진하거나 저하시키는 직장이나 학교, 학급환경에 대한 연구가 이루어지고 있다. 넷째, 창의적인 산물(product), 즉 독창적이고 사회적으로 가치 있는 산물에 대한 연구이다. 산물이나 아이디어의 창의성을 측정, 판단하는 연구에서는 주로 합의적 평가기법을 적용한다.

### ③ 창의적 사고 기법

창의성은 안정된 특성이긴 하지만 적절한 환경 조성과 훈련을 통해 향상될 수 있는 능력이다. 창의적 사고를 증진시키기 위해 개발된 기법들은 다음과 같다.

오스본(A. F. Osborn)의 브레인스토밍(brainstorming)    주어진 과제나 문제해결을 위해 최대한 많은 아이디어를 생산하고 그중 가장 적합한 것을 골라내어 적용하는 기법이다. 보다 활발한 브레인스토밍을 촉진하기 위해 비판 금지, 자유분방한 사고, 다양한 아이디어의 산출, 개선 및 결합 추구와 같은 몇 가지 기본원칙을 지켜야 한다. 구성원들이 소극적으로 의사표시를 하거나 참가자가 많아서 브레인스토밍이 어려운 경우에는 브레인라이팅(brainwriting)을 활용할 수 있다.

고든(W. J. J. Gordon)의 요소결합법    시넥틱스(synectics)라고도 불리는데, 당연한 것으로 받아들였던 대상이나 요소에 대해 의문을 가져 보는 사고기법이다. 요소결합법은 두 가지 방식으로 실행된다. 하나는 낯선 것을 친근한 것으로 보는 방식이고, 다른 하나는 친근한 것을 낯선 것으로 보는 방식이다. 이러한 관점의 변화를 통해 현재의 상황이나 조건에서 벗어나서 보다 자유롭게 문제를 통찰할 수 있게 된다.

드 보노(de Bono)의 육색 사고 모자(Six Thinking Hats)    한 가지 주제에 대해 다양한 측면의 사고를 연습해 보는 방법이다. 여섯 가지 색깔의 모자는 각각 다른 사고 유형을 의미한다(백색: 객관적 사고, 적색: 직관적 사고, 황색: 긍정적 사고, 흑색: 부정적 사고, 녹색: 생산적 사고, 청색: 조절적 사고). 집단 구성원에게 각자 한 번에 하나씩 모자를 쓰고 그 모자가 의미하는 유형의 사고를 하게 함으로써 폭넓은 창의적 사고를 연습하게 한다.

드 보노의 PMI(plus, minus, interest) 기법    어떤 사물, 상황, 아이디어에 대해서 다양한 측면, 즉 긍정적인 점(plus), 부정적인 점(minus), 주목할 만한 가치가 있는 그 밖의 흥미로운 점(interest)을 차례대로 생각하여 다양한 시각과 관점을 갖도록 사고의 방향을 유도하는 기법이다.

에이블(B. Eberle)의 스캠퍼(SCAMPER) 기법 　상상력과 호기심을 자극할 수 있는 7개의 질문을 통해 아이디어 생성력을 높이는 방법이다. 스캠퍼는 일곱 가지 질문(substitute(대치), combine(조합), adapt(맞게 고치기), modify-magnify-minify(수정-확대-축소), put to other use(다른 용도), eliminate(제거), rearrange-reverse(재배치-거꾸로 하기)의 첫 글자를 따서 만든 합성어이다. '스캠퍼 기법'을 통해 기존의 것을 변화시킴으로써 여러 가지 발상을 하게 되고 새로운 훌륭한 아이디어를 도출할 수 있다.

## 2) 학습자의 정의적 특성

### (1) 동기

동기(motive)란 유기체로 하여금 어떤 행동을 일으키고, 행동의 강도와 방향을 정하고, 행동을 지속시키는 힘이다. 이를 학교 장면에 적용시킨 것이 학습동기(learning motivation)이다. 학습자가 학습하고자 하는 욕구를 발생시키고 지속적으로 학습에 임하게 하는 힘이다. 먼저 학습동기는 유발요인에 따라 '내재적 동기'와 '외재적 동기'로 구분할 수 있다. 내재적 동기(intrinsic motivation)는 외부의 보상과 관계없이 학습자가 가진 개인 내부의 지적 호기심과 학습욕구를 충족시키기 위해서 학습하려는 것이다. 반면 외재적 동기(extrinsic motivation)는 학습활동 자체보다는 외부에서 주어지는 상벌에 의해, 즉 학습 결과에 따른 보상, 칭찬, 명예를 얻거나 비난, 처벌을 피하기 위해 학습하려는 것이다.

다음으로 학습동기는 성취 상황에서 개인이 특정 과제를 수행하는 이유와 의도를 나타내는 성취목표 지향성에 따라 숙달목표와 수행목표로 구분된다. 숙달목표(mastery goals), 즉 과제 관여 목표(task-involved goals)는 과제를 숙달하여 새로운 지식과 기술을 학습하는 데 초점을 둔다. 이것은 주어진 과제의 이해와 해결을 위해 노력하는 것을 중요시한다는 점에서 내재적 동기와 관련된다. 반면 수행목표(performance goal), 즉 자아 관여 목표(ego-involved goals)는 과제 수행의 결과로 자신의 능력이 남들보다 뛰어남을 과시하는 데 초점을 둔다. 이것은 타인으로부터 인정받거나 벌을 피하는 것을 중시한다는 점에서 외재적 동기와 관련된다.

교실현장에서 학습자의 학습동기를 유발하기 위해서는 내재적 동기와 외재적 동기를 모두 적절히 활용하는 것이 필요하다. 초기에는 외재적 동기에서 시작하되 점차 내재적 동기에 의해 학습이 이루어질 수 있도록 유도해야 한다. 학습자의 내재적 동기를 유발하기 위해서는 최적의 불확실성을 가진 학습과제를 제공함으로써 학생의 지적 호기심과 긴장감을 일으키는 것이 효과적이다. 또한 개인차를 고려하여 개별 학생에게 효과적인 동기를 발견하고 그에 맞게 활용해야 한다.

### (2) 귀인

귀인(attribution)이란 어떤 행동의 원인을 무엇으로 돌리는가, 즉 자신이나 타인의 행동의 원인을 찾아내기 위해 추론하고 결정하는 과정을 말한다. 학교 장면에서 귀인은 성취행동과 관련되는 것이며, 학습자가 자신의 성공과 실패에 대한 원인을 무엇으로 돌리는가 하는 인과적 귀인(causal attribution)을 의미한다.

웨이너(B. Weiner)는 하이더(F. Heider)와 로터(J. B. Rotter)의 이론을 종합함으로써 성취행동의 인과적 귀인을 두 가지 차원으로 구분하였다. 그것은 '원인의 소재'와 '안정성'이다. 첫째, 원인의 소재(locus of causes)는 성패의 원인을 그 사람의 성격, 능력, 노력과 같은 '성향적 요소'에서 찾거나 또는 외부 환경, 우연한 기회와 같은 '상황적 요소'에서 찾는다. 즉, 원인의 소재에 따라 내부(능력, 노력, 학습전략, 공부법) 또는 외부(과제난이도, 운)로 구분된다. 둘째, 안정성(stability)은 성패의 원인이 변할 수 있는가를 가리킨다. 즉, 안정성에 따라 안정(쉽게 바뀌지 않음) 또는 불안정(시간, 상황 변화에 따라 변화가 가

**표 6-3** 귀인 차원에 따른 인과적 귀인

| 귀인 | 귀인 차원 | | |
|---|---|---|---|
| | 소재 | 안정성 | 통제가능성 |
| 능력 | 내부 | 안정 | 통제 불가능 |
| 노력 | 내부 | 불안정 | 통제 가능 |
| 과제 난이도 | 외부 | 안정 | 통제 불가능 |
| 운 | 외부 | 불안정 | 통제 불가능 |

능)으로 나뉜다.

웨이너는 차후에 또 다른 차원을 추가하였다. 학습자가 성패에 대한 책임감을 수용하거나 학습 상황을 통제할 수 있는가를 나타내는 통제가능성(controllability) 차원을 추가하여 모형을 정교화하였다. 귀인 차원에 따른 인과적 귀인을 종합하면 〈표 6-3〉과 같다.

학습자가 자신의 성패 원인을 무엇으로 지각하는가는 학습자가 이후에 하는 행동 그리고 그들이 경험하는 정서와 관련되고, 이는 학습동기의 유지와 학업성취에 영향을 준다. 학습자가 성패의 원인을 외부보다는 내부로, 안정 요인보다는 불안정 요인으로, 통제 불가능한 요인보다는 통제 가능한 요인으로 돌릴 때 학습동기가 증가하는 것으로 알려져 있다. 즉, 학습자가 성공이나 실패가 본인의 노력 여하에 달려 있다고 지각하게 되면 이후에 보다 많은 노력을 기울이게 된다는 의미로 볼 수 있다. 따라서 교사는 학습자가 성패의 원인을 노력으로 돌릴 수 있도록 가르치는 것이 바람직하다.

정리문제

1. 인간발달에서 공통적으로 관찰되는 기본적인 원리 다섯 가지를 제시하시오.

2. 피아제와 비고츠키의 인지발달이론을 비교하여 설명하시오.

3. 성격발달에 관한 프로이트와 에릭슨의 이론을 비교하시오.

4. 콜버그가 제시한 도덕성 발달단계를 제시하고 한계점을 제시하시오.

5. 행동주의, 인지주의 학습이론의 특징과 차이점을 비교하시오.

6. 창의적 사고를 증진시키기 위한 기법을 제시하고 설명하시오.

7. 귀인 차원에 따른 인과적 귀인을 세분화하여 설명하시오.

# 참고문헌

국립특수교육원(2009). 특수교육학 용어사전. 서울: 도서출판 하우.

권대훈(2016). 교육심리학의 이론과 실제(3판). 서울: 학지사.

서울대학교 학습창의센터 역(2015). 학습심리학: 인간의 사고, 정서, 행동의 이해. Olson, M. H., & Hergenhahn, B. R. 저(2013). 서울: 학지사.

신명희, 강소연, 김은경, 김정민, 노원경, 송수지, 서은희, 원영실, 임호용(2016). 교육심리학(3판). 서울: 학지사.

신종호, 김동민, 김정섭, 김종백, 도승이, 김지현, 서영석 역(2006). 교육심리학: 교육실제를 보는 창. Eggen, P. D., & Kauchak, D. 저(2004). 서울: 학지사.

이신동, 최병연, 고영남(2016). 최신교육심리학. 서울: 학지사.

이용남, 신현숙(2017). 교육심리학(2판). 서울: 학지사.

임규혁, 임웅(2011). 학교학습 효과를 위한 교육심리학(2판). 서울: 학지사.

한국교육심리학회(2000). 교육심리학용어사전. 서울: 학지사.

홍준표(2009). 응용행동분석. 서울: 학지사.

Baddeley, A. D., & Hitch, G. J. (1974). Working memory. In G. A. Bower (Ed.), *Recent advances in learning and motivation* (Vol. 8, pp. 47-90). New York:

Academic Press.

Baltes, P. B. (1987). Theoretical propositions of life-span developmental psychology: On the dynamics between growth and decline. *Developmental Psychology, 23*, 611-626.

Crain, W. (2010). *Theories of development: Concepts and applications*, 6th ed. Upper Saddle River, NJ: Pearson/Prentice Hall.

Kelley, H. H. (1973). The processes of causal attribution. *American Psychologist, 28*(2), 107-128.

Marcia, J. E. (1966). Development and validation of ego-identity status. *Journal of Personality and Social Psychology, 3*, 551-558.

Schaie, K. W. (2009). "When does age-related cognitive decline begin?" Salthouse again reifies the "cross-sectional fallacy." *Neurobiology of Aging, 30*, 528-529.

# 07
교육학개론

—

# 학교상담

이 장에서는 학교상담에 대해 학습한다. 상담의 기초로서 상담의 개념, 상담의 원리, 상담자의 윤리, 학교상담의 주요 영역 등에 대해 알아볼 것이다. 그런 다음 상담이론을 정신역동적 이론, 행동주의적 이론, 인본주의적 이론, 인지행동적 이론으로 나누어 학습할 것이다. 마지막으로 개인상담을 중심으로 하여 상담의 시작에서 종결에 이르는 과정에 대해 살펴볼 것이다.

학교교육의 활동영역은 크게 교과지도와 생활지도로 구분할 수 있다. 생활지도(guidance)는 학생의 학업 발달, 진로 발달, 인성 발달, 합리적 의사결정, 문제해결의 과정을 조력하는 교육활동이라 정의할 수 있다. 그런데 최근의 학교상담은 단순히 생활지도의 한 방법을 의미하거나 혹은 학교라는 장소에서 이루어지는 상담을 의미하기보다는 더욱 다양하고 포괄적인 학생조력의 방법과 원리를 지향하고 있다. 따라서 생활지도와 학교상담의 용어를 구분하지 않고 같은 의미로 함께 사용하는 것이 일반적인 추세이다.

교육과 상담이 밀접한 관련성을 갖고 있다. 이런 점은 교육과 상담의 영역과 목적이 많은 부분에서 서로 중첩된다는 사실에서 잘 알 수 있다. 벨킨(Belkin, 1977)은 일찍이 교육과 상담의 관계를 논하면서 학교상담의 정당성을 다음과 같이 제시하였다.

첫째, 상담, 특히 실제적인 상담은 교육과 분리될 수 없다. 왜냐하면 교육의 기능과 상담의 기능은 함께 조화를 이루면서 공통의 목적을 성취하기 때문이다. 둘째, 상담자는 가르치는 역할을 하며, 교사 또한 상담을 한다. 이 두 활동은 학생의 성장과정에서 각각 독특한 역할을 담당하면서도 그 기능은 종종 중첩된다. 셋째, 학생의 성장에는 지적 성장과 정서적 성장이라는 두 가지 유형의 성장이 있음을 인식해야 한다. 그리고 인성 발달은 지적 발달에 선행해야 한다. 왜냐하면 지식과 인지능력은 현명하게 사용되지 않으면 위험한 도구가 될 수 있기 때문이다. 넷째, 교육의 과정과 상담의 과정은 공통의 철학적 원리에 기반을 두고 있으며, 이 원리는 존재론, 인식론, 그리고 가치론을 포함하고 있다. 학생 개인의 존엄성과 가치를 존중하고, 한 인간으로서의 독자성을 존중하고, 또한 자유롭게 선택할 수 있는 권리와 능력이 있음을 강조한다는 점에서는 공통적이다.

# 1. 상담의 기초

## 1) 상담의 정의

상담은 전문적인 지식을 갖춘 상담자가 도움이 필요한 사람들에게 사고와 행동의 변화를 통한 문제해결을 이루고, 더 나아가 자기이해와 자기수용을 촉진시켜 보다 개선된 행동을 하도록 돕는 활동이다. 즉, 내담자로 하여금 자신이 처한 현재의 문제를 효과적으로 해결할 수 있도록 도움을 주고, 내담자의 삶을 개선시키는 체계적이고 전문적인 행위라 할 수 있다. 상담의 정의를 구체적으로 설명하면 다음과 같다(노안영, 송현종, 2011).

첫째, 상담활동의 공동 주체는 상담자와 내담자다. 상담은 상담자가 내담자에게 일방적으로 전문적 기술을 적용하는 활동이 아니라 함께 노력하는 과정이다. 상담자와 내담자는 상담활동의 주체로서 책임감을 갖고 변화를 위한 노력을 함께한다.

둘째, 상담자는 전문적 훈련을 받는 사람이다. 상담자는 내담자를 조력하기 위한 전문적 훈련의 중요성을 인식하고 자신의 전문성 향상을 위해 끊임없이 노력한다.

셋째, 내담자는 조력을 필요로 하는 사람이다. 우리 모두는 조력을 필요로 하는 잠재적 내담자로서, 내담자라는 용어가 어떤 심각한 문제를 가진 사람을 의미하지 않는다.

넷째, 상담은 내담자의 자각확장을 이루도록 조력하는 활동이다. 상담자는 자신에 대한 이해 부족으로 힘들어 하는 내담자를 자기탐색과 이해를 통해 문제해결을 할 수 있도록 조력한다. 상담의 일차적 목적은 내담자가 자신의 감정, 생각, 행동에 대한 자각을 확장하게 하는 것이다.

다섯째, 상담은 내담자의 문제 예방, 발달과 성장, 문제해결을 달성하는 것으로, 상담의 목적은 내담자가 현재보다 더 나은 상태의 삶을 살 수 있도록 조력하는 것이다.

여섯째, 상담은 내담자의 삶의 질을 향상하기 위해 노력하는 것으로써, 상담자는 상담을 통해 단순히 부적절한 문제를 제거하는 것 이상으로 그가 행복이나 성공 등 최적의 기능을 수행하도록 조력하도록 해야 한다.

일곱째, 상담은 과정을 강조하는 활동으로, 상담자는 조력과정을 통해 내담자의 문제예방, 발달 및 성숙, 문제해결을 위한 힘과 기술을 증진시키는 노력을 한다.

## 2) 상담의 원리

상담은 내담자가 가진 문제를 해결하고 적응성을 증진시킴으로써 건강한 자아형성을 통한 성장을 돕는 데 목적을 둔다. 이를 위해 상담을 진행할 때 상담자가 고려해야 할 기본 원리들이 있다. 노안영과 송현종(2011)은 상담의 기본 원리를 상담자의 신념과 태도, 내담자의 이해와 문제 파악, 내담자를 위한 조력활동의 세 영역으로 나누어 제시하고 있다.

먼저 상담자의 신념과 태도와 관련된 상담의 원리는 다음과 같다. 첫째, 변화에 대한 확신을 가져라. 둘째, 윤리적 책임감을 인식하라. 셋째, 자각을 확장하라. 넷째, 본보기를 보여라. 다섯째, 내담자를 위해 함께함을 보여 주라.

다음으로 내담자의 이해와 문제파악과 관련된 상담의 원리는 다음과 같다. 첫째, 적극적 경청을 하라. 둘째, 내담자의 시간 관리를 잘 살펴라. 셋째, 내담자의 이해를 위해 '반복'이란 말을 명심하라. 넷째, 경험을 통한 육감을 발달시켜라. 다섯째, 내담자의 가족에 대한 생각을 확인하라. 여섯째, 내담자의 언어에 함축된 의미를 파악하라. 일곱째, 내담자의 심리평가를 정확히 하라.

마지막으로 내담자 조력활동과 관련된 상담의 원리는 다음과 같다. 첫째,

경험을 통해 느끼게 하라. 둘째, 자신의 인간관과 성격에 부합한 상담이론을 개발하라. 셋째, 상담면접기법을 숙달하라. 넷째, 상담기법 적용의 적절한 시점인가를 파악하라. 다섯째, 현재 진행되는 경험을 다루라. 여섯째, 대부분의 상담기법이 역설적임을 명심하라. 여덟째, 내담자를 끊임없이 격려하라. 아홉째, 구체적인 상담목표를 설정하라.

## 3) 상담자의 윤리

상담자가 가져야 할 중요한 윤리는 다음과 같다(김계현 외, 2011). 첫째, 상담자는 자신의 능력에 대해 한계를 인정하는 정직한 태도를 가져야 한다. 감당하기 어려운 내담자나 자신이 극복하지 못한 문제 혹은 다루기 어렵다고 판단되는 문제를 가진 내담자와 무리하게 상담을 진행해서는 안 된다.

둘째, 상담자는 상담 과정에서 알게 된 내담자의 정보에 대해 반드시 비밀을 지켜야 한다. 내담자의 이익을 최대한 보장해 주는 데 관심을 갖고, 허락 없이 어떠한 내용도 공개해서는 안 된다.

셋째, 상담에서 내담자에게 해를 끼쳐서는 안 된다. 상담자는 내담자에게 의식적, 무의식적으로 공격적이거나 성적인 감정을 가질 수 있다. 상담자와 내담자는 다양한 사회적 관계와 연결되어 있을 가능성이 있다. 상담자는 될 수 있으면 이중적인 관계를 피하는 것이 좋다. 특히 상담관계에서 형성된 친밀감이 성적 관계로 변질되는 경우를 경계해야 한다.

## 4) 학교상담의 주요 영역

학교상담의 영역은 학생들이 학교생활과 관련하여 경험하는 문제 또는 부적응의 유형에 따라 분류할 수 있다. 학교상담의 주요 유형은 다음과 같이 여덟 가지로 분류할 수 있다.

첫째, 학습문제 상담은 학교상담의 가장 중요한 영역의 하나이다. 학습상담에서 주로 다루는 문제에는 학습기능, 학습습관, 학습의욕, 학습태도, 시험불안 등과 관련된 것들이 있다.

둘째, 학교생활 부적응 상담이다. 상습적인 지각과 장기결석, 학교폭력, 집단 따돌림(왕따) 등이 여기에 해당된다.

셋째, 진로상담이다. 학생으로 하여금 자기 자신과 직업의 세계를 포함한 주변 환경에 대한 이해를 통하여 합리적인 진로선택을 하도록 체계적이고 전문적으로 도와주는 활동이다.

넷째, 비행행동 상담이다. 학생들의 비행행동에는 등교거부, 흡연과 음주행위, 오락 등 비교적 단순한 비행뿐만 아니라 교내외의 절도나 갈취, 도벽, 폭력, 약물남용 행위, 가출, 성적 비행, 폭력집단 가입, 자살 등이 있다.

다섯째, 인간관계 상담이다. 청소년기에 친구는 가장 의미 있는 타자이고, 중요한 정서적 공감자이며 지지자이고, 자신의 삶을 평가하는 중요한 비교준거이다. 이 시기에 친구와 갈등이 생길 경우에 그 영향은 학생의 학업뿐만 아니라 학교생활 전반에 나쁜 영향을 미치게 된다.

여섯째, 성 · 이성 문제 상담이다. 성문제와 관련된 상담은 학생들의 연령에 따라 그 내용이 다소 다르다. 초등학생에게는 주로 성에 관한 올바른 지식을 교육하고 성에 관한 호기심을 해소해 주는 것이 주요 내용일 것이다. 중학생이나 고등학생 경우에는 성폭력, 임신, 피임, 출산, 성병 또는 건전하지 못한 성관계와 관련된 내용이 주로 다루어질 것이다.

일곱째, 정신건강과 성격문제 상담이다. 청소년에게 많이 나타나는 정신건강 문제에는 불안, 우울, 강박적 사고, 반사회적 성격장애, 품행장애 등이 있다.

여덟째, 인터넷 중독 상담이다. 인터넷이나 스마트폰 또는 게임에 대한 과도한 몰입과 중독은 청소년의 대표적인 문제가 되고 있다.

## 2. 상담이론

상담이론의 유형은 학자에 따라 매우 다양하게 분류된다. 일반적으로는 크게 정신역동적 상담이론, 행동주의 상담이론, 인본주의 상담이론, 인지행동적 상담이론으로 분류한다. 다음은 상담이론의 유형과 특징을 송현종과 정광주(2016)의 견해를 중심으로 재구성한 것이다.

### 1) 정신역동적 상담이론

#### (1) 프로이트의 정신분석이론

##### ① 인간관

정신분석 이론의 창시자인 프로이트는 인간을 비합리적이고 비관적인 결정론적 존재로 보았다. 프로이트는 인간의 행동이 비합리적인 힘, 무의식적 동기, 생물학적 및 본능적 충동, 생의 초기 6년 동안의 심리성적 발달에 의해 결정되는 것을 발견하였다. 인간의 행동을 결정짓는 생물학적 본능적 충동을 리비도(libido)라고 하는데, 이는 궁극적으로 개인과 종족의 생존을 추구하는 힘이다(양명숙 외, 2013).

정신분석적 상담에서 추구하는 건강한 인간이란 무엇인가? 그것은 본능, 즉 리비도가 개인과 종족의 생존을 추구하는 본연의 기능을 효과적으로 수행하게 함과 동시에 그 본능이 초래할 수 있는 파괴적 영향을 최소한으로 받으며 살 수 있는 사람을 의미한다. 반면에 자신의 원시적 본능의 파괴적 힘을 올바로 다루지 못할 때 정신적으로 건강하지 못하게 된다. 따라서 심리사회적으로 건강하려면 성욕이나 공격성 같은 본능적 욕구를 과도하게 따르거나 완전히 부정할 것이 아니라 자신에게 본능적 욕구가 있다는 사실을 인정하면서 적절한 수준에서 충족할 수 있어야 한다(김계현 외, 2011).

### ② 주요 개념

**의식과 무의식**　인간의 정신세계는 의식, 전의식, 무의식이라는 세 수준으로 이루어져 있다. 의식은 우리가 늘 자각할 수 있는 부분이고, 전의식은 기억의 저장고에 존재하며 현재 자각할 수는 없지만 주의를 기울여 노력하면 의식할 수 있는 부분이다. 무의식은 정신세계의 대부분을 차지하는 영역으로 억압된 충동이나 기억 등 특별한 노력이 없으면 자각하기 힘든 정서적인 자료들이 저장되어, 꿈이나 문제증상에서 상징적이거나 왜곡된 방식으로 표출되는 정신 영역이다.

**성격구조**　인간의 성격은 원초아(id), 자아(ego), 초자아(super ego)로 구성되어 있다. 원초아는 인간이 생물학적 존재로서 태어나면서 유전적으로 내재되어 있는 것으로 본능의 지배를 받는다. 원초아는 세 가지 자아 중 가장 힘이 크며 생물학적 욕구로서 쾌락의 추구가 주요 목적이다. 자아는 원초아와 달리 객관적인 현실세계를 고려하여 원초아의 욕구를 조절해 가는 조정자 역할을 맡는다. 초자아는 쾌락이나 현실의 원리보다는 도덕이나 사회의 가치관의 원리에 따라 작동된다. 주로 부모나 사회환경의 영향을 받아 인생 초반기에 형성되며 성격의 도덕적, 사회적, 판단적 측면을 나타낸다.

**방어기제**　불안은 자아에게 닥친 위험을 알리는 신호로서 세 자아의 갈등으로 끊임없이 야기되는 것이다. 자아가 위협받는 상황이 되면 방어기제를 사용하게 된다. 만일 자아가 불안을 적절하고 합리적으로 다룰 수 없다면 비현실적인 방어기제가 작동된다. 방어기제는 어려운 문제에 직면하거나 실수했을 때 적절한 대처로 우리를 보호해 주기도 하지만 때로 자기성장을 방해하기도 한다. 즉, 예전에는 도움이 되었지만 현재에는 도움이 안 되는 방어기제를 무의식적으로 반복적으로 사용하는 것은 현실을 부정하고 왜곡시켜 병리적인 결과를 초래하기도 한다. 주요 방어기제에는 억압, 합리화, 반동형성, 부정, 퇴행, 동일시, 치환 등이 있다.

**심리성적 발달단계**　프로이트의 심리성적 발달단계를 간단히 정리하면 다음과 같다(이 책 195쪽 참조).

- 구강기: 생후 1년간 입과 입술을 통해 만족을 얻는 시기로서, 이 시기에 만족을 얻지 못하면 불신감을 갖게 된다.
- 항문기: 1~3세 시기로 배변훈련과 관련된 시기인데 이때 부모가 보이는 감정 태도, 반응은 성격형성에 큰 영향을 미친다. 지나치게 엄격한 배변훈련은 강박적이고 의존적인 성격을 초래한다.
- 남근기: 3~5세 시기로 아동은 자신의 육체에 호기심을 갖게 되며 이성과의 차이점을 발견하려고 한다. 아동은 같은 성의 부모를 동일시하고 부모의 가치를 내재화함으로써 초자아를 발달시킨다.
- 잠복기: 6~12세 시기로 이전 시기에 비해 특별한 관심의 대상이나 성적 표현이 드러나지 않는 잠재적 단계이다. 성적 관심은 학교, 친구, 스포츠 등 외적 세계로 대치된다.
- 생식기: 12~18세 시기로 사춘기부터 성적으로 성숙되는 성인기 이전까지의 시기로 심한 생리적 변화가 특징이며 격동적인 단계이다.

### ③ 상담 과정
**시작 단계**　내담자의 과거의 발달사를 알아보는 과정으로 가능한 많은 정보를 파악하여 내담자를 진단하고 치료계획을 세우는 단계이다.

**전이발달 단계**　내담자가 과거 아동기의 무의식적 갈등과 현재의 문제를 연관시킬 준비가 될 때 전이분석을 통해 내담자는 과거와 현재, 환상과 현실을 구별하게 한다.

**훈습 단계**   전이분석을 통한 통찰을 공고히 하는 단계로 반복, 정교화, 확대하는 과정이다.

**전이해결 단계**   상담의 종결 단계로, 앞서 이루어진 해석의 재구성을 확인하게 되지만 저항이 일어나기도 한다. 저항은 증상으로 얻었던 만족을 유지하려는 시도이기도 하지만 문제가 제대로 짚어졌다는 증거이기도 하다.

정신분석적 상담에서 내담자가 자신의 정서적 문제를 명료화하고 수용하며, 문제의 역사적 원인을 이해하고 자신의 현재 대인관계와 과거의 문제를 통합할 수 있게 되면 상담이 종결된다.

④ 상담 기법
**통찰**   내담자가 행동의 원인과 해결방법이 무엇임을 깨닫고 수용하게 되는 과정으로 무의식 속에 있던 것들의 진정한 의미를 깨닫는 것을 의미한다.

**자유연상**   무의식에 접근하는 방법으로 내담자 마음에 떠오르는 내용을 자연스럽게 이야기하도록 하는 것으로 내담자의 억압된 기억을 수집하는 데 도움이 된다.

**전이**   과거의 중요한 사람과의 관계에서 느꼈던 감정을 현재의 상담자에게 경험하는 것으로서, 상담자는 이러한 전이를 분석하고 해석함으로써 내담자의 무의식적 감정, 갈등, 패턴 등을 통찰하도록 돕는다.

**저항**   상담의 진행 및 무의식적 자료에 접근하는 데 방해가 되는 것으로, 상담자는 내담자의 저항을 분석하고 해석함으로써 내담자의 통찰을 돕는다.

**훈습**   통찰 후 자신의 심리적 갈등을 깨달아 실생활에서 자신의 사고와 행동을 수정하고 적응방법을 실행해 나가는 과정이다.

### (2) 대상관계이론

프로이트의 정신분석이론과 달리 대상관계이론은 관계의 문제에 집중하면서 인간행동의 동기를 생물학적 추동이 아닌 사람 사이의 관계성 추구에서부터 찾으려 한다. 따라서 대상관계이론에서는 생물학적 요소인 추동에 의한 발달의 중요성은 감소하고, 유아와 부모관계의 성질과 초기 관계에서의 장애 등이 더욱 강조되었다. 대상관계이론은 멜라니 클라인(Melanie Klein), 로널드 페어벤(Ronald Fairbairn), 도널드 위니컷(Donald Winnincott) 등 여러 이론가에 의해 완성되고 있다.

### ① 인간관

대상관계이론에서 건강한 사람이란 인간에 대해 통합적인 관점과 태도를 형성한 존재이다. 인간은 자아의 독립과 자율성에 의한 자기실현을 지향하는 주관적 존재로서 자율성을 통해 자기를 확인하려는 실천적 욕구와 의지를 가지고 있다. 인간에게는 관계를 형성할 수 있는 대상이 필요하며 대상과 형성하는 관계의 질에 따라 개인의 심리내적 특성이 크게 좌우된다. 관계 형성의 욕구는 '의미 있는 대상'과 '좋은 관계'를 맺으려는 욕구를 의미하는데, 여기서 대상관계란 사람뿐 아니라 개인이 의미를 부여한 가치, 행동, 사물 등과의 관계도 포함한다. 대상관계이론은 대인관계에 대한 욕구가 바로 인간행동의 동기이며, 인간을 환경 속의 존재이면서 관계지향적 존재로 본다.

대상관계이론은 내담자의 심리사회적 문제의 원인이 분열(splitting)현상에 있다고 본다. 분열이란 자기나 타인을 전체로서 보기보다 '좋음'과 '나쁨'으로 나누어 경험하는 것을 의미한다. 원래 분열은 일종의 방어기제로서 관계에서 경험하는 불안으로부터 자신의 심리적 안녕을 확보하기 위한 노력이다(김계현 외, 2011).

### ② 주요 개념

**대상(object)**　　대상이란 주체에 상대되는 개념으로 '주체가 관계를 형성하는 어떤 것'(Clair, 1996)인데 주체와 어떤 정서적 색조가 가미된 관계를 형성한다. 정신적 에너지(사랑이나 미움, 혹은 사랑과 미움의 복합)가 부여되는 사람이나 장소, 사물, 관념, 공상, 기억 등도 대상의 기능을 하기도 한다. 대개는 무생물보다 자기가 관계를 맺는 사람을 지칭한다.

**대상관계(object relations)**　　자신이 느끼는 관계인데 객관적·외적인 관계가 아니라 내면화된 관계, 즉 관계에 대한 개인의 지각, 감정, 기억 등을 의미한다. 요컨대 대상관계란 타자와의 관계가 내면화되는 것이다. 즉, 자기가 주요한 타자들과의 관계에서 경험한 것이 어떤 정신적인 표상과 상호작용 모델로 내면화되는 것을 의미한다.

**대상항상성(object constancy)**　　긍정적인 정서가 부여된 내적 존재로서 타자에 대한 일관된 지각을 말한다. 생후 24~36개월 사이에 형성되기 시작한다. 엄마에 대한 내면화된 긍정적인 상이 존재함으로써 아이는 엄마가 없는 동안 심리적 위안을 받고 또한 한동안 떨어져 기능할 수 있다. 이는 대인관계에서 타인에 대한 지각과 경험이 부분적, 극단적으로 되지 않고, 타인에 대한 부정적인 감정이 느껴지는 상황에서도 긍정적인 측면과 관련된 지지적이고 긍정적인 정서를 발동시킬 수 있기 때문이다.

**충분히 좋은 엄마(good-enough mother)**    일관되게 애정을 표현하며 안아주는 환경을 제공할 뿐 아니라 본능 욕구를 충족시켜 주는 어머니를 의미한다. 이러한 어머니는 아기의 공생적 필요를 충족시켜 주고, 아기의 '몸짓' 신체 자기를 형성하는 것을 돕는 등 대상을 사랑하는 근본을 제공한다. 시간이나 필요를 강요하지 않고, 적합한 시간에 아이가 원하는 것을 제공한다. 그리고 유아가 좌절, 공격성, 상실을 경험할 때 감정이입과 안아 주기의 환경 안에서 지지를 제공한다.

**중간대상(transitional object)**    내부대상이나 주관적 대상이 아니면서, 그렇다고 단순히 외부에 실재하는 대상도 아닌 대상이다. 예를 들어, 엄마와 같은 안전한 감정을 일으키게 하는 담요, 곰 인형, 베개 등은 유아로 하여금 강한 애착관계를 느끼게 하는 중간 대상물이라 할 수 있다.

### ③ 상담 과정

대상관계이론의 상담목표는 내담자의 자기(self)가 보다 효과적으로 기능할 수 있도록 대상관계 구조를 바꾸는 것이다. 즉, 내담자의 방어기제들에 의해 분열된 자아의 부분들을 결합시켜 자아의 재통합을 성취하고, 문제가 일어난 지점을 확인하고 적절한 환경적 반응을 제공해 줌으로써 역기능적인 의존관계에서 상호의존 관계로 발달한 성숙한 대상관계를 갖도록 공감적인 치료자 곁에서 현실에 맞는 발달과 성숙을 실현하고자 하는 것이 상담목표라 할 수 있다. 따라서 치료의 궁극적 목표는 내담자가 역기능적인 개인내적역동에 대한 통찰을 얻고 온전한 대상관계를 형성함으로써 자신과 다른 사람들에 대해 좀 더 현실적이고 수용적인 태도를 갖게 하는 것이다.

상담자는 내담자의 내적 역동을 이해함으로써 내담자의 역기능적 행동패턴을 예측하여 내담자로 하여금 주변 사람들과의 관계에서 나타나는 특징적 행동과 문제가 지금-여기 상담관계에서 재연되는 것을 주목하고 그 역동을 이해하고 극복해 나가도록 돕는다. 대상관계이론에서의 치료는 해석이나 통찰에만 의존하는 것이 아니라 좋은 대상과의 반복적인 깊은 만남과 경험에 의해 일어난다. 즉, 해석을 통한 통찰과 함께 상담자와 갖는 관계의 질적 경험이 중요한 치유요소다. 상담자는 상담을 통해 새로운 방식으로 내담자와 연결되어 내담자의 '자기'와 접촉함으로써 내담자와 새로운 유형의 애착을 형성하게 된다.

④ 상담 기법

상담자는 상담과정에서 심리적 발달의 필수조건인 '수용적 환경(holding environment)'을 제공하여 내담자가 좌절했던 발달과정을 재활성화하고, 내담자의 현재 있는 그대로의 욕구와 미성숙과 의존에 대해 반응해 주고 담아 줌으로써 내담자가 새로운 발달을 할 수 있도록 돕는다.

안아 주는 환경(holding environment)    안아 주는 환경은 따스하고 부드럽게 내담자를 긍정하고 내담자 내면의 요소들을 있는 그대로 안아 주고 받아 주는 환경이다. 이런 환경은 상담자의 공감에서 조성된다. 이런 안전기지 속에서 내담자는 자신의 감정을 표현하고 경험한다. 안아 주는 환경은 좀 더 근원적 차원에서 내담자 경험의 본질에 대한 깊이 있는 이해와 수용적 태도, 내담자의 불안이나 갈등을 감당해낼 수 있는 능력을 보여 줌으로써 내담자에게 전달된다. 상담자가 내담자와의 관계에서 받아 주기를 일관되게 보여 주면 내담자도 점차 자신과 다른 사람들을 좀 더 근원적으로 이해하게 되고 버텨 가는 능력을 키워 나갈 수 있다.

담아 주기(containing)    내담자의 강한 감정에 즉각적으로 반응하지 않고, 그 감정을 상담자의 마음에 간직하여 뜸들이고 길들인 후, 위험하지 않도록 변화시키고 조절시킨다. 그런 다음에 이 완화된 감정을 내담자가 받아들일 준비가 되었다고 판단될 때 해석을 통하여 전달해 주는 것이다.

버텨 주기(surviving)    내담자가 불안이나 아픔을 직면하지 못하고 회피하려고 할 때, 내담자를 거부하거나 비난하지 않고 공감, 이해, 지지, 수용을 하면서 상담자가 내담자의 그러한 불안이나 아픔을 잘 알고 있다는 것을 전해주면서 내담자가 스스로 이겨 내도록 내담자의 감정과 함께 견뎌 주는 것이다.

## 2) 행동주의 상담이론

### (1) 인간관
전통적인 행동주의자들은 인간을 환경적이고 유전적인 영향에 의해서 결정되는 수동적인 존재로 보았다. 인간의 모든 행동은 학습되며, 인간은 본질적으로 그들의 사회문화적 환경에 의해 결정된다고 보았다.

최근의 행동주의적 접근에서는 인지적 사고과정을 중요하게 다룬다. 즉, 행동의 문제를 이해하고 상담하는 데 인지적 요인을 중추적 역할로 간주하고, 외적 사건이 개인에게 영향을 미치는 정도가 인지과정에 의해 결정된다고 보며, 이러한 인지과정은 행동이 가져오는 사회적이고 환경적인 결과와 끊임없이 상호작용한다고 본다. 이 영역은 인지행동적 상담에서 구체적으로 언급될 것이다.

### (2) 주요 개념

#### ① 고전적 조건형성(classical conditioning)
파블로프(Pavlov)는 개의 타액분비 실험을 통해 무조건자극과 조건자극을 '연합'시켜 새로운 행동이 형성되는 고전적 조건형성을 확립하였다. 고전적 조건형성의 학습 원리는 연합(association)으로 설명할 수 있다. 즉, 중성자극과 무조건자극을 반복하여 연합시키는 과정에서 중성자극이 조건자극이 되어 조건반응을 이끌어 낸다. 즉, 종소리와 음식물을 반복하여 짝짓기를 함으로써 나중에는 음식물 없이 종소리만으로도 타액을 분비하게 만드는 것이다(이 책, 203쪽 이하 참조).

### ② 조작적 조건형성(operant conditioning)

고전적 조건형성은 유기체가 자극에 대하여 반사적인 행동을 함으로써 학습하는 수동적인 존재로 보는 반면, 조작적 조건화는 유기체가 강화를 받기 위해 환경을 조작하고 행동하는 능동적인 존재로 본다. 따라서 조작적 조건형성에서는 유기체의 행동과 그 행동을 유발시키는 환경적 조건과의 관계를 중요하게 생각한다. 조작적 조건형성의 학습 원리는 '강화'로 설명될 수 있다.

조작적 조건형성 과정에서 행동의 빈도를 증가시키는 것을 '강화'라고 하며, 행동의 빈도를 증가시킨 유인요소인 결과를 '강화물'이라고 한다. 강화의 종류에는 '정적 강화'와 '부적 강화'가 있다. '정적 강화'는 긍정적인 강화물의 제시로 인해 행동이 증가하는 것을 말하며 '부적 강화'는 혐오자극을 제거함으로써 행동이 증가하는 것을 말한다. '정적 강화물'에는 칭찬, 안아 주기, 음식, 자유시간, 돈 등이 있으며 '부적 강화물'에는 밥을 잘 먹도록 하기 위해 아이가 싫어하는 콩을 밥에서 제거해 주는 것이 있다. 강화와 반대로 행동의 빈도와 강도를 떨어뜨리는 것이 '벌'이다(이 책, 205쪽 이하 참조).

### (3) 상담 과정

행동주의 이론의 상담 목표는 잘못 학습된 행동을 소거하고, 바람직하고 효과적인 행동의 학습에 도움이 되는 조건을 형성하는 것을 목표로 한다. 상담의 과정은 다음과 같다.

### ① 상담관계의 형성

행동주의 상담접근에서 공감이나 온정 등의 관계변인이 행동 변화를 위한 충분조건은 아니다. 그러나 상담자들은 내담자의 어려움을 파악하고 내담자가 필요로 하는 도움을 주기 위해서는 인간중심적 접근에서처럼 온정, 긍정적 존중, 공감 등의 상담관계의 형성을 필요조건이라고 생각한다.

### ② 문제행동의 규명

상담관계가 형성되면 상담자는 내담자로 하여금 분명히 알지 못하거나 추상적으로 알고 있는 문제들에 대하여 겉으로 드러나는 구체적인 문제행동으로 규명할 수 있도록 돕는다. 문제행동은 구체적이고 관찰 가능하며 측정 가능한 행동으로 세분화되어야 한다.

### ③ 현재의 상태 파악

내담자의 문제행동이 규명되면 그 문제행동과 관련된 내담자의 현재의 느낌, 행동, 가치, 생각 등의 약점과 강점을 파악한다. 내담자의 현재 상태가 규명되면 상담자는 내담자의 문제행동을 명확하게 기술하고, 적절한 상담목표 설정하고, 내담자의 전체적 정보를 토대로 유용한 상담 기법을 선정한다.

### ④ 상담목표의 설정

내담자로부터 얻어진 정보와 이에 대한 분석을 토대로 상담자와 내담자가 서로 받아들일 수 있는 상담목표를 설정한다. 상담자는 상담목표 설정의 취지를 설명하고 다음 사항을 고려하여 내담자와 함께 목표를 설정한다. 첫째, 달성 가능한 목표 수준을 고려한다. 둘째, 내담자가 원하는 구체적인 목표를 결정한다. 셋째, 달성 가능성, 측정 가능성, 목표달성의 이점, 목표달성의 어려운 점 등을 고려하고, 그리고 정해진 목표에 대해 재고한다. 넷째, 목표 수정 혹은 확정 여부를 결정한다. 다섯째, 최종 결정된 목표에 대한 구체적 목표 내용 및 순서를 설정한다.

⑤ **상담기술의 적용**

구체적인 상담목표에 기초하여 내담자에게 효과적인 학습방법을 제공할 수 있는 개별화된 상담기술을 창의적으로 개발하고 적용한다. 내담자가 처해 있는 현재의 내·외적 환경조건을 고려한 구체적인 환경에서 내담자의 행동수정을 도울 수 있는 상담기술을 구성하여 적용한다.

⑥ **상담결과의 평가**

상담결과를 알아보기 위한 행동평가는 상담의 전 과정이 얼마나 효과적이었는지를 알아보는 것이다. 평가결과에 따라 상담기술을 수정할 수 있다. 따라서 평가는 상담이 끝날 때는 물론 상담과정의 단계마다 계속된다.

⑦ **상담의 종결**

상담의 종결은 최종 목표행동에 대한 최종 평가 후에 이루어진다. 상담종결은 추가 상담이 필요한지를 파악하고, 내담자가 상담과정에서 학습한 원리를 자신의 삶에 적절히 적용할 수 있도록 돕는 것에 초점을 둔다.

**(4) 상담 기법**

① **체계적 둔감화**(systematic desensitization)

공포 및 불안을 제거하는 데 쓰이는 상담기법이다. 불안 때문에 근육이 긴장된다면 반대로 근육을 이완시켜 불안을 감소하는 방법이다. 불안을 유발시키는 경험을 상상하게 함으로써 불안 유발 자극의 영향을 점차 약화시키는 방법이다. 체계적 둔감화에 사용되는 훈련절차에는 이완훈련, 불안위계목록 작성, 불안위계에 대한 이완훈련, 역조건 형성 등이 있다.

② 용암법(fading)

변별력을 가르칠 때 자극을 점진적으로 조절하여 결과적으로 새로운 자극에 대해 반응할 수 있도록 하는 절차이다. 즉, 한 행동이 다른 사태에서도 발생할 수 있도록 그 조건을 점차적으로 변경해 주는 과정이다. 대상자를 잘 탐색하여 원하는 행동이 어떤 다른 자극하에서 일어날 경우에 사용하는 것이 바람직하다.

③ 토큰법(token economy)

바람직한 행동을 하면 토큰이나 점수를 얻는다. 사회적으로 부적합한 행동을 하면 토큰이나 점수를 잃을 수도 있다. 토큰이나 점수는 별표, 딱지, 자유시간, 게임하기, 사탕 등과 같이 주기적으로 교환할 수 있다.

④ 행동계약

상담자와 내담자, 또는 부모나 친구를 포함해서 의논의 과정을 거쳐 정해진 기간 내에 각자 해야 할 행동을 분명하게(기록하여) 작성한다. 정해진 계약 조건이 지켜지면 정해진 보상에 의해 강화자극이 주어진다. 계약내용의 명확성, 계약실천 가능성, 보상의 시기, 보상 기회의 빈도, 보상의 무게, 계약관계 등을 고려해야 한다.

⑤ 자극통제

자극통제는 문제행동과 관련된 환경적 요인을 미리 재조정하여 행동의 변화를 촉진하는 기법이다. 자극통제는 부적절한 행동을 일으키는 환경자극의 빈도를 줄이고 바람직한 행동을 일으키는 환경자극을 증가시키는 것을 목적으로 한다. 자극통제 기법은 환경의 변화로써 행동변화의 기초를 마련해준다.

⑥ 모델링

아동이 배워야 할 행동의 모델을 실제 상황이나 비디오, 책, 영화, 등을 통해 제공하는 것이다. 이런 과정을 통해 내담자는 시행착오를 거치지 않고도 바람직한 행동을 하는 법을 배울 수 있다. 아동에게는 또래의 영향을 이용하면 효과적이다. 모델 유형으로 다음 세 가지가 있다. 내담자가 적절한 행동을 하도록 가르칠 수 있으며 내담자의 태도와 가치에 영향을 주고 사회적 기술을 가르칠 수 있는 '살아있는 모델', 영상이나 다른 매체를 통한 '상징적 모델', 그리고 집단에서 성공적으로 행동하는 동료의 행동을 관찰함으로써 자신의 태도를 바꿀 수 있으며 새로운 기술을 학습할 수 있는 '복합적 모델' 등이 있다.

⑦ 홍수법(flooding)

실제로 혹은 상상으로 유발된 불안자극에 오랫동안 노출시키는 것을 의미한다. 내담자는 노출과정에서 불안을 경험하지만, 두려워하고 불안해했던 결과가 실제로 일어나지 않는다는 것을 체험한다. 일반적으로 불안이 높은 내담자는 부적응적 행동을 통해 불안을 억제하려는 경향이 있다. 홍수법에서는 내담자가 불안 상황에 대해서 평소에 하던 부적응적 행동을 하지 않게 된다.

⑧ 프리맥 원리

프리맥(Premack)에 의하면, 유기체가 자주 하는 행동은 잘하지 않는 행동을 증가시키기 위한 강화물로 사용될 수 있다. 아동이 좋아하는 활동(컴퓨터 게임 등)은 아동이 싫어 하지만 꼭 해야 하는 행동(과제 등)을 강화하는 데 사용될 수 있다.

## 3) 인본주의 상담이론

### (1) 인간중심 상담

#### ① 인간관

로저스(Carl Rogers)는 인간을 자기실현의 경향성을 가진 존재로 보았다. 그에 의하면 인간은 신뢰할 수 있고 자원을 만드는 존재이고, 자기이해와 자기-지시적 능력을 갖고 있으며, 건설적인 변화를 일으킬 수 있는 존재이다. 그리고 현상적 관점에서, 현재의 존재를 결정짓는 것은 어제 가졌던 비관적인 생각들이 아니라 바로 지금의 현상적 장(場)에서 가지고 있는 나와 세상에 대한 희망이다. 인간은 끊임없이 변화하고 성장하는 존재이므로, 상담자의 역할은 인간 본성의 건설적 측면과 내담자의 참모습에 초점을 두어 내담자가 충분히 자기실현을 할 수 있도록 돕는 역할을 해야 한다.

#### ② 주요 개념

**자기**   자기(self)란 자신의 개인적 특성, 또는 타인과의 관계 속에서 형성한 특성 등 스스로에 대한 모든 생각과 태도의 집합체로서 끊임없이 변화하는 과정이라고 이해할 수 있는 개념이다. 자기개념은 현실적 자기(the real self)와 이상적 자기(the ideal self)로 구분된다. '현실적 자기'란 현재 자신에 대한 인식이며, '이상적 자기'란 한 개인이 가장 많이 소유하고 싶어하고 가장 높은 가치를 부여하는 특성들에 대한 자기개념이다. 두 가지 자기개념의 일치 여부에 따라 건강하거나 병리적인 성격을 갖게 된다.

**실현 경향성과 충분히 기능하는 인간**   '실현 경향성'이란 자신의 잠재력과 가능성을 실현하려는 유기체의 타고난 경향성이다. 이는 유기체를 유지할 뿐만 아니라 성장과 향상, 즉 발달을 촉진하고 지지한다. 로저스는 인간은 본래

부터 고통이나 성장 방해요인을 극복하고 정신적 건강 상태를 되찾을 수 있는 자기실현 경향(self-actualizing tendency)을 가지고 있다고 보았다. 충분히 기능하는 인간(fully-functioning person)이란 로저스가 말한 이상적 인간상으로서, 현재 진행되는 자신의 자기를 완전히 지각하고, 자신의 능력을 발휘하여 자신의 경험을 풍부히 하는 방향으로 나아가는 사람이다.

### ③ 상담 과정

인간중심 상담이론의 가장 중요한 상담목표는 내담자가 자기를 실현하도록 돕는 것이다. 즉, 상담자의 역할은 '충분히 기능하는 인간'이 되도록 상호 신뢰적인 분위기를 조성해 주는 것이다. 내담자를 변화시키는 것은 이론이나 기법이라기보다 내담자를 대하는 상담자의 태도이다. 상담자는 내담자와의 관계에서 인간 대 인간으로 내담자를 진실하게 만남으로써 성장을 돕는 분위기를 만들어야 한다.

인간중심 상담의 기본 가정은 다음과 같은 로저스의 말로 요약할 수 있다. "상담자가 어떤 유형의 관계를 제공하면 내담자는 이러한 관계를 이용하여 자신에게 성장하고 변화하는 능력이 있다는 것을 발견하고, 개인적인 발달을 할 수 있게 된다." 이렇듯 상담자가 상호 신뢰적인 분위기를 조성하여 내담자와 진실하고 인간적인 관계를 맺게 되면, 내담자는 자기방어적 태도를 버리고 자신의 감정을 깊고 넓게 탐색할 수 있게 된다. 내담자가 본연의 자기가 되어갈 때 내담자는 자기 자신에 대한 신뢰감을 키우고, 자신의 경험에 비추어 자유로운 판단과 결정을 내리게 된다. 따라서 상담 종결 시기가 되면 내담자가 가지고 있었던 상담자에 대한 의존적인 태도는 사라지게 된다(김계현 외, 2011).

### ④ 상담 기법

인간중심 상담이론은 기법보다는 태도를 강조하며 무엇보다도 상담관계의 중요성을 강조한다. 로저스에 의하면 이러한 긍정적인 관계 형성을 위한 핵심 조건으로 일치성, 무조건적인 존중, 정확한 공감적 이해가 필요하다. 세 가지 상담자의 태도를 내담자가 잘 지각할 수 있도록 하는 것이 바로 인간중심 상담이론의 핵심기법이다.

일치성(congruence)    '일치성'은 상담관계에서 상담자가 순간순간 경험하는 자신의 감정이나 태도를 있는 그대로 진솔하게 인정하고 개방하는 것이다. 이것은 내담자로 하여금 개방적 자기탐색을 촉진하게 하고, 그가 지금 – 여기에서 경험하는 감정을 자각하게 하는 요인이 된다. 상담자가 내담자와의 관계에서 스스로 직업적인 모습과 개인적인 가면을 벗고 진정한 자기 자신이 될수록 내담자도 상담자의 일치성에 영향을 받아 점점 더 건설적인 모습으로 변화하고 성장하게 된다.

무조건적 긍정적 존중(unconditional regard)    '무조건적 긍정적 존중'이란 상담자가 내담자를 그 어떠한 가치 기준도 적용하지 않은 채 있는 그대로 수용하고 존중해 주는 것이다. 내담자는 이를 통해 자유롭게 자신의 감정을 경험하고 표현할 수 있게 되고, 더 이상 자기방어의 필요성을 느끼지 않고 자신의 내면을 탐색할 수 있게 된다.

정확한 공감적 이해(accurate empathy)    '정확한 공감적 이해'란 상담자가 내담자의 내면세계에서 진행되는 심층적인 경험 내용을 정확히 이해하고 의사소통하는 것이다. 이를 위해서는 내담자의 정서적 내용 및 거기에 포함된 의미를 아는 데 도움이 될 수 있는 내담자의 내적 세계관을 정확히 이해하는 것이 필요하다.
상담자는 내담자의 입장이 되어 거기에서 보고 느낀 것의 의미를 깊고 정확하게 이해하면서도, 결코 자기 본연의 태도를 잃지 않고, 그것을 내담자에게 전달해 주어야 한다. 이는 상담자로서 갖추어야 할 가장 기본적인 대인관계적 능력이다. 이러한 공감은 내담자에게 자신의 있는 모습 그대로가 가치 있다는 느낌을 갖게 하며, 보다 깊이 있는 자기탐색을 가능하게 한다. 그리하여 내담자는 자신의 이전 경험을 새로운 관점으로 바라보고 자신의 세계관을 수정할 수 있게 된다.

### (2) 게슈탈트 상담

#### ① 인간관

게슈탈트 상담의 인간관은 총체주의, 실존주의 철학, 현상학, 장(field) 이론 등에 근거한다. 게슈탈트 이론은 정신분석을 포함한 요소주의 심리학에 반대하여 전체의 관점에서 인간을 통합적으로 이해하고자 하였고, 인간은 개인이 삶을 살아가면서 스스로 자신의 길을 찾아내고 삶에 대한 책임을 질 수 있는 존재라는 점을 강조한다. 건강한 삶에는 분명하고 강한 게슈탈트를 형성할 수 있는 능력이 있으며, 건강한 유기체에게는 자신에게 가장 필요한 것이 무엇인지를 스스로 자각하고 해결해 나갈 수 있는 능력이 있다(김정규, 1996).

#### ② 주요 개념

**게슈탈트(gestalt)**    독일어인 게슈탈트는 '전체' '완성' '형태' 등을 뜻한다. 게슈탈트는 부분으로 나누어지면 본질을 잃게 된다. 인간은 자신의 유기체 욕구나 감정을 하나의 의미 있는 전체로 조직화하여 지각한다.

**전경과 배경(figure & ground)**    우리가 대상을 인식할 때 우리에게 관심 있는 부분은 지각의 중심 부분으로 떠오르지만 나머지는 '배경'으로 보낸다. 게슈탈트를 형성한다는 말은 개체가 어느 한 순간에 가장 중요한 욕구나 감정을

'전경'으로 떠올린다는 말과 같은 뜻이다. 건강한 개체는 매순간 자신에게 중요한 게슈탈트를 선명하고 강하게 형성하여 '전경'으로 떠올릴 수 있는 데 반해, 그렇지 못한 개체는 '전경'을 배경으로부터 명확히 구분하지 못한다.

　**알아차림(awareness)과 접촉(contact)**　　'알아차림'이란 개체가 자신의 유기체적 욕구나 감정을 알고 게슈탈트를 형성하여 전경으로 떠올리는 행위를 말한다. '접촉'이란 전경으로 떠오른 게슈탈트를 해소하기 위해 환경과 상호작용하는 행위를 뜻한다. 우리의 유기체적 삶은 지속적으로 게슈탈트가 형성되고 해소되는 순환과정의 반복이므로 전경과 배경의 교체에서 '알아차림'과 '접촉'이 매우 중요하다. 만약 게슈탈트가 형성되어 전경으로 떠올라도 환경과의 접촉을 통해 이를 해소하지 않으면 유기체는 건강하게 게슈탈트를 완결지을 수 없으며, 완결되지 않은 게슈탈트는 미해결 과제로 남는다.

　**지금−여기(here & now)**　　게슈탈트 이론에서는 현재만이 유일한 시제이며, 치료에서 가장 중요시하는 시제이다. 과거와 미래는 우리의 현재와 관련되어 있는 것으로서만 중요하다. 상담자는, 내담자의 과거가 현재 그의 태도나 행동에서 중요한 의미를 지닌 것으로 보이면, 이 과거를 현재로 가지고 와서 마치 그 사건이 '지금−여기'에서 일어나고 있는 것처럼 다루어야 한다.

　**미해결 과제**　　미해결 과제란 완결되거나 해소되지 않은 게슈탈트이다. 개체는 미완성의 게슈탈트를 자각할 경우 이를 완결지으려는 경향을 가지고 있으므로 해소되지 못한 게슈탈트는 계속 전경으로 떠오르게 된다. 해결되지 못한 미결 감정은 원한, 분노, 증오, 고통, 불안, 슬픔, 죄책감, 자포자기 등과 같이 표현되지 못한 감정들로 나타난다. 이 감정들은 완전히 자각되지 않기 때문에 사라지지 않고 자신과 타인의 효과적 접촉을 방해하며, 때로 신체 증상을 일으키기도 한다.

접촉과 접촉에 대한 저항　효과적 접촉이란 개성을 잃지 않으면서도 자연이나 타인과 상호작용하는 것을 의미한다. 좋은 접촉의 전제 조건은 분명한 인식, 완전한 활력, 자신을 표현할 수 있는 능력이다(Zinker, 1978). 저항은 해결기제로 개발되지만 현재를 있는 그대로 완전히 경험하는 것을 방해한다. 저항은 접촉경계 혼란을 야기하여 유기체의 창조적 자아가 환경과의 관계에서 게슈탈트를 형성하고 파괴하는 주기를 통해 건강하게 기능하는 것을 방해한다. 주요 저항에는 내사, 투사, 반전, 융합, 편향 등이 있다.

③ 상담 과정

게슈탈트 상담의 중요한 목표는 알아차림과 접촉을 증가시키는 것이다. 펄스(F. Perls)는 특히 '알아차림' 그 자체가 바로 치료적일 수 있다고 강조하였다. 펄스는 상담의 궁극적 목표가 통합을 충분히 이루는 것, 즉 투사되거나 내사된 에너지를 내담자가 자각하여 통합하는 것이라 하였다. 상담자는, 내담자가 자신의 삶을 책임지고 접촉을 통해 게슈탈트를 완성하고 또 내담자가 느끼는 불안을 삶의 부분으로서 수용하고 처리하도록 조력하는 역할을 맡는다.

상담자는 내담자와 인간 대 인간의 관계를 통해 진실하고 애정 있는 관계를 맺는다. 상담자는 상담관계에서 자신을 개방하고, 내담자와 지금−여기의 만남에 대한 자신의 자각과 경험을 내담자에게 적극적으로 공유할 수 있어야 한다. 이를 통해 내담자는 자신의 고통과 성장을 회피하는 태도에서 벗어나 있는 그대로 자기 경험에 접촉하고 통합하여 균형을 이루는 것을 배우게 된다. 게슈탈트 상담은 내담자가 자신의 생각, 감정, 행동에 대해 더욱 많은 책임을 져야 한다는 가정에 기초한다. 상담자는 내담자가 지금 여러 가지 방법으로 자신의 책임을 회피하고 있다는 것을 깨닫게 함으로써 치료를 계속할 것인지, 치료에서 무엇을 배우기를 원하는지, 그리고 치료시간을 어떻게 이용하기를 원하는지에 대해 결정하도록 요구한다(김계현 외, 2011).

④ 상담 기법

**자각**    개체는 자신의 욕구와 감정을 '자각'함으로써 게슈탈트 형성을 원활하게 할 수 있고 환경과의 생생한 접촉이 가능해진다. '자각'에는 현재 감정의 자각, 신체자각, 환경자각, 언어자각, 책임의 자각 등이 있다.

**감정에 머물기**    내담자가 불쾌한 감정에 대해 이야기하고 거기서 도망치려는 욕구를 강하게 느낄 때 상담자는 내담자로 하여금 이 감정을 지속하도록 한다. 감정에 직면하고 대면하며 경험하는 것은 내담자의 용기만을 나타내 주는 것이 아니라 장애물을 제거하고 성장의 새로운 단계에 이르는 데 필요한 고통을 견디려는 의욕을 나타내 주는 것이기도 하다.

**과장하기**    신체동작, 행동, 언어적인 표현을 더욱 과장시켜 표현하도록 하는 방법은 내담자로 하여금 행동과 관련된 감정을 보다 강렬하게 경험하고 그것의 내적 의미를 보다 잘 자각하도록 만든다.

**빈 의자 기법**    게슈탈트 상담에서 '빈 의자 기법'은 내담자의 양극성, 투사 및 내사를 탐색하기 위한 방법이다. 내담자는 빈 의자에 있는 가상의 타인에게 자신의 욕구와 감정을 말로 표현하고, 상담자는 내담자가 체험하는 감정을 자각하도록 돕는다. 감정이 내담자 자신의 일부라는 것을 인식하게 도와줌으로써 내담자가 가진 내적 갈등과 대인관계 갈등을 해결하는 데 유용하게 사용되는 방법이다.

**꿈 작업**    개인이 자신의 에너지와 감정을 투사한 것은 꿈에서 가장 잘 나타난다. 그렇기 때문에 꿈 작업은 게슈탈트 상담에서 가장 중요시하는 기법

중 하나이다. 펄스는 꿈을 통합을 위한 왕도라고 했다. 정신분석의 꿈 분석과 달리 게슈탈트 상담에서는 꿈을 마치 지금 일어나고 있는 것처럼 상상하면서 직면하고 꿈의 일부가 되어 보게 한다.

## 4) 인지행동적 상담이론

### (1) 합리적 정서행동치료

#### ① 인간관

합리적 정서행동치료(rational emotive behavioral therapy: REBT)에서는 인간이 합리적이고 올바른 사고와, 비합리적이고 올바르지 못한 사고를 할 가능성을 모두 가지고 태어난다고 가정한다. 인간은 본래 자기 보존적이고 행복을 추구하는 존재이나, 또한 자기파괴적이고 자기비난적인 경향도 있어 성장을 회피하는 존재이기도 한다.

엘리스(A. Ellis)는 인지정서행동 치료가 인본주의적 치료라고 주장한다. 인간이 합리적 삶을 이끌어 가는 데 있어서 기본적 원리는 자신의 어떤 수행에 의해 자신을 평가하는 것이 아니라 자신의 실존적 존재를 있는 그대로 수용하는 것이다. 인간은 끊임없이 자기대화와 자기평가를 하면서 자신의 삶을 유지하는 존재이므로, 합리적 신념에 의한 자기대화와 자기평가는 인간으로 하여금 건전한 인생목표를 달성하게 한다. 또한 인간은 자신의 한계를 자각하는 힘을 갖고 있으며, 아동기에 무비판적으로 주입된 기본 관점과 가치를 변화시킬 능력뿐만 아니라 자기패배적 경험에 도전할 능력도 갖고 있는 존재이다. 그러므로 인간은 실수할 수 있으며, 실수를 계속하면서도 끊임없이 자신을 수정함으로써 성장과 자기실현을 향해 나아가는 존재이다.

## ② 주요 개념

**비합리적 신념**   비합리적 사고의 특징은 인간을 파괴적이고 자기패배적인 행동에 이르게 하며, 타인이나 자신에게 비현실적이고 비생산적인 고통과 괴로움을 지속시키는 것이다. 비합리적 사고는 인간의 성숙이나 발전을 저해하고 불필요한 정체나 퇴보를 가져온다. 또한 비합리적 사고는 자신과 타인 그리고 세상에 대한 당위적 요구(반드시 ~ 해야 한다)를 수반한다. 이러한 사고의 예는 다음과 같다.

- 나는 가치 있는 사람이기 때문에 타인의 사랑과 인정을 받아야 한다.
- 스스로 가치 있는 사람이라 생각할 수 있기 위해서는 모든 면에서 유능하며 반드시 성공을 거두어야 한다.
- 악하고 죄를 지은 사람은 반드시 벌을 받아야 한다.
- 세상 일이 내가 원하고 계획한 대로 이루어지지 않으면 큰일이 난다.
- 인생의 불행은 외부에 있기 때문에 이를 통제할 수 없다.
- 자신에게 닥쳐올 잠재적인 위험에 대해 항상 걱정하고 대비해야 한다.
- 인간은 누군가 의지할 수 있는 강력한 사람이 필요하다.
- 모든 문제는 항상 정확하고 완벽한 해결책이 있으며 만약 이를 발견해 내지 못하면 큰일이다.

**A-B-C-D-E-F 모델**   ABCDEF 모델은 합리적 정서행동치료 이론의 핵심 요소이다. A(activating events)는 선행사건, B(belief system)는 신념체계, C(consequences)는 정서적 · 행동적 결과, D(dispute)는 논박, E(effects)는 효과, F(new Feeling)는 새로운 감정을 의미한다.

먼저 C(정서적 · 행동적 결과)를 분석해서 문제를 확인하고 구체화한 다음 A(선행사건)를 분석한다. A와 C의 관계를 기능적으로 관련시켜 분석해 보면, 동일한 A가 다양한 C를 유발시킬 수도 있음을 알게 된다. 이는 지각이나 해석 등에서 각각의 인지과정이 다르기 때문인데, 그 이면에는 자기의 개인적인 신념이 자리 잡고 있다. 즉, A와 C의 관계를 B(신념체계)의 측면에서 기능적으로 분석하고, B 자체와 그것을 지원하는 많은 사고체계를 검토하여 비합리적인 신념이 부적응적인 결과(C)를 가져옴을 통찰할 수 있게 된다. A−B−C의 분석 이후에 D(논박)를 행한다. 여기서 내담자들은 논리적 원리들을 배우고, 이 원리를 통해 비현실적이고 증명할 수 없는 가설을 파괴할 수 있다. 다시 말해서 논박을 통해(D) 내담자는 비합리적 신념을 합리적 신념으로 바꾸게 되고(E), 그 결과 새로운 감정과 적응적인 행동을 할 수 있게 된다(F). 이를 도표화하면 다음과 같다.

A(선행사건) ← B(신념) → C(정서적 · 행동적 결과)

↑

D(논박) → E(효과) → F(새로운 감정)

### ③ 상담 과정

합리적 정서행동치료의 목표는 내담자의 비합리적이고 왜곡된 사고의 수정을 통한 부적응 해결이라 할 수 있다. 상담자는 내담자가 더 현실적이고 실현 가능한 인생철학(사고)을 갖도록 돕는다. 상담의 과정에서 내담자는 비합리적 신념과 합리적 신념을 구분해내는 것을 배우고, 자신의 비합리적 생각 때문에 자신의 정서장애가 능동적으로 유지되고 있다는 것을 알게 된다. 상담자는 내담자가 사고를 수정하고, 비합리적인 생각을 포기하도록 함으로써 내담자가 미래에 또 다른 비합리적인 신념의 희생자가 되는 것을 피할 수 있도록 인생의 합리적인 철학을 발전시키도록 격려하는 것이다.

### ④ 상담 기법

**비합리적 신념을 논박하기**　상담자는 내담자의 비합리적 신념을 증거를 찾아 적극적으로 논박함으로써 이 도전을 스스로 받아들이는 방법을 가르친다. 내담자들이 비합리적 신념을 버릴 때까지 또는 적어도 강도가 약화될 때까지 구체적인 '해야 한다' '하지 않으면 안 된다' '당연히 해야 한다'라는 당위를 검토한다. 내담자가 스스로에게 말하도록 배워야 하는 질문이나 진술의 예들은 다음과 같다.

- "왜 사람들이 나를 정당하게 대해야만 하는가?"
- "내가 하고자 하는 중요한 일을 성공하지 못한 것이 어떻게 내가 완전히 실패한 것인가?"
- "인생이 뜻대로 되지 않더라도 그것은 끔찍하지 않다. 단지 불편할 뿐이다."

**과제 부과**    합리적 정서행동치료에서 내담자는 자신의 문제목록표를 만들고, 절대적 신념을 찾아내고, 그 신념을 논박해야 한다. 내면화된 자기 메시지의 일부인 절대적인 '하지 않으면 안 된다'나 '해야 한다'를 밝혀내도록 하기 위해 상담자는 내담자에게 과제를 부과한다. 과제에는 내담자가 일상생활에서 부딪히는 많은 문제에 A-B-C 이론을 적용하도록 한다.

**내담자의 언어 변화시키기**    합리적 정서행동치료에서는 부정확한 언어가 왜곡된 사고과정의 원인 중 하나라고 간주한다. 내담자들은 '해야 한다' '하지 않으면 안 된다'라는 말을 '~하고 싶다' '~하겠다'로 대치할 수 있게 된다. 즉, 그렇게 되면 좋겠지만 그렇게 되지 않을 수도 있다는 점을 인식하는 것이다. 내담자는 '하지 않으면 안 된다'나 '해야 한다'라는 진술을 '~하겠다'로 대치함으로써 개인적인 힘을 가질 수 있다.

**유머의 사용**    합리적 정서행동치료에서는 사람들이 너무 진지하게 생각하거나 생활 사상들에 대한 균형감이나 유머감각을 잃기 때문에 정서적 혼란이 생긴다고 본다. 상담자는 내담자가 세상을 보는 관점이 느슨해질 수 있도록 과도하게 심각한 측면을 반박하고, '법칙적' 생활 철학을 논박하기 위해 유머를 사용한다. 상담자는 유머를 통해 내담자로 하여금 자신의 사고가 불합리하다는 점을 보여 주고, 덜 진지하게 생각하도록 돕기도 한다.

**합리−정서 상상**    이 기법은 새로운 정서 패턴을 확립하도록 설계된 강렬한 정신 훈련이다. 내담자는 그들이 실제 생활에서 생각하고 느끼고 행동하고자 하는 바로 그 방식으로 생각하고 느끼고 행동하는 자신을 상상한다. 내담자는 이를 통해 긍정적 정서를 경험하게 된다.

**역할 연기**    역할 연기에는 정서적 요소와 행동적 요소가 모두 포함되어 있다. 내담자는 어떤 행동을 시연할 때 비로소 그 상황에서 느끼는 것을 알아볼 수 있다. 내담자는 역할 연기를 통해 자신의 불안과 비합리적 신념을 알아보고 그 신념에 도전하게 된다.

**수치심−공격 연습**    누군가가 우리를 멍청하다고 생각하더라도 그것이 비극적인 일은 아니라고 우리 자신에게 말함으로써 우리가 수치감을 느끼는 것을 거부할 수 있다. 내담자들은 수치감이나 굴욕감을 느끼지 않기 위해서 스스로 연습한다. 이를 위해 일부러 수치감을 유발하는 상황을 만들어 경험하게 하고, 그를 통해 스스로의 수치감을 공격하게 한다. 이러한 과제를 통해서 내담자들은 다른 사람들이 자신의 행동에 대해서 실제로 그렇게 많은 관심을 가지고 있는 것은 아니라는 점을 알게 된다.

## (2) 현실치료

### ① 인간관

현실치료의 인간관은 실존적 관점을 갖고 있다. 즉, 인간은 자신의 행동을 선택하고 책임질 수 있는 존재이다. 그러므로 자기결정이 가능하고 자신과 환경을 통제할 수 있는 존재이다. 인간은 생존유지의 기본적 방향성과 힘을 가진 존재이며 자신의 생각, 느낌, 신체활동을 책임지고 통제하는 존재이다. 인간은 생득적인 내적 욕구, 즉 생존, 소속, 힘, 자유, 즐거움에 대한 욕구를 가지고 있으며 각 욕구는 사람들마다 강도에서 차이를 보인다. 인간의 모든 행동은 각자의 욕구를 충족하기 위해 행해지는 것이며 충족되지 않을 때 불만과 고통을 느낀다. 인간은 타인의 욕구를 방해하지 않으면서 자신의 욕구를 충족하는 과정에서 성공적인 정체감을 발전시킬 수 있으며 이를 통해 만족스러운 삶을 살아갈 수 있다. 이렇듯 현실치료는 인간이 자신의 사고나 감정에 대해서 책임이 있다는 인간관을 갖고 있으므로 무의식적 동기에 초점을 두는 것이 아니라 현재의 행동이나 사고에 초점을 둔다.

### ② 주요 개념

**선택이론**　　선택이론(choice theory)은 현실치료를 설명해 주는 이론이다. 이것은 인간이라는 생명체가 하나의 통제체계로서 욕구충족을 위해 행동한다는 점을 뇌의 기능과 관련하여 설명한다. 여기에서 통제(control)란 자기관리 또는 행동선택을 의미한다. 글래서(W. Glasser)는 자신의 선택으로 인한 책임을 강조하기 위해 통제이론을 선택이론이라고 불렀다.

**기본적 욕구**　　모든 사람은 행동할 때 다섯 가지 욕구를 충족시키고자 한다. 이런 욕구를 효과적으로 만족시키면 결과적으로 통제의 느낌을 갖게 되고, 자기실현, 자기만족의 느낌도 갖게 된다. 기본적 욕구에는 생존의 욕구,

소속 욕구, 힘에 대한 욕구, 자유에 대한 욕구, 즐거움에 대한 욕구가 있다.

**전 행동**　　인간의 전 행동(total behavior)은 행동하기(acting), 생각하기(thinking), 느끼기(feeling), 생리적 반응(physiological response)으로 구성되어 있다. 인간은 '전 행동'의 구성요소 중에서 행동하기 요소에 대해서는 거의 통제력을 가지고 있으며, 생각하기 요소에 대해서도 어느 정도 통제가 가능하다. 그러나 느끼기(감정) 요소의 통제는 어려우며 생리적 반응 요소에 대해서는 거의 통제력이 없다. 따라서 '전 행동'을 변화시키고자 할 때, 행동하기와 생각하기를 먼저 변화시키면 느끼기(감정)나 신체반응도 따라온다.

**정체감**　　어떤 개인이 성공정체감을 갖느냐 실패정체감을 갖느냐에 따라 그의 정신건강이 좌우된다. 성공과 실패의 정도는 자기의 기본적 욕구가 만족되는 정도에 따라 나뉜다. 성공정체감을 가질수록 강하고, 책임감 있고, 자기훈련이 가능하고, 융통성 있고, 효과적인 행동을 함으로써 삶을 효과적으로 통제할 수 있게 된다. 반면 실패정체감을 가질수록 약하고, 무책임하고, 완고하고, 삶을 효과적으로 통제할 수 없게 된다.

### ③ 상담 과정

현실치료는 크게 두 과정으로 구성된다. 하나는 상담환경 조성이고, 다른 하나는 내담자의 행동 변화를 이끄는 구체적인 절차 이행하기이다. 상담자는 이 두 과정을 조화롭게 엮어 넘으로써 내담자로 하여금 자신의 삶을 스스로 평가하고 바람직한 방향 선택을 결심하도록 서로 돕는다. 먼저, 상담자가 수용적, 무비판적, 긍정적인 상담환경을 조성하는 것은 관계형성을 위해 필수적인 일이다. 다음에 구체적인 절차로서 우볼딩(R. E. Wubbolding, 2007)은 'WDEP' 과정이라는 상담절차를 제시한다.

W(Want): 희망, 욕구, 지각 탐색    상담자는 질문을 통해 내담자의 내적 세계 (사진첩, 질적 세계)를 탐색한다. 내담자의 내적 세계는 상담과정을 통해 계속 변화되므로 전 과정에서 이런 탐색은 계속된다. 내담자가 무엇을 원하는지, 무엇이 충족되지 않았는지, 무엇을 위해 원하는지, 얼마나 열심히 노력할 것인지, 피하고 싶은 것이나 원하는 것이 무엇인지, 무엇이 되고 싶은지, 자신과 다른 사람을 어떻게 보는지를 물어보고 '통제 소재'를 설정한다. 내담자에게 원하는 바를 말하게 하고, 상담자도 내담자의 상황, 행동, 바람 등을 어떻게 보는지를 말한다.

D(Doing and Direction): 삶의 방향과 행동에 초점 두기    이것은 상담 초기에 내담자가 어디로 가고 있는가를 알 수 있도록 도와주는 절차이다. 상담자는 내담자가 통제할 수 있는 행동을 스스로 탐색할 것을 강조한다. 왜냐하면 행동을 바꿈으로써 우울, 격분, 외로움 등의 감정과 생리기능까지 변화시킬 수 있기 때문이다. 상담자는 내담자의 전체 행동 자각을 위해 "What are you doing?"을 묻는다.

E(Evaluation): 평가하기    전체 행동의 각 요소가 욕구충족에 도움이 되는지, 방해가 되는지 등에 대해서 내담자 스스로가 자신의 행동을 평가하도록 돕는 과정이다. 이 단계는 현실치료의 핵심으로 철저하게 내적 자기 평가를 하도록 요구한다. 여기서 평가는 개인의 행동과 욕구의 관계를 점검해 보는 것이다.

P(Planing and Commitment): 계획하기와 다짐받기    이 단계는 계획과 실행과정으로서 긍정적인 행동계획, 그 계획에 대한 약속, 과정에 대한 마무리 제언으로 이루어진다. 상담자는 여러 가지 사항을 염두에 두고 내담자의 진정한 바람과 욕구를 충족시킬 수 있는 계획을 수행하도록 도와줘야 한다. 작은 계획

이 변화의 첫걸음이 되도록, 내담자에 대한 상담자의 지지와 격려가 필요하다. 좋은 계획은 단순하며, 현실적이고, 실현 가능하며, 구체적이고, 즉각적이며, 측정 가능하고, 반복적이며, 과정 중심적으로 행해지는 특성을 지니고 있다.

상담자는 계획이 실행되지 못했을 때, 내담자의 어떤 변명도 받아들이지 않으면서, 계획을 재검토하고 함께 새로운 계획을 수립하거나 이전 계획을 다시 추진하도록 '다짐받기'를 다시 한다. 그리고 내담자가 정말로 자신을 변화시키고 싶어 하는지에 관심을 갖고 끝까지 포기하지 않고 내담자의 변화가능성을 믿는다. 이것은 내담자와 진정으로 친밀한 관계임을 표시하는 것으로 내담자가 이 점을 알고 믿기만 한다면 소속감이 확고해지고 이것이 계획의 실행을 촉진시킨다.

④ 상담 기법
현실치료에 활용되는 대표적인 상담 기법은 다음과 같다.

질문    현실치료의 전 단계에 걸쳐 질문은 내담자의 내적 세계를 탐색하고 계획하고 평가하는 데 중요한 역할을 한다. 이때 상담자의 비언어적인 태도, 즉 억양, 자세 등이 중요하다.

유머    현실치료는 질문이나 논쟁, 직면 등을 통해 내담자가 자각하고 판단할 것을 요구하므로 비교적 긴장하기 쉽다. 그러므로 유머를 통해 긴장을 해소하고, 내담자와 친밀한 관계를 유지하고, 즐거움을 공유하는 것은 필수적이다.

직면하기    현실치료 상담자는 내담자의 변명을 수용하지도 않고 포기하지도 않고 조력하는 태도를 갖춰야 하므로 '직면하기'는 중요한 상담 기법이 될 수 있다. 상담자는 내담자의 모순성, 특히 현실적 책임과 관련된 모순성이 내담자의 책임이라는 점에 직면하도록 한다.

# 3. 상담의 과정과 기술

내담자가 맨 처음 상담을 결심하고 상담기관에 들어설 때부터 상담은 이미 시작된다. 대부분의 내담자들은 상담실에 오기 전까지 많은 내적 고민 끝에 방문했을 것이다. 이러한 내담자들에게 정서적 안정을 제공하려면 상담 접수자는 무엇보다 내담자 중심적인 태도를 갖고 배려와 존중, 온정적인 마음가짐으로 내담자를 맞이해야 한다. 이때 상담 접수자의 언어적 요소뿐만 아니라 비언어적 요소인 시선, 동작, 적절한 의상, 화장 등도 상담에 대한 첫인상을 긍정적으로 형성하는 데 기여할 것이다. 접수면접이 마무리되면 내담자는 담당 상담자에게 안내되고 본 상담이 시작된다.

이 절에서는 개인상담에서 상담의 진행과정을 시작 단계, 중간 단계, 종결 단계의 세 단계로 구분하고, 각 단계에서 이루어지는 일들을 구체적으로 살펴보도록 한다(송현종, 정광주, 2016).

## 1) 시작 단계

상담자를 처음 만나면서 내담자는 표현하지 않지만 마음속으로 여러가지 고민을 한다. 과연 상담자가 자신의 문제에 도움을 줄 수 있을지, 상담으로 문제가 해결될 수 있을지 등 다양한 의구심을 가지고 상담자를 만날 것이다. 이러한 내담자의 내면을 충분히 공감하면서 상담자는 세심한 태도로 내담자에게 주의를 기울여야 한다.

## (1) 라포 형성

상담초기에 가장 중요한 과제 중 하나는 바로 정서적 유대감의 형성이다. 그것은 상담자와 내담자 사이에 신뢰감, 친밀감, 안정감과 같은 정서적 유대감을 형성하는 것이다. 이를 라포(rapport) 또는 촉진적 관계의 형성이라고 한다. 이러한 관계는 이후 모든 상담 과정의 바탕이 된다. 상담자는 이러한 관계를 내담자와 형성할 수 있도록 온화하고 수용적 분위기를 조성해 나가야 한다. 상담의 성패 여부는 내담자가 상담자의 태도와 행동을 어떻게 지각하느냐에 따라 크게 좌우된다. 내담자는 상담자의 시선접촉, 자세, 제스처, 태도를 알아차리고 그에 대해 반응한다. 내담자는 상담자의 반응시간, 반응시간 간의 간격, 개입, 이야기의 양과 목소리의 특성에 따라 다르게 반응한다(노안영, 송현종, 2011).

일반적으로 라포를 형성하는 조건은 로저스가 제시한 '일치성, 무조건적인 긍정적 관심과 수용, 정확한 공감적 이해' 등이다. '일치성'이란 치료자가 진실하다는 점이다. 즉, 상담시간에 순수하고 통합되어 있고 진술하다는 것을 의미한다. 상담자는 기만적인 겉치레가 없고, 내적 경험과 외적인 표현이 일치하고, 내담자와의 관계에서 느껴지는 감정과 태도를 개방적으로 표현한다.

'무조건적인 긍정적 관심과 수용'이란 상담자가 내담자를 한 인간으로서 깊고 순수한 관심으로 대하는 것이다. 내담자의 감정, 사고, 행동에 대한 평가나 판단을 하지 않는다는 점에서 무조건적이다. 상담자는 내담자의 태도나 행동에 조건적으로 대하지 않고, 내담자의 있는 그대로의 모습을 무조건적으로 수용한다. 내담자는 이를 통해 자유롭게 감정이나 경험을 표현할 수 있게 된다. 그러나 중요한 것은 무조건적이고 긍정적 수용의 대상은 '내담자의 경험' 또는 내담자의 현상학적 세계라는 점이다. 내담자의 행위도 존중할 수 있지만 모든 행위를 존중한다는 것은 아니다. 즉, 상대편이나 자신을 해치거나 폭력을 가하는 행위는 무조건적인 긍정적 수용의 대상이 아니다.

정확한 '공감적 이해'란 내담자와의 상호작용에서 나타내는 경험과 감정을 민감하고 정확하게 이해하는 것이다. 상담자는 내담자의 주관적인 경험, 특히 지금-여기의 경험을 감지하려고 노력함으로써, 내담자가 자기 자신과 친밀하도록 하고, 감정을 더 깊고 강하게 경험하게 하고, 그들 내부에 존재하는 불일치를 이해하고 해결하도록 내담자를 격려하는 것이다.

라포를 형성하기 위한 기본 조건 이외에 상담자에게 요구되는 중요한 자세가 바로 적극적인 경청이다. 상담자는 적극적 경청을 통해 내담자를 이해하고, 적절한 반응을 통해 내담자의 문제를 해결하는 촉진적 역할을 수행한다. 상담자의 경청하는 자세에 대해 이건(Egan)은 'SOLER'의 자세를 제안했다. 그 의미는 다음과 같다.


- S(Squarely): 내담자를 정면으로 바라보면서 마주 본다.
- O(Openness): 개방적인 자세를 취한다.
- L(Leaning): 내담자 쪽으로 상체를 약간 앞으로 기울인다.
- E(Eye contact): 내담자와 지속적으로 적당한 시선접촉을 한다.
- R(Relaxing): 편안하고 자연스럽게 내담자를 대한다.


## (2) 상담의 구조화

생산적인 상담을 위해 상담자는 내담자와 함께 상담목표를 성취하기 위해 환경을 조성하고 유지해야 한다. 상담자는 '구조화' 과정을 통해 내담자에게 상담의 방향과 목표, 상담의 절차, 시간, 비밀보장의 원칙 등을 설명하고 이해하도록 돕는다. 상담기관에 처음 찾아온 내담자는 상담과정에 대한 이해가 없이 막연하게 찾아온 경우가 많다. 그래서 상담자는 상담의 진행과정, 상담자와 내담자의 역할 등을 친절하게 안내하며 내담자가 상담 장면에 편안하게 적응하도록 도울 필요가 있다. 이를 통해 내담자는 상담관계가 합리적이고 효율적인 계획과 방식으로 진행된다는 점을 이해하게 된다.

상담의 '구조화'에 실패할 경우, 상담은 방향 없이 표류하고 상담자나 내담자 모두 공허함을 느낄 수 있다. 그러므로 상담자는 상담의 구조화를 위해서 상담자와 상담과정에 대한 내담자의 기대를 명료하게 하고, 상담목표를 구체화하여 내담자와 공유하며, 이야기의 영역과 상담 속도를 조절할 필요가 있다. 속도를 조절하고 이야기의 영역을 조절한다는 것은 주어진 상담시간에 소화할 수 있는 분량인지를 상담자가 가늠하여 시간이 부족할 경우 적절하게 다음 회기로 미루는 것에 대해서 내담자와 합의하는 것이다. 또한 내담자가 제한된 상담시간에 다룰 수 없는 다양한 주제를 한 번에 이야기하려고 할 때 상담자는 그 속도를 조절하고 이번 회기에 다룰 수 있는 주제에 초점을 두도록 이끌 수 있다.

### (3) 문제 명료화

상담의 시작은 내담자의 이야기를 듣는 것에서 본격적으로 이루어진다. 비자발적인 내담자의 경우 상담이 시작할 때 말을 잘하지 않지만, 어떤 내담자의 경우 봇물 터지듯 다양한 주제의 이야기를 한 번에 쏟아 놓는다. 그런데 상담의 목표는 내담자가 호소하는 문제와 깊은 관련이 있다. 일반적으로 내담자가 자신의 문제를 인식하거나 말로 표현할 때 그것은 구체적이기보다는 일반화되어 있고, 명료하기보다는 불확실하고 포괄적인 경향이 있다. 상담자는 내담자가 전달하는 문제를 충분히 경청하고 이해하고 나서, 내담자의 문제를 구체적으로 명료화할 필요가 있다.

문제는 늘 상황적 배경을 갖고 있다. 문제가 일어난 구체적인 상황을 탐색하면 내담자의 문제가 보다 분명해진다. 상담자는 내담자의 이야기를 충분히 이끌어 내기 위해 내담자가 자유롭고 상세하게 대답할 수 있도록 개방형 질문을 적절히 사용하는 것이 좋다. 예를 들어, "저는 너무 자신감이 부족해요"라고 호소하는 내담자에게 상담자는 "최근에 어떤 상황에서 그런 마음이 들었나요? 예를 들어 말해 보실래요?"라고 질문함으로써 문제 상황을 구체화시킬 수 있다.

또한 어떤 내담자들은 상담에서 다룰 수 없는 문제를 호소하기도 하고 상담 장면에서 다루기에는 너무나 많은 문제를 한꺼번에 호소하기도 한다. 상담자는 내담자와의 협의를 통해 상담에서 구체적으로 다룰 문제를 선정할 필요가 있다. 문제를 선정하는 것은 종종 복잡하고 어려운 일이다. 이때 가장 우선적인 문제를 선정하기 위한 기준이 있으면 도움이 된다. 문제를 선정할 때는 다음과 같은 사항을 고려해야 한다(박태수, 고기홍, 2007) 첫째, 내담자가 호소한 문제를 우선한다. 둘째, 내담자가 선택하거나 동의한 문제를 우선한다. 셋째, 현재 내담자가 당면한 문제를 우선한다. 넷째, 주관적 고통이나 어려움이 큰 문제를 우선한다. 다섯째, 해결 가능한 문제를 우선한다.

## (4) 상담목표의 설정

상담은 일련의 목표를 설정하고 이를 함께 이루어 나가는 과정이다. 따라서 상담자는 목표를 설정하는 과정에서 내담자가 적극적으로 참여할 수 있도록 촉진해야 한다. 내담자가 상담목표 수립에 자발적으로 참여할수록 상담에 대한 적극성과 책임감이 커지면서 변화하고자 하는 내적 동기가 심화될 것이다. 상담목표가 분명하고 구체적이고 현실적일수록 상담은 추진력 있게 진행된다. 그러므로 상담자는 상담목표가 구체적이고 바람직하게 설정될 수 있도록 상담을 진행해 나가야 한다.

상담자는 상담목표와 관련하여 고정된 선입견을 갖지 않아야 한다. 상담의 목표를 분명하게 정하고 상담계획을 잡는 것이 바람직하지만, 때로 목표가 적절하지 않음이 확인되면 이러한 목표는 수정되어야 한다. 상담자는 자신의 지각과 가설을 상황에 맞게 수정해 나갈 수 있고, 이를 요구하는 새로운 정보나 통찰이 생기면 상담목표를 변경할 수도 있다(천성문 외, 2009).

## (5) 사례 개념화와 상담계획 수립

'사례 개념화'란 내담자의 특성, 문제가 발생한 원인이나 관련 요인, 유지

요인, 상담의 개입방향 등을 일목요연하게 정리하는 일을 가리킨다. 사례 개념화의 주요요소를 대략적으로 정리하면 다음과 같다.

- 내담자의 현재 문제 파악
- 현재 문제와 관련된 역사적 배경 파악
- 문제의 원인 및 관련 요인
- 문제와 내담자에 대한 종합적 이해(이론적 근거 포함)
- 상담목표 및 상담전략 계획

'사례 개념화'는 가설이라는 점을 염두에 두어야 한다. 따라서 '사례 개념화'를 실시한 이후에도 내담자에 대한 추가 정보를 수집하고, 이를 토대로 기존의 가설을 점검 및 수정하는 과정이 지속적으로 필요하다. 또 '사례 개념화'는 정신장애나 문제, 그리고 그 원인을 찾는 데 초점을 두기 때문에 부정적으로 흐르기 쉽다. 따라서 전략상 내담자의 긍정적인 부분에 초점을 두고 '사례 개념화'를 함으로써 균형을 유지하는 것이 바람직하다. 내담자의 잘 기능하는 측면과 긍정적인 측면의 원인을 찾아내어 설명한다. 또한 긍정적 측면과 원인들을 더 확대하거나 장려하기 위한 상담개입 방향 및 방법들을 탐색하여 설명한다. 이렇게 하면 상담과정의 부정적 편향을 방지할 수 있고, 내담자에게 문제의 원인이나 대처방안을 설명하는 과정에서 부정적 자아상을 형성시키는 문제도 어느 정도 방지할 수 있다.

상담자는 내담자에 대한 '사례 개념화'를 토대로 상담계획을 작성하면서 상담개입의 목표와 전략을 구성하게 된다. '사례 개념화'에서 도출된 내담자의 자원과 문제의 특성, 그리고 상담자의 전문성을 고려하여 상담개입의 방향 및 목표를 설정하고, 이를 성취하기 위한 개입전략을 수립하게 된다.

## 2) 중간 단계

상담의 중간 단계는 상담자와 내담자가 함께 수립한 상담목표에 도달하기 위해서 노력하는 핵심 단계라 할 수 있다. 상담이 시작 단계를 지나 중간 단계에 이르면 내담자는 상담자를 좀 더 신뢰하게 되고 심리적 안정감을 느끼게 된다. 이러한 정서적 안정감의 토대 위에서 내담자는 자신의 문제를 심층적으로 탐색하고 자신의 심리적인 문제에 대한 통찰을 얻고 해결책을 찾아 나가게 된다. 그러므로 상담의 중간 단계에서는 내담자 자신과 문제에 대한 이해를 심화시키고 내담자의 행동변화를 이끌어 내는 데 중점을 두어야 한다.

이 과정에서 내담자는 자신의 역할을 인식하게 되고 문제의 원인에 대한 탐색과 해결책을 본격적으로 생각하게 된다. 내담자는 지난 상담 회기 이후 어떠한 변화가 있었는지 또는 어떤 통찰을 더 하게 되었는지 등을 자연스럽게 이야기한다. 내담자는 자신을 힘들게 하는 심리적인 문제 그리고 그 문제와 관련되어 있는 원인이나 배경을 서서히 인식하게 된다. 그래서 자신이 현재 처해 있는 어려움이 과거의 사건이나 환경 등과 어떻게 연결되어 있는지를 통찰하게 되고, 현재의 어려움을 촉발시키고 유지하는 자신의 부적응적인 생각, 욕구, 판단, 감정, 생활패턴 등을 깨닫게 된다.

그런데 내담자가 자신의 문제를 통찰하고 변화하는 과정에서 이전의 부적응적인 패턴을 변화시키기를 어려워하며 의식적·무의식적 저항을 일으킬 수 있다. 습관적인 패턴을 변화시키고 부적응적인 성격을 개선한다는 것은 결코 쉽지 않고, 많은 시간과 노력이 소요되는 작업이다. 저항은 새로운 패턴을 습득하는 데 방해요소로 작용하기 때문에 이를 극복하는 것이 반드시 필요하다. 변화의 과정에서 저항은 필연적인 것이므로 상담자의 주요 과제 중 하나는 저항을 어떻게 슬기롭게 극복하느냐 하는 것이다.

상담자는 지금까지 상담을 진행하면서 수집한 자료를 토대로 삼아 내담자의 심리적 문제를 확인하고 내담자의 성격, 문제의 근원, 처한 환경, 사고 과정, 감정, 행동 패턴 등에 대해 깊이 있게 이해하게 된다. 따라서 상담자는 내담자에 대해 훨씬 정확하게 반응할 수 있으며, 자신이 어떤 반응을 보이면 내담자가 저항하게 될지 미리 예측할 수 있다(천성문 외, 2009).

때로 상담의 시작 단계에서 정리되었던 내담자의 문제가 실제적 문제가 아니라는 것이 밝혀질 수 있다. 따라서 상담자는 내담자와의 신뢰관계를 바탕으로 내담자가 주체적으로 문제를 정확하게 파악할 수 있도록 촉진해 주는 역할을 하게 된다. 요컨대 이 단계의 특징은 내담자의 자각이 확장되어 스스로 심리적 통찰도 할 수 있지만, 반면 변화에 대한 저항도 불러일으킬 수 있다.

상담자는 내담자의 이해를 촉진시키고, 통찰한 내용을 현실에 효과적으로 적용하도록 하기 위해 다양한 상담 기법을 활용하여 내담자를 도와준다. 문제에 대한 이해만으로는 상담목표가 달성되었다고 볼 수 없기 때문에 내담자는 구체적인 실천을 자신의 삶에 적용하는 연습을 하게 된다. 그래서 상담의 중간 단계는 상담의 시작 단계에서 세워진 상담목표를 달성하기 위한 구체적인 실행 단계라 할 수 있다. 이 단계에서는 구체적으로 과거와 작업하기, 다양한 저항의 해결, 침묵의 활용, 상담자의 적극적 개입, 과제의 활용 등이 이루어진다(김환, 이장호, 2006).

## 3) 종결 단계

상담의 종결 단계에서는 중간 단계에서 얻은 통찰을 현실생활에 적용하게 되는 새로운 변화를 시험하고 평가하게 된다. 종결 단계에서 상담자는 내담자가 느낄 수 있는 여러 감정을 민감하게 또 충분하게 다루어 주어야 한다. 종결 단계에서 상담자가 유념해야 할 사항은 다음과 같다.

첫째, 이별 감정을 적절히 다루어야 한다. 상담은 특히 상담자와 내담자의 특별한 만남 속에서 이루어지는 관계이기에 내담자는 상담의 종결로 인한 이별이 힘들고 어려워할 수 있다. 특히 의존적인 내담자의 경우 분리불안은 더욱 클 수 있다. 따라서 상담자는 이런 감정을 잘 다루면서 내담자가 스스로 설 수 있도록 지지한다.

둘째, 상담 성과를 평가하고 문제해결력 다지기를 할 필요가 있다. 상담자는 내담자가 상담 과정을 통해 변화하고 성장한 것이 무엇인지, 상담을 통해 해결하지 못한 것이 무엇인지를 검토하고, 상담실 밖의 생활에서 상담 성과가 유지되도록 하는 데 필요한 노력을 구체화하여야 한다. 또한 현실에서 문제에 부딪혔을 때 상담을 통해 얻어진 문제해결 방법을 효과적으로 적용해 나갈 수 있도록 한다.

셋째, 필요한 경우 추수상담을 할 수 있다. 추수상담은 내담자의 행동변화를 지속적으로 점검하고, 내담자가 잘하는 점을 강화하고 부족한 점을 보완할 수 있다. 뿐만 아니라 추수상담은 상담자 자신에게도 상담 문제의 해결과정이 적합하였는지에 대한 임상적 통찰을 가져다 준다는 점에서 의미가 있다.

마지막으로, 상담자는 상담의 조기 종결 징후를 잘 알아차려야 한다. 내담자가 종결에 관해 질문을 할 때에는 그 질문을 충분히 탐색해야 하고, 종결하고 싶어서 향상을 보고하는 경우를 간파해야 한다. 내담자가 종결을 원할 때는 종결하고 싶은 동기를 파악해 보아야 하며, 만약 상담 성과가 미진하고 원인 파악이 안 될 때는 상담의 종결을 과감하게 고려해야 한다.

한편, 넬슨-존스(Nelson-Jones)는 상담자와 내담자가 선택할 수 있는 종결 형태를 다섯 가지로 제시하고 있다. 확정된 종결, 목표달성에 합의한 종결, 소멸적 종결, 보조회기를 가진 종결, 후속만남을 계획한 종결이 그것이다(노안영, 송현종, 2011에서 재인용).

정리문제

1. 상담의 원리를 설명하시오.
2. 상담자가 지켜야 할 상담의 윤리를 제시하시오.
3. 학교상담의 주요 영역을 제시하고 설명하시오.
4. 정신역동적 상담이론, 행동주의적 상담이론, 인본주의적 상담이론, 인지행동적 상담이론의 특징을 비교하시오.
5. 상담의 시작에서 종결에 이르는 개인상담의 진행과정을 설명하시오.

# **참**고문헌

김계현, 김창대, 권경인, 황매향, 이상민, 최한나, 서영석, 이윤주, 손은령, 김용태, 김봉환, 김인규, 김동민, 임은미(2011). 상담학개론. 서울: 학지사.

김정규(1996). 게슈탈트 심리치료. 서울: 학지사.

김환, 이장호(2006). 상담면접의 기초. 서울: 학지사.

노안영, 송현종(2011). 상담실습자를 위한 상담의 원리와 기술. 서울: 학지사.

박태수, 고기홍(2007). 개인상담의 실제. 서울: 학지사.

송현종, 정광주(2016). 특수아동과 상담. 전남: 전남대학교출판부.

양명숙, 김동일, 김명권, 김성회, 김춘경, 김형태, 문일경, 박경애, 박성희, 박재황, 박종수, 이영이, 전지경, 제석봉, 천성문, 한재희, 홍종관(2013). 상담이론과 실제. 서울: 학지사.

천성문, 박명숙, 박순득, 박원모, 이영순, 전은주, 정봉희(2009). 상담심리학의 이론과 실제. 서울: 학지사.

Belkin, G. S. (1977). *Practical counseling in the school*. Long Island University.

Wubbolding, R. E. (2007). Reality therapy. In A. B. Rochlen (Ed.), *Applying counseling theories: An online case-based approach*. Upper Saddle River, NJ: Pearson Prentice-Hall.

Zinker, J. (1978). *Creative process in Gestalt therapy*. New York: Random House.

# 08
교육학개론

## 교육과정

이 장에서는 학교 교육활동의 핵심인 교육과정에 대해 학습한다. 먼저 교육과정을 이해하기 위해서 어원적 의미와 개념 정의 방식을 살펴본다. 교육과정은 조직화된 지식, 학습경험, 의도적인 계획, 학습결과 등으로 정의된다. 교육과정에 관한 지금까지의 연구 경향은 전통주의, 개념적 경험주의, 재개념주의로 구분하여 이해할 수 있다. 다양한 교육과정의 유형이 있음을 살펴볼 것이다. 또 교육과정 개발의 의미와 기본 원리를 알아보고, 타일러 모형을 통하여 교육과정 개발 절차를 살펴본다. 교육내용의 선정과 조직 원리 및 기준도 살펴본다. 마지막으로 우리나라 교육과정의 변천 역사를 살펴보고, 해방 이후 지금까지 어떤 방향으로 교육과정이 개정되어 왔는지를 이해한다.

## 1. 교육과정의 이해

### 1) 교육과정의 개념적 이해

#### (1) 교육과정의 어원적 의미

학교에서는 교육목적, 교육내용, 교육방법, 교육평가 등 일련의 체계적인 과정과 활동을 통해 교육활동이 이루어진다. 교육활동이 이루어지는 전 과정, 특히 무엇을 가르치고 배울 것인가를 체계적으로 다루는 분야가 교육과정(敎育課程, curriculum)이다. 교육과정에 관한 관심과 연구의 역사는 오래되었지만 1918년 보비트(F. Bobbitt)가 『교육과정』을 출간한 이후 교육과정 분야는 교육학의 중요한 영역으로 연구되기 시작했다.

우리가 사용하고 있는 교육과정은 영어의 'curriculum'을 번역한 말이다. 커리큘럼의 어원은 라틴어의 쿠레레(currere)이다. 쿠레레는 동사로 쓰일 때 '달린다'는 뜻이고, 명사로 쓰일 때는 '달리는 코스', 즉 경주로 또는 달리면서 겪는 경험을 의미하기도 한다. 이 말이 교육에 쓰이면서 학생들이 학교에 입학해서 졸업할 때까지 이수해야 하는 정해진 코스를 의미하게 되었다. 그래서 일반적으로 학생들이 입학해서 졸업할 때까지 각 학년마다 배워야 하는 과목을 배열해 놓은 교과목의 모음을 교육과정이라고 부른다.

커리큘럼의 어원적인 의미를 약간 다르게 살펴보면, 교육과정이 교육을 받는 코스만 의미하는 것은 아님을 알 수 있다. 그 코스를 거치면서 학생들이 갖게 될 교육적 경험과 학습내용이 중요한 의미로 드러난다. 그러므로 교육학에서 커리큘럼이란 '일정한 순서로 배열된 학습의 코스'와 더불어 '학습내용이나 경험내용'을 의미하는 것이다. 다시 말해, 교육과정은 학생이 학습하거나 경험해야 할 내용이기도 하고, 학습경험 및 생활경험 그 자체이기도 한 것이다.

### (2) 교육과정에 관한 다양한 관점

#### ① 조직화된 지식

교육과정을 정의하는 관점은 다양하다. 우선 교육과정을 '조직화된 지식'으로 보는 것이 가장 일반적인 정의이다. 여기서 교육과정은 학교에서 가르쳐야 할 교과목의 조직화된 모음, 즉 여러 교과목을 특정 기준에 따라 체계적으로 조직해 놓은 하나의 모음이라고 정의된다. 이 관점에서 교육과정은 각 학문의 핵심내용이 선정되고 조직된 것이라고 볼 수 있다.

이 입장은 고대부터 오늘날까지 가장 폭넓게 지지받고 운영되어 왔다. 서양교육사에서 가장 오래된 7자유교과(이 책, 92쪽 참고)나 오늘날의 교과중심 교육과정은 이런 관점을 잘 반영하고 있다. 특히 본질주의나 항존주의와 같은 미국의 교육사상에서는 조직화된 지식으로서의 교과를 매우 강조하고 있다.

교육과정을 '조직화된 지식'으로 보는 관점에 대해 여러 문제들이 제기되었다. 예컨대, 이미 일반화되고 결론이 내려진 지식만이 가르칠 만한 가치가 있는 것인가? 우리는 학생들에게 다양한 사고 유형을 가르쳐야 하지 않는가? 지극히 고정된 사고 유형이나 사고체계를 진리라는 이름으로 주입시키는 일이 과연 정당한 일인가? 이처럼 지식의 전달과 학습만을 중시하는 교육으로는 다양한 종류의 경험과 다양한 집단의 경험을 모두 다루기가 어렵다는 비판이 제기되기 시작한 후에 새로운 정의가 나타나게 되었다. 그것은 교육과정을 '경험'이라는 시각에서 정의하려는 관점이다.

#### ② 학습경험

교육과정을 학습경험으로 보는 관점은 학생들이 실제로 경험하게 될 학습경험의 총체가 바로 교육과정이라는 입장에서 생긴 것이다. 이와 같은 시각을 가진 대표적인 학자는 듀이(J. Dewey)이다. 그가 주장하는 학습경험은 무엇을 직접 해 보고 체험해 본다는 일상적 의미를 넘어 그 결과와 관계들에 대해 사고하고 반성할 수 있는 능력까지를 포함하는 것이다. 그렇기 때문에 교육과정은 학생들의 경험을 증진시키는 방향으로 구성되어야 하고, 생활의 장면들과 유리되지 않는 모습으로 구성되어야 한다. 이러한 주장에는 학생들이 현재의 관습을 그대로 배워서 답습하기보다는 경험을 새롭게 하여 보다 나은 새로운 관습을 만들어 내고, 그로 인해 사회를 진보시킬 수 있는 주역들이 되어야 한다는 신념이 깔려 있다.

이런 관점은 몇 가지 특징을 보인다. 첫째, 경험은 성인중심의 경험이 아닌 아동중심의 경험이어야 한다. 둘째, 경험의 종류나 범위를 문화인류학적인 관점에서 확대하려는 노력이 포함되어 있다. 셋째, 경험의 강조로 인해 학교에서 특별활동 등 교과 외 활동에 대한 인식이 높아지는 계기가 되었다. 넷째, 경험으로서의 교육과정은 학교나 교사 중심이 아닌 학생중심의 교육과정임을 알 수 있다.

### ③ 의도적인 계획

교육과정을 의도적인 계획으로 정의하는 관점은 '목표'와 '수단'이라는 이원적인 틀에 따라서 교육과정이 목표의 역할을 해야 한다고 본다. 교육과정과 수업을 분리해 보면 교육과정은 목표가 되고 수업은 목표의 성취를 위한 수단이 된다. 이런 틀에서는 교육과정에 담겨 있는 의도적인 사전계획성을 강조한다. 그러므로 이 관점의 교육과정은 수업 이전에 이루어지는 일련의 모든 계획적인 노력이다.

교육과정을 의도적인 계획으로 보는 관점에는 몇 가지 특징이 있다. 첫째, 교육과정은 문서를 통해 제시되는 공식적인 계획이다. 교육과정은 추상적으로 또는 즉흥적으로 머릿속에 떠올리는 계획이 아니라 문서화를 통하여 체계적으로 제시되는 계획이다. 교육부에서 각 학교까지 모든 교육기관이 문서의 형태로 교육과정을 제시하고 있다. 둘째, 교육과정은 어디까지나 교육활동의 계획이지 교육활동 자체는 아니다. 셋째, 계획으로서의 교육과정은 여러 단계의 숙고과정을 거쳐서 여과되고 또 공식적으로 협의하여 채택된 계획으로서 합법적이다. 넷째, 교육과정은 관련된 여러 부분과 요소들을 하나로 모아서 체계적으로 연계시키고 응집시킨 종합적인 계획이다.

### ④ 학습결과

교육과정을 의도된 학습결과로 보려는 관점도 있다. 이런 관점이 대두된 배경은 1960년대 미국에서 교육의 책무성이 강조되고 교육자들의 자기반성적 운동이 일어나기 시작하면서부터다. 교사 위주로 교육과정을 생각하는 관점에서 벗어나 학생 입장에서 교육과정을 생각해 보자는 반성이 생기기 시작하였다. 그 영향으로 교육과정은 의도된 학습결과를 구조화하여 나열한 것이라는 주장이 나타났다.

이런 관점은 사회과학 및 산업 현장의 당시 흐름과 연관이 있다. 20세기 초부터 급속하게 발전되기 시작한 산업계의 '과학적 경영관리체제'를 교육 분야에도 적용하려는 노력이 시도된 것이다. 즉, 어떻게 하면 교육목적을 효율적으로 성취할 수 있는가에 대한 해답을 산업 현장의 생산관리체제 모델에서 찾기 시작하였다. 생산체제로서의 교육과정을 탐색하려는 노력은 '행동적 목표 설정'을 강조하게 되었다. 특히 1970년대 초에는 교육을 산업 생산과정과 동일시하여 투입과 결과를 양적으로 측정하여 학교 프로그램의 효율성을 평가하려는 시도들이 많아졌다. 교육의 효율성을 단순히 체제분석 방법으로만 파악하는 데에는 한계가 있다는 비판이 제기되기도 한다. 왜냐하면 교육활동은 근본적으로 규범적 가치를 지향하는 가치사업(value enterprise)이어서 양적인 평가보다 질적 판단을 요구하는 요소가 더 많이 들어 있는 유동적인 활동이기 때문이다. 따라서 지금까지 살펴본 교육과정의 관점들을 다음과 같이 정리해 볼 수 있다. 교수와 학습의 '내용'을 중심으로 생각해 볼 때, 교육과정은 가르치는 사람의 입장에서는 조직화된 지식으로, 배우는 사람의 입장에서는 학습경험으로 정의될 수 있다. 그리고 교수와 학습의 '운용'을 중심으로 생각해 보면, 교육과정은 가르치는 사람의 입장에서는 교수계획으로, 배우는 사람의 입장에서는 학습결과로 정의될 수 있다. 그러나 교육과정의 개념이 반드시 이들 양자 간의 대립 속에서 선택적으로 사용되어야 하는 것은 아니다. 서로 배타적이기보다는 상호 보완적인 관계에서 교육과정의 포괄적인 의미를 찾을 수 있을 것이다. 결국 교육과정은 근본적으로 학생들에게 무엇을 가르칠 것인가에 관한 고민이기 때문에, 그 내용은 가르치고자 하는 조직화된 지식과 배우고자 하는 학습자의 경험을 함께 고려하면서 결정되어야 한다.

## 2) 교육과정 이론의 발달

### (1) 전통주의

교육과정에 관한 이론적 연구는 20세기 들어와서 본격화되었다. 그동안의 교육과정 연구를 종합하여 정리한 파이나(W. F. Pinar)는 교육과정 이론의 발달과정을 전통주의, 개념적 경험주의, 재개념주의로 구분하였다. 전통주의는 당시에 산업 현장에서 각광받던 과학적 경영원리를 교육에 도입하여 적용하려고 했던 이론을 가리킨다. 전통주의자들은 학교가 소기의 목표를 효율적으로 달성하기 위해 어떤 노력을 해야 하는가에 초점을 두고, 이를 가능하게 해 주는 교육과정의 이론화에 몰두하였다. 효율성이 그들의 최대 관심사였기 때문에 교육활동의 요소들을 합리적으로 배치하고 성과를 평가하는 데 초점을 두었다. 이는 교육과정에 관한 연구가 본격적으로 나타난 초기의 연구 경향으로, 보비트(Bobbit), 타일러(Tyler) 등의 연구가 여기에 속한다.

전통주의자들은 효율성과 합리성의 관점에서 교육과정 개발 절차를 제시함으로써 학교 교육과정의 개선을 원하는 교육실천가들에게 실제적인 도움을 주었다. 그들은 교육과정 개발의 모델과 전략을 제시하고 학교가 추구해야 할 목표를 좀 더 명확히 함으로써 교육활동의 효율성을 확보하기 위해 노력하는 현장 교육자들에게 대안을 제시하였다. 이런 점은 교육과정학의 발달에 실질적으로 크게 기여하였다. 그러나 그들은 구체적인 지식의 전달, 도덕성의 함양, 사회질서의 유지 등 보수적 입장에서 효율적인 방법과 절차만 강조하고, 학교에서의 다양한 가치형성 과정, 의미의 해석 등에는 소홀한 경향이 있었다. 더구나 지나친 효율성의 추구 때문에 비판을 받기도 하였다.

### (2) 개념적 경험주의

개념적 경험주의는 전통주의가 '기술적 처방'에 너무 치우쳐 교육과정에서 확보되어야 할 '과학적 정당성'이 결여되었다고 비판하였고, 경험과학적인 연구방법을 교육과정 연구에 적용하려고 노력하였다. 개념적 경험주의자들은 확실성, 변인 간의 상관, 통제, 예언 등과 같은 경험 과학적 논리와 연구방법을 동원해서 인간행동을 연구하였고 교육과정 현상을 체계적으로 설명하였다. 이들은 체제이론의 관점에서 교육과정이 교육과정 개발체제의 산출이기도 하고 수업체제의 투입이기도 하다고 보았다. 맥도널드(J. Macdonald), 존슨(M. Johnson) 등의 교육과정 체제모형이 여기에 속한다.

개념적 경험주의자들이 경험과학적인 연구방법론을 동원하여 교육과정 분야에서 이론적 치밀함을 확보하려고 노력한 점은 높이 평가받을 만하다. 그러나 그들은 교육과정 연구에서 실증주의적이고 경험과학적인 접근을 한다는 점에서 전통주의자들의 입장에서 크게 벗어나지 못하였다. 따라서 그들은 탈가치적 관점에서 교육과정 개발의 과학화에만 치중했다는 비판을 받기도 하였다.

### (3) 재개념주의

전통주의와 개념적 경험주의의 실증적이고 경험과학적인 접근을 비판하면서 교육과정을 '이해'와 '해석'의 관점에서 연구하려는 입장이 재개념주의이다. 재개념주의자들은 교육과정 연구의 목적이 단순히 교육과정의 개발이

나 실제적인 대안의 제시에 있는 것이 아니라 교육경험의 내면적이고 실존
적인 본질을 이해하는 데 있다고 생각하였다. 재개념주의자들은 이전의 교
육과정 연구가 합리성, 실제성, 과학성에 너무 치중해 왔다고 비판하면서 교
육의 심미적 차원, 교육과 사회의 정치적·경제적·이데올로기적 관련성 등
매우 다양한 주제를 가지고 교육과정 논의를 활성화하였다. 예컨대, 애플(M.
Apple), 지루(H. Giroux) 등의 정치적 담론, 마넨(M. van Manen), 아오키(T.
Aoki) 등의 현상학적 담론, 아이스너(E. Eisner) 등의 미학적 담론, 체리홈스
(C. H. Cherryholmes), 돌(R. Doll) 등의 탈근대성 담론 등이 대표적인 재개념
주의 연구들이다.

　재개념주의자들은 연구 영역과 탐구 대상을 확대시켰고 연구방법을 새롭
게 함으로써 교육과정의 연구 지평을 넓혔고 학문적 성숙의 계기를 마련했다
는 점에서 긍정적 평가를 받고 있다. 그러나 이들의 연구는 지나치게 이론적
이고 방대한 담론을 포함하고 있어서 구체적인 대안 제시나 실제적인 교육적
통찰을 제공하는 데에는 한계가 있다는 비판을 받기도 한다.

### 3) 교육과정의 유형

#### (1) 교과중심 교육과정

　교과중심 교육과정이란 '지식의 체계'를 중시하는 교육과정이다. 이것은
대부분의 국가에서 가장 일반적으로 채택하고 있는 교육과정 유형이다. 이
관점의 교육과정은 학교에서 학생들이 배우는 모든 교과와 교재를 가리킨
다. 이 교육과정은 지식의 습득 및 이성의 계발을 가장 중시하는 입장이다.
각 교과는 그 교과의 기반이 되는 지식이나 학문의 논리체계가 반영된 것이
므로 이런 교과를 체계적으로 학습하게 하는 것을 교육의 가장 중요한 방법
이라고 생각한다.

　교과중심 교육과정은 가장 오랜 전통을 가지고 있다. 예컨대, 고대 그리스

와 로마의 7자유학과(문법, 수사학, 논리학, 산술, 기하학, 천문학, 음악)는 현대에 이르기까지 초중등학교와 대학의 교육과정에 막강한 영향을 미쳤다. 이 교육과정은 학문의 특성에 따라 분류되는 분과 학문적인 교과관을 가지고 있으므로 교과 간의 연계성보다는 교과 간의 고립성, 독립성이 강한 특징이다.

　교과중심 교육과정의 주요 특징과 문제점은 다음과 같다.


〈주요 특징〉

- 교육내용은 인류의 문화유산 중 핵심적인 것들로 구성된다. 문화유산의 핵심이 지식으로 축적되었기 때문에 교과는 지식을 논리적으로 분류하고 체계화한 것이다.
- 교사중심 교육과정이다. 교육자는 학습자에게 충실하게 지식 전달을 할 수 있도록 충분한 지식과 기술을 지녀야 하며 이를 학습자에게 효과적으로 전달할 수 있어야 한다.
- 설명 위주의 교수법을 활용하는 경우가 많다. 즉, 교사가 교과내용을 상세하게 설명하고 전달함으로써 효과적인 성과를 내려고 노력한다.
- 한정된 교과 영역 안에서만 교수·학습활동이 이루어진다. 교과 분과주의가 강하기 때문에 자신의 영역을 넘어 다른 교과까지 침범하는 것은 금지된다.


〈문제점〉

- 대개 이기적인 교과 분과주의에 빠지기 쉬워서 교과를 전체적으로 통합하는 총체적인 구조가 부족하다. 교과의 분할 구분이 심해질수록 통합성은 부족하기 마련이다.
- 교사중심의 교수·학습 활동이 이루어지기 때문에 학생들의 적극적 참여를 기대하기가 어렵다. 또한 한정된 교과 영역 안에서 일정한 지식 전달에만 치중하기 때문에 학생들의 흥미나 필요가 무시되기 쉽다.

- 현실성이나 유용성이 떨어지는 지식을 단순히 언어주의나 형식주의 측면에서 강조하기 쉽다. 문제해결, 자료해석, 원리의 실제 응용과 같은 노작적이며 활동적인 교수 · 학습은 별로 고려되지 않는다.
- 지식의 체계를 존중하고 교과의 내적 적합성과 논리적 일관성을 중시하는 데 치우친 나머지, 학생의 필요를 경시하고 성인사회의 요구만을 강요하는 경향이 있다. 특히 긴급한 사회문제에 민감하게 대응하지 못하는 경향이 있다.
- 교사가 일방적으로 주도하는 교수 · 학습 활동은 민주적인 가치와 부합하지 못할 가능성이 크다.

### (2) 경험중심 교육과정

경험중심 교육과정이란 교사의 지도 아래 학생들이 학교에서 체험하는 모든 경험을 의미한다. 이는 학생들이 겪게 되는 '경험의 계열'을 중시하는 교육과정이다. 경험중심 교육과정은 교과중심 교육과정과 큰 차이를 보인다. 후자가 모든 학생에게 적용될 공통된 '문서'를 뜻한다면, 전자는 학생 개개인에 따라서 다르게 나타나는 '경험' 자체를 의미한다.

경험중심 교육과정이 출발하게 된 배경은 무엇인가? 그것은 교과중심 교육과정만으로는 학생들이 급변하는 사회에 잘 적응하기 어려우며, 현실생활과 동떨어진 내용의 학습에 치중할 가능성이 크다는 문제 인식이었다. 이런 문제점을 보완하기 위한 대안으로서 학생들이 현실생활에 잘 적응하고 개별성을 담보할 수 있는 경험중심 교육과정이 나타났다. 그렇지만 경험중심 교육과정이라 하더라도 교과중심 교육과정을 완전히 부인하기는 어렵다. 다만 견고한 틀을 갖춘 교과중심 교육과정에 너무 종속되다 보면, 학교교육이 역동성과 유용성을 잃고 형식적이고 기계적인 활동에 그치게 되는 점을 경계할 뿐이다. 그러므로 경험중심 교육과정에서는 교과와 학생들의 생활경험 사이의 간격을 없애야 한다는 점을 강조한다.

경험중심 교육과정의 주요 특징과 문제점은 다음과 같다.

〈주요 특징〉

- 교과활동뿐만 아니라 특별활동과 같은 교과 외 활동을 중시한다. 교과
중심 교육과정이 교실에서의 학습을 강조한다면, 경험중심 교육과정은
교실의 학습 이외에 행사, 여행, 전시회, 자치활동, 동아리활동 등도 중
시한다.
- 생활인의 육성을 목표로 한다. 경험중심 교육과정에서는 교육을 통한
자아실현, 원만한 인간관계, 경제적 능률, 공민적 책임 등을 기르는 것을
강조한다.
- 학생중심 교육과정을 강조한다. 교과중심 교육과정이 '교과를 가르친
다'는 입장이라면, 경험중심 교육과정은 '학생을 가르친다'는 입장이다.
학생을 가르치는 것은 단순한 지식전달이 아니라 학생들의 필요, 흥미,
능력에 따라 각자의 학습경험을 하게 하는 일이다.
- 사회 변화에 적응할 수 있는 인간 육성을 강조한다. 오늘날 급변하는 사
회 속에서 학생들이 불확실한 미래를 잘 준비하도록 돕는 것이 교육의
임무임을 강조한다.
- 문제해결력의 함양을 강조한다. 경험중심 교육과정은 학생들의 사회적
응 능력을 중시하기 때문에, 현실생활에서 부딪히는 문제들을 현명하게
잘 해결할 수 있는 능력을 기르고자 한다.
- 전인교육을 강조한다. 지 · 덕 · 체가 조화롭게 발달한 사람을 기르기 위
해 노력한다.

〈문제점〉

- 교육과정의 기본적인 분류가 명확하지 않다. 교과중심 교육과정은 각
교과를 중심으로 교육과정을 명확히 편성할 수 있지만, 경험중심 교육

과정은 학생들의 흥미나 욕구를 고려하는 것이므로 명확하게 분류하기
가 어렵다.

- 교직에 대한 소양과 지도요령이 미숙한 교사가 경험중심 교육과정을 채
택하게 될 경우 실패할 가능성이 많다. 경험중심 교육과정을 운영하는
교사는 교과중심 교육과정을 채택한 교사보다 더 많은 소양, 교직경험,
열성을 갖추어야 한다.
- 경험중심 교육과정에서는 학생들의 흥미나 욕구를 중시하여 현실생활
과 별로 구별되지 않는 교육과정을 구성하게 되므로 학교교육의 기능과
본질이 과소평가되기 쉽다.
- 구체적이고 실제적인 문제에 관심이 많은 학습자들에게는 경험중심 교
육과정이 유리하지만 일반적인 원리나 이론적 지식에 관심이 많은 학습
자들에게는 적합하지 않다.
- 경험중심 교육과정은 표준화된 통일성을 확보하기가 쉽지 않아서 행정
적 관리가 어렵다. 경험중심 교육과정에서는 표준적인 기준에 따라 질
서정연한 학습활동을 할 것으로 기대하기가 어렵다.

### (3) 학문중심 교육과정

학문중심 교육과정은 학생들이 교과의 기본구조를 철저하게 학습하는 데
주안점을 둔 교육과정이다. 학문중심 교육과정은 다음과 같은 원인 때문에
등장했다. 첫째, 현대사회의 지식과 기술의 폭발적인 증가이다. 엄청난 속도
로 증가하고 있는 지식과 기술 중에서 학교에서 가르칠 내용을 어떤 기준에
서 선정할 것인가라는 문제가 제기된다. 그 선정기준으로 각 학문에 들어 있
는 전이 가치가 높은 지식과 기술이 강조되었는데, 이 '지식의 구조'를 주장
하는 것이 학문중심 교육과정이다. '지식의 구조'는 모든 학문의 기본 아이디
어, 기본 개념, 기본 원리, 핵심 개념, 일반 아이디어를 가리킨다. 지식의 구
조는 각 학문을 구성하고 있는 기본 요소 및 그것들 간의 상호 연관을 보여

준다. 둘째, 경험중심 교육과정에 대한 비판 및 반성의 결과로 나타났다. 경험중심 교육과정에서는 학생들이 어렵게 느끼는 수학이나 과학 등 자연과학 분야의 교육을 소홀히 하는 경향이 있다. 따라서 교과를 충실하게 가르치되, 단순한 사실 전달과 암기방식에 의존할 것이 아니라 탐구과정을 통해 지식의 구조를 파악하도록 해야 한다는 주장이 등장하게 되었다.

학문중심 교육과정의 주요 특징과 문제점은 다음과 같다.

〈주요 특징〉
- 지식의 구조를 중심으로 교육과정을 조직한다. 교육과정은 각 교과의 전문가들이 각 교과의 기본이 되는 '지식의 구조'를 중심으로 체계적으로 조직해 놓은 것이다.
- 탐구과정을 중시한다. 교사는 단순한 지식의 전달에 그치는 것이 아니라 그 교과의 지식의 구조를 해당 전공 분야 학자가 하는 것과 똑같은 '지적 안목'과 '탐구방법'으로 학생들이 탐구하도록 한다.
- 교육과정은 나선형으로 구성한다. 나선형 교육과정은 지식의 구조를 학생들의 발달단계에 맞게 배치하여 가르치며, 학년이 올라감에 따라 그 내용을 점차 심화·확대해 나간다.
- 내적 보상을 통한 학습동기 유발을 강조한다. 학생들에게 외적 보상을 주어 학습동기를 유발하기보다 학생 자신이 성공적인 학습을 통한 성취감과 지적 희열을 느끼게 하는 내적 보상을 중시한다.

〈문제점〉
- 지식을 가르치는 일에 치중함으로써 덕을 함양시키는 교육에는 소홀한 편이다.
- 서로 단절된 교과 분과주의로 흐를 가능성이 커서 교과의 통합성은 약화된다.

- 학생들이 각 학문에 내재한 지식의 구조를 학습하기란 결코 쉬운 일이 아니며, 그 내용도 실생활과 유리된 내용이 많다.
- 지적 능력이 뛰어나고 이론 탐구에 관심이 많은 학생에게는 유리하지만 그렇지 못한 학생에게는 불리한 경향이 있다.

## (4) 인간중심 교육과정

인간중심 교육과정은 인간에 대한 이해, 인간성 계발, 전인교육, 자아실현, 인간관계의 발달 등이 강조되면서 교육과정 안에 이런 내용을 담은 것이다. 학문중심 교육과정이 지나치게 인지적인 교육에 치중한다는 비판이 나타나면서 교육제도에 대한 논쟁, 학교교육에 대한 비판, 교육의 본질에 대한 논쟁이 벌어졌다. 이를 계기로 교육 대상인 인간을 바라보는 시각에 변화가 오기 시작했고, 이 과정에서 인간중심 교육과정이 등장하게 되었다. 인간중심 교육과정에서는 의미 있는 삶, 자아실현, 보다 나은 인간관계, 학습자 자신의 자기 개발에 도움을 줄 수 있는 교육을 강조한다. 이 교육과정에서 추구하는 목표는 인간의 본성과 욕구에 부합되게 사고하고 느끼며, 내면의 자아를 확장하고 창조함으로써 스스로 배우는 자아실현의 가능성을 증진시키는 것이다.

인간중심 교육과정의 주요 특징과 문제점은 다음과 같다.

〈주요 특징〉
- 자아실현을 중요한 교육목표로 강조한다.
- 잠재적 교육과정을 중시하며, 특히 인간관계를 중시한다.
- 학교 환경의 인간화를 위한 노력과 인간주의적 교사의 중요성을 강조한다.
- 교육의 결과보다는 과정을 중시하는 교육평가가 부각된다.

〈문제점〉

- 기존의 학교체제를 부정적으로 보면서 너무 이상주의로 흐르기 쉽다.
- 개인의 성장을 지나치게 강조하다 보면 사회체제 속에서 교육의 기능을 소홀히 하는 경향이 있다.
- 이 관점의 교육과정에 대한 주장이 아직 체계화되어 있지 않다.


## 2. 교육과정 개발

### 1) 교육과정 개발의 의미와 원리

#### (1) 교육과정 개발의 의미와 내용

교육과정 개발(curriculum development)이란 교육목적과 교육내용의 체계, 그리고 이를 전달하는 교육방법, 교육평가, 교육운영 등에 대한 종합적인 계획을 세우는 활동을 가리킨다. 더 구체적으로 말하면, 교육과정 개발이란 학생 및 사회의 요구에 부응하는 교육목적을 달성하기 위하여 참여집단을 선별·조직하고, 물적 자원을 정비하여, 교육과정 구성요소의 성격을 규정하고, 이것들을 유기적으로 조직하여 교육과정 산출물(예컨대, 교육과정, 교과서, 교사용 지도서 등)을 산출하는 일련의 활동을 가리킨다.

교육과정 개발은 이론과 실제의 양 측면이 통합적으로 적용되는 과정이다. 이론적인 측면에서 보면 무엇을, 누구에게, 어떤 목표를 가지고, 어떤 내용을, 어떤 교수방법으로 가르치고, 어떻게 평가할 것인가 등의 문제를 이론적으로 구체화하고 그 근거를 정당화하는 것이 중요한 과업이다. 실제적인 측면에서 보면 교육과정의 계획 산출, 시행, 평가 등이 중요한 과업이다. 교육과정의 '계획' 산출은 교육과정 개발 참여자들이 교육과정의 구체적인 실천계획을 수립하는 것이다. 교육과정 '시행'은 수립한 계획을 교육현장에서 실천에 옮기는 것이다. 교육과정 '평가'는 교육과정 계획과 시행을 평가하여 환류시키는 과정이다.

### (2) 교육과정 개발의 기본 원리

교육과정 개발에서 다음과 같은 몇 가지 기본 원리를 고려할 필요가 있다.

첫째, 독특성이다. 교육과정 개발은 교육기관이 자신의 과업을 구체화해 나가는 과정이다. 가령, 모든 학교는 교육목적을 달성하기 위하여 자기 학교의 독특성을 교육과정에 반영하고 신장시켜 나가야 한다. 이런 독특성이 없다면 국가교육과정 체제하의 학교들은 모두 동일한 교육과정을 갖는 획일적 교육으로 전락하기 쉬울 것이다.

둘째, 종합성이다. 교육과정 개발은 교육과정의 계획, 운영, 평가에 관련되는 모든 요소를 체계적으로 분석, 통합, 수렴하는 종합적인 과정이다. 교육과정 개발은 전체적인 틀 안에서 각 부분의 상호관련성을 고려하는 종합적 관점에서 이루어질 필요가 있다.

셋째, 점진성이다. 교육과정 개발은 현재 우리의 교육문제를 개선하려는 노력의 일환이며 미래의 보다 나은 교육을 위한 점진적인 개혁과정이다. 교육과정 개발은 미래의 학교와 교육이 어떤 것이 되어야 하고, 무엇을 해야만 하는가에 대한 이상을 끝없이 창출해 내는 선도적 기능을 수행해야 한다. 따라서 교육과정 개발은 현 시대의 사회 변화에 대한 교육적 응답이자 미래의 사회 변화를 위한 교육적 대안을 창출하는 개혁과정이라고 볼 수 있다.

넷째, 협동성이다. 교육과정 개발은 개발과정에 참여하는 많은 사람들 간의 협동적인 합의에 바탕을 둔 집단적 의사결정 과정이다. 소수 이론가나 특정 정파의 편협한 이념이나 철학에 의존할 경우 다원화되어 가는 수요자들의 요구를 충족시키기 어렵다. 교육과정 개발을 위해서는 관련된 여러 분야의 사람들, 예컨대 교과 전문가, 일반 시민과 학부모, 학습자, 교수자, 경영관리자 등의 협동적인 의사결정이 필요하다.

다섯째, 자율성이다. 교육과정 개발은 그것의 계획, 운영, 평가와 관련된 사람들의 변화와 발전을 바탕으로 이루어진다. 각 참여자들의 자발적 변화는 자발적인 참여와 책무성 제고로 이어질 것이며, 우리가 계획하는 교육개혁과 교육발전을 낳을 수 있는 원동력이다.

## 2) 타일러의 교육과정 개발모형

보비트 이후 초기의 교육과정 연구자들은 교육과정 개발을 통해 학교교육에 도움을 주는 것을 자신들의 중요한 임무로 생각했다. 그 이후 여러 학자들에 의해 교육과정 개발의 모형이 다양하게 제시되었다. 예컨대, 타일러(R. W. Tyler) 모형, 타바(H. Taba) 모형, 슈왑(J. Schwab) 모형, 아이즈너(E. Eisner) 모형, 구성주의 모형 등이 있다. 그중에서 교육과정 개발에 관한 가장 고전적이고 큰 영향력을 미친 것은 타일러 모형이다. 타일러는 다음과 같이 네 가지 질문으로 구성된 개발 이론을 주장하였다.

첫째, 학교는 어떤 교육목적을 성취하려고 해야 하는가? 둘째, 그러한 목적을 성취하려면 어떠한 교육경험들이 제공되어야 하는가? 셋째, 그 교육경험들은 어떻게 효과적으로 조직될 수 있는가? 넷째, 그러한 교육목적들이 성취되었는지의 여부를 어떻게 평가할 수 있는가? 타일러의 교육과정 개발의 이론적 모형은 4단계, 즉 ① 교육목표 설정, ② 학습경험의 선정, ③ 학습경험의 조직, ④ 교육평가로 요약된다. 이를 도표로 표시하면 [그림 8-1]과 같다.

타일러의 모형은 교육과정 개발의 전형적인 틀이 되었다. 그 근본 이유는 '합리성' 추구와 관련이 있다. 즉, 교육과정 개발에 합리적인 틀을 제공했기 때문이다. 우선 목표와 수단을 분리함으로써, 수단을 결정하기 전에 목표를 명확하게 결정하도록 하였다. 목표를 결정하기 위해 학습자, 사회, 지식(교과)에 대한 분석이 필요함을 제시하였다. 학습자가 무엇을 원하고 있고 학습자에게 어떤 내용이 필요한지를 파악하여 교육목표에 반영해야 한다. 학생들

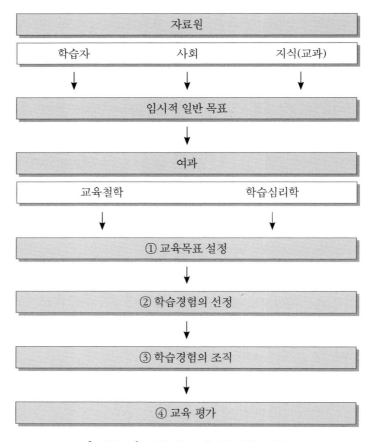

[그림 8-1] **타일러의 교육과정 개발 모형**

을 어떤 사람으로 길러야 할 것인가에 대한 사회적 요구도 고려해야 한다. 더 나아가 교과전문가의 견해를 참고하여 각 교과의 단계별 목표가 구체적으로 제시되어야 한다. 이처럼 세 가지 원천(학습자, 사회, 교과)으로부터 설정된 임시목표는 두 가지 관점에서 검토받게 된다. 즉, 학생 및 교과에 대한 심리학적 관점과 철학적 관점에서 검토한 후 최종적인 교육목표가 설정된다.

타일러는 학교가 분명한 목표를 가져야 하고 그 목표를 달성하기 위한 구체적인 노력이 교육과정 개발로 이어져야 한다고 보았다. 타일러 모형은 흔히 '목표 모형'이라고 부른다. 그것은 네 가지 절차 중에서 목표를 가장 강조하고 다른 것들은 목표를 달성하기 위한 과정으로 보기 때문이다.

타일러 모형은 교육과정 개발의 모형과 전략을 제시하고 이를 교육실천가들에게 제공함으로써 교육과정 분야가 교육학의 핵심 영역으로 자리 잡는 데 매우 중요한 역할을 하였다. 하지만 타일러 모형에 대해서 여러가지 비판이 제기되기도 하였다. 타일러 모형은 특정 문화유산과 지식의 전달, 도덕적 합의, 기존 사회 기능의 유지·보존을 중시함으로써 그것들을 가능하게 하는 효율적인 과정에 너무 관심을 쏟았다는 비판이 제기되었다. 달리 말해 보수적 입장에서 '도구적 합리성'만을 추구하는 데 그쳤다는 비판이다. 학교에서의 잠재적 교육과정, 다양한 의미 해석, 교육의 과정에서 형성되는 사회적 관계 등과 같은 중요한 사안들에 대해서는 무관심하면서, 관료주의적인 효율성만을 추구했다는 비판을 받았다.

## 3) 교육내용의 선정과 조직

### (1) 교육내용의 선정

교육과정에서 목적 혹은 목표가 설정되면 이를 달성하기 위한 구체적 활동이 있어야 한다. 이런 활동을 구성하는 것이 바로 교육내용 혹은 학습경험이다. 교육내용 혹은 학습경험을 선정하고 조직하기 위해서는 이런 것들이 목표 달성에 어느 정도 부합한 것인가와 같은 몇 가지 기준이 있어야 한다. 교육내용을 선정하는 과정에서 고려해야 할 기준들은 다음과 같다.

### ① 타당성과 유의미성

교육내용으로 선정되는 것들은 당연히 교육목표 달성에 합당한 내용이어야 한다. 그와 함께 해당 교과(학문) 분야에서 가장 본질적이며 기본적인 내용이 골고루 포함되어야 한다. 어느 학문에서든 본질적인 내용은 그 학문의 기본 개념이다. 기본 개념은 그 학문의 여러 가지 하위개념들을 포괄하고 설명해 낼 수 있는 힘을 지닌다. 기본 개념은 대체로 그 자체로서 논리적 의미를 갖지만, 동시에 학습자 개개인에게도 의미가 있어야 한다. 또한 내용의 깊이와 폭에 있어서 균형이 확보되어야 한다.

### ② 유용성

교육내용은 실생활에서 활용되도록 적절한 유용성을 가져야 한다. 유용성은 사회적 효능성을 의미하기도 한다. 교육내용의 유용성을 확보하기 위해서는 학습자와 사회의 요구에 귀를 기울일 필요가 있다. 특히 학습자의 흥미와 필요에 얼마나 적합한 내용인가 하는 점이 유용성을 결정하는 관건이 된다. 내용 선정에서 유용성을 확보하려고 노력할 때 유의할 사항이 있다. 사회적 유용성만을 지나치게 생각하다 보면 교육내용이 성인중심의 활동에 치우칠 우려가 있다는 점이다. 또 학습자의 요구와 흥미에만 초점을 맞추다 보면 지나치게 아동중심의 활동으로 치우칠 우려도 있다. 또한 유용성을 확보하려는 노력이 지나치다 보면 그것은 교육과정의 내용을 쇄신하는 일에 장애요인이 될 수도 있다.

### ③ 교수-학습 가능성

교육내용은 교사가 가르칠 수 있고, 또 학습자가 배울 수 있는 내용이어야 한다. 아무리 좋은 내용일지라도 학생 수준에서 이해하기 힘들다면 학습효과를 기대하기 어렵다. 따라서 가르치는 교사가 정확히 알지 못하고 학습자도 제대로 배울 수 없는 내용이 생기지 않도록 교육내용 선정과정에서 교수-학습 가능성을 제대로 고려해야 한다.

### ④ 내외적 관련성

선정되는 교육내용은 그 학문 분야의 다른 내용과 유기적인 관계를 맺고 있어야 한다. 학문에는 여러 가지 수준의 개념들이 일정한 위계 구조와 체계를 형성하고 있다. 교육과정에 선정되는 내용은 이러한 위계 구조와 체계 속에서 상호 관련성을 가져야 한다. 또한 선정된 내용은 다른 학문 분야의 내용과도 조화를 이룰 수 있는 것이어야 한다.

⑤ 인간 본연의 가치 및 사회가 지향하는 가치에의 부합성

교육내용으로 선정된 것에 인간 본연의 가치를 부정하거나 사회적 가치에 부합되지 않는 내용이 들어 있어서는 안 된다. 인류 보편적 가치에 부합되어야 하며, 그 사회와 국가가 추구하고 중시하는 가치와 모순되지 않는 것들이 교육내용으로 선정되어야 한다.

(2) 교육내용의 조직 원리

① 계열성의 원리

계열성(sequence)이란 교육과정의 내용이 제시되는 시간적 순서를 가리킨다. 즉, 어떤 것을 먼저 제시하고 어떤 것을 나중에 제시할 것인가와 관련된 원리이다. 예를 들어, 단순한 내용에서 복잡한 내용으로, 친숙한 내용에서 낯선 내용으로, 부분에서 전체로(또는 전체에서 부분으로), 사건의 역사적 발생 순서에 따라 제시하는 식으로 내용의 순서를 조직해 나가는 것이다. 이때 내용의 시간적 순서를 정하는 기준은 학문 또는 교과의 본질과 구조, 학습자의 발달단계 등이 고려되어야 한다. 특히 학습자의 인지적 발달뿐만 아니라 정의적 발달도 함께 고려되어야 한다.

② 범위의 원리

범위(scope)는 교육내용의 폭(breadth)과 깊이(depth)에 관한 것이다. 즉, 교육과정 내용을 어느 정도로 폭넓고 깊이 있게 다루어야 하는가에 관한 것

이다. 많은 교과목들을 그냥 일렬로 나열해 놓는다고 해서 교육과정이 조직되는 것은 아니다. 제한된 공간, 대상, 시간 속에 많은 과목을 끝없이 늘어놓을 수는 없다. 그렇다고 해서 아주 소수의 과목만을 가지고 한없이 깊이 파고들어갈 수도 없다. 폭이 넓어질수록 깊이는 얕아지고, 깊이가 깊어질수록 폭은 좁아질 수밖에 없기 때문에 적절한 범위가 결정되어야 한다.

### ③ 계속성의 원리

교육내용을 일정한 순서로 조직할 때 '어떤 내용을 얼마나 계속적으로 학습하게 할 것인가?'와 관련된 것이 계속성의 원리이다. 모든 학생에게 똑같은 내용을 계속적으로 투입하는 것이 언제나 바람직한 것은 아니다. 그렇지만 교과의 특성에 따른 계속성(continuity) 추구, 각급 학교 수준 간 그리고 동일한 수준(학년)에서도 교과목 상호 간에 계속성 추구, 학습자의 개별 경험 속에서의 계속성 추구 등 다양한 측면에서 계속성은 추구되어야 한다.

### ④ 수직적 연계성의 원리

선정된 교육내용을 조직할 때에는 학생들이 이전에 배운 내용과 앞으로 배울 내용이 서로 연결되도록 해야 한다. 이것이 수직적 연계성(articulation)이다. 이 원리는 특정 교과나 학년에서 학습한 종결점이 다음 학습의 출발점으로 잘 이어지도록 교육내용을 조직하는 것이다. 그러므로 교과, 학년, 학교 수준에 따라 여러 차원의 연계성을 확보하기 위한 노력이 이루어져야 한다.

### ⑤ 통합성의 원리

통합성(integration)의 원리는 '학습자에게 통합된 경험을 제공할 수 있으려면 교육과정을 어떻게 조직할 것인가?'에 초점을 두는 것이다. 통합성은 수평적 계속성 또는 수직적 연계성의 문제를 함께 고려하는 것과 연관된다. 예컨대, 유사한 주제를 여러 교과에서 다루고 있을 때, 그 내용을 통합적 관점에서 잘 조직하여 학생들이 혼란을 느끼지 않고 효과적으로 학습할 수 있도록 조직한다면, 이것은 통합성의 원리에 충실한 조직이 될 것이다.

## 3. 우리나라 교육과정

### 1) 과거의 교육과정(긴급조치기~2007 개정 교육과정)

우리나라는 다른 나라에 비해 중앙 정부에서 만든 국가교육과정의 영향력이 매우 강한 편이다. 해방 이후부터 최근까지 교육과정의 역사가 그것을 말해 주고 있다. 먼저, 2007 개정 교육과정까지의 역사를 간략히 살펴본다.

#### (1) 해방 직후 긴급조치기(1945~1946)

해방 후 우리나라는 미군정 시대를 거치게 되었다. 이 시기에 미군정청 학무국에서 '신조선의 조선인을 위한 교육'을 일반 명령으로 시달하였다. 여기서 교과목에 대해서는 상당히 포괄적으로 진술하였다. 이는 '교수용어를 한국어로 할 것과 조선의 이익에 반하는 것을 교수하는 것을 일체 금하는' 것이었다. 또한 평화와 질서를 당면 교육목표로 삼았고, 교육제도와 법규에서 일본적 색채를 지우도록 하였으며, 초등학교와 중등학교 교과편제 및 시간배당을 발표하였다.

#### (2) 교수요목기(1946~1954)

1946년 '교수요목 제정위원회'는 교수요목을 제정하고 교과서를 편찬하는 일에 착수하였다. 교수요목은 교과의 지도내용을 상세히 기술한 문서이다. 이 시기 교육과정의 주요 특징은 교과의 지도내용을 상세하게 표시하고, 기초 능력을 기르는 데 주력하였고, 교과는 분과주의를 택했으며, 체계적인 지도로 학생들의 지적 능력을 기르는 데 중점을 두었다. 교과 편제에서 주목할 것은 초·중등학교에서 모두 '공민' '역사' '지리'를 통합하여 '사회생활'이라는 교과를 새롭게 만든 점이다. 이는 미국의 아동중심 교육사조에서 주장하는 통합교육과정의 초보적 형태라고 볼 수 있다.

### (3) 제1차 교육과정기(1954~1963)

제1차 교육과정은 1954년 공포된 「교육과정 시간배당 기준령」과 이듬해인 1955년 공포된 초·중·고·사범학교 '교과과정'을 말한다. 이 시기의 교육과정은 '각 학교의 교과목 및 기타 교육활동의 편제'로 정의되었다. 제1차 교육과정은 우리 손으로 만든 최초의 체계적 교육과정이라는 점에서 중요하다. 제1차 교육과정을 살펴보면 교육과정 자체는 '교과중심'이었으나, 교육과정을 기준으로 편찬한 교과서는 '생활중심'을 지향하고 있었다.

### (4) 제2차 교육과정기(1963~1973)

제2차 교육과정은 1963년 문교부령으로 제정·공포한 초등학교, 중학교, 고등학교 및 실업학교 교육과정을 말한다. 이 시기에는 교육과정을 '학교의 지도하에 학생들이 가지는 경험의 총체'로 봄으로써 생활중심 혹은 경험중심 교육과정의 특징을 보여 주고 있다. 초등학교와 중학교 과정에서 '반공·도덕'이 교육과정의 한 영역으로 설정되었다. 고등학교 교육과정에 처음으로 '단위제'가 도입되었다. 그리고 고등학교에 '과정'을 도입하여 학생의 선택에 따라 2학년부터 인문과정, 자연과정, 직업과정, 예능과정 등으로 구분하여 지도할 수 있도록 하였다.

### (5) 제3차 교육과정기(1973~1981)

제3차 교육과정은 1973년 초등학교 교육과정이 공포된 이후부터 1981년 공포된 제4차 교육과정이 적용될 때까지 시행된 교육과정이다. 이 교육과정은 교육의 방향 면에서는 1968년 '국민교육헌장'의 이념과 1972년 유신이념의 구현을, 그리고 교육의 방법 및 원리 면에서는 1960년대부터 미국에서 새롭게 대두된 학문중심 교육과정의 도입을 배경으로 개정되었다. 중학교에 '도덕'과 함께 '국사'가 독립교과로 신설되었고, 고등학교의 경우 '자유선택 교과목'이 신설되었다. 특히 자유선택 교과목의 설치는 국가 수준에서 획일적인 교과를 제시했던 것에서 벗어나 단위학교에 교과 선택의 자유를 주었다는 점에서 특이했다. 그러나 최소 단위가 0이었기 때문에 실질적으로 선택교과의 수업이 이루어지지 않는 경우가 많았다.

### (6) 제4차 교육과정기(1981~1987)

제4차 교육과정은 1981년 문교부 고시로 공포된 교육과정이다. 이 교육과정은 문교부에서 직접 개발하지 않고 한국교육개발원에 위탁하여 기초 연구와 총론, 각론, 시안을 개발하도록 해 '연구개발형'의 성격을 지니고 있다. 이 교육과정은 민주사회, 고도 산업사회, 건전한 사회, 문화사회, 통일조국 건설에 필요한 건강한 사람, 심미적인 사람, 능력 있는 사람, 도덕적인 사람, 자주적인 사람 등을 길러 내는 데 목적을 두었다. 특히 이 교육과정에는 제5공화국 출범에 따른 교육개혁 조치들이 반영되었으며, 급변하는 정치·사회적 현실과 거기서 파생되는 제 요구가 반영되었다. 이때 중학교에 '자유선택 과목'이 신설되었다. 제3차 교육과정에서 고등학교에 도입되었던 자유선택 과목이 중학교까지 확대됨으로써 단위학교의 선택 폭을 넓혀 준다고 했지만, 최소 단위수가 0이었기 때문에 실질적으로는 거의 운영되지 않았다.

### (7) 제5차 교육과정기(1987~1992)

제5차 교육과정은 1987~1988년 문교부 고시로 공포된 초등학교, 중학교, 고등학교의 교육과정이다. 여기서는 기본적으로 교육과정 및 교과용 도서 중에서 개선이 필요한 부분만을 개정하였다. 초등학교 교육과정에서 처음으로 '1교과 다교과서 체제'가 도입되었다. 예컨대, 국어교과는 '말하기' '듣기' '읽기' 교과서로 운영되었고, 산수는 '산수' '산수익힘책' 교과서로 운영되었다. 초등학교 사회과 4학년 교과서에서는 처음으로 지역별(시·도 단위) 교과서가 개발되었다. 이는 교육과정의 지역화를 실현하기 위한 방안으로 특별한 의미를 지닌다. 고등학교 교육과정에서 '자유선택' 교과가 '교양선택'이란 이름으로 바뀌어 최소 2단위가 배당됨으로써 실질적으로 운영될 수 있었다.

### (8) 제6차 교육과정기(1992~1997)

제6차 교육과정은 1992년 학교급별로 고시되어 시행되었던 교육과정이다. 가장 큰 특징은 중앙집권형 교육과정을 지방분권형 교육과정으로 전환하여 시·도교육청과 학교의 자율재량권을 확대하였다는 점이다. 제6차 교육과정에서는 국가 수준, 지역 수준, 학교 수준 교육과정을 명백히 구분하고, 교육부-시·도교육청-학교로 이어지는 교육과정 편성·운영체제를 강조하였다. 처음으로 초등학교에 학교 재량시간을 신설하였다. 3학년 이상을 대상으로 연간 34시간의 학교 재량시간이 신설되어, 교육과정 편제에 제시된 교과나 특별활동을 보충·심화하거나 학교에서 독자적인 교육활동을 할 수 있도록 하였다. 그러나 1995년 교육과정의 부분개정으로 초등학교 3학년부터 '영어'가 새로 도입됨으로써 학교 재량시간은 0~34시간으로 축소되었다. 그리고 초등학교 산수교과의 명칭이 '수학'으로 바뀌었다.

### (9) 제7차 교육과정기(1997~2006)

제7차 교육과정은 1995년 대통령 직속 교육개혁위원회가 '교육과정특별위원회'를 만들어 초·중등학교 교육과정 개혁방안을 제시한 후, 교육부의 위탁을 받은 한국교육개발원이 연구·개발하여 1997년에 발표되었다. 제7차 교육과정은 전인적 성장의 기반 위에 개성을 추구하는 사람, 기초 능력을 토대로 창의적인 능력을 발휘하는 사람, 폭넓은 교양을 바탕으로 진로를 개척하는 사람, 우리 문화에 대한 이해의 토대 위에 새로운 가치를 창조하는 사람, 민주시민 의식을 기초로 공동체 발전에 공헌하는 사람을 바람직한 인간상으로 제시하였다.

제7차 교육과정의 주요 특징으로는 국민공통기본교육과정(10년)과 선택중심 교육과정(2년)으로 이원화된 체제였고, 수준별 교육과정을 도입하였고, 재량활동을 신설하거나 확대하였다는 점이다. 질 관리 중심의 교육과정 평가체제를 도입하였고, 교육기관 및 교육행정기관 간의 교육과정 관련 역할을 구분하고 이를 명확히 함으로써 교육과정의 분권화를 강화하였으며 교육과정 운영의 유연성을 높였다.

### (10) 2007 개정 교육과정

정부는 2003년부터 기존의 교육과정 정책을 주기적 개정에서 수시 개정체제로 전환하였다. 이에 따라 개정 연도를 붙인 2007 개정 교육과정이 개발되었다. 2007 개정 교육과정은 제7차 교육과정을 근간으로 부분적인 수정·보완이 이루어진 교육과정이다.

2007 개정 교육과정의 주요 특징으로 단위학교별 교육과정 편성·운영의 자율권을 실질적으로 확대하였고, 국가 및 사회적 요구사항을 보다 적극적으로 반영하고자 하였으며, 고등학교 선택중심 교육과정을 개선하였고, 교과별 교육내용을 적정화하였다. 또한 주 5일 수업에 따른 수업시수 일부를 조정하였고, 제7차 교육과정의 수준별 교육과정의 문제점을 개선하기 위해서 수준별 교육을 위한 처방의 주안점을 '교육과정'에서 '수업'으로 전환하였다.

## 2) 최근의 교육과정(2009~2015 개정 교육과정)

### (1) 2009 개정 교육과정

교육부는 2009년 대통령 자문 국가교육과학기술자문회에서 만든 '미래형 교육과정 구상'을 토대로 한국교육과정평가원에 위탁하여 2009 개정 교육과정을 개발하였다. 2009 개정 교육과정에서는 개성의 발달과 진로를 개척하는 사람, 창의성을 발휘하는 사람, 품격 있는 삶을 영위하는 사람, 공동체 발전에 참여하는 사람을 바람직한 인간상으로 제시하였다.

2009 개정 교육과정의 주요 특징으로 교육과정의 기본구조를 공통 교육과정(9년)과 선택 교육과정(3년)으로 이원화하였고, 학년군제와 교과군제를 도입하여 집중이수제를 유도하였다. 특별활동과 창의적 재량활동을 통합하여 창의적 체험활동을 도입하였고, 학교 교육과정의 자율적 운영을 확대하였으며, 진로교육을 강화하고 각종 사회적 요구사항을 반영하려는 노력을 하였다. 또한 교육과정 컨설팅 기구 조직 및 지원을 강화하였다.

### (2) 2015 개정 교육과정

2015 개정 교육과정의 특징은 모든 학생이 인문·사회·과학기술에 대한 기초 소양을 함양하여 인문학적 상상력과 과학기술 창조력을 갖춘 창의융합형 인재를 기르는 데 초점을 두고 개발한 문·이과 통합형 교육과정이다. 2015 개정 교육과정에서는 자주적인 사람, 창의적인 사람, 교양 있는 사람, 더불어 사는 사람을 바람직한 인간상으로 제시하고 있다.

2015 개정 교육과정의 주요 특징은 다음과 같다.

- 학교교육을 통해 길러야 할 핵심역량을 제시하고 있다. 2015 개정 교육과정에서는 초·중등교육을 통해 모든 학생이 길러야 할 핵심역량으로 자기관리, 정보처리, 창의적 사고, 심미적 감성, 의사소통, 공동체 역량 등 여섯 가지를 제시하고 있다.
- 인문·사회·과학기술의 기초 소양 습득을 위한 균형 있는 학습을 강조하고, 특성화 고등학교에는 NCS(국가직무능력)기반 교육과정 체제가 도입되었다.

- 2009 개정 교육과정의 공통 교육과정(9년), 선택교육과정(3년) 체제를 유지하고, 학년군제, 교과군제, 창의적 체험활동을 계승하여 부분적으로 개선하였다.
- 초·중등교육에서 소프트웨어 교육을 강화하였다.
- 안전교육을 강화하였다.
- 범교과적 학습 주제가 교과와 창의적 체험활동 등 교육활동 전반에 걸쳐 통합적으로 다루어지고 있다.
- 중학교에서 자유학기제를 도입하고, 이에 따라 교육과정의 편성·운영에서 단위 학교의 자율성이 강조되었다.
- 통합적인 접근과 융복합적 사고를 길러 주기 위하여 고등학교에서 통합사회, 통합과학 등의 과목이 신설되었다.

<table>
<tr><td rowspan="8">정리문제</td><td>1. 교육과정의 어원적 의미를 설명하시오.</td></tr>
<tr><td>2. 교육과정을 네 가지 시각에서 정의하시오.</td></tr>
<tr><td>3. 교과중심 교육과정과 경험중심 교육과정을 비교·설명하시오.</td></tr>
<tr><td>4. 교육과정 개발의 기본 원리를 설명하시오.</td></tr>
<tr><td>5. 타일러 모형에 대해 간략히 설명하시오.</td></tr>
<tr><td>6. 교육과정 내용의 선정기준에 대해 설명하시오.</td></tr>
<tr><td>7. 교육과정 내용의 조직원리에 대해 설명하시오.</td></tr>
<tr><td>8. 2009 개정 교육과정과 2015 개정 교육과정의 주요 특징을 비교·설명하시오.</td></tr>
</table>

# **참**고문헌

김대현(2017). 교육과정의 이해(2판). 서울: 학지사.

김재춘(2016). 교육과정(제2판). 경기: 교육과학사.

박승배(2010). 교육과정학의 이해. 서울: 학지사.

연세대학교 교육학과 교육과정연구회 역(1993). 교육과정이론. Schubert, W. H. 저.
    서울: 양서원.

이홍우(2000). 교육과정탐구(증보). 서울: 박영사.

한국교육과정학회 편(2010). 교육과정: 이해와 개발. 경기: 교육과학사.

홍후조(2016). 알기 쉬운 교육과정(2판). 서울: 학지사.

국가교육과정정보센터. http://ncic.re.kr

**09**

교육학개론

# 교육방법과 교육공학

학습 내용

···▸ 교수와 학습의 의미와 관계를 이해한다.

···▸ 수업방법을 전통적, 협력학습, 구성주의적 방법으로 분류하여 이해한다.

···▸ 교육방법과 교육공학 분야의 최근 동향을 이해한다.

···▸ 교육공학의 정의와 연구 영역을 이해한다.

···▸ ADDIE 모형, 딕과 캐리의 체제적 교수설계 모형, 켈러의 ARCS 모형을 이해한다.

···▸ 수업매체의 개념과 유형, 선택 및 활용 절차를 이해한다.

이 장에는 교육방법과 교육공학에 대한 이해를 돕기 위한 내용이 들어 있다. 교육방법은 교육 목적을 실현하는 데 요구되는 모든 수단적, 방법적 조건을 의미한다. 교육공학은 보다 효과적, 효율적, 매력적이면서도 안전하게 교육 활동을 진행하기 위해 어떻게 해야 하는가에 대한 답을 얻기 위한 학문이다. 교육 활동의 핵심은 '무엇(what)을 어떻게 (how) 가르치느냐'와 관련된다. 이 장에서 다루는 교육방법과 교육공학은 '무엇'보다는 '어떻게'에 초점을 두고 있다.

# 1. 교육방법의 이해

## 1) 교수와 학습의 이해

학교에서 일어나는 다양한 활동 중에서 가장 핵심은 교수-학습 활동일 것이다. 교수는 '가르치는 행위'로 교수자가 설정한 교육목표를 달성하기 위하여 취하는 활동이다. 학습은 교수의 결과로 획득하게 되는 학습자의 '배우는 활동'이다. 두 개념의 의미와 관계를 좀 더 자세하게 살펴보자.

### (1) 교수의 의미

교수와 수업이라는 용어가 흔히 혼용되고 있다. 일반적으로, 교육공학 분야에서는 'instruction'을 수업으로 'teaching'을 교수로 번역하여 사용한다.

수업(instruction)이란 학습이 촉진되도록 학습자에게 영향을 미치는 모든 일련의 의도된 사건들을 말한다(Gagné, et al., 1992). 다시 말해, 수업은 적절한 수업활동을 할 수 있도록 방향을 제시하고, 관련된 지식을 얻을 수 있도록 한다. 또한 학습자 행동을 관찰하고, 학습자의 사고를 촉진하도록 질문하고, 학습과 행동에 대한 적절한 피드백을 제공하는 활동을 모두 포함한다. 교수(teaching)가 교사에 의해 가르치는 행위만을 의미한다면, 수업은 교사가 가르치는 행동뿐만 아니라 교재, 그림, TV 프로그램, 컴퓨터 또는 이들 조합에 의해 제공되는 모든 경험을 포함한다(변영계, 이상수, 2003). 따라서 수업이 교수보다 포괄적인 개념이다.

### (2) 학습의 의미

학습(learning)의 의미는 세 가지 대표적인 학습이론의 관점에서 그 의미를 살펴볼 수 있다. 첫째, 행동주의에서 정의하는 학습은 반복적인 자극을 통해 얻어진 '학습자의 행동 변화'를 의미한다. 파블로프의 고전적 조건형성, 손다이크의 시행착오설, 스키너의 조작적 조건형성 이론은 모두 관찰 가능한 행동의 변화에 관심을 둔다.

둘째, 인지주의는 학습자가 환경의 자극을 어떻게 내적으로 지각하여 반응하느냐에 관심을 둔다. 인지주의에서 학습은 '학습자의 인지구조 변화'로 정의된다. 베르트하이머(Wertheimer)의 형태주의 심리학, 쾰러(Köhler)의 통찰이론, 레빈(Lewin)의 장이론, 앤더슨(Anderson)의 정보처리이론은 모두 학습자의 내적 사고과정인 인지구조의 변화에 관심을 둔다.

셋째, 구성주의는 학습을 '학습자의 능동적인 지식 창출'로 정의한다. 구성주의에서 지식은 객관적으로 존재하는 것이 아니라 학습자 스스로 만들어가는 것이기 때문에, 학습자는 지식을 구성하는 능동적인 존재로 인식된다. 구성주의는 지식을 구성하는 과정에서 개인의 인지적 작용에 중점을 두느냐, 개인이 속한 사회, 문화, 역사적 상황에 중점을 두느냐에 따라 '인지적 구성주의'와 '사회적 구성주의'로 구분된다. 인지적 구성주의는 피아제(Piaget)의 인지발달이론에, 사회적 구성주의는 비고츠키(Vygotsky)의 사회문화적 발달이론에 기초한다.

또한 학습에 대한 학자들의 정의를 통해서 학습이 무엇이며 어떤 속성을 지니고 있는지를 보다 명확히 알 수 있다. 옴로드(Ormrod, 2004)는 학습이란 '경험을 통한 행동의 비교적 지속적인 변화'로 정의하였다. 드리스콜(Driscoll, 2005)은 학습을 '경험과 세계의 상호작용 결과로 인한 수행 혹은 수행 잠재력의 지속적인 변화'로 정의하였다. 메이어(R. E. Mayer, 2008)는 '학습자의 경험에 기초한 지식의 지속적인 변화'로, 그리고 슝크(D. H. Schunk, 2004)는 학습을 '연습이나 경험에 의해 특정 방식으로 행할 수 있는 행동이나 역량의 지속적인 변화'로 정의하였다.

학습에 대한 여러 학자의 정의에서 몇 가지 공통된 속성을 발견할 수 있다. 첫째, 학습에는 수행이나 수행 잠재력, 지식, 행동 혹은 행동역량의 변화 (change)가 있어야 한다. 둘째, 바람직한 방향으로의 비교적 지속적인 변화가 있어야 한다. 셋째, 이러한 변화는 학습자의 연습과 경험에 의해 일어나야 한다. 결론적으로, 학습은 '학습자의 내적인 인지적 과정과 외적 환경 간의 상호작용인 연습과 경험을 통해 나타난 지식과 기능, 역량의 비교적 지속적인 변화'라 할 수 있다.

### (3) 교수와 학습의 관계

교수와 학습은 가르치는 활동과 배우는 활동으로, 그 자체만으로는 독립적으로 존재할 수 있지만 교수는 학습이 발생하도록 계획하고 실행하는 활동이기 때문에 궁극적으로는 학습자의 학습을 지도하는 과정이다. 따라서 교수와 학습은 분리된 것이 아니라 상호작용하는 과정으로 서로 보완적인 관계에 있다. 학습의 과정과 문제점이 잘 기술되고 진단되면 이에 맞는 처방을 통해 교수가 좋은 학습결과를 얻을 수 있기 때문에 학습과 교수는 아주 밀접한 관계를 갖는다.

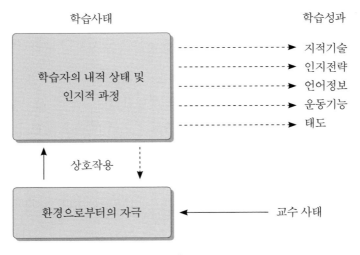

[그림 9-1] 가네의 3차원 모형

가네(R. M. Gagné)의 학습조건이론에 근거하여 교수와 학습의 상호작용 과정을 살펴볼 수 있다. 가네는 [그림 9-1]과 같이 학습 성과, 교수 사태, 학습 사태의 세 가지 요소가 관여하는 3차원 모형으로 교수-학습의 과정을 설명한다.

학습의 외적 조건인 교수 사태는 교수를 의미하며, 내적 조건인 학습 사태는 학습을 의미한다. 학습의 외적 조건인 교수 사태(events of instruction)는 ① 주의집중 획득, ② 학습목표 제시, ③ 사전학습 재생, ④ 자극 제시, ⑤ 학습 안내, ⑥ 성취행동 유도, ⑦ 피드백, ⑧ 수행평가, ⑨ 파지 및 학습전이의 아홉 단계를 거치면서 학습의 내적 조건을 자극하는 역할을 수행한다. 학습의 내적 조건인 인지적 학습과정은 ① 수용, ② 기대, ③ 작동기억으로 인출, ④ 선택적 지각, ⑤ 의미의 부호화, ⑥ 반응, ⑦ 강화, ⑧ 인출 및 강화, ⑨ 인출 및 일반화의 아홉 단계를 거친다. 이와 같은 교수와 학습의 상호작용 결과로 학습 성과가 나오게 된다. 학습 성과는 지적 기술, 인지 전략, 언어 정보, 운동 기능, 태도의 다섯 가지로 구분된다.

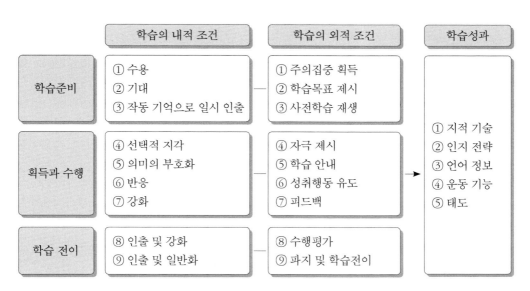

[그림 9-2] 가네의 학습조건이론

### (4) 교수와 학습의 과정

가네는 학습할 때 발생하는 인지과정과 이를 도와주는 교수를 아홉 단계의 학습 내적조건과 외적조건(①~⑨)으로 설명한다. 그리고 이는 다시 학습 준비(①, ②, ③), 획득과 수행(④, ⑤, ⑥, ⑦), 학습 전이(⑧, ⑨)의 세 단계로 구분된다. 이 단계는 실제 학교 현장의 수업에 가장 널리 보급되어 사용되고 있다. 그 내용을 도식화하면 [그림 9-2]와 같다.

## 2) 수업방법의 이해

수업방법은 교육목적에 적합한 수업내용을 효과적으로 전달하기 위한 수단으로 교수의 가장 핵심이며, 학습에 가장 직접적으로 영향을 주는 요인이다. 과거에는 교사가 주도하는 방법이 많았으나, 최근 정보통신기술의 발달과 교육에 대한 구성주의적 관점의 영향으로 새로운 수업방법들이 등장하여 활용되고 있다.

수업방법은 교육목적과 목표, 교육내용, 학습자, 교수-학습이 작동하는 상황을 고려하여 적합하게 활용되어야 한다. 다양한 수업방법을 전통적 수업방법, 협력학습 방법, 구성주의적 수업방법으로 나누어 살펴보자.

### (1) 전통적 수업방법

#### ① 강의법

강의법은 교수자가 중심이 되어 지식이나 기능을 학습자에게 이해시키기 위하여 설명방식으로 진행하는 수업방법이다. 즉, 교수자가 학습자에게 가르칠 내용을 언어를 통해 자세하고 체계적으로 설명하거나 주입시키는 방식으로 가장 친숙한 방법이다.

강의법이 다른 수업방법과 구별되는 특징은 일방적인 의사소통으로 진행된다는 것이다. 교수자가 강의내용에 포함될 아이디어, 절차, 사실 등을 구조화하여 학습자들에게 제시하는 방식으로 진행된다. 따라서 학습자들의 주의를 집중시켜야 하고, 학습자들이 학습활동에 능동적으로 참여할 수 있는 기회를 만들어야 한다. 강의법은 장소와 여건에 크게 구애받지 않고, 많은 학습자를 대상으로 교육할 수 있다는 장점이 있다.

오수벨(D. Ausubel)의 유의미학습 이론의 특징은 선행조직자(advanced organizer)를 활용한 설명학습이다. 선행조직자란 학습과제가 학습자에게 의미를 갖도록 하기 위해서 새로운 낯선 학습과제보다 친숙한 과제를 먼저 제시하는 것을 말한다. 오수벨에 따르면 학습자가 이미 알고 있는 내용이 새로운 내용의 학습에 가장 큰 영향을 주기 때문에, 학습자의 인지구조 속에 들어 있는 개념과 새로 학습할 내용이 연관될 수 있도록 선행조직자를 적극적으로 활용하도록 한다.

② 문답법

문답법은 교수자와 학습자 간의 질문과 대답을 통한 상호작용을 전제로 하여 수업내용을 전개시키는 방식이다. 문답법은 개념과 원리에 대한 비교ㆍ비판ㆍ가치판단 등의 논술력, 학습자의 탐구능력, 추상적 사고, 비판적 태도를 성장시킬 수 있는 유용한 방법이다(이화여자대학교 교육공학과, 2001). 교수−학습과정에서 교수자의 질문은 학습자가 어느 정도 알고 있는지를 알아보기 위한 단순한 물음의 수준을 넘어선다. 좋은 질문은 학습의 출발점, 학습을 위한 자극, 피드백의 수단이 될 수 있다.

수업에서 활용하는 질문은 여러 가지 기준에 따라 분류될 수 있다. 블로서(Blosser, 1973)는 질문의 유형을 폐쇄적 질문과 개방적 질문으로 구분한다. 폐쇄적 질문은 한 가지 답이나 제한적인 반응만을 요구하는 유형이다. 폐쇄적 질문은 다시 인지−기억적 질문과 수렴적 사고 질문으로 분류된다. 개방적 질문은 학습자에 따라 다양한 대답을 할 수 있는 유형이다. 개방적 질문은

표 9-1 블로서의 질문 유형

| 유형 | | 내용 |
|---|---|---|
| 폐쇄적 질문 | 인지-기억적 질문 | • 사실, 공식 등을 단순하게 재생하도록 요구<br>• 기억한 것을 단순히 회상하여 답하도록 요구 |
| | 수렴적 사고 질문 | • 기억된 자료의 분석과 종합을 요구<br>• 번역, 관련, 설명, 결론 도출 등의 활동을 요구 |
| 개방적 질문 | 확산적 사고 질문 | • 상상적이고 창의적인 대답을 요구<br>• 자료 산출, 고안, 종합, 정교화 등의 활동을 요구 |
| | 평가적 사고 발문 | • 가치문제에 대한 답변을 요구<br>• 행동계획, 입장 선택 및 정당화, 새로운 방법의 설계, 가설 형성, 가치문제에 대한 판단 등의 답변을 요구 |

확산적 사고 질문과 평가적 사고 발문으로 분류된다. 블로서의 질문 유형은 〈표 9-1〉과 같이 정리할 수 있다.

③ **토의법**

토의법은 집단 구성원들이 서로의 의견을 교환함으로써 개인적으로 해결할 수 없는 문제를 공동의 집단사고로 해결하려는 방법이다. 즉, 학습자들이 자유로운 의견교환을 통해 자신의 의견을 발표하고 다른 사람의 견해를 수용하여 함께 문제를 해결하고 결론을 도출해 나가는 과정이다. 토의법은 강의법의 비능동성과 비교류성이라는 단점을 극복하고, 학습자의 참여를 유도하기 위한 수업방법이다. 따라서 토의법은 학습자들 간의 역동적인 상호작용을 통해 정보와 의견을 교환하고 결론을 이끌어 내는 학습자 중심적이면서 상호작용적인 특징을 갖는다.

토의의 목적은 학습자의 참여를 유도하고, 학습문제를 비판적으로 분석하며, 창의적인 능력과 협동적인 기술을 개발하는 것이다. 또한 특정 문제 상황에 대한 해결책을 탐색하거나 태도 변화를 유도하는 것이다. 이러한 목적이 달성되는 과정에서 학습자들의 의사소통능력과 비판적 사고능력이 더불어 향상될 수 있다.

토의 유형은 토의를 통해 달성하고자 하는 기본 목적, 집단 크기, 참여자 능력 수준 및 활동방식 등에 따라 다음과 같이 구분할 수 있다. 원탁토의(round table discussion)는 10명 내외의 참가 인원이 동등한 입장에서 자유롭게 의견을 주고받는 형태이다. 참가자 전원이 대등한 관계 속에서 정해진 주제에 대해 자유롭게 서로의 의견을 교환하는 방식으로 진행된다.

배심토의(panel discussion)는 소수의 선정된 배심원과 다수의 일반 청중으로 구성되어 특정 주제에 대해 상반되는 견해를 가진 몇몇 사람이 사회자의 진행에 따라 토의하는 방식이다. 배심원의 자기 의견 발표, 배심원 간 자유토론, 그리고 청중에게 질문이나 발언권이 주어지는 방식으로 진행된다.

공개토의(forum)는 1~3인의 전문가나 자원인사가 공개 연설을 한 후, 이를 중심으로 청중의 질의에 응답하는 방식으로 진행한다. 주제에 관한 새로운 생각, 정보자료, 분석결과 등을 제공하여 사고를 확장시키는 유형으로, 공개토론회라고도 한다.

단상토의(symposium)는 학술적인 면에서 널리 활용되는 기법으로, 주제에 대해 권위 있는 2~5명의 전문가가 각기 다른 의견을 공식적으로 발표한 후 사회자에 의해 청중과 발표자 간의 질의 및 토론이 전개되는 방식이다. 심포지움에 참가한 전문가와 사회자, 청중은 모두 특정 주제에 관한 전문적인 지식이나 정보, 경험을 지니고 있어야 한다.

대담토의(colloquy)는 특정 주제에 관한 전문가나 자원인사를 초청하여 청중 대표들과 의견을 나누고 질의 응답하는 방식이다. 특정 주제에 대한 관심을 불러일으키고자 할 때, 토의를 통해서 나타난 문제에 대한 전문적인 지식에 집중하고자 할 때, 특정 주제의 핵심 요인을 일반 청중에게 이해시키고자 할 때 다양하게 활용할 수 있다.

세미나(seminar)는 모든 참여자가 주제에 대한 전문가나 연구가들로 구성된 소수 집단의 토론이다. 주제 발표자의 공식적 발표, 세미나 참가자들의 준비된 의견, 질의응답 등으로 구성된다. 세미나의 주된 목적은 참가자들에게 특정 주제에 대한 전문적인 연수나 훈련의 기회를 제공하는 것이다.

버즈토의(buzz discussion)는 한 장소에서 여러 개의 소집단이 동시에 토의를 진행하는 방식이다. 소집단으로 분과토의를 한 후 최종적으로 전체 집단이 토의결과를 수합하여 종합토의 효과를 얻는 방식으로, 모든 구성원을 토의에 직접 참여시킬 수 있는 방법이다.

### (2) 협력학습 방법

협력학습은 공동의 학습목표 달성을 위하여 각자 분담한 역할을 수행함으로써 서로 도움을 주고받아 모두에게 유익한 결과를 얻게 하는 수업방법이다. 전체 학생을 2~6명의 소그룹으로 조직하고, 소그룹에 속한 개개 구성원들의 학습목표와 소그룹 전체의 학습목표를 동시에 달성하도록 하는 학습전략이다. 집단 구성원 모두가 목표를 성취하는 성공적인 학습을 위하여 '전체는 개인을 위하여(all-for-one), 개인은 전체를 위하여(one-for-all)'라는 태도가 기본적으로 요구된다. 그리고 협력학습 활동을 계획하고 실행할 때에는 긍정적 상호의존성, 개별 책무성, 촉진적 상호작용, 사회적 기술, 집단과정의 다섯 가지 기본 원리가 반영되어야 한다(임철일, 임정훈, 이동주, 2011).

협력학습 방법은 다양한 방식과 유형으로 학교현장에서 적용되고 있다. 집단 간 협력을 통해 목표를 달성하는 모형이 있고, 집단 간 경쟁을 중시하는 모형도 있다. 협력학습 모형에는 성취과제분담학습(STAD), 직소모형(Jigsaw), 팀보조 개별화학습(TAI), 집단조사학습(GI), 팀게임 경쟁학습(TGT), 함께 학습하기(LT) 등이 있다. 여기에서는 성취과제분담학습과 직소, 함께 학습하기 모형에 대해서 살펴보자.

#### ① 성취과제분담학습

성취과제분담학습(Student Teams Achievement Division: STAD)은 기본기능

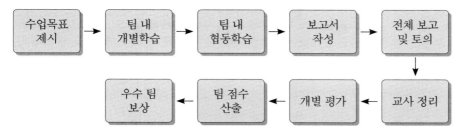

[그림 9-3] STAD의 교수-학습 절차

의 습득이나 사실적 지식의 이해를 촉진하기 위해 구안된 협력학습 모형이다. 새로 제시된 단원내용에 대해 집단구성원들이 서로 협력하면서 공동으로 학습을 진행해 나간다. 집단구성원의 역할이 분담되지 않은 공동학습구조이면서, 개인 성취에 대해 평가하는 개별평가구조를 갖는다.

STAD의 교수-학습 절차는 [그림 9-3]과 같다. 먼저 교수자가 매주 전체 학습자에게 강의나 토론을 통해 학습단원을 소개한다. 학습자들은 이질적인 특성을 지닌 4~5명으로 한 팀을 이룬다. 팀 구성원 모두가 서로 가르치고 배우면서 동료의 학습을 지원하고 교정해 준다. 그 후 모든 학습자가 개별적으로 형성평가를 받는다. 각 학습자의 과거 점수와 비교하여 향상점수가 산출되고, 개인별 향상점수를 반영하여 팀 점수를 환산한다. 교수자는 향상점수와 팀 점수를 공지한 후 정해진 규칙에 따라 집단보상을 한다.

② 직소 모형

직소 모형(Jigsaw)은 아론슨(Aronson)이 인종 간, 문화 간 교우관계와 같은 정의적 측면의 증진을 목적으로 개발한 모형이다. 먼저 5~6명의 이질적인 구성원으로 집단을 구성한 후 학습할 단원을 집단 구성원 수에 맞도록 나누어서 각 구성원에게 한 부분씩 할당한다. 각 부분을 담당한 학습자들은 따로 모여 전문가집단을 형성하여 각자 맡은 내용을 토의하고 학습한 후 원래의 집단으로 돌아와 집단 구성원들에게 그 내용을 가르친다. 단원학습이 끝난 후 학습자들은 시험을 치르고 개인의 성적대로 점수를 받는다. 학습할 내용을 분담해서 학습하고 평가는 개별 평가를 실시하기 때문에 과제 해결에 대한 상호의존성은 높지만, 보상의존성은 낮다.

한편, STAD 평가방식을 결합하여 과제 분담과 보상 효과를 동시에 추구하는 직소 II 모형은 개별보상에 집단보상을 추가한 것이다. 직소 I과 II가 학습을 마친 후 곧바로 시험을 보기 때문에 시험을 준비할 시간이 부족하다는 문제점이 지적되면서 직소 III는 시험 대비 학습시간과 학습 기회가 추가되었다. 그리고 직소 IV에는 전체 수업내용에 대한 교수자의 안내와 학습자들이 수집한 정보의 정확성을 점검하기 위한 퀴즈 실시, 평가 후 부족한 부분에 대한 재교육 등이 추가되었다.

### ③ 함께 학습하기

함께 학습하기(Learning Together: LT)는 4~6명의 이질적인 구성원으로 팀을 구성하여 협력적으로 과제를 해결하는 모형이다. 과제, 평가, 보상 모두 팀별로 받는다. 시험은 개별적으로 시행하나 소속된 집단의 평균을 개인 점수로 받게 되므로 팀 구성원들의 성취 정도가 개인의 성적에 영향을 준다.

함께 학습하기 모형은 협력적 행위에 대해 보상을 줌으로써 협력을 격려하고 조장한다. 그러나 집단보상을 함으로써 무임승객 효과(free-rider effect), 봉 효과(sucker effect) 같은 빈둥거림 현상이 나타날 수도 있다.

### (3) 구성주의적 수업방법

구성주의에 기초한 수업방법들은 여러 학자에 의해 다양하게 소개되고 있다. 최근에 자주 논의되고 있는 문제중심학습과 인지적 도제학습에 대해 살펴보자.

### ① 문제중심학습

문제중심학습(Problem-Based Learning: PBL)은 학습자들에게 실제적인 문제를 제시하고, 학습자들이 공동으로 문제해결 방안을 강구하고, 개별학습과 협동학습을 통해 공통의 해결안을 마련하는 일련의 과정에서 학습이 이루어지는 방법이다(Barrows, 1985). 지식의 습득과 형성이 개인의 사회적 배경에 따른 인지적 활동의 결과라는 구성주의 이론을 바탕으로 나타난 실천적인 학습방법이다(박숙희, 염명숙, 2007).

문제중심학습은 비구조적인 문제, 실제적인 과제(authentic task), 자기주도적 학습, 협동학습을 특징으로 한다. 비구조적인 문제는 문제를 찾아내고 필요한 정보를 검증하며 실행계획을 세우는 과정을 필요로 한다. 문제중심학습에서는 생활과 관련된 실제적인 과제가 제시되고, 이런 문제를 해결해 나가는 과정에서 얻은 결과는 실제 상황에 반영된다. 학습에 대한 주인의식을 갖고 문제를 해결하는 자기주도적 학습방법, 그리고 여러 사람이 협력하여 문제를 해결하면서 다양한 사회적 견해의 접근을 통해 사고 영역을 확장해 나가는 협동학습이 그 특징이다.

문제중심학습에서 교사는 학생들이 비판적 사고를 경험할 수 있도록 문제해결에 관한 질문을 던짐으로써 메타인지적 코치의 역할을 한다. 그렇지만 학생들에게 문제해결의 직접적인 근거가 될 수 있는 정답은 제공하지 않는다(Stepien & Gallagher, 1993). 수업의 일반적인 절차는 문제 제시, 문제해결 계획 세우기, 탐색 및 재탐색하기, 해결책 고안하기, 발표 및 평가하기의 다섯 단계로 진행된다(조연순, 2006).

### ② 인지적 도제학습

인지적 도제학습(cognitive apprenticeship)은 브라운(Brown) 등에 의해 제안된 구성주의 수업방법이다. 이것은 전통적 도제교육을 현대사회에 맞게 발전시킨 수업방법이다. 인지적 도제학습에서 학습자는 전문가의 실천과정을 관찰하고 전문가의 지식과 기술을 전수받아 점차 중심적인 구성원으로 변해가는 과정을 통해 실제 과제를 수행한다. 전통적인 도제가 눈에 보이는 외형적 지식 또는 기능의 전수를 목표로 하는 반면, 인지적 도제는 과제 관련 지식의 습득과 함께 사고력, 문제해결력과 같은 고차적인 인지기능의 신장을 도모한다.

인지적 도제의 기본 과정은 전문가가 실제적 과제의 문제해결 과정을 보여주는 모델링(modeling), 문제해결을 위한 인지적 틀을 제시하는 교수적 도움(scaffolding), 학습자가 스스로 문제해결을 할 수 있도록 하는 교수적 도움의 중지(fading) 과정으로 진행된다(Collins, Brown, & Holum, 1991).

## 3) 교육방법과 교육공학의 최근 동향

### (1) e-러닝과 u-러닝

#### ① e-러닝

e-러닝은 2000년 이후 새롭게 등장한 개념이다. 인터넷을 포함하여 정보통신기술을 활용하여 원격에서 이루어지는 교육 혹은 학습을 지원하는 것이다. e-러닝 혹은 전자학습은 전자적인 학습매체를 사용하여 이루어지는 학습을 의미한다. 컴퓨터 사용이 보편화되면서 e-러닝은 CD-ROM, 인트라넷, 인터넷 등을 활용하여 컴퓨터상에서 이루어지는 학습을 가리킨다. 인터넷이 급속도로 확산되면서 온라인학습, 인터넷학습, 사이버학습, 웹기반학습 등과 유사한 의미로 사용되고 있다. 학교에서는 EBS 인터넷 수능방송이나 사이버 가정학습 체제를 통하여 e-러닝을 활용하고 있다.

e-러닝의 개념은 다양한 방식으로 정의되고 있다. 로젠버그(Rosenberg, 2001)는 '지식과 수행 향상을 위한 다양한 방식을 전달하기 위하여 인터넷 기술을 활용하는 것'으로 정의하였다. 칸(Khan, 2004)은 '인터넷 자원과 디지털

기술을 활용하여 개방성, 융통성, 분산성을 가진 학습 환경을 제공하며, 누구나 원하는 시간에 원하는 장소에서 잘 설계된 학습자 중심의 양방향 학습을 가능하게 하는 방법'이라고 하였다. 이동주, 임철일, 임정훈(2011)도 '인터넷 기반의 전자적 매체를 통해 구현된 융통성 있는 학습 환경에서 학습자들이 시간과 공간을 초월하여 상호작용 및 자기주도적 학습활동을 통해 다양한 형태의 학습경험을 수행하는 학습체제'라고 하였다. 요약하면, e-러닝은 '컴퓨터의 웹 환경을 기반으로 시간과 공간의 제약 없이 지식과 정보에 접근하여 이루어지는 학습'을 의미한다.

### ② u-러닝

u-러닝 혹은 유비쿼터스 러닝은 유비쿼터스 컴퓨팅(ubiquitous computing) 기술을 바탕으로 이루어지는 학습을 의미한다. 유비쿼터스는 '언제 어디서나 존재한다'는 뜻이다. u-러닝은 학습을 원하는 사람들이 어떤 장소, 어떤 시간이든 다양한 자원과 정보에 접근하여 학습하는 것을 말한다. u-러닝의 실현을 위해서는 편재적인 컴퓨터 기술, IT 기술 기반의 시스템이나 서비스 제공이 전제되어야 한다. u-러닝의 특징으로 영구적인 학습자원 관리, 접근성, 즉시성, 상호작용성, 학습활동 맥락성을 제시할 수 있다(Ogata & Yano, 2003).

### ③ 블렌디드 러닝

블렌디드 러닝(Blended Learning: BL)은 혼합형 학습을 의미한다. 온라인과 오프라인 강좌의 장점을 취함으로써, 학업 성취도의 제고라는 교육적 목적과 행정 비용의 절감이라는 경제적 목적을 동시에 달성하고자 고안된 교육방법론 중 하나이다.

블렌디드 러닝에 대한 정의는 학자마다 다양하다. 드리스콜(Driscoll, 2005)은 '학습자의 역할 수준에 근거해 다양한 내용의 전달방식을 종합함으로써 가

장 효과적인 학습 내용을 구성하는 것'이라고 정의하였다. 레이(Reay, 2001)
는 '전통적 수업과 온라인 자료가 합해진 것만을 의미하는 것이 아니라, 다양
한 매체와 방법론을 통합하는 총체적 전략'이라고 정의하였다. 말하자면 블
랜디드 러닝은, 온라인과 오프라인 학습 환경의 기계적이고 물리적인 결합을
넘어서 온·오프라인 학습 환경 고유의 특성과 학습 유형에 따라 다양한 학
습 방법들을 적절히 배치하고 조합하려는 시도이다. 또한 온·오프라인 공
식 교육에서 얻어지는 지식과 비공식적 학습 경험의 통합이기도 하다. 일반
적인 의미의 블렌디드 러닝은 온라인 학습과 면대면 학습이 혼합된 형태의
교육이다. 결론적으로 블렌디드 러닝은 '두 가지 이상의 학습 방법이 결합된
상태에서 이루어지는 학습'을 의미한다.

## (2) 스마트러닝

### ① 스마트교육과 디지털 교과서

스마트교육(SMART education)이라는 정책을 우리나라에서 추진한 것은 디
지털세대의 특성 및 사회 변화를 고려하여 역량중심 교육체제로의 전환을 모
색하기 위해서이다. 스마트교육은 21세기 학습자 역량 강화를 위한 지능형
맞춤 학습 체제이며, 교육환경, 교육내용, 교육방법 및 평가 등 교육체제를
혁신하는 동력이다(교육과학기술부, 2011). 스마트교육 시스템을 개념화하면
다음과 같다.

- S(Self-directed, 자기주도적): 학생은 지식 수용자라는 피동적인 역할에서
  벗어나 적극적으로 지식을 수용하는 지식 생산자로의 역할을 하도록 요
  구된다. 교사도 지식 전달자에서 탈피하고 학습 조력자로서의 역할을
  수행하도록 요구된다. 학습 공간이 교실 내로 한정되지 않기 때문에 학
  습자 스스로 어디서나 학습을 주도적으로 하게 된다.

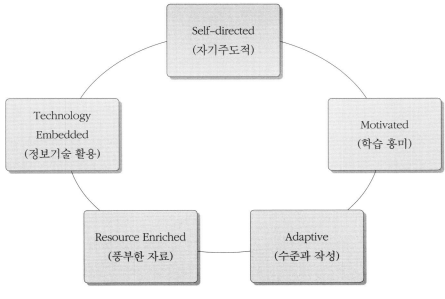

[그림 9-4] 스마트교육의 요소

- M(Motivated, 학습 흥미): 정형화된 교과중심의 교육이 체험을 기반으로
  한 지식으로 재구성될 수 있게 하는 교수-학습 방법을 강조한다. 평가
  방법 또한 창의적 문제해결이나 과정중심의 개별화된 평가를 지향한다.
- A(Adaptive, 수준과 적성): 교육체제의 유연성이 강화됨으로써 개인 선호
  및 미래 직업과 연계된 맞춤형 학습시스템을 구현하고, 학교도 개별화
  된 학습을 지원하는 장소로 진화된다.
- R(Resource Enriched, 풍부한 자료): 공공기관, 민간, 개인이 개발한 풍부
  한 콘텐츠를 자유롭게 활용한다. 소셜네트워킹 서비스를 통한 학습자원
  의 공동 활용과 협력학습이 확대된다.
- T(Technology Embedded, 정보기술활용): 정보기술을 통해 언제, 어디서
  나 원하는 학습이 가능하고, 수업방식의 다양화로 학습 선택권이 보장
  되는 교육환경이 조성된다.

スマート教育を위한実践課題

스마트교육을 위한 실천 과제로는 디지털 교과서의 개발 및 적용, 온라인 수업과 평가의 활성화, 스마트교육을 위한 교사 연수 강화, 클라우드 교육 서비스 기반 조성 등이 있다. 이를 실현하기 위한 다양한 사업이 추진되고 있다 (교육과학기술부, 2011).

디지털 교과서란 '기존 교과내용에 용어사전, 멀티미디어 자료, 평가문항, 보충학습 내용 등 풍부한 학습 자료와 학습지원 및 관리 기능이 부가되고, 교육용 콘텐츠 등과 연계가 가능한 학생용 교재'이다(에듀넷, 2015). 우리나라에서는 1997년 전자교과서 개발 사업이 시작되었고, 2005년에는 전자교과서 일반표준안과 함께 초등학교 6학년 수학 전자교과서가 개발되었다.

한편 디지털 교과서와는 별도로 e-교과서가 활용되고 있다. e-교과서란 '인터넷으로 다운받아 다양한 멀티미디어 자료와 교수-학습 기능을 활용하여 교과내용을 효과적으로 학습할 수 있는 발전된 형태의 교과서'이다.

### ② 플립드 러닝

플립드 러닝(flipped learning) 또는 거꾸로 교실(flipped classroom)의 핵심은 '테크놀로지'와 '활동을 통한 학습'이다. 본 수업 이전에 온라인 및 디지털 콘텐츠를 활용하여 개별적으로 기초 지식과 개념을 습득하게 하고, 교실에서는 과제를 포함한 다양한 학습자 중심의 활동을 수행하게 하는 수업방법이다 (Bergmann & Sams, 2012). 플립드 러닝은 가정에서 예습 수행의 어려움과 실패를 고려하여 짧고 간결한 동영상 강의 자료를 제시한다. 이를 통해 학습자들은 수동적 학습자에서 능동적 학습자로 변화하고, 수업 시간과 과제를 하는 시간의 개념이 변화한다. 오프라인 수업 시간은 학생들이 단순히 교육을 받는 것이 아니라 고차원적인 문제해결을 위해 활동하는 시간이 된다. 지속적인 상호작용, 협력학습, 동료학습 등을 통해 지식이 내면화되고 진정한 학습이 이루어진다.

③ 무크

무크(Massive Open Online Course: MOOC)는 '온라인 공개강좌'의 약자이다. 대규모 학습자를 대상으로 제공하는 온라인 공개 수업이다. 온라인을 활용해서 언제, 어디서든 양질의 대학 강의를 누구라도 들을 수 있게 하는 새로운 형태의 고등교육 시스템이다. 이 시스템은 교육 콘텐츠를 제공할 뿐만 아니라, 포럼이나 게시판 등을 통해 교수자와 학습자, 학습자와 학습자 간의 상호 작용 및 양방향 학습이 가능한 새로운 교육환경을 제공한다. 무크가 주목받는 이유는 교육의 개방성과 융통성에서 찾을 수 있다. 무크는 세계적인 명문 대학이 주체가 되어 소수의 특권으로 여겨졌던 우수 강의를 무료로 공개함으로써 확산되고 있다. 명문 대학의 강의를 무료로 공개한다는 것 자체는 대중의 호기심을 끌기에 충분하며 이러한 호기심은 대규모의 수강생 숫자로 나타나고 있다.

세계적으로 무크 사업이 확대되는 추세에 발맞춰, 우리나라도 교육부와 국가평생교육진흥원이 주축이 되어 한국형 온라인 공개강좌인 K-MOOC를 시작하였다. K-MOOC는 남녀노소 누구에게나 열려있는 고등교육 공개강좌 운영서비스로, 2015년 하반기 시범 운영을 시작하였다. 우리 국민의 평생학습 기회의 확대를 통해 고등교육의 혁신에 기여하고 있다는 평가를 받고 있다. 2015년 10개 참여대학의 27개 강좌로 출발하여, 2016년 38개 대학 143개 강좌로 확대되었고, 2018년까지 총 500개 이상의 강좌 운영을 목표로 매년 강좌 수를 확대해 나갈 계획이다(국가평생교육진흥원, 2017).

## 2. 교육공학의 이해

### 1) 교육공학 이해

#### (1) 교육공학의 정의

교육공학(educational technology)은 미국교육공학회(Association for Edu-cational Communications & Technology: AECT)가 1964년에 처음 정의한 이후 총 네 차례(1970, 1977, 1994, 2008)에 걸쳐 재정의되었다. 이를 통해 교육공학의 학문적 특성이나 연구 영역이 더 명료해지고 넓혀졌다. 예를 들어, 1977년에 AECT는 "교육공학이란 인간 학습의 제 측면에 포함된 문제들을 분석하고 그 문제들에 대한 해결책을 고안, 실행, 평가, 관리하기 위하여 인간, 절차, 아이디어, 장치, 조직을 포함하는 복합적·통합적 과정"(AECT, 1977)이라 정의하였다. 1994년에는 이전의 교육공학이라는 용어 대신 교수공학이라는 용어를 사용하여 "교수공학이란 학습을 위한 과정과 자원의 설계, 개발, 활용, 관리 및 평가에 관한 이론과 실제"(Seels & Richey, 1994)라고 정의하였다.

2008년에 AECT는 "교육공학이란 적절한 공학적 과정과 자원을 창출하고 활용하며 관리하여 학습을 촉진하고 수행을 향상시키려는 연구와 윤리적 실천이다."(Januszewski & Molenda, 2008)라고 재정의하였다. 이 정의에 포함된 주요 용어의 의미를 살펴보자.

- 교육공학은 적절한 공학적 과정(technological process)과 자원(resource)을 대상으로 한다. '공학적 과정'은 과학적 지식 및 조직화된 지식을 체계적으로 적용하여 문제를 해결하는 접근을 의미한다. '자원'은 학습을 지원하기 위해 필요한 원천으로서 지원체제, 교수자료, 교수환경 등을 포함한다.

- 교육공학은 과정과 자원을 창출하고 활용하며 관리하는 측면과 연관된 방법을 다룬다. 창출(creating)의 대상은 일반적인 교수자료에서부터 학습 환경, 대규모의 교수–학습체제 등을 포함한다. 활용(using)은 목표에 맞는 교육용 매체와 자원을 선정하는 것과 새롭게 개발된 프로그램을 확산하여 기대하는 변화를 가져오는 것을 포함한다. 관리(managing)는 프로젝트 관리, 전달체제 관리, 프로그램 평가를 통한 질 관리 등을 포함한다.

- 교육공학은 학습 촉진(facilitating learning)을 목표로 한다. 학습의 의미가 인지주의와 구성주의적 이론의 영향으로 과거와는 많이 달라졌다. 학습의 개념이 바뀜에 따라 테크놀로지의 역할에서도 학습을 통제하는 것보다는 학습이 잘 일어나도록 지원하는 측면이 중요하게 되었다. 따라서 교육공학은 학습자를 이끌어 학습 기회를 제공하고, 질문에 대한 해답을 찾도록 학습자를 보조하는 역할을 수행하게 된다.

- 교육공학은 수행 향상(improving performance)을 강조한다. '수행'은 학습된 것을 실제 상황에서 활용할 수 있는 능력을 의미한다. 이를 위해 목표의 달성 여부를 나타내는 효과성과 함께 효율성 측면이 강조된다.

- 교육공학은 다양한 연구방법으로 이론적 지식을 창출하는 연구 영역이다. 교육공학의 초기에는 새로운 매체나 기술들이 교육적 효과를 갖는지를 검증하는 비교연구가 중심이었다. 이후 학습의 변화를 위해 최적의 과정과 기술을 어떻게 적용해야 하는지를 다루는 연구로 변화하였다.

- 교육공학은 학문연구 분야일 뿐만 아니라 하나의 실천 영역이다. 매체나 기술의 성공적 활용에서 윤리적 실천(ethical practice)이 중요하게 부각되고 있다.

## (2) 교육공학의 연구 영역
교육공학의 연구 영역은 1994년 실즈와 리치(Seels & Richey)에 의해 설계,

개발, 활용, 관리, 평가의 다섯 영역으로 제시되었다. 그리고 각 영역은 다시 몇 개의 하위 요소로 구성된다. 이들 연구 영역은 선형적인 관계라기보다는 상호의존적이고 보완적인 관계에 있다.

　　**설계**　　학습조건을 분석하여 구체적인 학습목표를 달성하기 위해 다양한 방법과 전략을 계획하는 영역이다. 따라서 설계는 학습 경험을 어떻게 안내할 것인가에 관한 미시적 활동뿐만 아니라 교육이나 수업의 전 과정을 기획하는 거시적인 활동까지를 포함한다. 설계 영역은 교수체제 설계, 메시지 디자인, 교수전략, 학습자 특성의 하위 요소로 구성된다.

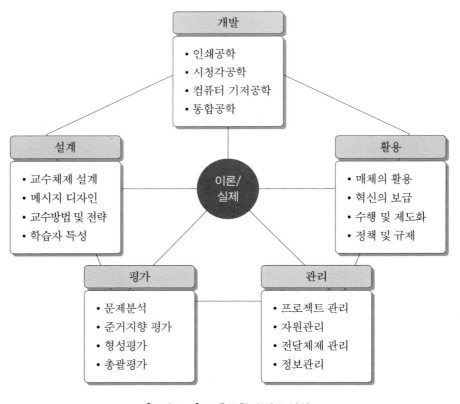

[그림 9-5] 교육공학의 연구 영역

**개발**    설계 영역에서 작성된 내용을 실제로 구현하고 전달하는 방법에 관한 영역으로, 많은 방법과 기술이 활용된다. 교육공학은 이런 방법과 기술들에 대한 이해를 바탕으로 실제로 개발하는 과정을 안내하는 지식과 실제를 포함한다. 개발 영역은 인쇄공학, 시청각공학, 컴퓨터기반공학, 통합공학의 하위 요소로 구성된다.

**활용**    학습을 위하여 절차나 자원을 사용하는 행위에 관한 영역으로, 시각교육 운동과 함께 시작하여 교육공학의 영역 가운데 가장 오래된 전통을 가지고 있다. 활용 영역은 매체 활용, 혁신의 보급, 실행과 제도화, 정책과 규제의 하위 요소로 구성된다.

**관리**    기획, 조직, 조정, 감독을 통해 교육공학의 전체 과정과 결과를 운영하고 조절하는 영역이다. 따라서 교육공학자는 개발의 전 과정을 관리하는 역할을 수행한다. 관리 영역은 프로젝트 관리, 자원관리, 전달체제 관리, 정보관리의 하위 요소로 구성된다.

**평가**    활동의 과정이나 결과에 대한 장점, 가치 등을 확인하는 절차이다. 교육에서의 평가는 교육 프로그램, 과정 및 산출물, 프로젝트, 목표, 교육과정의 질, 효과와 가치 등을 결정하고자 하는 것으로 과학적이고 체계적인 평가가 요구된다. 평가 영역은 문제분석, 준거지향평가, 형성평가, 총괄평가의 하위 요소로 구성된다.

## 2) 수업설계 이해

### (1) 수업설계의 개념

수업설계(instructional design: ID)란 교수자가 수업을 보다 일관성 있고 신뢰감 있게 계획하고 진행하기 위해 체계적이고 계획적인 청사진을 만들어 가는 활동이다. 수업설계는, 좁은 의미로 보면, 특정한 학습자를 대상으로 특정한 교과내용을 전달하고자 할 때 가장 좋은 수업방법을 결정하는 것이다. 넓은 의미로 보면 수업설계는 수업을 통해 학습자가 무엇을 학습해야 하는지, 수업목표를 달성하기 위해 교수자가 어떤 수업활동, 수업전략, 수업자료를 제공해야 하는지, 그리고 수업목표 달성 여부를 어떻게 판단할 것인지에 대한 답을 찾아가는 과정이다. 결국 수업설계는 수업을 처음부터 끝까지 일관성 있게 계획함으로써 수업의 효과를 증진시키는 활동이다(유승우 외, 2017).

수업설계 활동은 구체적으로 세 가지 질문에 대한 답을 찾아가는 과정이다. 첫째, 학습자는 무엇을 학습해야 하는가? 이는 수업목표와 수업내용을 결정하는 과정이다. 둘째, 수업목표를 성취하기 위해 필요한 수업활동, 수업전략, 수업자료는 어떤 것인가? 이는 수업목표의 달성을 위해 가장 적합한 수업방법, 매체와 자료를 선택하고, 학습에 필요한 인적 자원, 물적 자원, 학습환경 등을 제공하는 과정이다. 셋째, 학습자들의 수업목표 달성 여부를 어떻게 밝힐 것인가? 이는 학습자들의 수업목표 달성 여부와 달성 정도를 평가하는 것에 관한 것이다. 즉, 어떤 유형의 평가도구를 개발하여 언제, 어떤 방법으로 실시하고, 그 결과를 어떻게 반영할 것인지에 대한 내용이다.

수업설계 이론과 모형의 목적은 수업설계를 체계적이며 과학적으로 할 수 있도록 명확한 안내와 지침을 제공하는 것이다. 안내와 지침에는 모형이 적용되는 상황 및 조건, 사용되어야 할 수업전략, 수업의 결과로서 나타나는 바람직한 결과 등 수업설계의 목적에 필요한 제반 요소들이 포함된다. 즉, '무엇을 행해야 하는가'를 다루는 과정과 이를 '어떻게 행해야 하는가'를 다루는 구체적인 기법의 적용이 기본적으로 포함된다. 여러 가지 수업설계 모형 중에서 널리 활용되고 있는 ADDIE 모형, 딕(Dick)과 캐리(Carey)의 체제적 수업설계 모형, 켈러(J. Keller)의 ARCS 이론에 대해서 간략히 살펴보자.

## (2) ADDIE 모형

ADDIE 모형은 수업설계의 핵심 활동을 분석(Analysis), 설계(Design), 개발(Development), 실행(Implementation), 평가(Evaluation)로 제시한다. 이 다섯 가지 활동은 모든 교수체제 개발(instructional systems development: ISD) 모형에서 발견되는 핵심적인 활동이다. [그림 9-6]은 ADDIE 모형을 나타낸 것이며 단계별 역할, 세부활동, 산출결과를 제시하면 〈표 9-2〉와 같다.

**표 9-2** ADDIE 모형의 단계별 역할, 세부활동, 산출결과

| 단계 | 역할(기능) | 세부 단계(활동) | 산출결과 |
|---|---|---|---|
| 분석 | 학습과 관련된 요인들을 정의 | 요구분석, 학습자분석, 환경분석, 직무 또는 학습과제 분석 | 요구, 교육목적, 제한점, 학습과제 |
| 설계 | 분석의 결과로 밝혀진 정보를 토대로 교수방법을 구체화 | 성취행동 목표 진술, 평가도구 개발, 교수전략 및 교수매체 선정 | 성취행동 목표, 교수전략 등을 포함한 설계명세서 |
| 개발 | 설계 단계에서 작성된 명세서에 따라 실제로 사용할 교수 프로그램이나 교수자료를 제작 | 교수자료 제작, 형성평가 실시 및 교수자료 수정 | 완성된 교수자료 |
| 실행 | 개발된 교수 프로그램이나 교수자료를 실제 교육 현장에서 활용하고 관리 | 교수자료 활용 및 관리 | 실행된 교수자료 |
| 평가 | 교수 프로그램이나 교수자료의 효과성, 효율성 결정 | 총괄평가 | 프로그램의 가치와 평가보고서 |

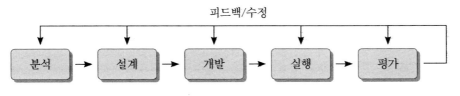

[그림 9-6] ADDIE 모형

### (3) 딕과 캐리의 체제적 수업설계 모형

딕과 캐리 모형(2001)은 체제접근에 입각한 절차적 모형이다. 이것은 효과적인 수업 프로그램을 개발하는 데 필요한 일련의 단계들과 그 단계들 간의 역동적인 관련성에 초점을 맞추고 있다. 따라서 초보 교사나 경험이 적은 수업설계자가 유용하게 사용할 수 있는 모형이다. 이 모형은 [그림 9-7]처럼 10단계로 구성된다(최수영 외, 2003).

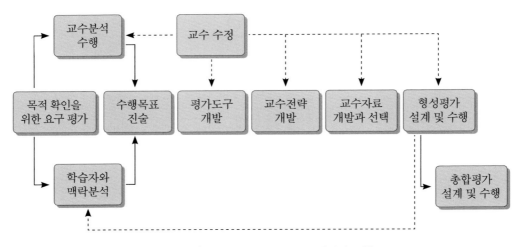

[그림 9-7] 딕과 캐리의 체제적 수업설계 모형

### (4) 켈러의 ARCS 이론

켈러의 학습동기 설계이론(ARCS 이론)은 개인의 필요, 믿음, 기대가 행동 선택에 어떠한 영향을 미치는지에 관심을 두고 설계되었다. 이것은 동기의 기대-가치이론의 영향을 받은 것이다. 동기는 사람들 행동의 방향과 정도를 결정짓는 요인으로, 사람들이 어떤 경험이나 목적을 추구할 것인지 혹은 회피할 것인지를 결정짓는 요인이면서 동시에 그들이 선택한 방향에 대한 노력의 정도에 영향을 미치는 것이다(Keller & 송상호, 1999). 켈러는 인간의 동기를 결정지을 수 있는 여러 가지 변인과 구체적 개념을 통합하여 4개의 개념적 범주를 제시하면서, 교수－학습 상황에서 학습동기를 유발하고 유지시키기 위한 구체적이고 처방적인 전략을 소개하였다. ARCS 모형의 동기와 관련된 네 범주는 주의집중(A: attention), 관련성(R: relevance), 자신감(C: confidence), 만족감(S: satisfaction)이고, 이 네 가지 개념적 범주는 학습자의 동기를 유발하고 유지하는 데 필수조건이다. ARCS 이론은 학습동기도 수업설계자와 교수자에 의해 지속적이고 체제적으로 수업과정에서 계획하고 설계되어야 함을 주장하면서, 동기유발 및 유지전략들을 수업설계에 반영하는 방안을 제시한다.

**표 9-3** ARCS 이론의 구성요소 및 하위요소와 동기유발을 위한 주요 질문

| 구성요소 | 하위 요소 | 동기유발을 위한 주요 질문 |
|---|---|---|
| 주의<br>(A) | 지각적 주의 | 학습자의 관심을 끌기 위해 무엇을 해야 하는가? |
| | 인식적 주의 | 어떻게 학습자의 호기심을 자극할 수 있을까? |
| | 다양성 | 어떻게 학습자의 주의를 유지할 수 있을까? |
| 관련성<br>(R) | 친밀성 | 수업을 학습자의 경험과 어떻게 연결할 수 있을까? |
| | 목표지향성 | 어떻게 하면 학습자들의 요구를 최대한 충족시킬 수 있을까? |
| | 동기 일치 | 언제 어떻게 수업을 학습자들의 학습 유형이나 개인적인 관심과 연결시킬 수 있을까? |
| 자신감<br>(C) | 학습 요건 제시 | 학습자들이 성공에 대한 긍정적인 기대감을 갖도록 어떤 도움을 줄 수 있을까? |
| | 성공 기회 제시 | 학습자들이 자신의 능력에 대해 확신을 갖도록 어떤 학습경험을 제공해 줄 수 있을까? |
| | 개인적 통제감 | 자신의 성공이 노력과 능력에 기초한다는 것을 어떻게 확신하게 할 것인가? |
| 만족감<br>(S) | 내재적 강화 | 학습자들의 학습경험을 통한 내적 만족도를 어떻게 하면 격려하고 보조할 수 있을까? |
| | 외적 보상 | 학습자의 성공에 대하여 어떤 보상을 제공할 것인가? |
| | 공정성 | 어떻게 하면 학습자들이 결과가 공정했다고 생각하게 할 수 있을까? |

## 3) 수업매체 이해

### (1) 수업매체의 개념

매체는 목표달성을 위한 중요한 수단이 된다. 즉, 매체란 정보를 전달하는 과정에서 사용되는 모든 형태의 채널(channel)을 의미한다. 따라서 매체(media)는 송신자와 수신자 사이를 연결하여 정보를 전달하는 운반자이다(노석준 외, 2008).

수업매체(instructional media)는 매체의 개념을 교수-학습 상황에 접목한 것으로, 송신자인 교수자와 수신자인 학습자 사이를 연결하는 매개 역할을 담당한다. 즉, 수업매체는 교수자가 교육내용을 학습자에게 전달하는 모든 형태의 채널 혹은 교수자가 학습자와의 의사소통을 촉진할 때 사용하는 수단이나 방법을 의미한다. 수업매체의 기본적인 역할은 학습자의 학습을 돕는 것이고, 이 역할을 위한 한 가지 방법은 풍부한 정보 환경을 제공하는 것이다.

교육공학이 발달함에 따라 수업매체의 개념도 점차 확장되었다. 과거에 수업매체는 수업활동에서 내용을 구체화하거나 보충해 줌으로써 학습자가 학습내용을 명확히 이해할 수 있도록 도와주는 모든 기계나 자료를 의미하였다. 예를 들면, 슬라이드, OHP, 실물화상기, 컴퓨터 같은 하드웨어, 슬라이드 필름, TP, CD 타이틀 등의 소프트웨어를 가리키는 것이다. 그러나 현대에는 교수-학습 과정에서 수업목표를 달성하기 위하여 학습자와 교수자 간에 사용되는 모든 수단을 가리키는 것으로 확대되었다. 수업매체는 시청각 기재와 교재뿐만 아니라 인적자원, 전달하는 메시지 내용, 학습 환경, 시설 등을 포함하는 포괄적이고도 종합적인 개념이다(유승우 외, 2017).

### (2) 수업매체의 유형

수업매체의 종류는 매우 다양하다. 수업매체에 대한 이해를 위해서 그리고 각 유형에 따른 특성을 이해하고 활용하기 위해서 수업매체의 유형을 구분할 필요가 있다. 수업매체의 유형을 나누는 기준은 학자에 따라 혹은 목적에 따라 다양하다. 가장 일반적으로 사용하는 호반과 데일의 분류와 상징체계에 따른 분류를 살펴보자.

### ① 호반과 데일의 분류

수업매체의 분류기준을 최초로 제시했던 호반(C. F. Hoban)은 [그림 9-8]과 같이 다양한 시각자료를 그것의 구체성과 추상성의 정도에 따라 분류하였다. 가장 구체적인 수업매체는 실제 현상을 직접 관찰하는 것이며, 가장 추상적인 수업매체는 언어를 사용하는 것이다. 호반에 따르면, 사실에 가까운 매체일수록 메시지가 정확하게 전달되고 학습자의 지식 획득에 효과적인 반면, 추상성이 높아질수록 이해도는 낮아지고 비용 효과성은 높아진다.

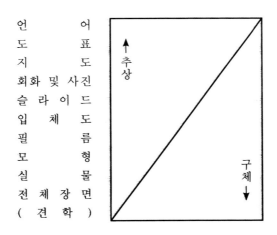

[그림 9-8] 호반의 매체 분류도

데일(E. Dale)은 호반의 모형을 더욱 확장시켜 '경험의 원추(cone of experience)' 모형을 제시하였다. 이 모형은 [그림 9-9]와 같이 시청각교구 및 교재를 학습경험의 구체성과 추상성 기준에 따라 분류한다. 이 모형에 따르면 학습자가 직접적인 행위를 통한 경험에서 시작하여 실제 사건이나 매개된 사건의 관찰을 통한 경험으로 나아가는 것이 개념 획득을 위해 효과적이다. 또한 개념 형성과정에서 '직접 경험'과 '언어적 경험'을 연결시켜 줄 수 있는 '시청각적 경험'의 중요성이 강조되고 있다.

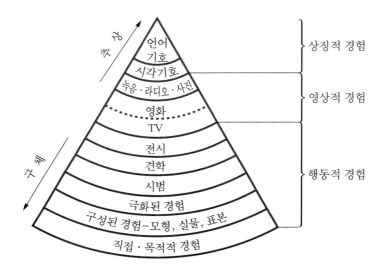

[그림 9-9] 데일의 경험의 원추 모형

② 상징체계에 따른 분류

이것은 정보를 전달하기 위해 사용하는 상징체계와 정보가 어떤 감각 통로를 통해 전달되는지를 기준으로 수업매체를 분류하는 방식이다. 이는 〈표 9-4〉와 같이 시각매체, 청각매체, 시청각매체, 상호작용매체로 구분된다.

**표 9-4** 상징체계에 따른 분류

| 분류 | | 종류 | 특징 |
|---|---|---|---|
| 시각매체 | 비투사매체 | 실물, 모형, 차트, 사진, 그래프, 포스터, 만화 | • 자료를 제시할 때 다른 매체를 이용하지 않으며, 광학적/전기적 투사방법을 사용하지 않음<br>• 추상적인 아이디어를 보다 사실적인 형태로 표현할 수 있음<br>• 추가 장비를 필요로 하지 않아 활용이 용이하고, 상대적으로 저렴함 |
| | 투사매체 | 슬라이드, OHP, 실물화상기 | • 자료를 제시할 때 다른 매체가 필요하며, 광학적/전기적 투사방법을 사용함<br>• 정적인 이미지를 확대하여 제시하는 매체형태임 |
| 청각매체 | | 라디오, 녹음기, 축음기 | • 청각 정보를 제공함 |
| 시청각매체 | | VTR, 영화, TV | • 시각과 청각 정보를 동시에 활용함 |
| 상호작용매체 | | 쌍방향 TV, 멀티미디어, CAI, 상호작용 비디오 | • 컴퓨터를 기본으로 하며, 학습자와 상호작용이 가능함 |

### (3) 수업매체의 선택 및 활용 절차

적합한 수업매체를 선택하여 활용하는 것은 수업을 효과적, 효율적, 매력적이고 안전하게 하기 위한 필수 활동이다. 그러나 수업목표나 수업내용 등에 적합한 수업매체를 언제 어떻게 선택하여 활용해야 하는지는 알기가 쉽지 않다.

하인니히(Heinich) 등은 수업매체를 효과적으로 활용하기 위한 절차적 모델로 ASSURE 모형을 제시하였다(Smaldino, Russell, Heinich, & Molenda, 2005). 여섯 단계로 구성된 이 모형은 수업매체와 공학을 교실수업에서 실제로 사용하기 위한 계획에 초점을 두고 있다. 개별 교수자가 매체와 공학을 수업에서 사용하고자 할 때 쉽게 활용할 수 있는 것이다. ASSURE 모형의 각 단계를 간략히 설명하면 다음과 같다.

### ① 학습자 분석(analyze learners)

수업매체를 효과적으로 선택하여 활용하기 위해서는 학습자의 특성을 미리 파악해야 한다. 학습자의 연령, 지위, 지적 특성, 사회경제적 배경과 같은 학습자의 일반적 특성, 새로운 학습을 시작하기 전에 학습자가 이미 가지고 있는 지식, 기술, 태도와 같은 구체적인 출발점 행동, 학습자가 학습 환경에서 지각하고 상호작용하는 스타일과 같은 학습양식 등을 분석해야 한다.

### ② 목표 진술(state objectives)

다음 단계는 학습자들이 달성해야 할 학습목표를 구체적이고 명확하게 진술하는 것이다. 교수자 입장에서 무엇을 가르치느냐의 관점이 아니라, 수업이 끝난 후에 학습자가 무엇을 할 수 있느냐의 관점에서 학습목표가 진술돼야 한다.

### ③ 방법, 매체 및 자료의 선택(select methods, media, & materials)

어떤 수업방법과 수업매체를 선택하여 활용할 것인지, 어떤 교재를 활용할 것인지를 결정해야 한다. 수업방법 혹은 수업매체를 선택하고 결정할 때는 수업목표와 수업내용, 학습 대상자, 교수자의 교육관, 교수-학습 환경 등을 고려해야 한다. 특히 수업매체는 각 매체가 표현할 수 있는 상징체계와 처리능력 등을 고려하여 선택한다.

### ④ 매체와 자료의 활용(utilize media & materials)

매체와 자료를 수업에서 어떻게 활용할 것인지를 계획해야 한다. 수업매체를 효과적으로 제시하고 활용하기 위해서는 수업 전에 미리 시연을 하고, 필요한 경우 교실도 재배치하여 필요한 기자재와 시설 등 수업 환경을 정비해야 한다.

⑤ 학습자 참여 요구(require learner participation)

학습자들이 학습 장면에 적극적으로 참여하도록 유도해야 한다. 이를 위해 교수자는 학습자의 반응을 유도할 수 있는 학습 자료를 제공하거나, 자료 제시 후 연습할 기회를 제공하며, 학습자 반응에 대해 적절한 피드백을 제공해야 한다.

⑥ 평가와 수정(evaluate & revise)

수업활동이 끝나면 진행된 수업의 영향과 효과를 평가하고, 학습자의 학습을 평가할 필요가 있다. 평가는 사전에 진술된 학습목표를 학습자가 얼마나 달성했는가의 관점에서 달성 정도를 평가하고, 사용한 수업매체와 수업방법, 그리고 교수-학습과정 전반에 대한 평가도 함께 실시한다.

1. 교수와 학습의 개념을 정의하고, 이 둘의 관계를 설명하시오.
2. 다음 중 하나를 선택하여 설명하시오.

> a. 배심토의와 단상토의, 세미나
> b. 성취과제분담학습(STAD)과 직소모형
> c. 문제중심학습(PBL)과 인지적 도제학습

3. 다음 중 하나를 선택하여 설명하시오.

> a. e-러닝과 u-러닝
> b. 스마트교육
> c. 플립드 러닝
> d. 무크

4. 교육공학의 개념을 정의하고, 연구 영역을 설명하시오.
5. 다음 중 하나를 선택하여 설명하시오.

> a. ADDIE 모형
> b. 딕과 캐리의 체제적 수업설계 모형
> c. 켈러의 ARCS 이론

6. 수업매체의 선택과 활용을 위한 절차(ASSURE)를 설명하시오.

# **참**고문헌

강명희, 이미화, 송상호 역. e-러닝 성공전략. Khan, B. H. 저(2004). 서울: 서현사.

교육과학기술부(2011). 스마트교육 추진 전략 실행계획(안).

국가평생교육진흥원(2017). 한국형 온라인 공개강좌(K-MOOC). http://www.nile.or.kr

노석준, 오선아, 오정은, 이순덕 역(2008). 교수 · 학습을 위한 교육공학. Timothy, J. 외 공저. 서울: 학지사.

박숙희, 염명숙(2007). 교수-학습과 교육공학(2판). 서울: 학지사.

변영계, 이상수(2003). 수업설계. 서울: 학지사.

에듀넷(2015). 스마트교육 이해. http://www.edunet.net

유승우, 임형택, 권충훈, 이성주, 이순덕, 전희정(2017). 교육방법 및 교육공학(제3판). 경기: 양서원.

이동주, 임철일, 임정훈(2011). 교육공학. 서울: 한국방송통신대출판부.

이화여자대학교 교육공학과(2001). 21세기 교육방법 및 교육공학. 서울: 교육과학사.

임철일, 임정훈, 이동주(2011). 교육공학. 서울: 한국방송통신대학교출판부.

조연순(2006). 문제중심학습의 이론과 실제. 서울: 학지사.

최수영, 백영균, 설양환 역(2003). 체제적 교수설계. Dick, W., Carey, L., & Carey, J. O. 저. 서울: 아카데미프레스.

켈러, J. M., 송상호 공저(1999). 매력적인 수업설계. 서울: 교육과학사.


AECT(1977). *The definition of educational technology*. Washington, D.C.: Association for educational communications and Technology.

Barrows, H. S. (1985). *How to design a problem-based curriculum for the preclinical years*. New York: Springer Publishing Co.

Bergmann, J., & Sams, A. (2012). *Flip tour classroom: Reach every student in every class every day*. Washington, DC: International Society for Technology in Education.

Blosser, P. E. (1973). *Handbook of effective questioning techniques*. Worthington, Ohio: Education Associates Inc.

Collins, A. S., Brown, J. S., & Holum, A. (1991). Cognitive apprenticeship: Making thinking visible. *American Educator, 15*(3). 6-11, 38-46.

Driscoll, M. P. (2005). *Psychology of learning for instruction* (3rd ed.). Boston, MA: Pearson, Allyn and Bacon.

Gagné, R. M., Briggs, L. J., & Wager, W. (1992). *Principles of instructional design* (4th ed.). Fort Worth, TX: Jovanovich.

Januszewski, A., & Molenda, M. (Eds.) (2008). *Educational technology: A definition with commentary*. New York: Lawrence Erlbaum.

Mayer, R. E. (2008). *Learning and instruction* (2nd ed.). Uppersaddle River, NJ: Pearson Merrill/Prentice Hall.

Ogata, H., & Yano, Y. (2003). Supporting knowledge awareness for a ubiquitous CSCL. In e-Learn 2003 (pp.2362-2369), Phoenix, AZ, USA, November 7-11.

Ormrod, J. E. (2004). *Educational psychology: Developing learners* (4th ed.). Upper Saddle River. NY: Merrill Printice-Hall.

Reay, J. (2001). Blended learning: A fusion for the future. *Knowledge Management Review, 4*(3), 6.

Rosenberg, M. J. (2001). *E-learning: Strategies for developing knowledge in the digital age*. New York, NY: Mcgraw-Hill.

Schunk, D. H. (2004). *Learning Theories: An educational perspective*. Upper Saddle River, NY: Pearson.

Seels, B. B., & Richey, R. C. (1994). *Instructional technology: The definition and domains of the field*. Washington, D.C.: Association for Educational Communications and Technology.

Smaldino, S. E., Russell, J. D., Heinich, R., & Molenda, M. (2005). *Instructional technology and Media for learning* (8th ed.). Upper Saddle River, NY: Prentice Hall.

Stepien, W., & Gallagher, S. (1993). Problem-based learning: As authentic as it gets. *Educational Leadership*(April), 25-28.

**10**
교육학개론

교육평가

이 장에서는 교육평가에서 기본적으로 다루어야 할 내용을 간략하게 설명한다. 가능하면 실생활과 관련된 예를 들어 설명한다. 교육평가의 기초적인 내용으로 먼저 교육평가와 관련된 개념들을 설명한 후 교육평가의 정의와 목적, 유형 등에 대해서 설명한다. 평가도구에 대한 내용으로는 문항의 제작과 유형, 평가도구의 양호도를 설명한다. 그리고 평가결과의 해석에 대해서는 고전검사이론과 문항반응이론에 의한 문항분석을 설명한 후, 평가결과를 바르게 해석하기 위해 필수적으로 이해해야 할 통계적 개념인 기술통계, 표준화된 점수, 정규분포곡선 등을 설명한다.

## 1. 교육평가의 기초

### 1) 교육평가 관련 개념

교육평가란 무엇인가? 이를 파악하기 위해서 먼저 평가의 개념을 명확하게 이해할 필요가 있다. 평가라는 용어가 교육 현장에서 빈번히 사용되기 때문에 대부분의 사람은 그것을 익숙하게 느끼고 그 뜻을 잘 안다고 생각하기 쉽다. 그러나 평가와 관련된 주요 개념들인 측정, 검사, 총평 등의 용어와의 차이를 설명하는 것은 그리 간단하지 않다. 그 까닭은 측정, 검사, 평가, 총평의 네 가지 용어의 정의가 서로 다르고, 때로 동의어로 혼용되는 경우가 있기 때문이다. 따라서 평가의 개념을 명확하게 이해하기 위해서 먼저 각 용어에 대한 정의를 살펴본다. 이 과정에서 그들 간의 공통점과 차이점이 밝혀질 것이다.

네 가지 용어에 대하여 사전에서 찾아볼 수 있는 대표적인 정의를 살펴보자. 측정(measurement)이란 '헤아려서 정하는 것'이다. 검사(test)는 '사람의 기술, 능력, 지식 등을 측정하기 위한 일련의 문제들'을 뜻한다. 평가(evaluation)란 '사람이나 사물의 가치를 판단하는 것'을 의미한다. 그리고 사정(査定)이라고도 하는 총평(assessment)은 '총체적인 평가나 평정'을 뜻한다.

각 용어의 정의는 서로 얽혀 있다. 게다가 다른 정의들을 살펴보면 이해하는 데 더욱 혼란스럽다. '검사'란 어떤 사람의 행동을 관찰하고 그것을 척도들로 기술하는 절차이며 측정과 같은 개념이라고 설명한 학자가 있다. 검사라고 번역한 test를 '평가' 또는 '학력평가'로 번역하여 사용하는 경우도 있다. 또한 performance assessment를 '수행총평'이라고 번역하지 않고 '수행평가'라고 번역하여 사용한다. 한국교육심리학회에서는 평가와 총평을 동의어로 사용할 수 있다고 한다. 이를 종합적으로 고려해 볼 때, 이 용어들의 개념을 분명하게 구분하는 것은 쉬운 일이 아니다. 그러나 엄밀한 의미에서 이 네 가지 용어는 개념상 서로 다르다. 그러므로 여러 상황 또는 현장에서 이들 용어가 혼용되는 경우가 있다고 하더라도 각 개념에 차이가 있음을 인지하고 접근할 필요가 있다. 다음에서는 이 용어들의 개념 차이를 예를 들어 설명한다.

어떤 사람의 체중이 60kg일 경우, 60이라는 수는 '측정'한 결과로 나타난 값이며 '검사(도구)'는 체중계이다. 이 사람이 초등학교 3학년이라고 하면 보통 '무척 뚱뚱한 아이로군!'하고 생각하게 되는데, 이러한 판단이 바로 '평가'에 해당한다. 체중 외에도 신장, 체지방률, 지방조직 형태와 위치 등을 종합적으로 고려하여 '이 학생은 초등학교 3학년생이지만 이 몸무게가 정상이군!' 또는 '이 학생은 피하지방형 비만이군!' 등으로 판단한다면 이는 '총평'에 해당한다. 요컨대, '측정'은 대상을 양적으로 기술하는 것이고, '검사'는 대상을 측정하기 위한 도구이며, '평가'는 대상의 가치를 판단하는 것이고, '총평'은 다양한 측정도구를 동원하여 대상을 종합적으로 판단하는 것이다.

**표 10-1**  측정, 검사, 평가 및 총평의 비교

| 용어 | 정의 |
|------|------|
| 측정 | 대상을 양적으로 기술하는 것 |
| 검사 | 대상을 측정하기 위한 도구 |
| 평가 | 대상의 가치를 판단하는 것 |
| 총평 | 대상을 종합적으로 판단하는 것 |

## 2) 교육평가의 정의와 목적

교육평가란 무엇인지에 대해 지금까지 여러 학자들이 나름대로 정의를 내렸다. 그것을 살펴보면 교육평가에 대한 정의는 교육평가의 '목적'과 긴밀한 관계에 있음을 알 수 있다. 따라서 여기에서는 교육평가의 정의를 교육평가의 목적과 연계하여 기술하되, 학자들의 견해를 세 가지로 묶어 설명한 후 이

를 종합하고자 한다.

### (1) 교육목표의 달성도 판단

교육평가란 교육목표가 얼마만큼 달성되었는가를 판단하는 행위라고 정의한다. 이러한 관점을 대표하는 학자로는 타일러(R. W. Tyler)를 들 수 있다. 이 정의는 미리 설정한 교육목표를 평가 대상자가 얼마나 성취하였는지를 확인하는 것이 교육평가의 목적이라는 생각에서 나온 것이다. 이 견해는 다양한 교육평가의 목적 중 특정 목적에 초점을 둔 것으로 볼 수 있다. 여기서 교육목표로 설정되지 않은 부분에 대한 교육평가는 실시할 수 없다.

### (2) 의사결정을 위한 정보 제공

교육평가란 교육과 관련하여 의사결정자가 의사결정을 하는 데 필요한 정보를 평가자가 수집하여 제공하는 활동이나 과정이라고 정의할 수 있다. 이러한 관점을 대표하는 학자로는 스터플빔(D. Stufflebeam)을 들 수 있다. 이 정의는 평가자 자신이 의사결정을 하기 위한 것이 아니라 의사결정자에게 평가 대상의 정보를 제공하는 것이 교육평가의 목적이라는 생각에서 나온 것이다. 이 견해는 평가자와 의사결정자의 역할을 분리한 것으로서, 평가자와 의사결정자가 동일인일 경우(예를 들어, 교사가 평가자이면서 동시에 의사결정자이기도 할 경우)에 이 정의는 적용하기 어렵다.

### (3) 평가 대상에 대한 가치판단

교육평가란 교육과 관련하여 평가 대상의 가치를 판단하는 과정이라고 정의할 수 있다. 이러한 관점을 대표하는 학자로는 스크리븐(M. Scriven)을 들 수 있다. 이 정의는 평가자가 자신의 전문성을 기반으로 평가 대상에 대한 가치를 판단하는 것이 교육평가의 목적이라는 생각에서 나온 것이다. 여기서는 교육목표의 달성도뿐만 아니라 교육과 관련된 어떤 것도 평가 대상이 될 수 있다. 또한 평가자가 정보를 수집하고 최종적인 가치판단까지 내린다. 이런 점에서 앞의 두 견해보다 포괄적이다.

이상의 견해들을 종합해 보면, 교육평가란 교육과 관련하여 평가 대상에 대한 질적·양적 자료를 수집하고 교육목적 또는 평가목적을 고려하여 평가자가 내리는 가치판단으로 정의할 수 있다. 그리고 교육평가의 목적은 평가 대상에 대해서 얻은 질적·양적 자료를 교육목적에 비추어 해석하고 활용하려는 것이다.

**표 10-2  교육평가의 정의**

| 세 가지 정의 | 대표 학자 | 종합 |
|---|---|---|
| 1. 교육목표의 달성도 판단 | 타일러 | 교육과 관련하여 평가 대상에 대한 질적· |
| 2. 의사결정을 위한 정보 제공 | 스터플빔 | 양적 자료를 수집하고, 교육목적 또는 평가 |
| 3. 평가 대상에 대한 가치판단 | 스크리븐 | 목적을 고려하여 평가자가 내리는 가치판단 |

## 3) 교육평가의 유형

교육평가의 유형은 다양하다. 여기에서는 평가의 기능, 기준, 영역, 기타 (방법, 수준, 시간, 대상)에 따른 구분을 살펴보고자 한다.

### (1) 평가 기능에 따른 구분

교육평가는 평가 기능에 따라 진단평가(diagnostic evaluation), 형성평가 (formative evaluation), 총괄평가(summative evaluation)로 구분된다. 세 가지 평가를 학교 현장과 관련하여 교사의 측면에서 예를 들어 설명하면 다음과 같다.

'진단평가'는 학생들의 출발점 위치를 파악하기 위해 미리 실시하는 평가다. 만일 수준별로 학급을 편성하여 수업을 실시할 목적으로 학기 초에 배치고사(placement test)를 실시한다면, 이는 개별 학생들의 수준을 파악하기 위한 진단평가에 해당된다. 교사는 진단평가의 결과를 통해 각 학생들의 출발점을 알게 되고 수준별로 학급을 편성하며, 각 학급에서 가르칠 내용의 수준을 결정한다. 이처럼 수업이 시작되기 전에 학생들의 지식, 기능, 흥미, 태도 수준 등에 대한 정보를 얻기 위해 실시하는 평가가 진단평가이다.

　스크리븐이『평가의 방법론(The Methodology of Evaluation)』에서 처음 사용한 '형성평가'는 수업 개선에 필요한 정보를 얻기 위해 실시하는 평가이다. 교사가 수업 도중에 수업내용에 대해 질문하거나 지필시험을 실시한다면, 이는 수업이 계획된 대로 순조롭게 진행되고 있는지를 파악하기 위한 형성평가에 해당된다. 교사는 형성평가의 결과를 통해 학생들이 수업내용을 명확하게 알고 있는지, 특정 내용을 학습하는 데 어려움을 겪고 있지는 않는지 등에 대한 정보를 얻고, 이에 따라 수업을 개선해 나갈 수 있다. 물론 평가결과를 학생들에게 제공하여 각자의 수업목표 접근 정도를 알려 줄 수도 있다. 이처럼 수업이 진행되는 도중에 수업을 개선할 목적으로 실시하는 평가가 형성평가이다. 한편 형성평가는 20여 년 전부터 교수와 학습 모두에 긍정적 영향을 미친다는 연구결과로 재조명되고 있으며, 여러 학자들이 형성평가의 개념을 재정의하고 있다. 과거 형성평가의 기능이 평가결과에 근거하여 '교사'가 자신의 '교수전략을 수정하는 것'에 초점을 두었다면, 근래 형성평가의 기능은 '교사와 학생들(학생 자신과 동료 학생들)'이 토론, 발표, 과제수행, 동료평가 등 다양한 활동을 통해 개별 학생의 학습 현황을 파악하고 반응하여 학생의 '학업성취도를 높이는 것'을 강조하고 있다. 즉, 형성평가가 학습을 위한 평가 또는 학습으로서의 평가로 주목받고 있다. 따라서 형성평가는 교사가 설정한 목표를 달성하기 위해 교수전략을 수정함과 동시에 학생이 학업성취도를 제고하기 위해 학습전략을 수정할 수 있도록 실시하는 교수학습 통합활동 또는 과정으로 새롭게 정의할 수 있을 것이다. 참고로 윌리엄(Wiliam)은 교수학습활동에 형성평가를 적용할 때의 행위자(교사, 동료, 학습자)와 핵심과정(학

| | 학습자 도달목표 | 학습자 현 위치 | 목표 도달방법 |
|---|---|---|---|
| 교사 | 〈1단계〉<br>목표달성을 위한 학습동기와 범위에 대한 명료화 | 〈2단계〉<br>학습근거로 적절하게 끌어낼 수 있는 다양한 활동, 토론, 과제를 효과적으로 부여 | 〈3단계〉<br>학습촉진을 유도하는 피드백 제공 |
| 동료 | | 〈4단계〉<br>학생 스스로가 교수학습자원으로서 역할을 할 수 있도록 활성화 | |
| 학습자 | | 〈5단계〉<br>학생 개개인이 학습 주인공으로서 역할을 할 수 있도록 활성화 | |

[그림 10-1] 형성평가의 5단계 적용 전략

습자 도달 목표, 학습자 현 위치, 목표 도달 방법)을 제시하고 5단계 적용 전략을 [그림 10-1]과 같이 도식화하였다(김성숙 외, 2015 재인용)

'총괄평가'는 총합평가라고도 하는데 교육목표의 달성 여부를 판정하기 위해 실시하는 평가이다. 교사가 수업이 마감되는 학기 말에 한 학기의 수업내용에 대한 평가를 실시한다면, 이는 학기 초에 계획했던 수업목표를 학생들이 달성한 정도를 판단하기 위한 총괄평가에 해당된다. 교사는 총괄평가의 결과로 학생들에게 등급 또는 자격을 부여할 수 있다. 또한 총괄평가의 결과는 다음 해에 실시할 교육에 대한 진단평가 정보로 이용될 수도 있다. 이처럼 수업을 실시한 후 학생들의 성취 정도를 파악하기 위해 실시하는 평가가 총괄평가이다.

### (2) 평가 기준에 따른 구분

교육평가는 평가의 기준, 즉 가치판단의 기준을 어디에 두느냐에 따라 규준참조 평가(norm-referenced evaluation)와 준거참조 평가(criterion-referenced evaluation)로 구분할 수 있다.

'규준참조 평가'는 규준지향 평가, 상대평가라고도 한다. 이는 성취 정도를 규준에 비추어 상대적으로 비교하는 평가이다. 규준(norm)이란 해당 학생들의 점수를 기초로 만들어지는 것인데, 특정 점수의 상대적인 위치를 설명하기 위하여 사용되는 일종의 '자'라고 할 수 있다. 규준참조 평가의 경우 특정 학생의 원래 점수는 별다른 의미가 없으며, 평가결과는 다른 학생들의 성취 정도에 좌우된다. 예를 들어, 100점 만점 시험에서 어떤 학생이 40점을 받았다고 하자. 이때 이 점수가 성취목표를 절반도 달성하지 못한 것이므로 아주 형편없는 평가결과라고 생각할 수 있다. 그러나 이런 생각은 규준참조 평가의 경우 적절하지 않다. 왜냐하면 다른 학생들의 점수가 모두 40점 미만이라면 그 학생은 '수'를 받을 수 있기 때문이다. 또한 어떤 학생이 95점을 받았더라도 다른 학생들의 점수가 95점을 초과했다면 그 학생은 '가'를 받을 수도 있다. 다시 말하면, 규준참조 평가는 목표 달성 여부에는 관심이 없다. 이것은 누가 더 잘하는가에 관심을 둘 경우에 유용하게 사용할 수 있다.

'준거참조 평가'는 준거지향 평가, 절대평가라고도 한다. 이는 성취 정도를 절대적인 준거에 비추어 판단하는 평가이다. 준거(criterion)란 성패나 당락을 구분하는 일종의 기준선으로서 학생이 도달해야 할 최저 목표나 혹은 과락을 결정하는 점수가 된다. 준거참조 평가의 경우 특정 학생의 평가결과는 다른 학생들의 성취 정도와 관계없이 절대적인 준거에 따라 결정된다. 따라서 극단적인 경우 모든 학생이 '완전 학습자' 또는 '불완전 학습자'로 분류될 수도 있다. 준거참조 평가는 절대적인 준거에 도달했는가에 초점을 두는 평가로서, 운전면허증과 같은 자격증 취득에서 유용하게 사용된다.

### (3) 평가 영역에 따른 구분

평가 영역이란 평가의 대상이 되는 인간의 행동 영역(또는 행동 특성)을 의미한다. 평가 대상의 영역은 지적 영역(cognitive domain), 정의적 영역

(affective domain), 심동적 영역(psychomotor domain)으로 구분할 수 있다.

지적 영역 평가는 지식, 이해, 적용, 분석, 종합, 평가와 같은 인간의 인지능력을 평가하는 것이다. 정의적 영역 평가는 감수, 반응, 가치화, 조직, 인격화와 같은 인간의 정의적 행동 특성을 평가하는 것이다. 흥미, 태도, 가치관, 자아개념, 동기, 도덕성 등도 정의적 영역 평가의 대상이다. 심동적 영역 평가는 인간의 신체 기능을 평가하는 것이다. 축구공을 트래핑하는 능력, 트럼펫 연주기술, 탈춤을 추는 자세 등이 심동적 영역 평가 대상의 구체적인 예이다.

본래 심동적 영역 평가에서 주로 사용했던 수행평가(performance assessment)는 최근 지적 영역뿐만 아니라 정의적 영역을 평가하는 방법으로도 이용되고 있다. 수행평가는 대안적 평가, 참평가, 직접평가 등과 동일한 개념으로 사용되기도 한다. 이들은 모두 넓은 의미에서 수행평가의 범주에 포함되는 개념으로 볼 수 있다. 수행평가는 선택형 문항 위주의 전통적 평가에 대응되는 평가이다. 실제 상황에서의 수행 정도를 직접적인 관찰을 통해 측정하는 것을 포함한다. 따라서 수행평가는 실생활을 포함한 여러 상황에서 지식이나 기능이 수행되는 과정과 결과를 종합적으로 판단하는 평가라고 정의할 수 있다. 수행평가는 다른 평가에 비해 평가자에게 보다 많은 자율성이 부여되는 개방적 형태의 평가이다. 즉, 평가자의 전문적 판단에 따라서 수행평가 도구의 제작, 채점기준표 작성, 점수 부여, 보고서 작성 등이 이루어진다. 현재 사용되는 수행평가로는 서술형 및 논술형 검사, 구술시험, 실기시험, 관찰, 면접, 연구보고서, 포트폴리오 등이 있다. 이 중 포트폴리오는 개인의 작업이나 작품을 지속적이고 체계적으로 모아 둔 자료집으로서 과제 기록장, 음악/미술 작품집, 연습장, 작품이나 활동을 찍은 사진이나 테이프 또는 CD 등을 들 수 있다. 이로써 장기간의 진보과정과 성취를 잘 알 수 있다.

## (4) 기타 구분

교육평가는 평가를 실시하는 방법에 따라 일반적으로 양적 평가(quantitative

evaluation)와 질적 평가(qualitative evaluation)로 구분되며, 양적·질적 평가를 통합한 평가 방법도 논의되고 있다. 양적 평가는 수량화된 자료를 얻는 평가이다. 지필검사를 통해 학생의 학업성취도를 평가하는 것이 대표적인 예이다. 질적 평가는 수량화되지 않는 자료를 얻게 되는 평가이다. 관찰이나 면접 등을 통해 학생의 가치관을 평가하는 것이 그 예이다.

교육평가는 평가 수준에 따라서도 구분되는데, 여기에서 평가 수준이란 학생이 성취하는 지적 영역의 수준을 의미한다. 학생이 성취해야 할 수준은 최소 필수 학력평가(minimum competency test)와 최대 성취 학력평가(maximum achievement test)로 나눌 수 있다. 최소 필수 학력평가는 학생이 꼭 성취해야하는 최소 수준을 달성했는지 여부를 판단하는 평가이다. 평가결과는 보통 합격과 불합격 형태로 나타낸다. 최대 성취 학력평가는 학생의 최대 성취 수준을 판단하는 평가이다. 학생들의 성취 수준을 변별하는 데 사용될 수 있다. 두 가지 평가를 16명이 출전한 100m 달리기 시합을 예로 들어 설명하면 다음과 같다. 최소 필수 학력평가는 8명으로 구성된 2개 조에서 4등까지 결선에 진출하게 되어 있는 조별 예선에 비유할 수 있다. 최대 성취 학력평가는 2개 조에서 올라온 8명의 선수가 우승자를 가리기 위해서 달리는 결선에 비유할 수 있다.

평가를 실시하는 시간의 제한 여부에 따라서는 속도검사(speed test)와 역량검사(power test)로 구분할 수 있다. 속도검사는 정해진 시간 내에 검사를 마치도록 검사시간을 제한한다. 역량검사는 피험자의 능력을 최대한 발휘하도록 검사시간을 원하는 만큼 충분히 준다.

교육평가는 평가 대상에 따라서도 구분할 수 있다. 평가 대상이 사람인 경우 학생평가, 교사평가 등이 있다. 물적 평가 대상일 경우 학교평가, 교육행정기관 평가 등이 있다. 추상적 평가 대상일 경우 교육과정 평가, 교육 프로그램 평가, 교육정책 평가, 메타평가(교육평가 자체에 대한 평가) 등이 있다.

**표 10-3**  교육평가의 유형

| 유형 구분 기준 | 평가 유형 |
|---|---|
| 평가 기능 | 진단평가, 형성평가, 총괄평가 |
| 평가 기준 | 규준참조 평가, 준거참조 평가 |
| 평가 영역 | 지적 영역 평가, 정의적 영역 평가, 심동적 영역 평가 |
| 평가 방법 | 양적 평가, 질적 평가 |
| 평가 수준 | 최소 필수 학력평가, 최대 성취 학력평가 |
| 평가 시간 | 속도검사, 역량검사 |
| 평가 대상 | 인적 평가: 학생평가, 교사평가 등<br>물적 평가: 학교평가, 교육행정기관 평가 등<br>추상적 평가: 교육과정 평가, 교육 프로그램 평가, 교육정책 평가, 메타 평가 등 |

## 2. 평가도구

교육평가를 실시할 때는 평가목적에 맞는 평가도구를 사용해야 한다. 여기에서 평가도구란 평가 대상을 평가하는 데 사용되는 모든 도구를 의미한다. 평가도구는 대개 '~시험' '~고사' '~고시' '~검사(예: 수능시험, 중간고사, 사법고시, 지능검사)' 등의 용어로 표현되는데, 시험, 고사, 고시는 검사와 같은 뜻으로 간주할 수 있다. 이 외에도 '~질문지' 또는 '~설문지' 등으로 표현되는 평가도구가 있고, 때로는 사람, 즉 평가자가 바로 평가도구일 수도 있다.

이 절에서는 평가도구 중, 학교현장에서 주로 교사 자신이 개발하여 사용하는 학업성취도 검사를 중심으로, 먼저 문항(낱개의 문제)의 제작과 관련된 사항들을 다룬다. 다음으로 문항의 유형들을 살펴보고, 좋은 평가도구가 되기 위해 갖추어야 할 몇 가지 조건에 대해서 설명한다.

## 1) 문항의 제작

검사는 하나 이상의 문항으로 구성된다. 검사를 개발한다는 말은 곧 문항을 제작한다는 말이다. 검사를 개발할 때는 우선 검사의 목적을 확인해야 한다. 왜냐하면 검사의 목적에 따라 검사의 유형이 결정되고, 검사의 유형에 따라 검사를 개발할 때 유의해야 할 사항이 다르기 때문이다.

예를 들어, 검사의 목적이 특정 과목에 대한 학생들의 능력을 서로 비교하여 상대적인 우열을 가리기 위한 것이라면 검사의 유형은 규준참조 평가(상대평가)가 될 것이다. 이 경우 교사는 검사를 개발하면서 문항들이 적절한 '난이도'를 갖도록 유의해야 하고, 능력이 높은 학생과 낮은 학생이 제대로 구별되도록 '변별도'에 신경 써야 할 것이다. 한편, 검사의 목적이 학생들의 능력 차이를 파악함에 있지 않고 학생들이 학습내용을 얼마나 알고 있는지를 파악하기 위한 것이라면, 검사의 유형은 준거참조 평가(절대평가)가 될 것이다. 이 경우 교사는 검사를 개발하면서 문항들의 난이도나 변별도에 유의하기보다 문항이 재고자 하는 내용을 적절하게 재고 있는지, 재고자 하는 전체 내용이 고루 포함되었는지 등의 '타당도'에 유의해야 할 것이다.

검사의 목적을 확인한 후에는 검사에서 재고자 하는 내용과 행동 영역, 문항 수 등을 결정해야 한다. 학교 현장에서는 보통 '이원분류표'를 사용하여 검사를 개발할 전체 계획을 수립한다. 이원분류표라는 용어에서 이원이란 '내용소'와 '행동소'를 지칭한다. 이원분류표는 각 문항이 재고 있는 내용과 행동이 무엇인지와 문항 수 등을 나타내는 표이다. 어떤 수학교사가 기말고사를 위해 〈표 10-4〉를 작성하였다고 하자. 이 교사는 총 10문항을 출제하고자 하며, 4문항은 도형(내용소)에서 지식(행동소) 영역을 재려는 문항이고, 6문항은 확률(내용소)에서 적용(행동소) 영역을 재려는 문항임을 알 수 있다. 이원분류표가 개발되면 이원분류표의 내용과 행동을 재기에 가장 적합한 문항 유형이 무엇인지를 정한 후 실제로 문항 제작에 들어간다.

**표 10-4** 이원분류표의 예

| 내용소＼행동소 | 지식 | 이해 | 적용 | 분석 | 종합 | 평가 | 문항 수(비율) |
|---|---|---|---|---|---|---|---|
| 도 형 | 4 | 0 | 0 | 0 | 0 | 0 | 4(40%) |
| 확 률 | 0 | 0 | 6 | 0 | 0 | 0 | 6(60%) |
| 함 수 | 0 | 0 | 0 | 0 | 0 | 0 | 0(0%) |
| 문항 수(비율) | 4(40%) | 0(0%) | 6(60%) | 0(0%) | 0(0%) | 0(0%) | 10(100%) |

〈표 10-4〉에서 행동소는 문항이 재고자 하는 인지능력의 수준을 의미한다. 인지적 영역을 측정할 때는 대부분 블룸(B. S. Bloom)의 교육목표 분류학의 분류체계에 근거하여 〈표 10-4〉처럼 6개 수준으로 분류한다. 정의적 영역을 측정할 때는 블룸, 마시아(B. B. Masia), 크래스월(D. R. Krathwohl) 등이 개발한 정의적 영역 교육목표 분류학의 분류체계에 근거하여 감수, 반응, 가치화, 조직, 인격화의 5개 수준으로 분류한다. 그러나 이원분류표를 작성할 때 꼭 이런 분류체계에 의존하여 행동소를 구성할 필요는 없다. 즉, 각 검사 상황에 적절한 분류체계를 사용하여 행동소를 규정할 수 있다.

## 2) 문항의 유형

문항의 유형은 크게 두 종류로 구분된다. 하나는 선택형(selection type)이고, 다른 하나는 서답형(supply type)이다. 선택형 문항은 주어진 답지 중에서 학생이 답을 선택하는 문항으로, 흔히 객관식 문항으로 불린다. 서답형 문항은 학생이 답을 쓰는 문항으로, 흔히 주관식 문항으로 불린다. 학자에 따라 이 두 유형에 속하는 문항 형태와 명칭에 대해 약간의 차이를 보이고 있으나, 대체로 유사하다. 다음에서 선택형 문항은 진위형, 연결형, 선다형 문항으로 구분하고, 서답형 문항은 단답형, 괄호형, 논술형 문항으로 구분하여 설명하고자 한다.

### (1) 선택형 문항

#### ① 진위형

진위형(true-false type) 문항은 학생들에게 제시된 문항의 진위, 정오를 응답하게 하는 문항 형태로서 이자택일형(alternative-response type)이라고도 한다. 진위형 문항은 특정 용어의 정의·사실·법칙·원리 등에 대한 진술의 진위 여부를 판별할 수 있는지를 파악하기 위해 주로 사용된다.

진위형 문항은 다음과 같은 세 가지 장점을 갖고 있다. 첫째, 문항을 제작하기 쉽다. 둘째, 정해진 검사시간 내에 많은 영역의 내용을 측정할 수 있다. 셋째, 선택형 문항의 공통된 장점으로서 채점을 빠르게 객관적으로 할 수 있다. 이에 반해 진위형 문항은 다른 문항 유형과 비교할 때 다음과 같은 네 가지 단점을 지니고 있다. 첫째, 많은 수의 문항을 개발해야 한다. 둘째, 상대적으로 고등 정신능력을 측정하기 힘들다. 셋째, 추측으로 문항의 답을 맞힐 확률이 높다. 넷째, 선택형 문항의 공통된 단점으로서 타인의 답을 훔쳐보기 쉽다.

#### ② 연결형

연결형(matching type) 문항은 문제군(전제라고도 함)에 들어 있는 각 질문에 대해 답지군에 들어 있는 정답을 찾아 서로 연결하도록 하는 문항 형태로서 배합형이라고도 한다. 연결형 문항은 특정 내용 간의 연관성을 알고 있는지를 파악하기 위해 주로 사용된다.

연결형 문항은 다음과 같은 두 가지 장점을 갖고 있다. 첫째, 진위형만큼 많은 내용을 측정하면서 동시에 관련 있는 사실을 비교, 분석, 분류, 판단하는 능력까지 측정할 수 있다. 둘째, 채점을 빠르고 객관적으로 할 수 있다. 이에 반해 연결형 문항은 다음과 같은 네 가지 단점을 지니고 있다. 첫째, 문제군과 답지군에서 각각 동질성이 확보되지 않을 경우 학생들이 정답을 쉽게 찾는다. 예를 들어, 역사적 인물과 사건을 연결하는 문항일 경우 문제군(역사적 인물들)에 한국인 4명과 영국인 1명이 있다면 답지군에서 영국인과 연결할 내용은 쉽게 찾을 것이다. 둘째, 고심해서 문제를 만들지 않으면 진위형처럼 고등 정신능력을 측정하기 힘들다. 셋째, 배합이 진행될수록 배합할 항목(남은 항목)이 점점 적어지므로 추측할 확률이 점차 증가한다. 넷째, 타인의 답을 훔쳐보기 쉽다.

### ③ 선다형

선다형(multiple choice type) 문항은 2개 이상의 답지 중에서 정답을 찾아내는 문항 형태로서 다른 유형의 선택형 문항보다 장점이 많아 가장 많이 쓰인다. 선다형 문항은 일반적으로 4~5개의 답지로 구성된다. 진위형은 2개의 답지로 구성된 선다형 문항의 한 형태로 볼 수 있다. 선다형 문항의 형태는 여러 가지가 있지만, 보통 옳은 답을 선택하는 정답형 문항과 가장 옳은 답을 선택하는 최선답형 문항으로 분류한다.

선다형 문항의 장점을 네 가지 들면 다음과 같다. 첫째, 문항의 난이도를 쉽게 조절할 수 있다. 둘째, 단순 정신능력부터 고등 정신능력까지 측정할 수 있다. 셋째, 다른 선택형 문항에 비해 추측할 확률이 낮다. 넷째, 채점을 빠르고 객관적으로 할 수 있다. 이에 반해 선다형 문항은 다음과 같은 세 가지 단점이 있다. 첫째, 매력적인, 즉 정답일 것 같은 오답지를 제작하기가 어려워 문항 제작에 많은 시간이 소요된다. 둘째, 다른 형태의 선택형 문항보다는 양호하지만, 여전히 주어진 답지에서 정답을 선택하므로 추측으로 답을 맞힐 확률이 있다. 셋째, 타인의 답을 훔쳐보기 쉽다.

### (2) 서답형 문항

### ① 단답형

단답형(short-answer type) 문항은 질문에 대하여 학생이 직접 단어, 수, 기호 등으로 답을 쓰는 문항 형태로서 재생형 또는 단순 재생형이라고도 한다. 단답형 문항은 용어의 정의, 사실, 수학문제의 답 등을 알고 있는지를 파악하기 위해 주로 사용된다.

단답형 문항은 다음과 같은 네 가지 장점을 갖고 있다. 첫째, 문항을 제작하기 쉽다. 둘째, 정해진 검사시간 내에 많은 영역의 내용을 측정할 수 있다. 셋째, 서답형 문항의 공통된 장점으로서 추측으로 답을 맞힐 수 있는 요인을 배제할 수 있다. 넷째, 논술형에 비해 채점을 빠르고 객관적으로 할 수 있다. 이에 반해 단답형 문항은 다음과 같은 세 가지 단점을 지니고 있다. 첫째, 많은 수의 문항을 개발해야 한다. 둘째, 상대적으로 고등 정신능력을 측정하기 힘들다. 셋째, 선택형 문항에 비해 채점의 객관성을 보장받기 어렵다. 예를 들어, 답에 틀린 글자가 있을 때 정답처리의 기준이 명확하지 않다면 채점의 객관성이 떨어진다. 또 여러 가지 답이 정답으로 처리될 가능성 때문에 논란의 소지가 있을 경우 채점의 객관성을 확보하기 어렵다.

② 괄호형

괄호형(close type) 문항은 질문의 일부를 비워 두고 거기에 학생이 답을 쓰게 하는 문항 형태이다. 질문의 마지막 부분을 비워 두고 거기에 답을 쓰게 하는 완성형 문항도 괄호형 문항의 한 형태로 볼 수 있다. 학자에 따라서는 괄호형 문항을 단답형 문항에 포함시키기도 하나, 두 유형은 문항 형태가 다르다. 그 때문에 장단점에도 약간의 차이가 있으므로 구분하는 것이 바람직하다. 문장으로 답을 요구하는 단답형 문항에 비해 괄호형 문항은 더 짧은 답을 요구하는 경우가 많다. 따라서 괄호형 문항은 사용목적이나 장단점에서 단답형 문항과 유사하지만, 괄호형 문항이 단답형 문항보다 채점을 더 빠르고 객관적으로 할 수 있는 경우가 많다. 여러 연구는 괄호형 문항의 신뢰도와 타당도가 단답형 문항의 신뢰도와 타당도보다 더 높다고 밝히고 있다.

③ 논술형

논술형(essay type) 문항은 질문에 대하여 학생이 자유롭게 답하는 문항 형태이다. 글자 수를 정하는 등의 방법으로 응답의 범위를 제한하는 제한된 논술형 문항(restricted response essay item)과 제한이 없는 확장된 논술형 문항(extended response essay item)으로 분류하기도 한다. 논술형 문항은 학생의 분석, 종합, 평가, 문제해결 능력 등 고등 정신능력 혹은 태도나 가치관 등을 파악하기 위해 주로 사용된다.

논술형 문항은 다음과 같은 네 가지 장점을 갖고 있다. 첫째, 문항을 제작하기 쉽다. 둘째, 반응의 자유도가 높다. 즉, 학생이 자신의 모든 능력을 마음껏 발휘할 수 있다. 셋째, 고등 정신능력을 측정하는 데 효과적이다. 넷째, 추측으로 답을 맞힐 수 있는 요인을 배제할 수 있다. 이에 반해 논술형 문항은 다음과 같은 두 가지 단점을 지니고 있다. 첫째, 한 검사에서 출제할 수 있는 문항 수가 적어 많은 영역의 내용을 측정할 수 없다. 둘째, 채점에 시간과 노력이 많이 필요하고 객관적 · 일관적이기 어렵다.

**표 10-5** 문항의 유형

| 선택형 문항 | 서답형 문항 |
| --- | --- |
| 진위형 문항 | 단답형 문항 |
| 연결형 문항 | 괄호형 문항 |
| 선다형 문항 | 논술형 문항 |

## 3) 평가도구의 양호도

좋은 평가도구를 사용하지 않고는 바른 평가를 기대할 수 없다. 따라서 평가자는 좋은 평가도구를 선정 또는 제작해야 한다. 이를 위해서 좋은 평가도구의 조건, 즉 평가도구의 양호도에 대해 알 필요가 있다. 여기에서는 일반적으로 평가도구의 양호도를 결정하는 기준이라고 인정되는 네 가지 개념인 타당도, 신뢰도, 객관도, 실용도에 대해 설명하고자 한다.

### (1) 타당도

타당도(validity)란 평가도구가 재고자 하는 바로 그것을 충실히 재고 있는지를 말해 주는 개념이다. 어떤 검사의 타당도가 높다는 것은 그 검사가 원래 재고자 했던 것을 충실히 재고 있다는 의미이다. 반대로 타당도가 낮다는 것은 그 검사가 원래 재고자 하지 않았던 것들도 재고 있다는 의미이다. 예를들어, 교육학 시험에서 '평가도구의 양호도와 관련하여 평가도구가 재고자하는 바로 그것을 재고 있는지 말해 주는 개념은 무엇인지 영어로 답하시오.'라는 문항이 출제되었다면, 이 문항은 타당도가 낮은 문항이라고 할 수 있을 것이다. 이 문항은 교육학 시험의 일부이므로 '타당도'라는 정답을 아는 학생은 정답을 쓸 수 있어야 하는데도 validity라는 영어 단어를 모르면 틀릴 수밖에 없다. 즉, 원래 이 검사가 재고자 했던 것은 교육평가 용어를 학생이 알고 있는지 여부인데, 영어 단어를 알고 있는지를 재는 문항으로 변질되었기에이 문항의 타당도는 낮다고 할 수 있다.

타당도의 종류는 타당성이 무엇에 기초하는지(무엇을 타당성의 기준으로 보는지)에 따라 다양하게 분류할 수 있다. 지금까지 학자나 학회에 따라 여러가지로 타당도가 분류되어 왔다. 여기에서는 내용타당도, 준거타당도, 구인타당도로 분류하여 설명한다.

### ① 내용타당도

내용타당도(content validity)는 타당도를 확인하려고 하는 평가도구의 내용자체를 타당성의 기준으로 보는 것이다. 내용타당도를 확인하기 위해서는 검사가 원래 재고자 하는 내용을 재고 있는지와 검사를 구성하는 문항들이재고자 하는 전체 내용을 충실히 대표하고(충분히 골고루 재고) 있는지에 대해서 판단해야 한다. 내용타당도의 높고 낮음은 검사와 관련된 내용을 잘 아는 전문가의 판단으로 결정한다. 가령, 학교 현장에서 평가도구를 개발할 때 이원분류표를 잘 만들고 그에 따라 문항을 제작하면 내용타당도를 높이는 데 도움이 된다.

### ② 준거타당도

준거타당도(criterion-related validity)는 타당도를 확인하려고 하는 평가도구의 점수와 또 다른 평가도구(준거)의 점수 간의 관계를 타당성의 기준으로 보는 것이다. 준거타당도는 다시 공인타당도와 예언타당도로 나뉜다.

**공인타당도**　공인타당도(concurrent validity)는 타당도를 확인하려는 검사와 또 다른 검사를 동시에 실시하여(현실적으로 검사들의 실시시간에 차이를 둘 수는 있으나, 본질적으로는 동시에 실시할 수 있어야 함) 두 점수 간에 공통 부분(상관)이 얼마나 있는지를 타당성의 기준으로 본다. 공인타당도를 확인하는 방법을 예를 들어 설명하면 다음과 같다. 영어능력을 측정하는 새로운 검사를 개발한 어떤 교사가 자신의 검사와 토익(TOEIC) 시험을 동일 학생들을 대상으로 같은 날 치른 후 두 점수 간 상관계수를 산출한 다음에 통계적으로 유의미한 높은 정적 상관관계가 있음을 확인하였다면, 새로운 검사는 다른 사람들에게 영어능력을 측정하는 검사로서 타당성을 인정받을 수 있다.

**예언타당도**　예언타당도(predictive validity)는 타당도를 확인하려는 검사의 점수와 미래에 실시되는 검사의 점수 간 상관(또는 타당도를 확인하려는 검사의 점수가 미래에 실시되는 검사의 점수를 예언하는 정도)을 타당성의 기준으로 본다. 예언타당도를 확인하는 방법을 예를 들어 설명하면 다음과 같다. 어떤 학생들의 수능시험 점수(예언 점수)와 동일 학생들의 대학 졸업시험 점수 간 상관계수를 산출한 다음에 통계적으로 유의미한 높은 정적 상관관계가 있음

을 확인하였다면, 수능시험은 대학 졸업시험 점수를 예언하는 검사로서 타당
성을 인정받을 수 있다.

### ③ 구인타당도

구인타당도(construct validity)는 조작적으로 정의되지 않은 구인(인간의 인
지적 · 심리적 특성. 예를 들어, 지능은 하나의 구인이며, 지능의 구성요소라고 알려
진 어휘력, 수리력, 추리력, 공간력, 지각력, 기억력, 언어 유창성 등도 각각 구인임)
을 조작적으로 정의하고 그 구인을 측정할 수 있는 문항들을 제작한 후, 검사
가 구인을 제대로 측정하는지에 대하여 검사점수 자체 또는 다른 점수와의
상관을 타당성의 기준으로 보는 것이다. 구인타당도를 확인하는 방법을 예
를 들어 설명하면 다음과 같다. 어떤 학자가 지능은 어휘력, 수리력, 추리력,
공간력, 지각력, 기억력, 언어 유창성, 자신감으로 구성되어 있다고 조작적으
로 정의하고 문항들을 제작한 후 검사를 실시하여 응답 자료를 얻었다. 지능
총점과 각 하위 구인별 점수 간 상관계수를 산출한 결과 다른 7개 하위 구인
들과 달리 '자신감'은 지능 총점과 상관이 거의 없는 것으로 판단되었다. 또한
다른 7개 하위 구인들끼리와는 달리 '자신감'과 나머지 하위 구인들과의 상관
도 거의 없는 것으로 판단되었다. 이 경우 '자신감'은 지능을 설명하는 구인이
라고 볼 수 없다. 따라서 이 검사는 구인타당도가 결여된 검사라고 할 수 있
다. 결국 '자신감'과 관계된 문항을 제거해 구인타당도를 확보해야 한다. 구
인타당도를 검증하는 과정에서는 내용타당도와 준거타당도의 개념이 모두
활용되기 때문에, 구인타당도는 다른 타당도와 구별되는 것이라기보다 그것
들을 포함하는 포괄적인 개념이라고 볼 수 있다.

### (2) 신뢰도

신뢰도(reliability)란 검사의 결과에 일관성이 있는지를 말해 주는 개념이
다. 어떤 검사의 신뢰도가 높다는 것은 그 검사가 재고자 하는 것을 정확히

재고 있다는 의미이다. 신뢰도가 낮다는 것은 그 검사의 결과가 상황에 따라 바뀔 가능성이 높다는 의미로 해석할 수 있다. 예를 들어, 사람들이 저울을 사용하여 물건의 무게를 측정하고 그 결과를 받아들이기 위해서는 그 저울이 물건의 무게를 언제나 정확하게 재는 도구라는 신뢰가 바탕이 되어야 한다. 만약 잴 때마다 동일 대상의 무게를 다르게 표시하는 저울이 있다면 그 저울은 사용되지 않을 것이다. 이는 특정 평가도구를 사용하여 인간의 특성을 파악하고자 할 경우에도 마찬가지이다.

　그럼 신뢰도와 타당도의 관계를 살펴보자. 신뢰도는 타당도의 필수조건(또는 선행조건)이지만 충분조건은 아니다. 이 말은 타당도가 높으려면 반드시 신뢰도가 높아야 하지만, 신뢰도가 높다고 해서 타당도가 높은 것은 아니라는 뜻이다. 신뢰도와 타당도의 관계를 양궁에서 화살이 꽂힌 과녁을 비유로 설명하면 다음과 같다. 화살들은 어느 한 곳에 집중적으로 꽂혀 있을 수도 있고, 과녁의 여러 곳에 분산되어 꽂혀 있을 수도 있다. 화살들이 집중되어 있는 것은 점수에 일관성이 있음을 의미하므로 신뢰도가 높은 경우로 보고, 화살들이 분산되어 있는 것은 신뢰도가 낮은 경우로 본다. 과녁의 각 원에 부여되는 점수가 타당도의 높고 낮음과 비례한다고 할 때, 높은 점수를 얻으려면(타당도가 높으려면) 10점짜리 알과녁(가운데 원)에 화살들이 집중되어야(신뢰도가 높아야) 할 것이다. 그러나 화살들이 한 곳에 집중되었다고 해도(신뢰도가 높다고 해도) 그곳이 알과녁에서 먼 곳이라면 점수는 낮을(타당도는 낮을) 것이다. 아울러 이 예에서 알 수 있듯이 일반적으로 사람들은 '신뢰'라는 용어에 긍정적인 가치를 포함시키지만, 교육평가에서 사용하는 신뢰도라는 용어는 가치중립적인(화살들이 몇 점에 집중되었는지는 신뢰도와 무관함. 즉, 알과녁에 집중되지 않아도 신뢰도는 높을 수 있음) 개념임을 유의해야 한다.

　추정방법에 따라 신뢰도는 재검사 신뢰도, 동형검사 신뢰도, 내적 일관성 신뢰도 등으로 구분된다. 각 신뢰도의 개념에 대해 간단히 설명하면 다음과 같다.

### ① 재검사 신뢰도

재검사 신뢰도(test-retest reliability)는 동일한 검사를 동일한 집단에 시간차를 두고 두 번 실시하여 얻은 두 점수의 상관계수(안정성 계수라고도 함)로 신뢰도를 추정한다. 검사-재검사 신뢰도라고도 한다.

### ② 동형검사 신뢰도

동형검사 신뢰도(equivalent-form reliability)는 두 가지 동형검사를 동일한 집단에 실시해서 얻은 두 점수의 상관계수(동형성 계수라고도 함)로 신뢰도를 추정한다. 평행검사 신뢰도라고도 한다.

### ③ 내적 일관성 신뢰도

내적 일관성 신뢰도(internal consistency reliability)는 한 검사를 구성하는 부분검사 또는 각 문항을 하나의 검사로 간주하여 신뢰도를 추정한다. 내적 일관성 신뢰도는 다시 반분검사 신뢰도와 문항내적 일관성 신뢰도로 나뉜다.

**반분검사 신뢰도**    반분검사 신뢰도(split-half reliability)는 검사를 한 번 실시하되, 검사를 2개(예: 홀수 문항과 짝수 문항)로 나누어 두 부분검사 점수의 상관계수(반분된 부분검사의 신뢰도)를 구한 후, 문항 수가 반으로 줄어든 것을 회복시키기 위한 교정 공식을 사용하여 도출된 상관계수(전체 검사의 신뢰도)로 신뢰도를 추정한다.

**문항내적 일관성 신뢰도**    문항내적 일관성 신뢰도(inter-item consistency)는 검사를 한 번 실시하되, 검사를 구성하는 각 문항을 하나의 독립된 검사로 간주하고 그들 간의 합치성, 즉 문항 간 측정의 일관성으로 신뢰도를 추정한다.

### (3) 객관도

객관도(objectivity)는 평가 대상에 대한 '평가자'의 측정에 일관성이 있는지를 말해 주는 개념이다. 평가자(평정자) 신뢰도, 채점자 신뢰도, 관찰자 신뢰도 등으로도 불리는 객관도는 신뢰도의 일종이다. 하지만 신뢰도가 평가도구의 각 문항에 '평가 대상자들'이 보인 반응과 관련된 개념이라면, 객관도는 '평가자'가 평가 대상에 보인 반응과 관련된 개념이라는 점에서 차이가 있다.

객관도는 동일 평가 대상에 대해 한 평가자의 평가가 일관성이 있는지를 의미하는 평가자 내 신뢰도(객관도)와 동일 평가 대상에 대해 여러 평가자의 평가가 일치하는지를 의미하는 평가자 간 신뢰도(객관도)로 나눌 수 있다. 예를 들어, 어떤 교사가 특정 학생의 논술형 검사를 채점할 경우 처음 채점한 점수와 어느 정도 시간이 경과한 후 채점한 결과가 크게 다르다면 '평가자 내 신뢰도'가 낮은 것이다. 그리고 여러 명의 교사가 그 검사를 채점할 경우에 서로의 채점결과가 크게 다르다면 '평가자 간 신뢰도'가 낮은 것이다.

평가자 내 신뢰도와 평가자 간 신뢰도의 관계를 살펴보면 평가자 내 신뢰도는 평가자 간 신뢰도를 추정하기 위한 전제조건이 됨을 알 수 있다. 다시 말해, 평가자 내 신뢰도가 낮다면 평가자 간 신뢰도는 의미가 없다.

### (4) 실용도

실용도(usability)는 평가도구가 실제로 사용하기에 적합한지를 말해 주는 개념이다. 특정 평가도구의 타당도와 신뢰도가 높아도 사용법이 너무 어렵거나 실시시간이 너무 많이 소요된다면 평가자는 그 평가도구를 사용하는 것에 거부감을 느낀다. 또한 어떤 평가도구를 이용하여 평가를 실시하거나 채점을 하는 데 거액의 비용이 든다면 역시 평가자는 부담을 느끼고 다른 평가도구를 찾아보거나 차선책을 강구하게 된다. 따라서 좋은 평가도구가 되기 위해서는 최소의 투입만으로도 평가목적을 달성할 수 있는 실용도를 갖추어야 한다.

| 표 10-6 | 평가도구의 양호도 |
|---|---|
| 타당도 | 내용타당도<br>준거타당도: 공인타당도, 예언타당도<br>구인타당도 |
| 신뢰도 | 재검사 신뢰도<br>동형검사 신뢰도<br>내적 일관성 신뢰도: 반분검사 신뢰도, 문항내적 일관성 신뢰도 |
| 객관도 | 평가자 내 신뢰도<br>평가자 간 신뢰도 |
| 실용도 | 용이성, 시간성, 비용성 등 |

# 3. 평가결과의 해석

## 1) 문항분석

　평가도구를 개발하여 평가를 실시한 다음에는 결과가 나타난다. 사용한 평가도구가 양질의 정보를 제공하는지를 알아보기 위해서는 평가도구의 질을 점검할 필요가 있다. 평가도구의 질을 판단하기 위해서는 앞에서 언급한 평가도구의 양호도를 검증하는 것 외에도 평가도구를 구성하는 각 문항의 질을 점검해야 한다. 문항분석을 실시함으로써 평가결과를 보다 타당하게 해석할 수 있을 뿐만 아니라, 문항분석의 결과를 토대로 삼아 잘못된 문항을 수정하거나 양질의 문항을 추출하여 차후에 더 나은 평가도구를 제작할 수 있게 된다.

　문항분석을 실시하는 방법은 총점에 근거하여 문항을 분석하는 고전검사이론에 의한 방법, 그리고 문항 하나하나에 근거하여 분석하는 문항반응이론(item response theory)에 의한 방법으로 나눌 수 있다. 두 이론 모두 문항분석과 관련된 용어인 난이도, 변별도, 추측도 등을 공통으로 사용하지만, 용어만 같을 뿐 구하는 방법에 차이가 있으며 의미가 다른 경우도 있다. 예를 들면, 난이도의 경우 고전검사이론에서는 값이 클수록 쉬운 문항을 의미하며, 문항반응이론에서는 값이 클수록 어려운 문항을 의미한다. 따라서 이 용어들의 개념상의 차이에 유의하여야 한다. 다음에서 고전검사이론에 의한 문항분석에서 사용되는 개념 중 난이도, 변별도, 추측도, 오답지 매력도와 문항반응이론에서 다루는 문항특성곡선과 관련하여 난이도, 변별도, 추측도를 간단히 설명하고자 한다.

### (1) 고전검사이론에 의한 문항분석

#### ① 난이도

난이도(item difficulty)는 사전의 의미대로 어렵고 쉬운 정도를 나타낸다. 어떤 사람이 "이번 시험은 난이도가 매우 높았다/이 문항은 난이도가 매우 낮다"라고 말하면, 이는 보통 '이번 시험은 아주 어려웠다/이 문항은 아주 쉽다'고 해석된다. 즉, 일상생활에서 사람들이 관습적으로 사용하는 난이도의 경우는 난이도가 높을수록 어려운 것이고 낮을수록 쉬운 것을 의미한다.

그러나 고전검사이론에 의한 문항분석에서 사용하는 난이도(난이도 지수)의 의미는 정반대이다. 즉, 난이도가 높은 문항이 쉬운 문항이고 난이도가 낮은 문항이 어려운 문항이다. 그 이유는 교육평가에서 일반적으로 '전체 수검자 중 정답을 한 수검자가 차지하는 비율'(문항의 답을 맞힌 수검자 수÷전체 수검자 수)을 난이도라고 정의하기 때문이다. 전체 수검자 중 답을 맞힌 수검자가 많은 문항은 쉬운 문항일 것이다. 따라서 난이도(정답률)가 높을수록 쉬운 문항이 되는 것이다. 난이도에 따라 문항의 쉽고 어려운 정도를 명확하게 구분하는 절대적인 기준은 없으나, 보편적으로 난이도 지수가 .20 미만이면 매우 어려운 문항이고 .80 이상이면 매우 쉬운 문항이며 .40~.60 정도면 중간 정도의 문항이라고 판단한다.

### ② 변별도

변별도(item discrimination)는 문항이 수검자들의 능력을 구별하는 정도를 나타낸다. 수검자들의 능력과는 무관하게 전체 수검자가 모두 답을 맞히거나 모두 틀리는 문항이 있다면, 그 문항은 변별력이 없는(변별도 지수가 0인) 문항이다. 능력이 높은 수검자(총 검사점수가 높은 수검자)는 답을 맞히고 능력이 낮은 수검자(총 검사점수가 낮은 수검자)는 틀리는 문항은 수검자의 능력을 제대로 구별하는 문항(변별도 지수가 높은 문항)이다. 반대로 능력이 낮은 수검자는 답을 맞히는 데 능력이 높은 수검자는 틀리는 문항이라면 그 문항은 역변별 문항으로서 수정하거나 제거해야 한다.

문항의 변별도는 총 검사점수와 해당 문항점수 간의 상관계수로 추정하는 방법, 그리고 총 검사점수에 근거하여 수검자들을 능력이 높은 집단과 낮은 집단으로 구분한 후 상위능력 집단의 정답률과 하위능력 집단의 정답률의 차로 추정하는 방법이 있다. 후자의 방법으로 변별도 지수를 구하는 것을 예를 들어 설명하면 다음과 같다. 100명의 학생을 대상으로 검사를 실시한 후 총 검사점수를 근거로 상위 25%(25명)를 상위능력 집단으로 정하고, 하위 25%(25명)를 하위능력 집단으로 정한다. 변별도를 구하고자 하는 문항에 대해 상위집단의 경우 20명이 답을 맞혔고(정답률 .80) 하위집단의 경우 5명이 답을 맞혔다면(정답률 .20), 상위집단의 정답률에서 하위집단의 정답률을 뺀 값, 즉 변별도 지수는 .60이다.

난이도와 관련하여 변별도를 살펴보면, 난이도가 너무 높거나 낮은 문항(너무 쉽거나 어려운 문항)의 경우에는 변별도가 낮다. 왜냐하면 문항이 너무 쉬우면 능력이 낮은 수검자도 답을 맞힐 확률이 높아져서 수검자들의 능력 차이를 알기 어려우며, 문항이 너무 어려우면 능력이 높은 수검자도 틀릴 확률이 높아져 역시 수검자들의 능력 차이를 알기 어렵기 때문이다. 따라서 문항의 난이도가 중간 정도일 때 변별도가 높은 것이 일반적이다. 변별도에 따라 문항의 질을 판단하는 절대적인 기준은 없으나, 보편적으로 변별도 지수가 .40 이상이면 변별력이 높은 문항이고 .30 미만이면 변별력이 낮은 문항이라고 판단한다.

### ③ 추측도

추측도는 전체 수검자 중 문항의 답을 모르고 추측으로 답을 맞힌 수검자의 비율이다. 추측도를 추정하기 위해서는 수검자 중 추측한 사람 수와 추측하여 답을 맞힌 사람 수를 알아야 하지만 이를 파악할 수 없다. 따라서 확률에 비추어 이 수들을 추정해야 한다. 그 추정 절차는 다음과 같다.

- 추측한 수검자들은 답을 모르기 때문에 확률상 각 답지에 균등하게 답했을 것으로 가정하므로, 추측하여 답을 맞힌 사람 수가 R, 추측한 수검자 수가 G, 답지 수가 Q이면 $R = G \times \dfrac{1}{Q}$이다.
- 추측하였으나 틀린 수검자 수를 W라 하면 $W = G \times \dfrac{Q-1}{Q}$이다.
- 따라서 $G = \dfrac{WQ}{Q-1}$이고, 이것을 ①의 식에 대입하면 $R = \dfrac{WQ}{Q-1} \times \dfrac{1}{Q} = \dfrac{W}{Q-1}$가 된다.
- 추측하였으나 틀린 수검자 수를 실제로 답을 틀린 수검자 수와 같다고 가정하면 문항추측도(P)는 $P = \left(\dfrac{W}{Q-1}\right)/N = \dfrac{W}{N(Q-1)}$이다.

### ④ 오답지 매력도

선다형 문항에서 매력이 없는 답지가 있을 경우 그 답지는 기능을 상실한다. 예를 들어, 4지 선다형 문항에서 전혀 매력이 없는 답지가 2개 있을 경우, 그 문항은 진위형 문항과 다를 바 없을 것이며 상대적으로 고등 정신능력을 측정하기 어렵게 된다. 따라서 오답지의 매력도를 균등하게 함으로써 문항의 질을 향상시킬 수 있다. 오답지에 대한 응답 비율이 오답지 선택 확률 (1-문항난이도)/(답지 수−1) 이상이면 매력적인 오답지로, 그 미만이면 매력적이지 않은 오답지로 판단한다.

### (2) 문항반응이론에 의한 문항분석

문항반응이론은 총점에 의하여 문항을 분석하지 않고 각 문항의 문항특성곡선(item characteristic curve)에 따라 문항을 분석한다. 문항반응이론의 강점은 수검자의 특성과 무관하게 문항마다 고유한 하나의 문항특성곡선을 그리는 '문항특성의 불변성', 그리고 검사의 난이도와 무관하게 일관성 있게 피험자의 능력을 추정하는 '피험자 능력 불변성'을 갖는다는 점이다. 문항반응이론은 검사가 측정하는 내용이 단일 특성이어야 한다는 일차원성 가정(unidimensionality assumption), 그리고 어떤 문항과 다른 문항의 답을 맞힐 확률은 상호 독립적이어야 한다는 지역독립성 가정(local independence assumption)의 충족을 요구한다. 문항특성곡선의 X축은 피험자의 능력 $\theta$이며, 평균이 0이고 표준편차가 1인 표준점수 척도를 사용한다. Y축은 능력 $\theta$를 가진 1명의 무작위 선택된 수검자가 문항의 답을 맞힐 확률 P($\theta$)를 나타낸다. 문항특성곡선을 활용하여 문항난이도, 문항변별도, 문항추측도를 설명하면 [그림 10−2]와 같다.

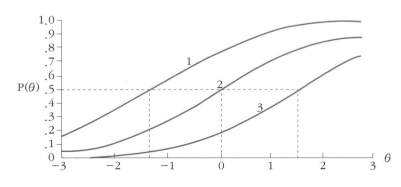

[그림 10−2] 문항특성곡선

① 문항난이도

문항반응이론에서 문항난이도는 문항의 어려운 정도를 나타내는 모수이다. 문항특성곡선에서는 $P(\theta)=0.5$에 해당하는 $\theta$값, 즉 한 수검자가 문항에 50% 정답을 할 확률을 갖는 능력 척도상의 지점을 의미하며 보통 b로 표기한다. 문항난이도 지수의 이론적 범위는 $-\infty$부터 $+\infty$이나, 전형적으로 약 $-2.0$부터 $+2.0$ 사이에 존재한다. $-2.0$ 근처의 b값들은 매우 쉬운 문항에 해당하며, $+2.0$ 근처의 b값들은 매우 어려운 문항에 해당한다. [그림 10-2]의 문항특성곡선에서는 $P(\theta)=0.5$에 해당되는 $\theta$값이 가장 큰 문항 3이 3개 문항 중 가장 어려운 문항이다.

② 문항변별도

문항변별도는 문항이 수검자의 능력을 변별하는 정도를 나타내는 모수이며 보통 a로 표기한다. 문항특성곡선에서 문항변별도는 기울기가 가장 가파른 부분인 $\theta=b$ 지점의 기울기를 의미한다.

문항변별도 지수 a는 이론적으로 $-\infty$부터 $+\infty$로 정의된다. 그러나 부적 변별 문항들은 능력검사에서 버려지며, 2보다 큰 값도 일반적으로 수용되지 않는다. 그러므로 문항변별도 모수의 일반적 범위는 0부터 2까지이다. 높은 값은 문항특성곡선이 매우 가파르고 낮은 값은 점진적으로 증가함을 뜻하며, 기울기가 가파를수록 문항변별도가 높다. [그림 10-2]의 문항특성곡선에서 문항 2의 $\theta=b$ 지점의 기울기가 가장 가파르다면 세 문항 중 문항 2가 수검자의 능력을 가장 잘 변별하여 준다고 말할 수 있다.

③ 문항추측도

문항추측도는 능력이 전혀 없는 수검자가 한 문항에 정답을 할 확률을 나타내는 모수이며 보통 c로 표기한다. 문항특성곡선에서는 능력이 $-\infty$인 피험자의 $P(\theta)$ 값이며, 전형적으로 c는 능력이 전혀 없는 수검자들이 그 문항을

무작위로 추측한 결과치보다 더 낮은 값을 가정한다. [그림 10-2]의 문항특
성곡선으로 문항추측도를 판단하면 P($\theta$) 값이 가장 큰 문항 1의 문항추측도
가 세 문항 중 가장 높다.

## 2) 기술통계

학생들의 학습능력이 전반적으로 뛰어나면서도 능력 수준이 비슷한(두 가
지 조건을 동시에 충족시킬 수 없다면 다른 학급의 학생들보다 학습능력이 전반적
으로 더 뛰어난) 학급의 담임을 맡기 원하는 어떤 교사가 있다고 가정하자. 만
일 이 교사에게 두 학급으로 분류된 수십 명의 학생이 동일한 학습능력 검사
에서 얻은 점수들을 제공한 후 한 학급을 선택하라고 한다면, 이 교사는 어떻
게 해야 자신의 목적에 맞는 학급을 선택할 수 있는가? 주먹구구식으로 점수
들을 대충 살펴보아 더 높은 점수들이 많은 듯한 반을 선택할 것인가, 아니면
점수가 가장 높은 학생이 포함된 반 또는 점수가 가장 낮은 학생이 포함되지
않은 반을 선택할 것인가?

이 가정과 같이 검사가 실시된 후 산출된 원자료로는 특정 목적에 적합한
정보를 얻기 어려운 경우가 많으며, 특히 원자료가 방대할 때는 더더욱 그러
하다. 따라서 평가결과를 통해 원하는 정보를 효율적으로 확보하기 위해서
는 점수 전체의 특성을 정리할 필요가 있다. 이를 위해서는 여러 가지 통계적

**표 10-7**  **기술통계**

| | |
|---|---|
| **중심경향값** | 평균: 점수들을 모두 더한 후에 사례 수로 나눈 값 |
| | 중앙값: 점수들을 순서대로 나열했을 때 중앙에 있는 값 |
| | 최빈값: 전체 점수 중 개수가 가장 많은 값 |
| **분산도 지수** | 범위: 최고값에서 최저값을 빼고 1을 더한 값 |
| | 사분위편차: 제3사분위점수에서 제1사분위점수를 뺀 값을 반으로 나눈 값 |
| | 표준편차: 편차를 제곱한 값들을 더하여 사례 수로 나눈 값에 제곱근을 한 값 |

개념을 이해해야 한다. 여기에서는 학교 현장에서 평가결과를 통해 얻고자
하는 대표적인 정보인 '중심경향값'과 '분산도 지수'에 대해 간략하게 설명하
고자 한다.

### (1) 중심경향값

중심경향값은 점수들이 모이는 중심이 되는 점수로서 전체 점수를 대표하
는 값이다. 중심경향값의 종류에는 평균, 중앙값, 최빈값 등이 있다. 이들은
서로 다른 특성을 갖고 있으므로 상황에 따라 최적의 중심경향값을 사용해야
한다.

'평균'은 점수들을 모두 더한 후에 사례 수로 나눈 값이다. 평균은 모든 점
수가 포함되어 계산된 값이기에 일반적으로 중심경향값 중에서 가장 우수하
다고 여겨지고 있으며 다른 값에 비해 활용도가 높다. 두 학급 중 한 학급을
선택해야 하는 앞의 가정에서 각 학급의 평균을 알 수 있다면, 교사의 목적
중 우선하는 목적인 학습능력이 전반적으로 뛰어난 학급을 선택하고자 하는
것은 쉽게 충족될 수 있다.

'중앙값'은 점수들을 크거나 작은 것부터 순서대로 나열했을 때 중앙에 있
는 값이다. 예를 들어, 7명 학생의 한 달 용돈이 각각 '2천 원, 3천 원, 3천 원,
4천 원, 9천 원, 9천 원, 32만 원'일 경우 중앙값은 '4천 원'이다. 중앙값은 점
수 중에 대부분의 점수와 동떨어진 극단값(극히 크거나 작은 값)이 있을 경우
평균보다 전체 점수에 대한 대표성이 높다. 앞의 예는 극단값(32만 원)이 있
는 경우인데, 중앙값이 4천 원으로 전체 학생들의 용돈을 잘 대표하는 것에
비해, 평균은 5만 원으로 전체 학생들의 용돈에 대한 대표성이 떨어짐을 알
수 있다.

'최빈값'은 전체 값(또는 항목) 중 개수가 가장 많은 값(또는 항목)이다. 예를
들어, 학생들이 집에서 가장 많이 기르는 동물이 무엇인지를 파악하기 위해
집에서 동물을 한 마리씩 기르는 6명의 학생을 대상으로 조사하였더니 '개,

개, 개, 고양이, 고양이, 햄스터'라는 결과가 나왔다. 이 경우 최빈값은 '개'(학생들이 응답한 것은 동물의 이름이지 숫자가 아니므로 최빈값이 3이 아님에 유의할 것)이다. 최빈값은 때로 여러 개(중앙값에서 든 예에서는 2개, 즉 3천 원과 9천 원)가 될 수 있다는 단점이 있지만, 값을 구하는 목적에 따라 다른 중심경향값보다 적합하게 사용되는 경우가 있다.

### (2) 분산도 지수

분산도 지수는 점수들이 흩어진 정도를 나타내는 값으로서 중심경향값과 함께 점수들의 전체적인 특성을 파악하기 위해 산출한다. 분산도 지수를 무시하고 중심경향값만을 파악하는 것은 불완전한 정보가 될 수 있다. 예를 들어 살펴보면 다음과 같다. 어떤 사람이 아주 생소한 나라로 3월 한 달간 출장을 가게 되었다. 현지에서 입을 옷을 준비하기 위해 인터넷을 통해 그 나라의 3월 평균 기온을 조사해 보니 섭씨 22°였다. 자신이 사는 곳의 가을 날씨(최저 20°, 최고 24°)를 예상하고 옷을 준비해 간 그는 현지에서 옷을 여러 벌 새로 구입해야만 했다. 그 나라의 3월 최저 기온은 섭씨 4°였고 최고 기온은 40°였기 때문이다. 이 예는 최고 온도와 최저 온도 간의 차이(분산도 지수)에 대한 정보를 무시하고 평균 기온(중심경향값)에 대한 정보만 아는 것은 해석상의 오류를 가져올 수 있음을 말해 준다. 따라서 특정 점수들에 대한 결과를 바르게 해석하고 목적에 맞게 활용하기 위해서는 분산도 지수를 이해해야 한다. 분산도 지수의 종류로는 범위, 사분위편차, 표준편차와 분산 등이 있다.

'범위'는 최고값에서 최저값을 빼고 1을 더한 값이다. 예를 들어, 10점 만점의 시험에서 8명의 학생이 각각 2, 4, 5, 6, 6, 8, 9, 10점을 받았다면 범위는 10−2+1=9이다. 범위는 계산하기 쉬우나 최고값과 최저값을 제외한 나머지 점수들이 어떤 상태로 흩어져 있는지 알 수 없다는 단점이 있다.

'사분위편차'는 제3사분위점수에서 제1사분위점수를 뺀 값을 반으로 나눈 값이다. 참고로 점수들을 작은 것부터 나열한 후 개수를 세어 전체 점수 개수의 25%(누적 빈도수가 전체 빈도수의 1/4)에 해당하는 점수가 제1사분위점수이며, 75%(누적 빈도수가 전체 빈도수의 3/4)에 해당하는 점수가 제3사분위점수이다. 범위에서 든 예를 사용하여 사분위편차를 구하면 값은 2[제1사분위점수=4.5, 제3사분위점수=8.5. 따라서 사분위편차는 (8.5−4.5)/2]이다. 사분위편차는 범위에 비해 극단값의 영향을 덜 받는다는 장점이 있으나, 범위와 마찬가지로 전체 점수의 흩어진 정도를 알 수 없다는 단점이 있다.

'표준편차'는 편차(특정 점수가 평균에서 떨어진 정도. 즉, 원점수에서 평균을 뺀 값)를 제곱한 값들을 더하여 사례 수로 나눈 값(분산)에 제곱근을 한 값으로서, 점수들이 평균에서 평균적으로 얼마나 떨어져 있는가를 보여 주는 지수이다. 표준편차를 계산하는 방법을 예를 들어 설명하면 다음과 같다. 4명의 학생의 시험점수가 각각 78, 78, 82, 82일 경우 평균은 80이고 편차는 각각 −2, −2, 2, 2이다. 편차를 제곱한 값들(4, 4, 4, 4)을 더하여(16) 사례 수(4)로 나눈 값, 즉 분산(4)에 제곱근을 한 값이 표준편차이므로 표준편차는 2이다. 부연하면, 표준편차는 점수들이 평균에서 평균적으로 얼마나 떨어져 있는가를 보여 주는 것이므로 편차들의 평균을 표준편차로 삼을 수 있다면 이상적일 것이다. 그러나 편차들의 합은 언제나 0이 되고 이에 편차들의 평균도 항상 0이기 때문에 이와 같은 복잡한 계산을 하여 표준편차를 구한다. 표준편차는 모든 점수가 포함되어 계산되기 때문에 전체 점수의 흩어진 정도를 알 수 있다는 장점이 있다. 값이 클수록 평균을 중심으로 점수들이 많이 떨어져 있음을 의미한다.

두 학급 중 한 학급을 선택해야 하는 앞서 제시한 가정과 관련하여 중심경향값 중에서 평균을 활용한다면 학습능력이 전반적으로 더 뛰어난 학급을 선택하고자 하는 교사의 목적을 충족시킬 수 있다고 언급한 바 있다. 아울러 분산도 지수는 능력 수준이 비슷한(분산도 지수가 작은) 학급의 담임을 맡고자 하는 교사의 목적을 달성하는 데 적절하게 활용될 수 있을 것이다.

## 3) 표준화된 점수와 정규분포곡선

동일 학생일지라도 받은 검사가 다르거나 혹은 동일 검사일지라도 받은 집단이 다를 경우, 각 검사에서의 중심경향값과 분산도 지수들은 대부분 다르게 나타날 것이다. 이 경우 서로 다른 검사에서 얻어진 원점수들만으로는 상대적인 서열을 알 수 없다. 따라서 이들을 비교하기 위해서는 표준화된 점수를 산출해야 하며, 대표적으로 백분위와 표준점수를 사용한다. 참고로 표준화된 점수는 점수들의 분포가 정규분포(좌우대칭이면서 평균, 중앙값, 최빈값이 같은 단봉 분포. [그림 10-3] 참조)를 이룬다는 가정이 필요하다.

### (1) 백분위

백분위는 전체 학생 수에 대해 해당 점수보다 낮은 점수를 얻은 학생 수의 백분율이다. 예를 들어, 100명의 학생 중 A라는 학생과 다른 3명의 학생이 똑같이 95점을 받아 10등을 했을 경우, 다음 공식을 사용하여 백분위를 계산하면 89가 된다. A의 백분위가 89라는 것은 A보다 낮은 점수를 얻은 학생의 비율이 전체의 89%라는 뜻이다. 바꾸어 말하면, A의 점수는 상위 11%에 든다고 할 수 있다.

$$A의 백분위 = \frac{\{(전체\ 학생\ 수 - A의\ 등수 + 1)(A의\ 점수를\ 받은\ 학생들의\ 총수 \div 2)\} \times 100}{전체\ 학생\ 수}$$

### (2) 표준점수

표준점수는 표준편차를 단위로 하여 편차를 나타낸 점수이다. 표준점수의 종류에는 여러 가지가 있으나, 여기에서는 Z점수, T점수, 스테나인(stanine) 점수에 대해서만 설명한다.

① Z점수

Z점수는 가장 기본적인 표준점수로서 편차(원점수−평균)를 표준편차로 나눈 값이다(z=편차/표준편차). 따라서 원점수에서의 평균은 Z점수로는 무조건 0이 되는데, 그 이유는 Z점수의 계산 공식에서 분자에 해당하는 편차가 0(원점수가 평균이라면 편차는 평균−평균)이 되기 때문이다. 또한 원점수에서 평균보다 한 표준편차가 큰 점수는 Z점수로는 무조건 +1이 된다. 따라서 평균과 표준편차가 다른 원점수일지라도 표준점수인 Z점수를 사용하면 상대적 비교가 가능해진다.

Z점수의 활용을 예를 들어 설명하면 다음과 같다. 어떤 부모가 자녀의 성적표를 보니 100점 만점에 영어가 60점, 수학이 70점이었으며, 전체 학생의 평균은 영어가 52점, 수학이 60점이었다. 영어의 표준편차는 4였으며, 수학의 표준편차는 10이었다. 이런 상황에서 두 과목 중 다른 학생들에 비해 상대적으로 학습능력의 보충이 필요한 한 과목을 선택하여 부모가 자녀에게 공부를 더 시키려고 한다면 어떤 과목을 선택하는 것이 현명한 판단인가? 만약 부모가 원점수만을 본다면 자녀의 영어능력이 부족하다고 생각하고 영어공부를 더 하라고 말할 것이다. 원점수와 더불어 평균까지 본다면 두 과목의 점수가 모두 평균보다 높기 때문에 어느 한 과목을 쉽게 선택하지 못할 수도 있다. 어쩌면 수학은 평균보다 10점이 높고 영어는 평균보다 8점이 높으므로 자녀의 영어능력이 부족하다고 생각하고 영어공부를 더 시키기로 결정할 수도 있다. 그러나 Z점수의 개념을 아는 부모라면 자녀의 수학능력[수학의 Z점수는 (70−60)/10=+1]이 영어능력[영어의 Z점수는 (60−52)/4=+2)]보다 보충이 필요함을 알고 수학능력을 높이기 위한 조치를 취할 것이다. 참고로 [그림 10−3]의 정규분포를 보면 자녀의 수학능력의 백분위는 약 84이며, 영어능력의 백분위는 약 98임을 알 수 있다.

원점수를 Z점수로 표현하면 거의 모두 −4부터 +4 사이에 위치한다. Z점수는 소수점을 포함하는 경우가 많고 평균보다 낮은 Z점수는 음수로 표현되기 때문에, 이런 단점을 해결하기 위하여 대부분 Z점수를 또 다른 점수로 변환하여 사용한다.

### ② T점수

T점수는 Z점수의 단점을 해결하기 위해 제안된 점수로서, Z점수에 10을 곱한 후 50을 더한 값이다(T=10×Z점수+50). 따라서 T점수의 평균은 50, 표준편차는 10이 된다. Z점수의 설명에서 든 예를 사용하여 T점수를 계산하면, 수학의 T점수는 10×1+50=60점이고 영어의 T점수는 10×2+50=70점이다.

### ③ 스테나인 점수

스테나인 점수는 점수분포를 9등급으로 나눈 표준점수로서, Z점수에 2를 곱한 후 5를 더하되 소수 첫째 자리에서 반올림한 값이다(stanine=2×Z점수+5). 스테나인 점수는 ±.25Z 구간을 5점으로 하여 −0.5Z마다 1점씩 낮아지고 +0.5Z마다 1점씩 높아지며, 최하 1점에서 최고 9점까지 있다. Z점수의 설명에서 든 예를 사용하여 스테나인 점수를 계산하면, 수학의 스테나인 점수는 2×1+5=7점이고 영어의 스테나인 점수는 2×2+5=9점이다.

### (3) 정규분포곡선

평균이 55이고 표준편차가 10인 원점수와 비교하여, 앞에서 다룬 표준화된 점수들을 정규분포와 함께 제시하면 [그림 10-3]과 같다. 이 그림에서 K학생의 원점수가 75라면, K학생의 백분위는 약 97.7이다. Z점수는 +2[(75-55)/10]이며, T점수는 70(10×2+50), 스테나인 점수는 9점이다.

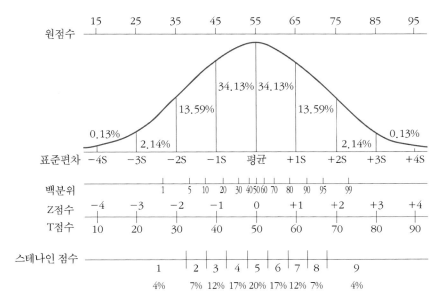

[그림 10-3] 정규분포곡선과 여러 가지 점수

1. 측정, 검사, 평가, 총평의 정의를 내리고 네 가지 개념의 관계를 설명하시오.

2. 평가의 기능, 기준, 영역, 방법, 수준, 시간, 대상을 기준으로 교육평가를 구분할 때 각 기준에 속하는 교육평가의 유형을 기술하시오.

3. 형성평가를 교수학습활동에 적용하는 전략에 대해 설명하시오.

4. 문항의 종류를 선택형과 서답형으로 나누어 설명하시오.

5. 타당도, 신뢰도, 객관도, 실용도를 각각 설명하시오.

6. 고전검사이론에 의한 문항분석에서 사용되는 개념 중 난이도와 변별도에 대해서 간단히 설명하시오.

7. 백분위, Z점수, T점수에 대해서 각각 설명하시오.

# **참**고문헌

김성숙, 김희경, 서민희, 성태제(2015). 교수 · 학습과 하나되는 형성평가. 서울: 학지사.

김재춘, 부재율, 소경희, 양길석(2003). 예비 · 현직교사를 위한 교육과정과 교육평가. 서울: 교육과학사.

김종서, 이영덕, 이홍우, 황정규(2002). 교육과정과 교육평가. 서울: 교육과학사.

성태제(2005). 현대교육평가(개정판). 서울: 학지사.

신동로(2003). 교육과정 · 교육평가 탐구. 서울: 교육과학사.

염시창 역(2001). 통합연구방법론: 질적 · 양적 접근방법의 통합. A. Tashakkori 외 공저. 서울: 학지사.

윤정일, 허영, 이성호, 이용남, 박철홍, 박인우(2002). 신교육의 이해. 서울: 학지사.

이용남 편(2002). 교육학과 교육: 교육학의 현황과 미래. 서울: 교육과학사.

황정규(2002). 학교학습과 교육평가. 서울: 교육과학사.

황정규, 이돈희, 김신일(2003). 교육학개론. 서울: 교육과학사.

# 11

교육학개론

---

# 교육행정학

이 장은 교육행정학의 이해, 이론과 실제, 경영으로 이루어져 있다. 교육행정학의 이론과 실제를 소개하기에 앞서 교육행정의 개념 정의, 교육행정학의 연구대상, 교육행정학의 발달과정을 기술한다. 이는 교육행정학의 전모를 파악하기 위해서이다. 교육행정학의 개괄적인 소개에 이어 기초 이론과 실제 영역을 몇 가지 선별하여 소개한다. 동기론, 지도성이론, 조직론 그리고 학교제도, 장학, 교육재정이 여기에 해당한다. 후자의 실제 영역은 다변하지 않고 비교적 지속적인 경향을 보이는 영역을 택한다. 마지막으로 학교경영과 학급경영을 기술한다. 학교경영은 권리자인 학교장의 관점에서 기술하였고 학급경영은 학급담임교사의 입장에서 기술한다. 말미에 학교 또는 교육조직과 관련된 국내외 교육계 동향과 관련하여 조직관리의 변화 양상을 덧붙인다.

## 1. 교육행정학의 이해

### 1) 교육행정의 개념

교육행정의 정의에는 교육에 대한 관점과 행정에 대한 관점이 결합하여 다층적인 양상을 보인다. 즉, 교육을 학교교육이라고 본다면 형식적 **제도교육**이 곧 교육이 된다. 한편 교육을 학교교육을 포함하여 교육활동이 이루어지는 모든 경우라고 본다면 실재적 교육이 곧 교육이다. 그러므로 교육이 제도교육만을 의미하는지 실재적 교육까지도 포함하는지에 따라 교육행정의 대상이 달라진다. 행정에 대한 시각도 교육과 동일하게 관점의 차이가 있다. 교육행정을 행정의 하위 영역 중 하나로 본다면 교육행정은 내무행정에 속하며 외무, 군무, 법무, 재무 등 총체적 행정의 한 부문이다. 행정을 과정이나 집단적 협동행위라고 보는 입장도 있으며 지도성이나 전문적 지원이라고 주장하는 관점도 있다.

교육과 행정에 대한 이들 관점을 조합하면 교육행정 개념의 스펙트럼이 나타난다. 행정 일반에 근접한 개념에서 교육에 충실한 개념까지 폭넓은 정의가 가능하다. 국가의 행정통치 대상이라는 관점에서부터 교육활동을 지원하는 전문적 봉사이자 교육적 지도성을 발휘하는 것이라는 관점이 있다. 이들을 통합하여 교육행정의 단일개념을 시도하는 것은 무리라고 할 수 있다. 단일개념의 구성은 교육행정 이해의 편의를 제공할지라도 교육행정 행위의 성과를 향상시키지 않을 것이다. 결국 교육행정이란 무엇인가에 대한 정의는 교육과 행정 두 개념 가운데 어디에 더 비중을 두느냐에 따라 '교육에 대한 행정'과 '교육적 행정'으로 차별화될 수 있다. 교육과 행정의 두 개념이 결합하여 단일개념을 이룰 만큼 융합된 모습을 보인다면 교육행정이 교육과 행정의 절충이라는 이미지를 벗을 수 있을 것이다. 혹자들은 교육과 행정의 균형을 강조하고 균형이야말로 교육행정의 중요 원리라고 역설한다. 균형의 내재화까지는 오랜 시행착오가 뒤따를 것으로 예상된다.

## 2) 교육행정학의 연구대상

교육행정의 실제를 살펴보면 학교제도를 대상으로 한 기능적, 도구적 행위이다. 즉, 학교교육에 대한 전문적 봉사로서 조직적인 공적 활동이다. 그러므로 학교 밖의 교육활동에 대한 지원은 교육행정의 영역을 학교행정에서 교육행정으로 넓히는 일이 된다. 이런 사실을 고려하면 교육행정학의 연구대상은 학교행정에서 학교행정을 포함한 교육 일반의 행정으로 확대된다. 교육행정학의 연구대상을 정리하면 일반적으로 다음과 같다.

① 교육활동의 부문별(교육대상)
- 유아교육행정
- 초등교육행정
- 중등교육행정
- 고등교육행정
- 교원교육행정
- 직업교육행정
- 특수교육행정

② 교육활동의 기능별
- 교육내용에 관한 행정: 교육목표, 교육과정, 교과서, 장학 등
- 인적 조건에 관한 행정: 교직원인사, 학생인사 등
- 물적 조건에 관한 행정: 시설, 재정, 사무관리 등

• 기타 지원: 연구, 홍보 등

　③ 행정력의 범위와 수준별(행정단위)
　　• 중앙교육행정
　　• 지방교육행정: 시 · 도교육청, 시 · 군 · 구 교육지원청
　　• 학교교육행정

　④ 행정과정별(행정기능)
　　• 기획
　　• 조직
　　• 교육내용 · 장학
　　• 학생
　　• 인사
　　• 재정
　　• 시설
　　• 사무관리
　　• 연구 · 평가

## 3) 교육행정학의 발달과정

　　교육행정학의 전개과정을 살펴보면 1950년대 중반 '이론화 운동'을 전후로
하여 '교육행정'과 '교육행정학'으로 나눌 수 있다. 학교와 교육행정이 없더라
도 교육은 있었듯이 교육행정이 학문적 접근에 미치지 못하였어도 교육행정
활동은 있었다. 그러므로 교육행정으로부터 교육행정학으로의 발달은 자연
스러운 과정이라 할 수 있다.
　　국가단위의 공교육이 일반화되고 20세기 초반까지 교육행정은 일반 조직

의 운영원칙을 그대로 답습하였다. 시간과 동선을 철저히 통제하여 효율성을 제고시키는 '과학적 관리', 관리자의 조직관리 과정을 체계화한 '행정관리론', 위계구조를 이루고 명령과 복종의 근거를 합법적 권위에서 구하는 '관료제'가 교육행정의 1기인 고전적 접근이다(19세기 후반~1920년대). 이 관점이 주변화되고 새로운 조직론이 출현하는데, 그것이 인간관계론이다.

고전적 조직론들이 강조하는 것은 통제와 감시, 체계적 관리, 합리 · 합법적 조직운영이었다. 이들의 공통점은 조직의 목표 달성의 유일한 방법을 미리 결정함으로써 예기치 않은 비용의 발생을 줄이고 결과를 의도대로 통제하는 것이다. 그러나 사회심리적 정서와 개인적 욕구에 부응하면서 조직을 운영하면 굳이 통제와 관리를 하지 않더라도 조직의 목표에 도달할 수 있으며 조직의 성과는 계속 상승할 수도 있다는 의외의 연구결과가 나왔다. 미리 정해 준 노동원칙이나 보상체계 또는 공식적인 관리와 지도활동이 개입하지 않더라도 소속감을 느끼고 인정을 받으며 구성원들이 교감한다면 경제적 보상에 연연하지 않고 역할을 수행한다는 것을 연구를 통해 확인하였다. 이 결과 공식적 조직과 공식적 지도자에 대응하여 비공식적 조직과 비공식적 지도자의 중요성을 부각시키고, 통제와 감시에 대응하여 인정과 참여를 중시하는 조직론(1930~1950년대)이 발표된 것이다.

그런데 고전이론이 가진 경직된 원칙이라는 문제를 인간관계론이 원칙의 유연성으로 해소하면서, 동시에 다른 문제를 발생시킨다. 조직이 직면한 문제가 조직 내부 요인이 아닌 경우 인간관계론은 대응책이 없다는 점이다. 내부의 결속이 견고할지라도 외부의 변화나 구조적 위기가 발생할 수 있으며, 이 경우 조직의 존폐가 문제될 수 있다. 그러므로 인간관계론이 주는 강점만으로 조직론이 완결되었다고 보기 어렵다. 이어서 인간관계론을 대신하여 그 자리에 3기 조직론이 출현한다. 이 시기가 교육행정이 이론적 접근을 하는 시기와 중첩된다. 고전적 접근과 인간관계론을 통해 조직이론이 보완해야 할 문제점은 목표의 달성과 목표에 이르는 방법의 탄력성은 확보하였으나 이

둘을 동시에 추구하거나 조직 외부 환경을 통제하지 못한다는 점이다.

그러나 각각의 조직 사례에서 조직 내부 환경과 조직 외부 환경을 통제할 수 있는 조직론을 구성한다는 것은 현실적으로 난제였다. 따라서 대원칙에 근거한 조직론을 제시할 수는 없으며 대신에 각각의 사례에서 가장 합리적인 원칙을 밝힐 수 있는 방법을 제시한다. 그것이 실증주의 연구법이다. 가설을 설정하고 검증하는 작업을 거쳐 가설이 입증되면 입증된 가설을 조직운영에 적용하는 것이다. 이는 교육행정뿐만 아니라 여타의 사회과학에서도 활용하는 방법론으로, 하나의 현상이나 결과를 초래한 원인을 규명하기 위해 인과관계를 설정하고 인과관계 여부를 실험을 통해 입증하는 방법이다. 가설검증 방법을 통하여 조직에 유용한 이론들이 누적되고 조직 운영을 객관적이고 과학적으로 접근할 수 있는 계기를 마련한다. 이 시기의 조직론을 **행동과학론** (1950~1970년대)이라고 한다.

행동과학론에서는 조직을 경계로 하여 외부 환경을 상정하고 조직의 외부 환경인 사회를 체제라고 본다. 체제로서 사회 환경과의 상호관계에 놓인 조직은 조직 자체의 목표 달성을 추구하고 외부 환경과의 상호작용에도 동시에 주의를 기울여야 하는 다변적 조건에 처하게 된다.

행동과학론이 전성기를 구가하면서 조직론에 대한 대안적 관점이 출현한다. 과연 조직이란 실체로서 존재하는가? 아니면 조직이란 사람들의 관념일 뿐이고 결국 인간 아니겠는가? 더 나아가서 조직이란 정치이거나 권력에 대한 의욕 다툼은 아니겠는가? 조직은 공식적 규정이나 제도가 아니라 당사자의 경험과 체험에 대한 주관적 의미는 아닌가? 이와 같은 의문과 주장이 제기되면서 실체로서의 조직에 대한 관점에 균열이 생기고 해석적 접근을 시도하는 경향이 나타났다. 이런 입론이 비록 세력에 있어서 소수이고 다수의 지지를 받지 못하였지만 조직에 대한 인식을 넓히고 행동과학론의 **전통적 조직론**에 대한 각계의 비판이 시작되는 도화선이 되었다.

교육행정학이 해석적 접근에 이르러 조직에 대한 전혀 새로운 관점을 제시하면서, 기존의 조직론에서 주변으로 밀려 있던 소수의 목소리가 자기주장을 하고 있다. 이들 가운데는 조직에 흡수되어 소속집단의 관심을 제도적으로 실현하기도 하고 기존 조직론을 비판하는 데 열렬하거나 대안을 모색하고도 있다. 이들을 통칭하여 다원론(1980년대~현재까지)이라 한다.

## 2. 교육행정학의 이론과 실제

### 1) 교육행정학의 기초이론

교육행정학의 이론 가운데 기본적인 이론은 동기론, 지도성이론, 조직론 등이다. 이들 이론은 행동과학적 연구 경향에 힘입어 입증된 것도 있고 여전히 일종의 신념과 현장경험을 구성한 것도 있다. 또한 의사소통이론, 체제이론 등과 같이 여기 소개되지 않은 이론도 조직 운영에 소용되고 있다. 그리고 조직에 대한 일련의 이론들이 있다. 이들 조직론은 교육행정학의 역사에 해당한다. 행정이란 조직을 전제로 한 행위이고, 행정을 논한다는 것은 조직에 대한 관점을 살펴보는 것으로부터 시작한다. 그러므로 교육행정학의 전개과정은 조직론의 진화과정으로 대체될 수 있다.

그러나 여기서는 거시적 조직론이나 실제와 동떨어진 조직철학이나 일상적 실천이어서 이론에 못 미치는 내용을 제외하고 조직운영, 즉 행정의 실제에 보다 밀접한 이론만을 소개한다.

#### (1) 동기론
동기론에 의하면 인간의 사회적 또는 조직적 행동의 의미를 이해하기 위해서는 먼저 인간의 심리와 역할을 이해할 필요가 있다. 일반적으로 욕구가 발동하여 '동기'가 되고 동기는 다시 행동으로 이어진다. 바꿔 말하면, 행동의 원인(이유들)은 동기이고 동기의 심층원인(이유들)은 욕구로 가정해 볼 수 있다. 조직 구성원인 행위자의 행동을 이해한다는 것은 행동에 대한 동기와 그 심층원인(이유들) 간의 연관을 놓치지 않는다는 의미이다.

동기를 설명하는 이론은 두 가지로 나눌 수 있다. 하나는 **내용이론**이고 또 하나는 **과정이론**이다. 내용이론은 동기를 유발시키는 욕구의 내용, 즉 욕구의 종류를 중심으로 동기를 설명한다. 과정이론은 동기의 강약과 지속에 출몰하는 변화를 통제하고 관리하는 과정을 중심으로 동기를 설명한다. 내용이론에 해당하는 이론으로 욕구체계론, 동기-위생이론, 생존-관계-성장이론이 있고, 과정이론에는 기대이론, 공정성이론, 목표설정이론이 있다.

동기를 원인으로 보고 행동을 결과로 보는 것은 인간의 행동을 원인 결과의 관계에 의해 다소 직선적으로 설명하려는 입장이다. 이는 인간의 행동을 과학의 연구대상으로 삼는 입장으로 심리학을 과학적 학문의 영역으로 분류한 사람들의 입장과 같다. 현재 동기론이 취하고 있는 인간의 행동에 대한 과학적 관점은 인간의 행동에 대한 각종 미혹을 실증적으로 풀어 가고 있는 중이다.

앞에 소개한 동기론은 교사의 직무동기와 학생의 학습동기와 관련하여 응용되고 있다. 일부의 경우 학교와 학급의 일상에서 미시적으로 활용되고 수석교사제와 같이 국가 정책에 반영되기도 한다.

### (2) 지도성이론

**지도성이론**은 조직을 객관적 실체로 상정한다. 구성원의 주관적 체험과 경험에 의한 의미들의 집합을 조직이라고 보는 탈전통적 조직관을 소수의 주변적 입장으로 규정하는 것이다. 일상으로서 조직 운영을 책임진 관리자와 행정가의 입장에서 볼 때 상식적인 상정이라고 할 수 있다. 그러므로 객관적 조직관에 의하면 모든 조직에는 모종의 목표가 있다. 이 목표를 달성하기 위해 두 명 이상의 사람들이 협동한다. 이 협동과정이 보다 합리적으로 진행되려면 역할분담이 이루어져야 한다. 즉, 지도자와 추종자가 있어야 한다. 지도자는 직무의 성격과 권한의 정도에 따라 최고경영자, 중간관리자, 실무자 등으로 나뉜다. 추종자 또는 부하직원은 부여받는 과업의 종류와 위계에 따라서 적절하게 배치된다. 지도자는 조직의 목표를 달성하기 위해 가장 효율적으로 지도성을 발휘해야 한다. 지도성이 얼마나 효율적인가의 여부는 지도자의 인지적 특성, 과업의 구조화와 배려, 상황 등에 따라 달라진다. 지도자는 이와 같은 복잡한 변인들의 역학구도를 정확하게 판단하고 적절한 시기에 과업을 추진해야 한다.

지도성을 이야기할 때 생각해 볼 수 있는 몇 가지 질문이 있다. 지도성이란 무엇인가? 효과적인 지도성은 어떤 변인을 고려하는가? 최선의 지도성이란 고정적인가, 유동적인가? 유동적이라면 왜 그런가? 단순화시키면, 지도성이란 지도자가 부하에게 미치는 영향력(power)이다. 이 영향력을 지도자의 인지적, 기술적 특성을 중심으로 설명하는 입장을 특성이론이라고 한다(~1950). 지도자에게는 부하들에게 없는 주목할 만한 특성이 있고 그 특성이 지도자를 지도자이게 한다. 그런데 지도자의 특성이라고 하는 것들이 모든 지도자에게 공통적으로 나타나는 것은 아니다. 때로는 부하에게도 지도자의 특성이 나타나기도 해서 특성이론을 주장하는 학자들을 곤혹스럽게 만든다.

그러자 지도자의 행위를 관찰하고 효과적인 행위 유형을 선별하여 지도성을 논의하게 되었다. 지도자 행위론이다(1950~1970). 여기서 지도성을 설명하는 핵심변인은 '과업'과 '인간' 두 가지이다. 과업이란 조직이 수행해야 할 과업을 지도자가 얼마나 구조적으로 파악하고 있는가를 가리킨다. 인간이란 과업을 수행할 조직구성원들에 대한 지도자의 배려를 가리킨다. 즉, 지도자가 과업을 구조화하는 능력과 구성원들을 배려하는 능력이 지도성의 효과를 결정한다. 그렇다면 과업의 구조적 파악과 배려를 모두 갖춘 지도자를 가장 효과적이라고 말할 수 있다. 그런데 이들 지도자조차도 항상 효과적인 것은 아니다. 그렇다면 지도자가 두 가지 핵심능력을 발휘하고 있음에도 조직 운영(행정 또는/그리고 경영)의 과정이나 결과가 성공적이지 않을 경우, 새롭게 고려해야 할 사항은 무엇일까?

쟁점은 지도자 개인이 가진 능력이 아니라 지도성이 펼쳐지는 장, 즉 변화하는 조직 환경이다. 조직 환경이란 조직구성원의 과업수행 능력, 동기 수준, 조직의 물리적 환경, 외부 환경 등을 가리킨다. 지도성이론에서는 조직 환경을 포함한 이와 같은 가변적 요소를 '상황(contingency)'이라고 부른다. 가변적 상황에 노출된 지도자는 직면한 상황을 정확하게 파악하고 적시에 과단성 있게 개입하여 조정능력을 발휘하여야 한다. 곧, 상황에 적합한 구체적인 행위 유형을 선택하고 결행하는 유연함과 목표한 방향으로 상황을 몰아가는 추동력이 융합하여 균형을 이루어야 비로소 지도성의 효과를 기대할 수 있다. 그러므로 효과적인 지도자 행동의 서열은 고정되어 있지 않다. 다양한 지도자의 행동이 상황과의 적합성 여부에 따라 수위를 다투게 될 것이다. 예를 들어, 부하들의 전문성이 저조하고 동기 수준이 낮으면 지시적으로, 부하들이 일의 숙련 정도는 낮으나 의욕적일 경우에는 지도적으로, 부하들의 전문성과 동기 수준이 모두 높으면 위임으로 지도성을 발휘하는 것이 효과적이다. 지도자가 상황에 적절히 대응해야만 최선의 결과를 낳을 수 있다는 입장이 상황이론이다(1970~1980).

그런데 효과적인 지도자 행위가 고정된 것이 아니라면 상황이라는 변인도 변화시킬 수 있는 것 아닐까? 즉, 지도자가 상황에 대처할 수도 있지만 지도자가 오히려 상황을 타개하여 의도하는 방향으로 이끌어 갈 수도 있을 것이다. 지도자를 조직을 유지하는 관리자 역할에 국한시키지 않고 조직을 성장·발전시켜야 할 책임자로까지 그 역할을 넓힐 수도 있다. 교육 조직을 포함하여 사회 각 부문의 조직이 지역 단위, 국가 단위, 국제 수준에서 점차 그 규모를 키우면서 외부와의 상호작용을 활발히 전개하고 있다. 이 시점에서 지도자에게 요구되는 능력은 '상황을 구성하고 비전을 제시'하는 능력이다. 바꿔 말하면 상황에 적응하는 것으로 만족하는 자세를 버리고 상황을 타개하거나 상황을 앞서가는 도전적이고 공격적인 자세를 요구한다. 이러한 입장이 변혁적 지도성이다. 변혁적 지도성은 새로운 지도성 이론의 시작이다 (1980~현재까지). 카리스마적 지도성, 슈퍼 리더십, 문화적 지도성, 도덕적 지도성, 감성 지도성, 분산적 지도성 등이 여기에 포함된다.

이렇듯 지도성이론은 기존 이론의 약점이나 제한점을 해소하면서 발전하였다. **특성이론**에서 **지도자행위론**으로, 다시 **상황이론**으로, 또 다시 **변혁적 지도성이론**으로 나아가고 있다. 상황이론까지의 지도성이론을 전통적인 거래·교환적 지도성이라고 분류한다.

앞의 지도성이론은 교육 조직에 특화된 리더십을 연구한 이론이 아니다. 그러므로 이들 이론을 교육적 상황이나 교육행정에 적용하기 위해서는 고려해야 할 점이 있다. 앞의 예를 재론하면 과업에 대한 관심이 낮고 동기도 낮은 경우 일반 조직에서 리더는 과업에 대해서만 높은 관심을 기울이는 지시형 리더십을 발휘한다. 그러나 교사가 교수과정에서 이와 동일한 반응을 하게 되면 학습자는 학습목표 달성을 위한 도구가 되거나 학습욕구가 유발되지 않은 채 맹목적인 학습에 방치된다. 즉, 효과적인 목표달성에만 관심을 집중하면 비교육적 과정이 진행될 수 있다. 그러므로 리더십 일반의 이론을 교육이나 교육행정에 적용하기 위한 재해석이 필요하다.

### (3) 조직론

끝으로 조직론을 구성하는 내용은 조직 풍토, 조직 문화, 조직 성장·발달이다. **조직 풍토**란 해당 조직이 자생적으로 빚어낸 분위기를 지칭한다. 사람도 삶의 경륜과 세속을 겪으면서 어느덧 묻어나는 저마다의 빛깔이 있듯이 조직도 조직마다 자연발생적인 기풍이 있다. 이는 인위적 노력과 조직적 계책으로 형성되는 것이 아니고 그들 구성원이 갖고 있는 성향과 조직 환경이 어우러져 자연스럽게 도출되는 것이다. 이것을 조직 풍토라고 한다. 조직 풍토는 조직과업의 성취 정도에 긍정적인 혹은 부정적인 영향을 미친다.

이와 달리 조직 차원의 명문화된 규범이 있는데 이를 조직 문화라고 한다. 조직이 내부적으로 표방하는 가치체계, 규범, 신념 등이 그것이다. 저마다의 풍토와 문화를 가진 조직은 순환, 정지, 후퇴, 위기, 성장을 계속한다. 즉, 한 사람의 삶도 안정과 행복을 구가하는 시기가 있으면 고통, 불안, 위기가 닥치기도 하듯이 조직의 진화 주기에도 이와 유사한 안정기와 위기에 노출되는 진화기가 있다. 조직은 위기를 관리하거나 위기를 극복함으로써 또 다른 안정기를 맞이한다. 결과적으로 조직은 위기를 기회로 삼아 성장한다.

교육행정의 이론화 작업이 시작되기 전부터 교육조직을 관리·운영하는 데 필요한 지침과 시사점을 일반조직론에 의존하여 활용하였다. 예를 들면, 과학적 관리론, 행정관리론, 관료제, 인간관계론 등이 그것이었다. 이 이론들은 일반조직론이나 생산성과 관련된 경제적 논의에 치우쳐 교육적 효과를 고려하지 못한 한계점이 있었다. 그 후 교육행정조직이나 학교와 학급의 관리·경영을 이론적으로 연구하게 되었다. 즉, 교육의 실제에 접근하여 교육조직의 특수성을 분석·종합하는 연구가 수행되었다.

다음에서 교육행정학의 실제 영역 중 학교제도, 장학, 교육재정을 살펴보기로 한다. 행정의 특성상 관련 법의 개정으로 바뀌는 부분이 발생하기 마련이다. 교재의 출간과 법 개정이 동시에 이루어지는 일은 거의 드물기 때문에 법 개정 뒤에 개정 전 내용을 익히는 혼란을 피하기 위해서 각 영역의 내용 가운데 비교적 정례화된 내용을 취하였다.

## 2) 학교제도

### (1) 학교제도의 관련 개념
학교제도 또는 학교교육제도를 줄여서 학제라고도 한다. 학제는 한 나라의 교육목표를 달성하기 위하여 구성된 제도이다. 이는 학교를 단계별로 구분하고 각 단계의 교육목적, 교육기간, 교육내용을 설정하여 국민교육을 제도적으로 규정한다. 우리나라의 6−3−3−4제는 초등학교, 중학교, 고등학교, 대학교의 4개의 학교단계가 하나의 계통을 이루고 있다.

학제와 관련된 주요 개념으로 교육제도, 학교계통, 학교단계, 기본학제, 특별학제가 있다.

- 교육제도(학제의 상위 개념): 교육의 목적, 내용, 방법, 조직, 행정, 재정 등 교육전반에 관한 조직, 기구, 법을 통칭함
- 학교계통(학교계열): 보통교육 학교계통, 직업교육 학교계통, 특수교육 학교계통 등
- 학교단계: 취학 전 교육, 초등교육, 중등교육, 고등교육 등
- 기본학제(기간학제): 학제의 주류를 이루는 정규학교교육제도
- 특별학제(방계학제): 기본학제를 보완하거나 사회교육의 성격을 갖고 정규학교교육에 준하는 교육을 실시하는 학교제도. 방송통신고등학교, 기술대학, 산업대학, 공민학교, 고등공민학교, 고등기술학교, 각종학교 등

## (2) 학교제도의 유형

학제의 유형에는 복선형, 단선형, 분기형(分岐型)이 있다. 학교제도는 복선형에서 분기형으로, 다시 단선형 형태로 발달하여 왔다. 이것은 교육의 기회균등과 관련이 깊다. 물론 근대 이전 계급 사회의 흔적이 역사와 전통에 깊이 새겨져 있는 국가와 사회일수록 복선형과 분기형 학제를 선호하는 경향이 있다. 이는 학제를 통해 사회 계층 간 차등 체제를 효율적으로 관리하려는 의지가 자연스럽게 수용되는 경우이다.

- 복선형: 두 가지 이상의 학교계통이 서로 독립적으로 존재한다. 학교계통 간 이동이 보편적으로 인정되지 않지만 예외가 존재한다. 수직적 계

통성이 강조된다. 사회계급이나 사회계층을 재생산한다.

- 단선형: 학교계통이 하나뿐이다. 계통성보다 단계성이 강조된다. 순수한 단선형은 찾아보기 어렵다. 수업연한 및 수료자격이 동등한 학교나 과정이 별도로 존재한다.
- 분기형: 기초학교 단계는 동일하고(단선형) 그 위에 복수의 학교계통(복선형)이 병존한다.

## 3) 장학

### (1) 장학의 개념

교육행정학에서는 장학(supervision)을 교사의 교수행위 개선을 위한 장학 담당자의 모든 활동이라고 정의한다. 장학의 목적은 수업 개선이다. 수업 개선이라는 목표를 성취하기 위한 수단은 교육과정 수정, 교육환경 개선, 교사의 교수행위 변화 등이다. 장학의 접근방법과 장학의 관점은 다양하지만 그 목적은 수업 개선에 집중된다.

### (2) 장학의 발달

우리나라의 장학은 주로 미국에서 도입되었고 체계적인 발달과정을 기술할 수 있는 과정이 미흡하여 장학을 들여온 미국 중심의 장학 발달과정을 살펴본다. 장학의 개념이 등장한 것은 공교육제도가 확립되던 18세기 후반의 일이었다. 이때의 장학은 비전문가가 학교의 시설 등 학교 운영 전반에 대하여 감독하는 형태였다. 이후 20세기 초반부터는 효율성과 생산성을 강조하는 장학이 행해졌다. 당시 일반 공장이나 회사에서 조직의 덕목으로 여겨졌던 효율성과 생산성을 교육행정에 적용하였다. 교사를 부속품이나 관리대상으로 간주하고 직위의 상하관계 속에서 일의 능률만을 추구하였다. 이는 분업과 전문화, 조직의 규율, 절차, 문서를 통한 의사소통 등을 강화한 통제 위주의 장학활동을 의미한다. 이는 현재까지도 장학을 감시, 감독하는 활동으로 여기게 하는 원인이었다. 이 시기(1750~1930)의 장학을 관리장학이라고 한다.

1930년대부터는 통제 위주의 장학에서 인간적이고 민주적인 장학으로 변화하였다. 미국 교육사에서 1930년대는 아동중심 교육이 강조되던 시기다. 학교교육이 교사중심에서 아동중심으로 바뀐 시기이다. 장학활동의 핵심도 장학담당자로부터 교사로 이동하였다. 장학담당자들은 교사의 감독관이 아니라 교사가 가르치는 일에 협력하거나 조력하였다. 교사를 존중하고 편안한 인간관계를 형성하고자 노력하였다. 그러나 교사가 심리적으로 안정되고 교사와 장학담당자의 관계가 친밀해진다고 해서 수업이 개선되는 것은 아니었다. 수업 개선이라는 장학의 실질적인 목적은 친밀하고 상호 협력하는 인간관계만으로 해결되지 않았다. 민주적 장학의 시작으로 여겨지는 이 시기(1930~1955)의 장학을 협동장학이라고 부른다.

1957년 스푸트니크(Sputnik) 충격은 미국 교육을 아동중심에서 학문중심으로 변화시키는 표면적 계기가 되었다고 한다. 아동중심의 놀이와 경험을 강조하는 교육을 한 결과, 미국의 국제경쟁력이 소련에 뒤지게 되었다는 평가와 함께 느슨한 교육에 대한 비난이 미국 전역에 번졌다. 그리하여 느슨한 교육을 다시 옥죄이면서 전통적 교육의 과오인 지식 답습을 되풀이하지 않는 방향으로 국가 교육의 기조가 선회하게 되었다. 교사의 일방적인 주입식 교육은 지양하지만 각 교과 영역의 학문적 밀도를 제고시키는 다소 아카데믹한 교육과정을 선보인 것이다. 장학의 핵심도 인간관계에서 교육과정의 개발과 수업의 효과로 옮겨졌다. 장학의 주요 활동이 프로그램을 설계하고 교육과정을 개발하는 일이 되었으며 장학담당자들은 교과전문가들로 구성되었다. 또한 개발된 교육과정이 시행되는 교실수업에 대해 관심이 높아져 수업을 집중적으로 관찰, 분석, 조언하는 장학활동이 활발해졌다. 이 시기(1955~1970)의 장학을 수업장학이라고 한다.

장학의 관심이 장학담당자중심에서 교사중심으로, 그리고 다시 수업중심으로 전환되면서 수업에 대한 관심이 증폭되었고 다시 교사에 대하여 면밀한 주의를 기울이게 되었다. 교사의 내적 만족, 존경, 자아실현에 대한 욕구 등을 충족시켜 주고자 하였다. 또한 장학의 기법에서도 교사의 발달 정도에 맞춰 개별화를 시도하게 되었다. 학생의 학습능력에 따라 학습지도를 개별화하는 전략이 필요하듯 장학지도에서도 교사의 인지능력, 성격특성, 경력 등 개인차를 고려한 차별화된 장학이 시도되었다. 초임교사, 동료의식이 강하고 유능한 교사, 자기주도적이면서 의욕적이고 유능한 교사, 의욕이 없는 교사, 경력이 많지만 집중적인 지도가 필요한 교사 등 각각 적합한 지도방안을 마련했다. 이 같은 방법은 장학의 효과를 제고하는 데 보다 유익할 것이다. 여건에 따라 교사집단을 더욱 세분할 수도 있고 대별할 수도 있다. 이와 같은 교사에 대한 관심과 함께 학교경영에도 관심을 보였다. 이에 따라 교사능력 개발, 직무수행분석, 비용―효과분석 등이 강조되었다. 이 시기(1970~현재)의 장학을 **발달장학**이라고 한다.

### (3) 장학의 유형

장학의 유형은 장학활동의 주체에 따라 구분할 수 있다. 교육부의 중앙장학, 시·도, 시·군·구 교육청의 지방장학, 지구별 자율장학협의회의 지구별 자율장학, 단위학교의 교내장학, 교사 개인의 자기장학 등으로 구분할 수 있다. 지방장학은 장학활동방식에 따라 다시 종합장학, 확인장학, 개별장학, 요청장학, 특별장학 등으로 구분된다. 교내장학은 장학방법에 따라 임상장학, 동료장학, 약식장학 등으로 구분된다.

중앙과 지역교육청 차원의 장학에 대하여도 설명할 필요가 있다. 그러나 「정부조직법」의 개편에 따라 교육행정 최고 조직의 명칭이 변경되고 이에 따라 그 활동의 영역과 성격이 변화를 거듭하고 있다. 아울러 시·도교육청 역시 상급 조직의 변화에 영향을 받으며 교육관련 법 등의 개정이 있을 경우 시·도의 지역교육청이 수행하는 역할에 변화가 생긴다. 그러므로 단위학교에서 이루어지는 장학활동에 대해서만 살펴보기로 한다. 대표적인 임상장학, 동료장학, 약식장학을 소개한다.

단위학교별 교내장학이란 학교의 장학담당자가 교사의 수업을 관찰, 분석하여 지도, 조언하는 활동이다. 교내장학은 교장, 교감, 부장교사(예: 연구부장)와 교육청의 장학사에 의해 이루어진다. 이들의 장학활동을 구체적으로 소개하면 다음과 같다.

### ① 임상장학

임상장학은 교실에서 학생과 교사 간의 상호작용과 수업 장면을 직접 관찰함으로써 수업의 개선을 모색한다. 수업을 진행하는 교사와 수업을 관찰하는 장학담당자의 관계는 상하위계적이지 않고 동료처럼 친밀한 관계를 유지한다. 이는 교사와 장학담당자가 민주적인 관계를 유지할 때 장학이 보다 실질적으로 이루어진다고 믿기 때문이다. 교사가 자신의 수업을 보여 주는 데 따르는 거부감이 줄어들고 수업을 관찰하는 장학담당자도 수업전문가로서의 역할에 충실하게 된다. 즉, 상관과 부하의 관계에서 느끼는 조직적, 심리적 우월감과 압박감은 수업을 전문적으로 논의하는 데 장애가 된다. 동료관계가 형성되면 교사와 수업계획에 대하여 협의한 후 수업을 관찰, 분석하고 이 분석 자료를 가지고 수업을 평가하며 그 평가결과를 다시 수업에 반영한다. 이 과정을 단계별로 정리하면 다음과 같다. 다음의 8단계는 임상장학을 개발한 코간(Cogan)이 제시한 것이다. 그 이후 5단계, 3단계로 압축된 형태가 나타났다. 임상장학에서는 수업에 대한 객관적 자료를 가지고 수업의 문제점을 진단하고 피드백을 제공하기 때문에 수업 개선에 구체적 효과가 있다는 연구 결과가 있다.

〈8단계〉

제1단계: 교사와 장학담당자와의 관계 수립

제2단계: 수업계획

제3단계: 수업 관찰전략 수립

제4단계: 수업관찰

제5단계: 수업분석

제6단계: 협의회 전략 수립

제7단계: 협의회

제8단계: 새로운 계획 수립

〈5단계〉

제1단계: 관찰 전 협의회

제2단계: 수업관찰

제3단계: 분석과 전략

제4단계: 관찰 후 협의회

제5단계: 관찰 후 협의회 분석

〈3단계〉

제1단계: 사전 계획협의회

제2단계: 수업관찰

제3단계: 피드백협의회

② 동료장학

동료장학은 동료교사들이 서로 상대방의 수업 개선을 위해 협동하는 장학
이다. 동료교사는 수업하는 교사와 대상 학생들에 대하여 이미 잘 알고 있고
또 해당 학교에서의 수업경험이 많기 때문에 보다 구체적이고 실제적인 조언

을 해 줄 수 있다. 이러한 동료장학이 필요하게 된 이유는 상급자인 장학담당자들에 대한 교사들의 부담감과 불만족 때문이었다. 교사의 인사가 수업능력으로 평가되는 경우라면 임상장학과 동료장학의 친연성은 필연적이다. 아울러 동료장학은 자동으로 활발해질 수밖에 없다. 그러나 우리나라의 경우앞 두 가지 장학 모두 교사의 직업윤리에 기대어 강조되고 있는 실정이다.

우리나라에서는 교사의 정년을 보장하고 보수가 단일호봉제이다. 따라서교사가 잘 가르치느냐 못 가르치느냐 하는 문제는 교사의 신분, 보수와 관계가 없다. 만일 잘 가르치느냐 못 가르치느냐에 따라 계약갱신, 정년보장, 또는 해고 등이 결정된다면 상위 직급의 장학담당자에게 자신의 수업을 공개하는 일은 매우 부담스러울 것이다. 이럴 때 수업 개선을 위해 동료 간에 서로수업을 보여 주고 도움을 주고받는 편이 상급자인 장학담당자에게 장학을 받는 편보다 비교적 덜 부담스러울 것이다.

③ 약식장학

약식장학은 교장이나 교감이 잠깐씩 학급을 순시하거나 수업을 참관하여교사에게 조언하는 활동을 말한다. 이는 일상적으로 이루어진다. 특별히 준비하거나 계획하지 않고 평상시의 수업이나 학급활동을 관찰한다. 관찰결과를 비교적 빠른 시간 내에 교사에게 알려 준다. 관찰할 때 필요한 내용을 기록하는데, 그 양식은 표준화되어 있지 않다.

## 4) 교육재정

### (1) 교육재정의 개념과 영역

교육재정이란 국가와 공공단체가 교육에 필요한 비용을 조달하고 배분하는 행정행위이다. 즉, 국가와 공공단체가 교육욕구를 충족시키기 위하여 필요한 수단을 조달, 관리, 사용하는 경제활동이다. 정리하자면, 교육재정은 사

회의 공익(general benefits)사업인 교육활동을 지원하기 위하여 국가와 공공
단체가 필요한 재원을 확보, 배분, 지출, 평가하는 일련의 경제활동이다. 국
가와 지방공공단체가 관여하면서 공공투자를 증대시키는 이유는 교육이 사
회에 미치는 영향이 지대하고 외적 효과가 있기 때문에 사적 부문에 일임하
지 않는 것이다. 교육의 수익은 교육받은 학생에게만 나타나는 것이 아니고
외적 효과를 통하여 교육 수익의 범위가 확대된다. 교육은 학생 개인과 가족,
이웃, 사회 전체의 이익으로 작용한다. 예를 들면, 학교가 아동을 교육시킴으
로써 부모의 취업이 가능해지며, 교육받은 사람은 사회적으로 보다 더 건전
하게 생활하고, 생산성 향상을 통해 고용자와 피고용자 양쪽 모두의 수익을
올려 주고, 범죄 발생을 줄여 치안유지비를 감소시켜 준다. 따라서 사학의 교
육비에 대해서도 수익자부담원칙이나 설립자부담원칙보다는 공부담원칙을
확대 적용한다. 그렇지만 오늘날 사립학교에 대한 공공교육재정의 지원문
제는 여러 나라에서 쟁점이 되고 있다. 어느 정당이 집권하느냐에 따라 재정
지원에서 호혜적이기도 하고 소극적이기도 하다. 우리나라의 경우 근·현대
교육사가 복잡하게 진행된 결과 국가가 모든 공교육기관을 설립하지 못했고
국가의 공교육 통제가 강력했기 때문이긴 하지만 고등학교까지는 사립학교
도 국공립학교와 동일한 교부금을 지원받는다. 영국의 경우 보수당은 사학
지원에 호의적이지만 노동당은 그렇지 않다. 스웨덴은 시민 모두에게 공식,
비공식 교육을 전액 혹은 일부 평생 동안 무상으로 제공한다.

  교육재정의 영역은 재원의 확보, 배분, 지출, 평가 등을 포함한다. 이는 교
육재정이 교육비의 수입, 지출에 관한 예산, 예산의 집행과 회계, 결산과 감
사까지를 포함한다는 의미이다. 교육재정이라고 할 때 흔히 재원의 확보, 배
분, 지출까지를 말하고 회계, 지출의 합법성을 밝히는 감사활동은 제외시키
는 경우가 있다. 그러나 교육예산의 감사는 공공의 신뢰를 제고하는 경영관
리이며 예산절차를 개선하는 평가활동이므로 교육재정의 중요한 영역이라
고 보아야 한다.

### (2) 교육재정의 구조

교육비의 종류는 교육재정의 재원별로 구분할 수 있다. **공부담교육비**는 국가, 지방자치단체, 학교법인이 부담하는 것이고 **사부담교육비**는 입학금, 수업료, 학교운영지원비(기성회비), 학생활동비, 교재대 등을 포함하는 것이다.

교육비는 경비의 확보 및 배분이 공적 절차를 거쳐 이루어지는가의 여부에 따라 **공교육비**와 **사교육비**로 구분한다. 공교육비는 조세 수입에 의해 배분, 집행되는 공부담 공교육비와 학생이나 학부모가 부담하는 사부담 공교육비를 합친 것이다. 학생의 납입금은 개인이 부담한 것이지만 그 집행은 학교나 정부의 공적 회계를 거치기 때문에 공교육비에 속한다. 사교육비는 학생이나 학부모 개인의 사적 의사에 따라 집행하는 경비를 말한다. 사설학원비, 교재비 등이 사교육비에 해당한다. 공교육비와 사교육비를 구분하는 기준은 교육경비가 공적 회계에 산입되어 집행되느냐 아니냐에 있다. 이와 같은 기준은 우리나라의 경우이다. 교육비의 지불 주체에 따라 공교육비와 사교육비로 단순하게 분류되기도 한다. 이 경우 사부담 공교육비는 사교육비로 분류된다.

공교육비와 사교육비를 합쳐 **직접교육비**라 한다. 직접교육비란 교육을 받기 위해 직접적으로 재화와 용역을 소비하는 것을 말한다. 정부의 교육예산, 납입금, 교재대 등이다. 간접교육비란 교육을 받음으로써 유실된 소득을 말한다. 간접교육비는 사부담 간접교육비와 공부담 간접교육비로 나뉜다. 사부담 간접교육비는 개인적으로 교육을 받기 위해 취업을 하지 못함으로써 포기된 비용이고, 공부담 간접교육비는 사회적으로 교육투자를 하기 위해 다른 부문에 투자하지 못함으로써 유실된 비용으로 면세와 건물과 장비의 감가상각비와 이자 등이다.

교육재정에서는 공교육비만을 배분 대상으로 삼는다. 공교육비의 재원은 정부, 학교법인, 그리고 학생(학부모) 등이다. 이를 예산별로 구분하면 교육부예산, 시·도 교육비 특별회계예산(지방교육비 특별회계), 사립학교 교육예산, 학교운영지원비(기성회비)예산 등이다.

### (3) 학교예산

재정이란 개인의 경제활동이 아닌 공공조직과 기관의 경제활동을 지칭하는 용어다. 그 중요한 수단이 바로 예산이다. 학교재정은 학교교육활동을 위해 투입되는 경비의 조달과 집행에 대한 행정과정이다. 학교재정의 구체적인 실상은 학교예산으로 나타난다. 예산이란 한정된 자원을 배분하는 데 필요한 의사결정과정이다. 예산은 조직의 목표 달성 계획을 양적으로 표시한 것이다. 학교예산은 회계연도(1회계연도, 3월 1일부터 다음해 2월 말까지) 동안 교육계획을 실행하는 데 요구되는 세입과 세출의 예정표를 말한다.

학교예산의 세입은 국가의 일반회계와 지방자치단체의 교육비 특별회계로부터의 전입금, 학교운영지원비, 학교발전기금으로부터의 전입금, 수업료, 기타 납부금, 학부모 부담경비(수학여행비, 현장학습비, 방과후 활동비 등), 국가 또는 지방자치단체의 보조금과 지원금, 사용료 및 수수료, 이월금, 기타 수입항목 등이다. 학교예산의 세출은 교직원과 기타직의 인건비, 학교운영비(기본운영비, 시설유지와 보수비, 실험실습비, 교육과정활동비, 학생복리비 등), 수익자부담교육비(현장학습비, 방과후 활동비, 급식비 등), 예비비(예산외지출 또는 예산초과지출 충당경비) 등이다.

## 3. 학교경영 및 학급경영

교육행정의 대상 조직은 학교와 학급이다. 앞에서 우리는 교육행정의 기초 이론과 교육행정의 실제를 학습하였는데, 이를 바탕으로 학교경영과 학급경영에 필요한 지적 기능을 익힐 수 있다. 교육정책과 기획이 그 효과를 발휘하는 최종 지점은 학교와 학급이다. 교육사회의 최종 현장인 학교와 학급에서 교육철학과 교육정책에 따른 교과지도와 생활지도를 수행하고 학습자의 학업성취도를 높이는 일이 이루어진다.

## 1) 학교경영

학교경영에서 학교장이 관장하는 업무는 다양하다. 인사관리, 교육과정관리, 조직관리, 문서관리, 재무관리, 물품 및 시설관리, 교사의 복무관리 등이 그것이다. 이 중에서 교사가 학교경영을 이해하기 위해서 직접 알아 두어야 할 업무는 인사관리, 교육과정관리, 조직관리이다.

### (1) 인사관리

학교 교직원의 인사권은 원칙적으로 국가, 시·도, 학교법인에 있다. 그러나 학교경영의 효율화를 위하여 많은 사항이 학교장에게 위임되어 있다. 학교장에게 위임된 인사권은 인사내신권, 위임된 인사권, 고유의 내부인사권 등이다.

인사내신권이란 전직, 전보, 면직, 휴직, 복직, 직위해제, 징계, 호봉 재획정, 표창대상자 추천, 연수대상자 추천의 권한이다. 위임된 인사권은 보직교사 임면, 교원 및 일반직 공무원 정기 승급, 기간제교사 임면, 기능직 공무원 임면 등이다. 고유의 내부인사권은 교과담당 명령, 학급담임 명령, 교무분장 업무담당 명령, 근무성적 평정의 권한이다.

이들 인사권 중 교사의 주요 관심 대상은 보직교사 임면, 학급담임 배정, 근무평정 등이다. 이 중에서 학급담임은 각 학교의 특수 사정이나 학교장의 의지에 따라 배정되며 근무성적평정은 학교장, 교감, 동료교사에 의해 이루어진다. 그러므로 규정이 개정되는 경우에는 기존의 평정 기준에 변동이 생기고 때맞춰 바뀐 규정을 반영해야 한다. 그런 이유로 비교적 항상성을 유지하는 보직교사 임면에 대하여만 살펴본다.

① 보직교사 임면

학교장은 학교별 보직교사의 종류 및 보직교사의 임무를 정한다. 일반적으로 보직교사란 교무부장, 연구부장, 학생부장, 학년부장, 윤리부장, 환경부장, 과학부장, 체육부장, 진로상담부장, 교육정보부장 등을 의미한다. 그중에서 교무부장, 연구부장, 학생부장의 업무는 다음과 같다.

교무부장은 학생의 학적관리, 전·편입학 및 그 외 교무에 관한 업무를, 연구부장은 연구계획, 연구수업, 연구발표 등 연구에 관한 업무(장학)와 학생의 학업성취업무(평가)를, 학생부장은 학생 표창, 징계, 교내 생활지도의 업무를 담당한다.

보직교사 임면은 고등학교는 교육감이 중학교와 초등학교는 교육장이 하도록 되어 있지만 교육감과 교육장은 보직교사임용권의 전부 또는 일부를 학교장에게 위임할 수 있다. 보직교사는 1년 단위로 임용하는 것을 원칙으로 하며 임용절차는 다음과 같다. 첫째, 보직교사 임용후보자 명단 작성, 둘째, 후보자 결정 및 임용장 교부, 셋째, 감독청에 보고, 넷째, 인사기록카드 기입을 거친다. 보직교사의 해면은 학급의 감축, 학과 폐지, 휴직, 직위해제, 형사사건 관련 혐의, 전보, 직무수행능력 부족과 근무성적 불량, 감사결과 인사조치, 기타 보직 수행이 곤란한 경우 등이다.

(2) 교육과정관리

초·중등학교의 교과는 대통령령으로 정하고 교육과정의 내용과 기준은 교육부장관이 정하며 정해진 교육과정의 범위 안에서 지역 실정에 적합한 내용은 시·도교육감이 정하고 각급 학교에서 소정의 교육과정을 운영하는 책임은 학교장이 진다. 즉, 교육과정의 결정 권한은 교육부 장관에게 있고 교육과정 운영 책임은 시·도 교육감에게 있으며 각급 학교는 소정의 교육과정을 운영한다. 그러므로 교육과정에 대한 학교장의 재량권은 적고, 교사의 재량권은 더 적다.

또한 각급 학교의 교과용 도서는 국정교과서나 검인정교과서를 사용하도록 규정하고 있다. 다만 제7차 교육과정부터 재량시간을 확대·신설하고 고등학교의 경우 교과 선택의 폭을 넓혀 놓고 있다. 제7차 교육과정 이후 시행상의 어려움과 사회적 요구, 주5일 수업제 등을 반영하여 주요 기조는 유지하면서 2007년 2월 총론 개정이 있었다. 이후 2009 개정 교육과정은 모두 여섯 차례 부분 개정이 있었다.

### (3) 조직관리

학교의 조직은 학교운영조직과 교수−학습조직으로 구분한다. 학교운영조직은 교무분장조직과 각종 위원회이며, 교수−학습조직은 학급조직, 학년조직, 특별활동조직이다. 이 중에서 학교경영의 중심이 되는 조직은 교무분장조직이다. 학년조직은 학급담임으로 구성되며 학급조직은 학급담임 개인의 업무에 해당한다.

학교의 업무 중 시설관리를 제외한 사무 업무는 교사들이 분담한다. 교사 업무 중에서 교과업무와 학급담임업무는 개별 담당자가 처리해야 하는 업무이다. 이를 제외하더라도 학교에는 다음과 같은 업무가 있다.

- 학생관리: 입학과 전·퇴학 및 졸업업무, 학적부 작성·관리, 학적증명 업무
- 교과지도: 교과시간 배당, 교사 배당, 일과표 작성과 추진, 연간·월간 교육과정 운영계획 추진, 학습지도 개선, 학습평가 업무
- 학생생활지도: 교내외 생활습관 및 질서지도, 부적응학생지도, 진로지도
- 학생생활조장: 학생자치활동, 학급활동, 클럽활동, 봉사활동, 학교행사 업무
- 보건위생: 학생의 건강·위생·체력 증진, 학교 소독·살충, 특수학생·부상·발병학생 양호

- 서비스: 도서실 · 방송실 · 실험실 정비, 인쇄실 · 협동조합 운영
- 문서관리: 문서작성 · 수발 · 처리, 인사서류 처리, 법정장부와 보조장부 보관 · 처리
- 대외업무: 관계 기관과의 연락, 지역사회 · 제 단체 · 동창회 등과의 협력

교무분장조직은 보직교사 수와 교사 수에 따라 결정된다. 또한 1981년부터 43학급 이상의 학교에는 복수교감을 둘 수 있도록 하고 있다. 이 경우 교무담당 교감과 생활지도담당 교감으로 구분한다. 그 아래에 교무분장조직을 둘 수 있다. 교무분장조직은 학교급별, 학교규모에 따라 다르다. 이는 구체적으로 다음과 같다. 교장, 교감, 부장의 위계 속에서 교무부, 학생부, 연구부, 윤리부, 환경부, 상담부, 과학부, 체육부, 학년부, 교과부 등의 부별 조직 중심의 유형이다.

## 2) 학급경영

학급이란 학습자로 구성된 학습집단이자 생활집단이다. 학급경영이란 학습자의 개인적 · 집단적 욕구 충족, 그리고 학급의 교수-학습활동 목표 등을 실현하기 위하여 학급을 관리하고 운영하는 활동이다. 즉, 학급을 대상으로 교과지도, 생활지도, 특별활동지도, 학급시설환경관리, 사무관리, 가정과 지역사회와의 관계 관리 등이 효율적이고 효과적으로 이루어지도록 계획, 조직, 지도, 통제하는 활동이다.

학급경영을 각 영역별 주요 활동, 학급조직 편성, 학급경영의 과정을 중심으로 개략하면 다음과 같다.

### (1) 학급경영의 영역

학급경영의 영역을 정의하는 데는 관점과 주장의 차이가 있다. 그러나 독

특한 주장을 특수한 관점으로 본다면 일반적으로 학급경영의 영역에 해당하는 것은 교과지도, 생활지도 등을 포함한 몇 가지 영역으로 구분할 수 있다. 각 영역과 해당 영역의 활동 내용을 정리하면 다음과 같다.

- 교과지도: 교과지도, 학습지도 등
- 생활지도: 교우관계지도, 진학지도, 진로지도, 보건지도 등
- 특별활동지도: 클럽활동지도, 학교행사지도, 학생자치활동지도 등
- 시설환경관리: 시설관리, 비품관리, 청소관리, 공간관리, 게시물관리 등
- 사무관리: 장부관리, 학생기록관리, 잡무처리 등
- 가정과 지역사회와의 관계관리: 학부모와의 관계, 지역사회 유대, 사회봉사 등

## (2) 학급의 조직

학급을 편성하는 방식에는 여러 가지가 있다. 이들 편성방식이 학급단위의 교수–학습활동과 구성원의 학교생활에 만족스러운 결과를 약속할 수 있을 때 효과적인 방식이 될 것이다. 다음과 같은 몇 가지 기준을 가지고 학급을 편성한다.

- 담임: 학급담임, 교과담임 등
- 능력: 이질 집단, 동질 집단
- 학년: 학년제, 무학년제
- 연령: 동일 연령, 혼합 연령
- 학생 특성: 적성, 흥미, 진로, 성별, 지역 등

학급편성과 함께 학급의 크기가 결정되어야 한다. 학습과 생활을 효과적으로 보장할 수 있는 수준에서 적정한 인원이 제시되어야 한다. 학급 규모의

적정 수준을 정하는 데 고려할 수 있는 사항으로 우선, 교사가 지도 가능한 인원이어야 한다. 다음으로 집단생활을 통해 안정감을 주고 동료관계를 형성하여 사회성을 기르는 데 적합해야 한다. 그리고 학생들이 상호 협동적으로 학습을 경험할 수 있어야 한다. 소규모 학급이 갖는 장점과 약점은 대집단 학급의 강점과 단점과 상보적 관계에 있기도 하다. 그러므로 규모의 적정성을 결정하는 것은 단순한 숫자의 문제가 아니다. 학급당 학생 수를 결정하는 준거는 학생과 교사가 학급 안에서 효과적이면서 만족스럽게 가르치고 학습할 수 있는 것이어야 한다. 이를 기준으로 점진적인 개선방안을 강구하는 것이 국가 정책 결정의 틀일 것을 기대한다. 물론 직접 가르치는 일을 수행하는 교사의 아이디어가 반영된 결정이면 더없이 좋을 것이다.

### (3) 학급경영의 실제

학급경영을 위해서는 계획이 필요하다. 학급경영 계획의 일반적인 절차는 다음과 같이 구성할 수 있다.

① 학급경영 계획
- 학급경영목표와 방침 결정
- 기초자료 수집
- 조직 구성
- 학급환경 구성
- 학생지도 계획
- 학급경영평가 계획
- 학급경영안 작성

② 학급환경 정비
- 좌석 배치

- 교실환경 구성

③ 학급생활 지도
- 교과지도
- 생활지도
- 행동지도
- 자치활동지도
- 사무관리

학교교육의 개혁 사례들을 살펴보면 학교와 학급의 규모를 대폭 축소해 조직관리의 영역을 폐지하고 오직 교수－학습활동에만 전념하는 것을 어렵지 않게 찾아볼 수 있다. 국가 단위의 공교육 전개과정을 거슬러 올라가면 학교 규모를 대형화해서 학생이 학습의 주체라기보다 관리의 대상이나 학습의 대상으로 취급돼 온 것을 인정할 만한 현실적인 이유가 있었다. 그렇게라도 국가와 지방정부가 주관하는 공교육이 절실히 요구되었던 것이다. 그런데 이제 공교육중심의 학교제도 역사가 짧지 않은데다 교육에 대한 학습자의 기대 수준 그리고 교육의 탁월성 등을 감안할 때 관리활동을 축소·폐지한 학교와 학급의 출현도 반드시 낯선 것만은 아니다. 해외 사례에서 교장이 없는 학교나 복수의 교감이 교수학습을 학교 단위로 연구하는 학교나 해당 학교의 교육철학에 근거한 사범대학을 운영하여 교사를 양성하고 임용하는 사례가 있다. 우리나라의 경우 전국 단위로 혁신학교가 확대되는 추세이다. 그동안 근대 공교육이 시행되면서 우리가 갖고 있던 제도교육에 대한 관념이 이와 같은 새로운 교육의 시행으로 변화하는 중이고 일부에서는 이와 같은 동향을 미래교육이라는 시각에서 접근하기도 한다.

그러므로 앞에 기술된 학교경영과 학급경영은 제도교육의 변화를 반영하고 있다기보다 근대 관료조직의 관점에서 학교와 학급을 설명하는 일반론이다. 이러한 내용은 학교와 학급을 근대 공교육의 기능을 수행하는 조직으로 상정할 때는 타당하지만 공교육 개혁, 대안교육, 평생교육 확대와 같은 변화를 수용한다면 또 다른 내용으로 설명되어야 할 것이다.

**TIP  영상자료**

- 〈Modern Times〉 a film by Charles Chaplin(1936)
- 〈the class〉 a film by Laurent cantet(2008)
- 〈Into Great Silence〉 a film by Philip Groning(2009)

**정리문제**

1. 교육행정학이 전개된 과정을 시대별 주요 이론을 중심으로 약술하시오.
2. 내용이론의 동기와 과정이론의 동기에 대하여 비교 설명하시오.
3. 거래 · 교환적 지도성과 변혁적 지도성을 비교 설명하시오.
4. 임상장학의 수행과정을 단계별로 설명하시오.
5. 교육재정의 재원별 교육비를 기술하시오.
6. 학교장의 학교경영 영역을 정리하시오.
7. 학급담임교사의 학급경영 영역을 약술하시오.

## **참**고문헌

炳谷行人(2000). 倫理 21. 송태욱 역(2001). 윤리 21. 서울: 사회평론.

노혜숙 역(2003). 창의성의 즐거움. Csikszentmihalyi, M. 저(1996). 서울: 북로드.
박병량(2005). 학교 · 학급경영. 서울: 학지사.

반상진, 김민희, 김병주, 나민주, 송기창, 우명숙, 주철안, 천세영, 최준렬, 하봉운, 한
　유경(2014). 교육재정학. 서울: 학지사.

서정화, 박세훈, 박영숙, 전제상, 조동섭, 황준성(2011). 교육인사행정론. 경기: 교육과
　학사.

송경진 역(2016). 클라우스 슈밥의 제4차 산업혁명. Schwab, K. 저(2016). 서울: 새로운
　현재.

윤정일, 송기창, 김병주, 나민주(2015). 신교육재정학. 서울: 학지사.

윤정일, 송기창, 조동섭, 김병주(2015). 교육행정학원론(6판). 서울: 학지사.

이종재, 이차영, 김용, 송경오(2012). 한국교육행정론. 경기: 교육과학사.

이종재, 이차영, 김용, 송경오(2015). 교육정책론. 서울: 학지사.

정일용(2013). 미국·프랑스·영국 교육제도: 그들이 걸어 온 교육의 길. 서울: 서울대학
　교 출판문화원.

주삼환, 신재흡(2006). 학교경영의 이론과 실제. 서울: 학지사.

주삼환, 천세영, 김택균, 신붕섭, 이석열, 김용남, 이미라, 이선호, 정일화, 김미정, 조
　성만(2015). 교육행정 및 교육경영. 서울: 학지사.

진동섭 역(2004). 새로운 선택적 장학. Galtthorn, A. A. 저(1997). 서울: 학지사.

한국교육연구네트워크 편(2013). 교장제도 혁명: 학교혁신의 지름길. 서울: 살림터.

한국교육연구네트워크 편(2014). 새로운 사회를 여는 교육자치 혁명: 진보교육감 4년 성
　과와 과제. 서울: 살림터.

# 찾아보기

## 내용

## 저자 소개

**이지헌**(Lee, Jee-Hun) 전남대학교 교육학과 명예교수 / jehlee@jnu.ac.kr / 제4장

과로사회를 위한 존 화이트의 교육철학(공저, 2016)

화이트의 잘삶의 의미와 역할(공저, 2016)

청소년의 행복을 위한 교육(역, 2016)


**송현종**(Song, Hyun-Jong) 전남대학교 특수교육학부 교수 / hjsong@jnu.ac.kr / 제7장

특수아동과 상담(공저, 2016)

ADHD 학생의 이해와 지도(공저, 2014)

이야기상담(공역, 2005)

단기상담: 학교상담자를 위한 해결중심적 접근(역, 2001)


**이두휴**(Lee, Doo-Hyoo) 전남대학교 특수교육학부 교수 / doohlee@jnu.ac.kr / 제5장

자기설계 전공제도의 한계와 가능성 탐색(2017)

특수교육여건의 지역간 격차 연구(2017)

새로운 사회를 여는 교육혁명(공저, 2012)

학교와 사회(공역, 2012)


**손승남**(Son, Seung-Nam) 순천대학교 교직과 교수 / snson@scnu.ac.kr / 제1장

교원의 잘삶을 위한 전인통합치유(2017)

인성교육(공저, 2017)

볼로냐 프로세스와 유럽 고등교육권역(EHEA)의 발전 전략(2017)

한국형 리버럴아츠칼리지(K-LAC)의 가능성 탐구(2017)


**이정화**(Lee, Jeong-Hwa) 전남대학교 교육학과 강사 / taol@dreamwiz.com / 제11장

교육학 특강(개정판, 공저, 2011)

중장기 학교발전계획 모형 개발 연구(공저, 2010)

창의력 함양과 초 · 중등교육과정에 관한 연구(공저, 2007)

비판이론으로 본 근대성의 교육적 위기(역, 2001)

**김희봉**(Kim, Hee-Bong)  목포대학교 교육학과 교수 / khb386@hanmail.net / 제2, 8장

잘삶에서 관계의 중요성과 그 교육적 함의(2017)

잘삶에서 '활동'의 중요성과 그 교육적 함의(2016)

존 화이트의 교육목적론에서 잘삶의 의미 변화(2014)


**김영록**(Kim, Young-Rok)  POSTECH 입학사정관 / iamwe@hanmail.net / 제10장

가중치를 적용한 교수업적평가 결과의 종단적 분석(2010)

대학 '글쓰기' 교과 개선을 위한 교수개발 프로그램의 내용과 효과 분석:

　　전남대학교 사례(공저, 2009)

교과별 목표지향성과 자기효능감·학업성취도의 관계(공저, 2003)


**이순덕**(Lee, Soon-Deok)  남부대학교 초등특수교육과 교수 / sdlee9195@hanmail.net / 제9장

대학교수의 효과적인 교수행동에 대한 중요도 인식과 실천 역량 분석(2017)

블렌디드 협력학습에서 스캐폴딩, 메타인지 및 협력성향이 문제해결에 미치는 효과(2017)

블렌디드 협력학습에서 스캐폴딩, 메타인지 및 협력성향이 협력부하와 지식공유에 미치는

　　효과(공저, 2016)

교육방법 및 교육공학(공저, 2013)


**곽유미**(Kwak, Yu-Mi)  (재)광주평생교육진흥원 기획연구실장 / juakali@dkc.ac.kr / 제6장

생활지도와 상담(2017)

내·외현적 자기애와 우울의 관계: 자기제시 동기와 인지적 정서조절전략의 중다매개효과(2015)


**임　배**(Im, Bae)  전남대학교 교육학과 강사 / imbae042@gmail.com / 제3장

과로사회를 위한 존 화이트의 교육철학(공저, 2016)

대학 인성교육으로서 '삶의 치유(Lebenstherapie) 프로그램' 개발과 적용가능성 탐색(공저, 2015)

자율적 잘삶이 실현되는 활동사회 속에서의 일과 교육: 과로사회의 강요된 학습에 대한 대안

　　탐색(2014)

# 교육학개론

Educational Studies: An Introduction

2018년 3월 10일 1판 1쇄 발행
2022년 8월 10일 1판 6쇄 발행

지은이 • 이지헌 · 송현종 · 이두휴 · 손승남 · 이정화
　　　　김희봉 · 김영록 · 이순덕 · 곽유미 · 임 배

펴낸이 • 김 진 환

펴낸곳 • **(주) 학지사**

　　　　04031 서울특별시 마포구 양화로 15길 20 마인드월드빌딩 5층

대표전화 • 02) 330-5114　　팩스 • 02) 324-2345

등록번호 • 제313-2006-000265호

홈페이지 • http://www.hakjisa.co.kr
페이스북 • https://www.facebook.com/hakjisabook

ISBN 978-89-997-1500-6 93370

정가 **19,000**원

이 도서의 국립중앙도서관 출판시도서목록(CIP)은 서지정보유통지원시스템
홈페이지(http://seoji.nl.go.kr)와 국가자료공동목록시스템(http://www.nl.go.kr/kolisnet)
에서 이용하실 수 있습니다.
(CIP제어번호: CIP2018005477)

## 출판미디어기업 **학지사**

간호보건의학출판 **학지사메디컬** www.hakjisamd.co.kr
심리검사연구소 **인싸이트** www.inpsyt.co.kr
학술논문서비스 **뉴논문** www.newnonmun.com
원격교육연수원 **카운피아** www.counpia.com